PC-IV-15

PESCH/SELLE (HRSG.)
WOHNUNGSUMFELDVERBESSERUNG EIN LESEBUCH

DORTMUNDER BEITRÄGE ZUR RAUMPLANUNG. BAND 12
Herausgegeben vom
Institut für Raumplanung (IRPUD),
Abteilung Raumplanung, Universität Dortmund

DORTMUNDER BEITRÄGE ZUR RAUMPLANUNG

BAND 12

FRANZ PESCH / KLAUS SELLE (HRSG.)

WOHNUNGSUMFELDVERBESSERUNG
EIN LESEBUCH

IRPUD
INSTITUT FÜR RAUMPLANUNG
ABTEILUNG RAUMPLANUNG
UNIVERSITÄT DORTMUND

Wissenschaftlich-redaktionelle Beratung der
Schriftenkommission für den vorliegenden Band:
Peter Zlonicky

Redaktion:
Ursula v. Petz, Bereich Dokumentation (IRPUD)

Vertrieb:
Informationskreis für Raumplanung e.V. (IfR), Universität Dortmund
Postfach 50 05 00, 4600 Dortmund 50

Nachdruck, auch auszugsweise, nur mit Genehmigung
des Herausgebers.

Reprotechnik:
Reprozentrum IRPUD : W. Kirsten, M. Kamm
Druck:
Schadel, 8600 Bamberg

Dortmund 1979
ISBN 3-88211-015-5

INHALT

Vorbemerkung 1

Peter Schneider
Blick aus dem Fenster 7
„Ich sehe das Gärtchen des Hausmeisters, das in lauter Rechtecke eingeteilt ist und so saubergehalten wird, daß nichts darin wächst. Ich sehe die zwei Meter hohe Mauer um das zwölf Meter große Gärtchen, und auf der Mauer sehe ich Glasscherben einzementiert zum Schutz gegen die Kinder der Nachbarn......".

Franz Pesch & Klaus Selle
Entstehungszusammenhang und Bedingungen der Wohnungsumfeldverbesserung 9
So notwendig die Ergänzung der Modernisierung durch flankierende städtebauliche Maßnahmen auch erscheint, Chancen und Risiken der Programme zur Wohnungsumfeldverbesserung sind entscheidend geprägt durch ihren ökonomischen Entstehungszusammenhang: als ein weiterer Schritt zur Anpassung der Wohnungs- und Städtebaupolitik an zunehmend restriktive Rahmenbedingungen und Strukturprobleme setzt sie die staatliche Lenkung baulich-räumlicher Entwicklungen mit neuen Mitteln fort. Es besteht die Gefahr, daß die als Investitionsanreiz gedachten „Verbesserungen" die Disparitäten der Wohnungsversorgung weiter verschärfen.

Horst Zierold
Die Bedeutung finanzwirtschaftlicher Auswirkungen der Kernstadt-Randwanderung für die Stadtentwicklungspolitik 49
Bei chronischer kommunaler Finanzknappheit werden Randwanderungsprozesse von der Stadtentwicklungspolitik zunehmend unter dem Gesichtspunkt kommunaler Einnahmen gesehen. Eine Überbetonung der finanziellen Aspekte von Randwanderung vernachlässigt deren komplexe soziale und städtebauliche Ursachen und Folgewirkungen. Finanzwirtschaftlich begründete, einseitig auf einkommensstarke Bevölkerungsgruppen ausgerichtete Maßnahmen wie z.B. Eigenheimstrategien verstärken räumlich-soziale Segregationsprozesse und binden Flächen und Finanzmittel, die dann für Wohnumfeldverbesserungsmaßnahmen fehlen.

Salam (Felix Borkenau)
Das Aachener Ostviertel 63
Bilder aus einem traditionellen Arbeiterviertel, von seinen Bewohnern, Häusern, Straßen und Hinterhöfen; was heißt hier Wohnungsumfeldverbesserung?
Wird man die derzeitigen Bewohner fragen, was ihnen fehlt, wird man mit ihnen planen? Oder wird man ihnen aufgepflasterte Fahrbahnen und entkernte Hinterhöfe 'verordnen' wie vordem den Abriß ihrer Wohnungen.

Querschnitt 1: Ergebnisse einer Planerbefragung 77
Warum betreiben Kommunen Wohnungsumfeldverbesserung? Was zielen sie an? Welcher Strategien und Instrumente bedienen sie sich? auf diese Fragen sollte eine 1976 durchgeführte Befragung erste Antworten geben. Die Ergebnisse der Umfrage dokumentieren zugleich den Kenntnis- und Problematisierungsstand der kommunalen Praxis zu Anfang der Wohnungsumfeldwelle.
(Zusammengestellt von Franz Pesch & Klaus Selle)

Andreas Distler
Stadtentwicklungsplanung und Wohnungsumfeldverbesserung 91
Stadtteilentwicklungsplanung für alte Stadtgebiete geht von der Erwartung aus, daß auf dieser teilräumlichen Ebene stadtentwicklungspolitische Ziele in einem überschaubaren Zeitraum durchgesetzt werden können. Die Verbesserung des Wohnumfeldes wird in diesem Kontext als wichtigster Ansatz zur Stabilisierung und Aufwertung eines Stadtteils angesehen, da angenommen wird, daß Vorleistungen im öffentlichen Raum Investitionen auf privaten Grundstücken induzieren.

Reinhard Sellnow
Verbesserung der Wohnverhältnisse in Nürnberg Gostenhof 117
Am Beispiel eines Arbeiterviertels aus der Gründerzeit wird ein z.Zt. in der ersten Durchführungsphase befindliches Erneuerungskonzept vorgestellt. Wesentliche Kennzeichen dieses Ansatzes sind: enge Verzahnung von Gebäudemodernisierung und Verbesserung des Umfeldes der Wohnungen, „Offene Planung" sowie der Versuch, ohne das Instrumentarium des Städtebauförderungsgesetzes auszukommen.

Jörg Tober
Organisation, Konzeption und Handlungsprogramme zur Verbesserung des Wohnumfeldes 131
Wiesbadener Innenstadtquartiere – ein Praxisbericht
Eine Beschreibung des Versuchs Wiesbadener Politiker und Planer durch neue Organisationsformen, Stadtteilentwicklungskonzepte, intensive Bürgerbeteiligung und zügig realisierte Einzelmaßnahmen das Wohnumfeld ohne „Sanierung" und ohne „Städtebauförderungsmittel" zu verbessern. Ziel: in den Stadtteilen neue Impulse zur Erhaltung, zur Steigerung der Lebens- und Wohnqualität und zum Wachsen neuer gemeinschaftlicher Bindungen zu wecken.

Alexander Kretzschmar
Modernisierung außerhalb festgelegter Sanierungsgebiete 159
Es besteht ein Funktionszusammenhang zwischen Miethöhe und Qualität des Wohnungsumfeldes. Vielfach werden erst Maßnahmen im Wohnumfeld eine Modernisierungsinvestition wirtschaftlich erscheinen lassen. Dies gilt insbesondere für Gebäude in einfacher Wohnlage. Einen konkreten Ansatzpunkt für die Stadterneuerung im Vorfeld des StBauFG bietet dabei die Tatsache, daß sich Lagewertsteigerungen ungleich geringer auf die Miete auswirken als auf die Grundstückswerte.

Karl-Heinz Fiebig
Betriebe im Wohnumfeld – kleine und mittlere Betriebe in der Stadterneuerung – Probleme, 175
Entwicklungen, Programme
Im Rahmen gängiger Wohnumfeldstrategien werden kleine und mittlere Betriebe lediglich unter dem Aspekt der Störung berücksichtigt. Dies wird der stadtentwicklungspolitischen und wirtschaftsstrukturellen Bedeutung dieses traditionellen Gewerbebestandes nicht gerecht. Standortbedingungen von Stadterneuerungsgebieten und Standortanforderungen der Betriebe sprechen für eine aktive, zwischen Verlagerung und Standortsicherung differenzierende „Städtebauförderung" für Betriebe. Erste Ansätze hierzu sind außerhalb förmlich festgelegter Sanierungsgebiete inzwischen festzustellen.

Urs Kohlbrenner
Grüne Sanierung im steinernen Berlin 201
Die Verbesserung des Freiflächenangebotes unter weitgehender Erhaltung der vorhanden Substanz ist ein zentraler Bestandteil aller Strategien zur Verbesserung von Wohnungsumfeldern. Vor dem Hintergrund einer Skizze zum Zusammenhang von „grüner Sanierung" und Modernisierungspolitik werden am Beispiel eines Blockteils Möglichkeiten zur Verbesserung des privaten und halbprivaten Freiraums aufgezeigt.

Dorothee Obermaier
Soziale Bedingungen der Nutzung des Wohnungsumfeldes 215
Hat die Verbesserung des Wohnungsumfeldes für die Betroffenen die Bedeutung, die die Planer ihr unterstellen? Was haben zusätzliche Freiflächen mit den Bedürfnissen der Bewohner zu tun? Am Zusammenhang oder Auseinanderfallen von 'Gelegenheiten' und 'Aktivitäten', an den Restriktionen, die die Nutzung des Wohnungsumfeldes beeinflussen werden Probleme verordneter Verbesserung aufgezeigt.

Peter Zlonicky
Zu einigen Praxisproblemen der Wohnungsumfeldverbesserung 247
Wohnungsumfeldverbesserung muß deutlich in den Dienst sozialpolitischer Zielsetzungen gestellt werden. Kompensatorische Maßnahmen im Wohnumfeld können etwa dann eingesetzt werden, wenn wohnungs- und gebäudebezogene Maßnahmen mit Rücksicht auf geringe zusätzliche Mietzahlungsfähigkeit auf ein Minimum beschränkt bleiben müssen.

Uli Hellweg
Ansatzpunkte für eine arbeitnehmer- und sozialorientierte Wohnumfeldplanung im industriellen Verdichtungsraum 253
Ausgangspunkte einer sozial -und arbeitnehmerorientierten Wohnumfeldplanung sind nicht primär die Sphären privaten Investitionsklimas sondern: 1. Die Erholungsansprüche der arbeitenden Bevölkerung, 2. ihre sozialen, kulturellen und ggf. nationalen Gewohnheiten, 3. die Anforderungen aus aktuellen wirtschaftlichen und sozialen Problemen — vor allem der Arbeitslosigkeit. Die sich aus diesen Determinanten ergebenden Planungsanforderungen müssen verstärkt Eingang in die kommunale Praxis finden.

Dieter Blase & Friedhelm Schrooten
Nischenpolitik — Stadtplanung im nördlichen Ruhrgebiet am Endes des Wachstums 285
Angesichts der strukturellen Probleme des Ruhrgebietes zerfällt die Stadtplanung in zwei voneinander unabhängige Funktionsbereiche: Kern bleibt die traditionelle Bebauungsplanung zur Erweiterung der Neubautätigkeit in den „intakten" Bereichen. Für die Problemstadtteile wird eine sozialorientierte Nischenpolitik notwendig, die Maßnahmen von räumlicher Wohnumfeldverbesserung mit Elementen stadtteilbezogener Sozial- und Kulturarbeit verknüpft. „Nischen" entstehen dort, wo durch Rückzug des Kapitals vorübergehend der Verwertungsdruck nachläßt.

Querschnitt 2: Diskussionsausschnitte aus dem „Workshop Wohnungsumfeldverbesserung" 297
Die Autoren dieses Bandes diskutierten im Herbst 1978 miteinander. Dabei entspannen sich z.T. heftige Kontroversen. Teile dieser Diskussion werden hier wiedergegeben. Im Mittelpunkt stehen Fragen nach dem „Für Wen?" und dem „Wie" der Wohnungsumfeldverbesserung.

(Zusammengestellt von Franz Pesch & Klaus Selle)

"A children's garden in Old Edingburgh": Wohnungsumfeldverbesserung in einem Slum der Jahrhundertwende.

Vorbemerkung

Wohnungsumfeldverbesserung ist alt.

"Selbst mitten in den Slums" - schreibt Patrick Geddes 1915 - "finden wir kleinere Freiflächen und Volksgärten (people's gardens). In der "Historic Mile" von Alt-Edinburgh, diesem verdichtetsten und überbevölkertsten Slum befinden sich, wie die Freiraum-Bestandsaufnahme unseres Kommittees zeigt, nicht weniger als 76 größere zusammenhängende Freiflächen mit einer Gesamtfläche von 10 acres.

Von diesen ist inzwischen eine stattliche Anzahl entrümpelt und gärnterisch bestellt worden - Jahr um Jahr mehr. Das alles auf freiwilliger Basis, wenn auch in letzter Zeit mit wohlwollender Billigung und z.T. tatkräftiger Unterstützung offizieller Stellen."

(Patrick Geddes: Cities in Evolution, zuerst publiziert 1915; hier: Auflage London, 1968, S. 102). (Das nebenstehende Foto zeigt einen Kinder-Garten in "Old-Edinburgh".)

Wohnungsumfeldverbesserung ist neu.

"Eine im Auftrag des Bundesministers für Raumordnung, Bauwesen und Städtebau durchgeführte Befragung von Bewohnern in 27 Altbauquartieren verschiedener Städte ergibt, daß zwar allgemein ein hoher Zufriedenheitsgrad mit dem Gebiet und enge Quartiersbindungen bestehen, dennoch rd. ein Viertel der Befragten in den nächsten zwei Jahren wegziehen will, wobei als Gründe Belästigungen durch den Straßenverkehr und weitere Wohnumfeldmängel vorrangig genannt werden. Einen hohen Stellenwert hat das Wohnumfeld für Familien mit Kindern. Diese leiden besonders unter den Unzulänglichkeiten der Wohnumgebung und sind überdurchschnittlich an Abwanderungen aus den Städten in das Umland beteiligt. Mängel im Wohnumfeld als Wanderungsmotiv werden besonders häufig von Angehörigen oberer Einkommensgruppen genannt." In der Antwort der Bundesregierung auf die Große Anfrage von SPD/FDP vom Herbst 1978 (BT Drucksache 8/2085), die in aller Deutlichkeit Pferd und Reiter nennt, heißt es zur Begründung einer intesivierten Wohnungsumfeldverbesserung weiter: "Aus der Sicht des einzelnen Eigentümers können Modernisierungsinvestitionen ohne ergänzende Maßnahmen zur Verbesserung des Wohnumfeldes unrentabel sein. Von Eigentümern in Altbaugebieten ... nannte durchschnittlich rd. ein Drittel Aufwertungsmaßnahmen für das Gebiet und eine klare Planung durch die Gemeinden als Voraussetzung für weitere private Investitionen. Insoweit wirken Wohnumfeldmängel als Investitionsbremse mit dem Ergebnis, daß die betroffenen Gebiete immer stärker hinter der allgemeinen Entwicklung zurückbleiben. Angesichts der Bedeutung, die der Wohnumgebung bei individuellen Entscheidungen über den Wohnstandort beigemessen wird hält die Bundesregierung Maßnahmen zur Verbesserung des Wohnumfeldes zur Erhaltung alter Wohnquartiere in den Kernstäden in Verbindung mit Maßnahmen zur Wohnungsmodernisierung für besonders wichtig."

Wohnungsumfeldverbesserung ist in aller Munde

Der Deutsche Gewerkschaftsbund fordert sie auf seinen 1979er Mai-Kundgebungen, die Ruhrkonferenz hält sie zur Wiederaufrichtung des Reviers für unabweisbar und auch der

bayrische Umweltminister rückt der "Unnatur der Städte" entschlossen zu Leibe; so heißt es etwa im Bayernkurier (vom 21. April 1979, S. 4) zum Stichwort "bayrische Umweltpolitik" unter der Überschrift "Hoffnung blüht im Hinterhof" unter anderem:
"Bayerns Umweltminister Alfred Dick will der Stadtflucht durch "Stadtökologie" begegnen, denn er sieht ihre Ursachen in der Unnatur der Städte, in denen es den Menschen zu eng, zu laut und zu schmutzig geworden ist. Neben Sanierungsprogrammen will der Minister deshalb auch das Konzept der "innerstädtischen Erholungslandschaft" als Beitrag zur Stadtökologie verstanden wissen ...
Freiflächensanierung bis hin zu einem fast utopisch anmutenden Verbundsystem von Hinterhöfen ist ... die vordringliche Aufgabe, ehe alles zu Beton und Asphalt geworden ist. Zeit- und kostengünstiger als die Bausanierung, die im Mittelpunkt der langwierigen Städtebauförderungs- und Wohnungsmodernisierungspolitik von Bund, Ländern und Gemeinden steht, hat Freiflächensanierung vor allem den Vorteil, daß sie nicht nur weniger kostspielig ist, sondern auch, daß sie nichts "verbaut".

Was aber ist Wohnungsumfeldverbesserung?

Dies neuschöpferische Kunstwort - in den Varianten Wohnumwelt, Wohnum- und Wohnungs-um-Feld - bezeichnet inzwischen vom Fassadenanstrich bis zur "Verbesserung der Lebensqualität in unseren (?) Städten" so ziemlich alles, was an stadtplanerischen, umweltschützenden, -verbesserndem möglich oder denkbar ist (Wenn wir die Bezeichnung Wohnungsumfeld verwenden so nur der sprachlichen Klarheit halber: denn gemeint ist ein räumlicher Bereich um die Wohnung, der selbst dem Wohnen dient. Die insofern mißverständliche, sprachlich aber etwas glatter zu handhabende Formulierung "Wohnumfeld" beginnt sich demgegenüber einzubürgern.)

Auch dient die Verbesserung eines in aller Regel nicht exakt begriffenen Umfeldes von Wohnungen unterschiedlichen Zielen:
wir sahen es am Beispiel der Antwort der Bundesregierung: da sollen Abwanderungsanlässe beseitigt, Belästigungen reduziert, Modernisierungsinvestitionen rentabel gemacht und damit Eigentümer zum Investieren gebracht werden ...
und das alles unter dem übergreifenden Motto einer Erhaltung und Erneuerung der Städte zum Wohle und Frommen ihrer Bewohner.

Fragen
Kurzum: eine eindeutige Antwort auf die Frage, was denn Wohnungsumfeldverbesserung sei, ist nicht zu geben.

Das vorliegende Lesebuch will den verschiedenen Fragen und Antworten nachgehen; sie nicht in das Korsett eines Verständnisses von Wohnungsumfeldverbesserung zwängen. Vielmehr sollen praktische Ansätze und theoretische Überlegungen aus ihrem jeweiligen Zusammenhang dargestellt werden. In der Hoffnung, daß der so entstehende Flickenteppich Grundlage für die bislang fehlende Querinformation zwischen untereinander unvermittelten Ansätzen sein kann. Daß mithin Kenntnisaustausch und das Austragen unterschiedlicher Positionen zur Wohnungsumfeldverbesserung befördert werden, dem Leser breites und farbiges Anschauungs-, Nachdenk- und Argumentationsmaterial geboten wird.

Entsprechend der Annahme, daß dem, der viel fragt, auch viel geantwortet wird, liegen dem Lesebuch Wohnungsumfeldverbesserung viele Fragen zugrunde. Einige seien beispielhaft genannt. (Es waren dies Fragen, die Grundlage für ein Arbeitsgespräch aller Autoren dieses Bandes im Herbst 1979 darstellten; vgl. Querschnitt 2 am Schluß dieses Bandes)

- Was heißt Wohnungsumfeldverbesserung im jeweiligen Maßnahmenzusammenhang konkret? Mit welchen Planungen und Aktivitäten füllen die Kommunen diese Worthülse?
- Warum greifen die Gemeinden zur Wohnumfeldverbesserung? Welche Entwicklungen machten diesen Planungsansatz überhaupt notwendig oder legten ihn nahe?
- An wen richtet sich die Wohnungsumfeldverbesserung, gibt es so etwas wie eine Zielgruppe? Welchen Nutzen sollen die angestrebten Maßnahmen für diese Bevölkerungsgruppe erbringen?
- Welche Bedeutung hat das Ziel, die Abwanderung einkommensstarker Bevölkerungen ins Umland der Städte zu verlangsamen oder zu verhindern?
- Kann die Wohnungsumfeldverbesserung im Rahmen eines kompensatorischen Planungsansatzes dazu beitragen, sozialräumliche Benachteiligungen abzubauen; etwa Wohnwertverbesserungen zu erreichen ohne einkommensschwache Gruppen zu verdrängen?
- Sind Aussagen darüber möglich, ob der erhofften Nutzen bei der angesprochenen Zielgruppe auch erreicht wurde, ob Nebeneffekte in anderen Stadtteilen oder anderen Bevölkerungsgruppen auftraten?
- Wie können die Wirkungen der Wohnungsumfeldverbesserung (insbesondere hinsichtlich der Mietenbildung) gesteuert oder durch flankierende Maßnahmen beeinflußt werden?
- Welche Formen der Kooperation mit Eigentümern, Mietern etc. werden praktiziert und mit welchen Zielen?

Diese Fragen richten sich vor allem an die kommunale Praxis. Bei der Suche nach Antworten kommt es besonders darauf an, Zusammenhänge herzustellen zwischen Gebietsstruktur, planungspolitischen Zielsetzungen und den daraus zu entwickelnden alternativen Strategien.

Die fallorientierte und in der Konkretion greifbar werdende Diskussion hat zwei Dimensionen, die in allen Beiträgen dieses Bandes deutlich werden:

- die scheinbar technische Frage nach dem Wie. Wie lassen sich Verbesserungen im Wohnungsumfeld erreichen? Besonders angesprochen ist hier zunächst das vorhandene planungs- und baurechtliche Instrumentarium ebenso wie die Frage nach dem Geld: wer finanziert was womit? Daß in verschiedenen Gebieten unterschiedlich vorzugehen ist – in der Arbeitervorstadt anders als in der bürgerlichen Südstadt aus der Gründerzeit etc. – liegt nahe. In der Ausfüllung des "Wie" offenbart sich jedoch mehr als Instrumentenkenntnis und Phantasie beim Einsatz von Planerwerkzeug: hier wird deutlich, was erreicht werden soll und für wen die Wohnungsumfeldverbesserung betrieben wird.
- die Frage, was denn eigentlich Verbesserung heiße: sind die Blumentröge auf dem Bürgersteig tatsächlich "Verbesserungen"? Wem nützen eigentlich spektakuläre Konzepte vom "Erholungsraum Stadt"? Welche Gebrauchswertverbesserungen liegen denn eigentlich im Interesse der verschiedenen Betroffenengruppen?

<u>Thesen</u>
In einer Überlagerung dieser Dimensionen – was kann und was soll Wohnungsumfeldverbesserung leisten – läßt sich ein großer Ausschnitt aus dem Spannungsfeld der derzeitigen Diskussion abbilden. Dies kann an einigen Thesen verdeutlicht werden:
- Die mit der Wohnungsumfeldverbesserung beabsichtigte Umpolung der Standortvorteile zugunsten innerstädtischer Altbaugebiete dürfte die negativen Wanderungsbilanzen

nur unwesentlich verringern.

Denn: weder lassen sich die innerstädtischen Altbaugebiete beliebig umkrempeln noch ist die Geschoßwohnung im aufgewerteten Altbaugebiet eine durchweg konkurrenzfähige Alternative zum Einfamilienhaus in städtischer Randlage.

- Wohnungsumfeldverbesserung führt zu Lagewertsteigerungen und damit zu Mieterhöhungen. Eine Steuerung dieses Prozesses ist kaum möglich. Nur komplexe Strategien, die das Investitionsverhalten der privaten Grundeigentümer ins Kalkuül einbeziehen und auf den Kanon der verfügbaren Förderungsinstrumente (z.B. Modernisierungsförderung) zurückgreifen, haben überhaupt eine Chance.

- Die Gemeinden sind also auch hier entscheidend auf die Kooperation mit den privaten Eigentümern angewiesen. Die fast durchgängig in den innerstädtischen Altbaugebieten anzutreffende kleinteilige Eigentumsstruktur wirkt sich erschwerend auf die Durchsetzung blockumfassender oder gar - übergreifender Konzepte aus; dies gilt vor allem dann, wenn im Vorfeld des Städtebauförderungsgesetzes "weiche" Stadterneuerung betrieben, d.h. auf unmittelbar lenkende Instrumente verzichtet wird.

- das Ziel, private Einzelmaßnahmen (seien sie nun aufeinander abgestimmt oder nicht) durch finanzielle Angebote oder gebietsbezogene Vorleistungen (z.B. Verkehrsberuhigung und Begrünung des Straßenraumes) zu initiieren, trifft insbesondere in jenen Problemgebieten auf Grenzen, in denen einkommensschwache Mieter und investitionsunfähige Eigentümer vorherrschen.

- Die Praxis der Wohnungsumfeldverbesserung unter restriktiven stadtentwicklungspolitischen Voraussetzungen ist eindeutig vom ökonomisch Machbaren bestimmt. Räumlich eng begrenzte und z.T. durchgreifend aufgewertete "Erneuerungsinseln" beherrschen hier die Szene. Eine dem tatsächlichen Erneuerungsbedarf - vor allem der bislang vernachlässigten Bereiche - angemessene Breitenwirkung ist bislang nicht absehbar.

- Ob und inwieweit die bislang in Angriff genommenen Maßnahmen überhaupt Gebrauchswertverbesserungen für die jeweils anvisierte Bevölkerungsgruppe bedeuten, ist nur unzureichend problematisiert. Schließlich greift die Wohnungsumfeldverbesserung in bestehende Raum-Verhaltenseinheiten ein, ohne daß der tatsächliche Nutzen für die Bewohner prognostizierbar wäre. Was unter planerischen Gesichtspunkten eine Verbesserung zu sein scheint, kann für die derzeitigen Nutzer de facto Einschränkungen bedeuten. (Bsp.: Zusammenfassung von privat genutzten Kleingärten zu zusammenhängenden Grünflächen, Zerstörung von Nebengebäuden, die etwa zu Hobbyzwecken genutzt werden.)

- Ähnliches gilt für die einseitige Betonung baulich-räumlicher Maßnahmen (Entkernung und Begrünung der Blockinnenhöfe z.B.). Flankierende Maßnahmen im sozialen und kulturellen Bereich werden noch selten zugeordnet. Wohnungsumfeldverbesserung bleibt damit überwiegend auf eine quantitative Dimension (mehr Freifläche, mehr Blumenkübel, mehr Bäume, mehr Farbe) reduziert.

- Vor dem Hintergrund nachlassenden Umnutzungsdrucks in den innerstädtischen Altbaugebieten eröffnen sich möglicherweise Handlungsspielräume zur Erhaltung "eingewohnter" sozialer und räumlicher Nischen. Bei verringerter Gefährdung durch Verdrängungskonkurrenz könnten möglicherweise Initiativen der Quartiersbewohner aufgegriffen und mit ihnen gemeinsam weiterentwickelt werden.

- Grundsätzlich ist damit jedoch die Frage aufgeworfen worden, ob eine wirksame Verbesserung der Wohnverhältnisse in jenen innerstädtischen Altbaugebieten, die überwiegend von einkommensschwachen Bevölkerungsgruppen bewohnt werden, überhaupt ohne gezielte gruppen- und teilraumspezifische Nutzenumverteilung zu leisten ist. Ein Ansatz, der jedoch ohne veränderte Organisations- und Beteiligungsformen in der Stadtteilentwicklungsplanung kaum denkbar ist.

Zwischen den Polen Aufwertung und Verdrängung einerseits und Befriedung sozialräumlich Benachteiligter durch einige Trostpflaster im Wohnungsumfeld wäre dies ein gegen den Strom aktueller Wohnungsumfeldpolitik gerichteter Versuch.

Umfaßt ist hier ein ganzer Strauß von Fragen und inhaltlichen Teilaspekten, die in den folgenden Texten auf unterschiedliche Weise behandelt werden.

Wie bereits erwähnt, sind nicht einzelne Fragen jeweils bestimmten Beiträgen zuzuordnen. Insofern ist die Reihenfolge im folgenden nicht streng zu systematisieren.

Im fließenden Übergang zueinander lassen sich andeutungsweise folgende Orientierungspunkte in der Reihung der Texte benennen:

- Zu Anfang wird der aktuelle planungspolitische Hintergrund ausgeleuchtet, vor dem sich die Wohnungsumfeldverbesserung als Teilstrategie einer investitionspolitisch orientierten erhaltenden Stadterneuerung herausgeschält hat (PESCH und SELLE, ZIEROLD).

- Die Darstellung und kritische Einschätzung von Konzepten der Wohnungsumfeldverbesserung wird eingeleitet durch die Ergebnisse einer Planerbefragung (Querschnitt 1); hieran schließen drei Beiträge an, die die Verbesserung des Wohnungsumfeldes in den Zusammenhang übergreifender kommunaler Planungen stellen (DISTLER, SELLNOW, TOBER).

- Einzelfragen - Lagewertverbesserung, Betriebe im Wohnumfeld, Freiflächenerweiterung - sind Schwerpunkte - jedoch nicht ausschließlicher Gegenstand der folgenden Beiträge (KRETZSCHMAR, FIEBIG, KOHLBRENNER).

- Mit der Erweiterung von Freiflächen und der Verbesserung ihrer Nutzbarkeit als Ausgangspunkt wird zunächst nach dem Zusammenhang dieser Maßnahmen mit den Interessen und Bedürfnissen der Quartiersbewohner gefragt (OBERMAIER); die folgenden Beiträge greifen diese bewohnerbezogene Perspektive auf und übertragen sie in durchaus unterschiedliche planungspolitische Konzepte: von der kompensatorischen Planung zur "Nischenpolitik" im Windschatten wirtschaftlichen Wachstums (ZLONICKY, HELLWEG, BLASE und SCHROOTEN).

- Keine Zusammenführung der Einzelbeiträge wohl Hinweise auf Querverbindungen und Widersprüche enthält die Dokumentation von Ausschnitten einer Diskussion zwischen den Autoren dieses Bandes (Querschnitt 2) als (diesen Band) abschließender Beitrag.

- Viel weniger als dem Charakter eines Lesebuchs angemessen wäre sind in die Kette der "Fachbeiträge" Auseinandersetzungen mit dem Thema aus anderer Perspektive eingestreut (SCHNEIDER, BORKENAU).

Selbstverständlich ist das Spektrum der aufgeworfenen Fragen mit den hier zusammengefaßten Beiträgen nicht vollständig beantwortet: Grenzen, die die Lesbarkeit des Bandes ziehen, aber auch das Problem, - angesichts der jungen Diskussionsgeschichte zum Thema - mitwirkungsbereite Autoren zu finden, ließen es nicht zu, alle interessanten Aspekte zu behandeln. Insofern ist das Lesebuch unvollständig. Unvollständig - wo Vollständigkeit ohnehin nicht herzustellen war. Die Diskussion in dieser Ecke der Stadterneuerung entwickelt sich z.Zt. rapide. Wir selbst sind - der Band stammt konzeptionell noch aus 1976 - von dieser Entwicklung eingeholt worden. Insofern sind die hier zusammengestellten Beiträge – die durchweg Ende 1978, Anfang 1979 verfaßt wurden – aktuelle Diskussionsmaterialien, die zum eingangs erwähnten Zweck beitragen: Kenntnisaustausch, Querinformation, Nachdenken über Praxis kommunaler Stadterneuerung ....

Wir haben bei der Entstehung dieses Buches viel gelernt. Inhaltlich zunächst natürlich durch die Diskussion mit den Autoren. Aber auch, daß die Herausgabe eines solchen Bandes, die Kooperation mit zahlreichen verstreuten Teilnehmern und besonders die technische Fertigstellung eine kaum zu überschätzende Aufgabe darstellt. Wir möchten uns daher bei allen bedanken, die uns hierbei geholfen haben: bei Gisela Pohl, die trotz zahlreicher anderer Verpflichtungen das Typoskript besorgte, bei Doris Pesch für das Lay-Out der Bild- und Abbildungsseiten, bei Jürgen Classen und Meinhard Lemke für die zeichnerische Überarbeitung des Bildmaterials und natürlich bei den Autoren, die sich trotz diverser Rundschreiben, Aufrufe, Mahnungen und Vertröstungen nicht in ihrer Kooperationsbereitschaft haben beirren lassen.

(Die Herausgeber)

Peter Schneider
Blick aus dem Fenster

Ich versuche für einen Augenblick, den Augenschein zu beschreiben.

Wenn ich morgens den ersten Blick aus dem Fenster werfe, sehe ich keine Wäsche auf der Leine, keine Kinder auf den Balkons, keine Häuserwände, auf denen zehnmal mit roter Farbe steht Castro Mao Ho Chi Minh. Ich sehe das Gärtchen des Hausmeisters, den ich nicht kenne, den ich nur von seinen Schildern her kenne, Treppe sauberhalten, Tür verschlossen halten, hängt euch auf, frisch gebohnert.

Ich sehe das Gärtchen des Hausmeisters, das in lauter Rechtecke eingeteilt ist und so saubergehalten wird, daß nichts darin wächst. Ich sehe die zwei Meter hohe Mauer um das zwölf Meter große Gärtchen, und auf der Mauer sehe ich Glasscherben einzementiert zum Schutz gegen die Kinder der Nachbarn. Wenn ich von der Mauer weg über den Hof sehe, sehe ich eine zweite größere Mauer, ebenfalls mit Glasscherben bewaffnet, zum Schutz gegen die Kinder der Nachbarn. Wenn ich jetzt den ganzen Hof übersehe, sehe ich nicht die, gegen die die Mauern gebaut wurden. Ich sehe keine Kinder die Mauern stürmen, keine Söhne die Autos anzünden, keine Väter das Maschinengewehr holen und, von den Pfeilen ihrer Söhne getroffen, tot auf dem Asphalt zusammenstürzen. Ich sehe Autos auf dem Asphalt, die Leuten gehören, die sich nicht kennen, die ich nicht kenne, die nur ihre Autos kennen und sich nur von ihren Autos her kennen. Ich sehe Fenster, hinter denen Leute wohnen, die ich nur daher kenne, daß sie die Vorhänge zuziehen, wenn sie mich am Fenster sehen, und die mich nur daher kennen, daß ich die Vorhänge zuziehe, wenn ich sie am Fenster sehe. Abends sehe ich, wie sich diese Fenster manchmal öffnen und füllen mit dem Gesicht eines Menschen, der acht Stunden lang gearbeitet hat und zur Erholung aufpaßt, daß nichts geschieht. Und dies alles geschieht nicht mir, sondern uns allen.

Wenn ich auf die Straße hinaustrete, sehe ich keinen Verkehr zwischen den Leuten, keine Gruppen, die sich über die Zeitung unterhalten, es liegt kein Gespräch in der Luft. Ich sehe Leute, die so aussehen, als lebten sie unter der Erde und als wären sie das letzte Mal bei irgendeinem dritten oder vierten Kindergeburtstag froh gewesen. Sie bewegen sich, als wären sie von einem System elektrischer Drähte umgeben, das ihnen Schläge austeilt, falls sie einmal einen Arm ausstrecken oder mit dem Fuß hin und her schlenkern. Sie gehen aneinander vorbei und beobachten sich, als wäre jeder der Feind des anderen. Das ganze Leben hier macht den Eindruck, als würde irgendwo ein großer Krieg geführt und alle würden auf ein Zeichen warten, daß die Gefahr vorüber ist und man sich wieder bewegen kann ...

Nein. Auf diesen Straßen, auf diesen Balkons, an diesen Häusern, in diesen Fenstern sehe ich nichts, das irgendwie nach menschlichem Gebrauch aussähe. Diese Häuser sind nicht für die Bewohner da, sondern sie werden bewohnt von fremden Tapeten, Bildern, Möbeln und von Fernsehgeräten, die ihnen sagen, daß diese Tapeten, diese Möbel die richtigen sind. Die Straßen dienen nicht dem Austausch der Wünsche und Widersprüche der Menschen, sondern sie werden beherrscht von Autos, die ihre Fahrer werktags zur Stätte ihrer Ausbeutung bringen, um sonntags von ihnen repariert und geputzt zu werden. Die Leuchtschriften drücken nicht die Wünsche und Leidenschaften der Städtebewohner aus, sondern die von Osram, Siemens und AEG.

Wenn ich etwas anderes erleben würde, würde ich auch etwas anderes beschreiben. An mir liegt es nicht, wenn ich diese Straßen nicht mit einem Dickicht vergleiche, ich hätte schon genug Phantasie, in einer Prostituierten dieses Mütterliche zu entdecken, und wenn mich diese Stadt von einem neunzigsten Stockwerk aus an das Gerippe irgendeiner Seele erinnern würde, verlaßt euch darauf, mir würde das auffallen.

Franz Pesch & Klaus Selle
Entstehungszusammenhang und Bedingungen der Wohnungsumfeldverbesserung

Die gegenwärtig von Bund, Ländern und Kommunen einhellig vorangetriebenen Versuche, das Instrumentarium der erhaltenden Stadterneuerung durch gezielte, aus öffentlichen Haushaltsmitteln finanzierte Verbesserungen im Wohnungsumfeld abzurunden, stehen in der Kontinuität einer stetigen Verbreiterung und Differenzierung der Wohnungsbestandspolitik. Fragt man nach den Chancen und Risiken dieser aktuellen planungspolitischen Variante, so verblassen publizistisch wirkungsvolle Formeln wie die vom "Erholungsraum Stadt" alsbald zu ideologischen Etiketten. Hinter den wohlfeil dargebotenen Schlagworten freilich werden Bestimmungsmomente und Entstehungszusammenhänge deutlich, die eine Analyse notwendig, zugleich aber auch lohnend erscheinen lassen. Immerhin geht es ja um die Frage nach dem Nutzen und den Nutznießern umfangreicher staatlicher Subventionsprogramme. Wenn damit auch Richtung und Schwerpunkte unserer Überlegungen umrissen scheinen, so würde eine detaillierte Herleitung der Wohnungsumfeldpolitik aus den globalökonomischen und planungspolitischen Veränderungen Mitte der siebziger Jahre den Rahmen eines praxisorientierten Lesebuchs zweifellos sprengen.

Der folgende Beitrag verzichtet deshalb bewußt auf eine breite Darstellung der wirtschaftspolitischen Hintergründe. Die Ergebnisse einer ausführlichen Untersuchung zusammenfassend (vgl. PESCH 1979) beschränken wir uns diesbezüglich auf wenige einleitende Thesen. Im Mittelpunkt stehen folgende Punkte:

- Die Einengung planungspolitischer Handlungsspielräume durch strukturelle Probleme;
- die Wohnungsbestandspolitik als naheliegende Alternative zum Stadtumbau;
- die Erweiterung des bestandspolitischen Instrumentariums durch Wohnungsumfeld-Programme, und schließlich
- die Ziele und Wirkungen der sich abzeichnenden Wohnungsumfeldpolitik.

1. Veränderte Handlungsvoraussetzungen für die Stadterneuerung

In den zurückliegenden Phasen wirtschaftlichen Wachstums und expansiver Neubautätigkeit noch ein Bereich von eher peripherer Bedeutung, wird die Wohnungsbestandspolitik in der Rezession 1975/76 erheblich ausgeweitet. Zur Erklärung der Ursachen dieses Umschwungs reichen die sinkenden Wachstumsraten allein nicht aus. Entscheidend ist vielmehr eine spezifische Konstellation von konjunkturellen und strukturellen Krisenphänomene, durch die sich einerseits die globalökonomischen Handlungsspielräume verengen und andererseits traditionelle Aktionsfelder der antizyklisch und strukturpolitisch bestimmten Steuerung raumwirksamer Investitionen an Bedeutung verlieren.

Den Verlauf der Krise kennzeichnete eine bisher nicht in diesem Ausmaß bekannte Verbindung von sinkenden gesamtwirtschaftlichen Wachstumsraten und ungebrochener Preissteigerung (Stagflation). Bei einem relativ hohen Ausgangsniveau des jährlichen Preisauftriebs mußte eine weitere Staatsverschuldung die inflationäre Tendenz weiter verstärken. Hinzu kommt, daß die Kreditaufnahme der staatlichen Haushalte bereits zu einer spürbaren Belastung durch Zinsen und Tilgung geführt und die zur Krisensteuerung abzweigbaren Mittel stark beschnitten hatte. Zusammengenommen schränkten diese Restriktionen die Flexibilität der öffentlichen Haushalte erheblich ein und verhinderten eine gradlinige antizyklische Politik. Bezeichnend für diese Phase wirtschaftlicher Entwicklung ist ein ständiger Wechsel von konjunkturankurbelnden und preispolitisch dämpfenden Maßnahmen ("stop and go"). Unter diesen Bedingungen fehlte es an Ressourcen, um die bisherige, auf den Ausbau von Siedlungsschwerpunkten ausgerichtete staatliche Politik fortsetzen zu können. Warum und in welchem Maße sich gerade die Wohnungsbestandspolitik als Alternative zur bisherigen raumwirksamen Investitionspolitik darstellte, soll im folgenden geklärt werden.

1.1 Absatzprobleme auf dem Wohnungsmarkt

Ende 1974 standen nach der amtlichen Statistik in der Bundesrepublik 100 privaten Haushalten 98 Wohnungen zur Verfügung. Damit war nach Abschluß einer Phase expansiver Wohnungsbautätigkeit der statistische Gleichstand zwischen der Zahl der Wohnungen und der Zahl der Haushalte erreicht. Der zu diesem Zeitpunkt erreichte Abbau der globalen Versorgungsdefizite fiel zeitlich zusammen mit einer krisenhaften Veränderung am Wohnungsmarkt, die Prognosen über die zukünftige Entwicklung nachhaltig erschwerte. Eine zunehmend hypothetische Diskussion der Perspektive des Wohnungsbaus bot dementsprechend auch ein "mehr als verwirrendes Bild", wie PFEIFFER (1978, 4) feststellte. Ungeklärt war zunächst vor allem die für Wohnungswirtschaft und Wohnungspolitik gleichermaßen zentrale Frage, ob es sich bei den restriktiven Tendenzen um eine "vorübergehende Erscheinung im allgemeinen konjunkturellen Zusammenhang" handelte oder ob man künftig von völlig veränderten wohnungswirtschaftlichen Rahmenbedingungen ausgehen müsse (BARTHOLMAI/ULBRICH 1977, 782). Sichtbar wurden die Strukturverschiebungen auf dem Wohnungsmarkt zunächst an folgenden Phänomenen:

- Die Neubautätigkeit geriet in eine Absatzkrise. Besonders betroffen waren davon Wohnungen der Kategorie "Gehobener Standard". Ende 1973 standen nach Verlautbarungen des BMBau etwa 150.000 Wohnungen leer. Bis Mitte 1974 waren die Wohnungshalden mit 375.000 Leerständen auf mehr als das doppelte angewachsen.

- Parallel zu dieser Entwicklung ging die Zahl der Baugenehmigungen und Fertigstellungen im Wohnungsbau deutlich zurück. Nachdem die Wohnungsproduktion noch 1973 mit 714.200 fertiggestellten Wohnungen ihren Höchststand seit 1949 erreicht hatte, sank die Zahl der Fertigstellungen rapide und lag schließlich 1976 mit 392.400 sogar unter dem Niveau von 1951. Dieser Einbruch machte sich selbst im ansonsten recht krisenfesten Eigenheimbau bemerkbar.

Aus der Sicht der Wohnungsproduzenten mußte diese Lage bedrohlich erscheinen (HUMPERT 1977, 777). Konnten sie doch bislang von gesicherten Absatzchancen ausgehen, da Nachholbedarf und Wiederaufbau, Bevölkerungswachstum und steigende Anforderungen an Wohnfläche und Komfort eine ungebrochene Nachfrage zu garantieren schienen. Mit einem Mal überlagerten sich die restriktiven Faktoren und engten Handlungsspielräume und Verwertungsmöglichkeiten des Wohnungsbaukapitals ein.

Besonders einschneidend wirkte sich die Verteuerung der Wohnungsproduktion aus. WARTENBERG (1973, 30) spricht diesbezüglich von einer explosiven Kostensteigerung der Grundstücks- und Baupreise, die durch öffentliche Förderung kaum mehr wegsubventioniert werden kann. Von 1962 bis 1973 erhöhte sich der Baupreisindex von 100 auf 187,1; in den 60er Jahren lagen die jährlichen Preissteigerungen zwischen 3,4% und 5,3%; Spitzenwerte waren mit 15,9% im Jahre 1971 zu verzeichnen. Unter diesen Bedingungen mußte sich die Marktposition der Neubauwohnungen gegenüber den noch relativ kostengünstig produzierten Altbauwohnungen wesentlich verschlechtern. "Die Kostenmiete für eine Neubauwohnung (im Mehrfamilienhaus) liegt heute unter durchschnittlichen Verhältnissen etwa zwischen 12,-DM und 14,-DM je qm Wohnfläche monatlich, aber niemandem würde es einfallen, diese Miete zu verlangen, denn der Markt würde sie nicht hergeben. Im Bereich der freifinanzierten Wohnungen (Baujahre seit

1948) und Altbauwohnungen (Baujahre davor) gilt nach dem Miethöhe-Gesetz für die Mietenermittlung die unter der Neubaukostenmiete liegende ortsübliche Vergleichsmiete, (...)" (BELLEMANN 1977,811). In ihrem Jahresbericht 1976/77 kommt die Unternehmensgruppe "Neue Heimat" zu dem Ergebnis, daß dem Mietwohnungsneubau von der Kosten- und Mietstruktur her der Anschluß an den Markt verlorenging (Neue Heimat 1977, A36). So ist es eigentlich nicht weiter verwunderlich, daß der freifinanzierte Mietwohnungsbau praktisch zum Erliegen kam. Eine gewisse stabilisierende Wirkung konnte allenfalls von den Eigentumsmaßnahmen ausgehen.

Die Bewirtschaftungskosten blieben von diesen Entwicklungen nicht verschont. Die in der II. Berechnungsverordnung für den sozialen Wohnungsbau festgesetzten Instandsetzungspauschalen hatten ihren Orientierungscharakter eingebüßt. Denn nach verbreiteter Auffassung deckt sie die bei ordnungsgemäßer Bauunterhaltung anfallenden Kosten längst nicht mehr ab (BELLEMANN 1977,813).

Die Möglichkeit, die zur Deckung der sprunghaft gestiegenen Baukosten und laufenden Aufwendungen notwendigen Mieterträge im freifinanzierten Mietwohnungsbau zu realisieren, bestand kaum noch:

- bei bereits relativ gut mit Wohnraum versorgten einkommensstärkeren Nachfragern mußte mit steigenden Mieten die Übergangswahrscheinlichkeit von der Miete zum Eigentum wachsen,
- bei den noch stark unterversorgten einkommensschwachen Nachfragern reichte die Mietzahlungsfähigkeit einschließlich der staatlichen Subjektförderung (Wohngeld) nicht annähernd an das gestiegene Mietniveau heran.

Für die staatlich reglementierte Seite des Wohnungsmarktes, den öffentlich geförderten sozialen Wohnungsbau, läßt sich kein günstigeres Bild zeichnen. Die durchschnittlichen Gesamtkosten pro Wohnung haben sich von 1969 bis 1974 mehr als verdoppelt. In absoluten Zahlen stiegen sie in dieser Zeit von 64.4oo DM auf 129.1oo DM. Der Anteil der reinen Baukosten an den Gesamtkosten erreichte 1972 mit 73,8% seinen vorläufigen Höchststand. Dementsprechend erhöhte sich die Kostenmiete im sozialen Wohnungsbau in den 12 Jahren zwischen 1962 und 1974 von 3,4o DM auf 11,4o DM pro qm Wohnfläche.

Der Subventionsbedarf im sozialen Wohnungsbau stieg unaufhaltsam. Mit den im Jahre 1975 je nach Bundesland zwischen 3,75 DM und 4,75 DM je qm Wohnfläche betragenden Bewilligungsmieten ließen sich nur noch etwa ein Drittel der tatsächlich entstehenden Bau- und Bewirtschaftungskosten finanzieren. Die Differenz (1962 durchschnittlich etwa 1,53 DM/qm Wfl.; 1974 schon 7,28 DM/qm Wfl.) geht zu Lasten der öffentlichen Haushalte. Was dies de facto bedeutet, wurde vom Hamburgischen Bausenator BIALAS (1978,76) anschaulich beschrieben: "Die Sozialwohnung in Hamburg wird zu Beginn mit öffentlichen Baudarlehen mit 85% finanziert. Nur noch 15% sind keine öffentlichen Darlehen. Nehmen wir aber die Annuitätshilfen der nächsten 2o Jahre hinzu, dann überfinanziert die öffentliche Hand heute die Sozialwohnung mit 125%. Es wäre eigentlich viel billiger wir würden sie gleich voll finanzieren."

Gerade die seit 1967 im sog. zweiten Förderungsweg mit degressiv gestaffelten Aufwendungsbeihilfen geförderten Wohnungen versprechen ihren Nutzern kaum Vorteile. Wie u.a. von WINKLER (1975,594) aufgezeigt wird, führen der schrittweise Wegfall der staatlichen Subventionen und die steigenden Bewirtschaftungskosten zu beachtlichen Mietsprüngen, die das Förderungssystem des sozialen Wohnungsbau in letzter Konsequenz zur 'Sozialen Zeitbombe' geraten lassen. Ein Beispiel mag die Brisanz dieser Entwicklung veranschaulichen: "Eine 86 qm große Sozialwohnung für die der Mieter bei Bezug im vergangenen Jahr (1974) eine Kaltmiete von 313,9o DM (3,65 DM/qm) zu zahlen hatte wird ihn 1987 1.5o5,86 DM (17,51 DM/qm) kosten" (ebd.).

Der schrittweise Abbau der Förderung führt dazu, daß die älteren Finanzierungsjahrgänge ungeachtet gewisser Ausstattungsmängel und Alterungserscheinungen teurer vermietet werden müssen als gerade fertiggestellte Wohnungen. Eine 15 Jahre alte Wohnung kostet dann sicher mehr als das doppelte einer Neubauwohnung. Die Verzerrung des Mietgefüges im sozialen Wohnungsbau muß dessen Konkurrenzfähigkeit gegenüber freifinanzierten Wohnungen weiter verschlechtern. Kritiker sehen bereits "das Prinzip der Kostenmiete zusammenbrechen" (ADRIAN 1978, 4). Ganz gleich ob diese Prophezeiung in absehbarer Zeit eintritt oder nicht; zunächst resultieren aus der Finanzierung mit Aufwendungszuschüssen expandierende finanzielle Lasten für die öffentlichen Haushalte. ADRIAN (ebd.,5) berichtet, daß sich die jährlichen Ausgaben der Stadt Hannover für die Finanzierung des sozialen Wohnungsbaus zwischen 1971 und 1976 mehr als verdoppelt haben und die mittelfristige Finanzplanung 1978 bis 1982 von einer weiteren Steigerung der Jahresraten ausgeht.

Die beträchtlichen Mietsprünge bei auslaufender Förderung schließlich übersteigen zweifellos die finanzielle Belastbarkeit vieler Sozialmieter. Schon heute wendet die Stadt Hannover jährlich rd. 2 Mio.DM für Nachfinanzierung auf, um soziale Härten aufzufangen (ebd.,4). Aber erst in den 8oer Jahren wird das Ausmaß der Probleme sichtbar werden, wenn die Förderungsfristen im zweiten Förderungsweg erstellten Wohnungen in großem Umfang auslaufen (EICHSTÄDT 1978, 4). Dann wird sich nicht mehr allein die Frage des Härteausgleichs stellen, sondern die der Konkurrenzfähigkeit dieser Wohnungsbestände gegenüber den älteren freifinanzierten Wohnungen. Nachfinanzierungen werden dann schon deshalb notwendig sein, um die Sozialwohnungen überhaupt am Markt halten zu können.

Für die Wohnungswirtschaft gestaltete sich die Frage nach den zukünftigen Tätigkeitsfeldern mithin keineswegs offen. War die Senkung der Neubauproduktion unausweichlich gewesen, so schien eine dauerhafte Verminderung der Investitionstätigkeit nicht opportun:

- Zunächst war abzusehen, daß die Bundesregierung in Ermangelung greifbarer Alternativen an ihrer Absicht festhalten würde, die Wohnungswirtschaft zum investitionspolitischen "leading sector" aufzubauen, um damit bisher brachliegende binnenwirtschaftliche Nachfragepotentiale erreichen zu können (PFEIFFER zit.n.: LABINSCH 1978a). Daß solche Mietzahlungspotentiale tatsächlich vorhanden sind und in der Vergangenheit bereits abgeschöpft werden konnten, zeigt die Entwicklung der Mieten ganz deutlich. Von 1965 bis 1975 stiegen die Altbaumieten in der Bundesrepublik um durchschnittlich 135%, während die Steigerung bei öffentlich geförderten Neubauwohnungen nur 95% und bei freifinanzierten/steuervergünstigten Neubauwohnungen sogar nur 65% betrug (vgl. KEMPF 1979,38). Und das, obwohl gerade in diesem Zeitraum die Neubaukosten sprunghaft gestiegen sind. Unter diesen Umständen konnte sich die Wohnungswirtschaft sicher sein, auch weiterhin Ziel staatlicher Investitionen zu bleiben

- Wie andere Wirtschaftsunternehmen investieren auch die Wohnungsunternehmen die Abschreibungsgegenwerte in neue Projekte. Aus der expansiven Neubautätigkeit bis 1973 resultiert eine erweiterte Kapazität, die zwangsläufig verbunden ist mit einer Erhöhung des Umlaufvermögens. Ist den Wohnungsunternehmen bei stagnierender bzw. rückläufiger Neubauproduktion die Möglichkeit zur Anlage der abgeschriebenen Werte genommen, staut sich dieses Kapital auf Unternehmensseite. Dergestalt überkapitalisierte Wohnungseigentümer müssen schon im eigenen Interesse auf neue Verwertungsmöglichkeiten drängen. Diesem Bedürfnis kam die bis dahin wenig beachtete Wohnungsbestandspolitik entgegen. Spätestens mit der 1% Wohnungsstichprobe 1972 war deutlich geworden, daß mit dem statistischen Gleichstand zwischen Haushalten und Wohnungen keineswegs eine nur annähernd befriedigende Qualität des Wohnungsbestandes verbunden war. Legt man das Vorhandensein von Bad, innenliegendem WC und Sammelheizung als zeitgemäße Ausstattungsnorm zugrunde zeigen die Daten der GWZ '68 und der Wohnungsstichprobe 1972, daß trotz gewisser Verbesserungen ein erheblicher Modernisierungsbedarf zu verzeichnen ist. Hatten 1968 noch 70,2% der bewohnten Wohnungen keine entsprechende Vollausstattung aufzuweisen, so waren es 1972 trotz dieses Erfolges immerhin noch 58%. Man muß sich vergegenwärtigen, daß es sich dabei um rd. 12 Mio. verbesserungsfähiger Wohnungen handelt, von denen 94% ohne Sammelheizung, 31% ohne Bad und Dusche, 15% ohne WC innerhalb der Wohnung und 10% gänzlich ohne WC sind. Geht man von durchschnittlichen Modernisierungskosten von rd. 15.000 DM je Wohnung aus, könnte die Behebung dieser Ausstattungsdefizite ein Investitionsvolumen von rd. 180 Mrd. DM binden (ZSCHIRNT 1977,13). Wenn man berücksichtigt, daß bei einem Modernisierungsvorhaben i.d.R. auch Instandsetzungsarbeiten anfallen und in vielen Fällen weitergehende Wohnverbesserungen wie z.B. energieeinsparende Maßnahmen, Grundrißverbesserungen etc. realisiert werden, dürfte die Schätzung von ZSCHIRNT - wie er im übrigen selbst andeutet (ebd.) - noch relativ niedrig liegen; umso mehr, wenn man berücksichtigt, daß sich in der überwiegenden Zahl der Altbaugebiete auch das Wohnungsumfeld in verbesserungswürdigem Zustand befindet.

- Aus der Sicht der großen Wohnungsunternehmen konnte außerdem die Modernisierung ihres aus den 20er Jahren und der Nachkriegszeit stammenden Besitzes kaum länger aufgeschoben werden, da die ungenügende bautechnische Qualität und diverse Ausstattungsmängel die Vermietbarkeit der Altbauwohnungen trotz niedriger Mieten zunehmend gefährdeten. Hier wirkte sich die Tatsache aus, daß ein nicht geringer Teil der Mieterhaushalte aufgrund gestiegener Einkommen an Wohnwertverbesserungen interessiert und deshalb durchaus bereit war, dafür einen Umzug in Kauf zu nehmen. Diese Mietergruppen konnten - wenn überhaupt - nur über Modernisierungsmaßnahmen gehalten werden. Ihre Zahlungsbereitschaft stellte zudem eine gut erschließbare Ressource für die Umlage der Modernisierungskosten in Aussicht. Welches Gewicht gerade dieser Seite der Bestandsverbesserung beigemessen wird, geht z.B. aus einer Untersuchung hervor, die von der GEWOS (1974) im Auftrag der "Neuen Heimat" durchgeführt wurde. Neben einer Schätzung des gesamten Erneuerungsbedarfs im Wohnungsbestand des Unternehmens sollte die Studie klären, wie Diskrepanzen zwischen der im Modernisierungsfall erforderlichen und der tatsächlich vorhandenen Mietzahlungsbereitschaft "korrigiert" werden können. Erwogen wurden dabei neben der Inanspruchnahme öffentlicher Subjekt- und Objektförderung auch einmalige Zahlungen der Bewohner ("Mieterdarlehen").

Was hier am Beispiel der "Neuen Heimat" deutlich wird, dürfte für weitaus größere Bereiche der privaten und gemeinnützigen Wohnungswirtschaft zutreffen: Die veränderten Rahmenbedingungen der Bau- und Investitionstätigkeit auf dem Wohnungssektor traf sie nicht unvorbereitet, zumal sich der Übergang zur Bestandspolitik keineswegs so abrupt vollzog, wie es die wohnungspolitischen Schlagworte glauben machen. MROSEK (1972,268f.) hat bereits in den 60er Jahren einen Anstieg der Modernisierungstätigkeit bei den gemeinnützigen Unternehmen festgestellt, den er als "Substitutionseffekt" gegenüber der abnehmenden Neubautätigkeit wertet. Er folgert: "Die Akzente im wohnungs- und baupolitischen Aufgabenkatalog haben sich merklich von der quantitativen zur qualitativen Seite verschoben. Schlagworte wie Stadt- und Dorferneuerung, Sanierung, Instandsetzung und Modernisierung kennzeichnen grob die Probleme und Aufgaben, denen heute die Wohnungswirtschaft, private Hauseigentümer, Architekten, die Bauwirtschaft und wohnungs- und städtebaupolitisch Verantwortliche gegenüberstehen" (ebd., 1). Insofern brauchte mit der verstärkten Reinvestitionstätigkeit in den Altbaubesitz kein Neuland beschritten werden. Es galt vornehmlich vorhandene Ansätze auszubauen und weiterzuentwickeln. Die in den technischen und wirtschaftlichen Abteilungen der großen Wohnungsunternehmen vorhandenen Erfahrungen verschaffen ihnen zugleich einen gewissen Vorsprung gegenüber den kleinen Privateigentümern.

Auch auf Bundes- und Länderebene ging es nur noch darum, z.T. bis in die 5oer Jahre zurückreichende partikulare Förderungsansätze zu bündeln und mit erweitertem Finanzvolumen auszustatten, so daß auch von der organisatorischen Seite günstige Bedingungen für die Wohnungsbestandspolitik vorhanden waren.

1.2 Stagnation des Stadtumbaus

Beginnend etwa Mitte der 6oer Jahre rücken nach Abschluß der Wiederaufbauphase zunehmend Stadtumbaumaßnahmen ins Zentrum planungspolitischer Aktivitäten. Für Einleitung und Abwicklung dieser Maßnahmen steht seit 1971 mit dem Städtebauförderungsgesetz ein besonderes planungsrechtliches Instrumentarium zur Verfügung, das Sanierungsmaßnahmen definiert als Maßnahme "zur Beseitigung städtebaulicher Mißstände" (§ 1 Abs. 2 StBauFG). Als Kriterien für die Sanierungsbedürftigkeit nennt das Gesetz (§ 3 Abs. 3 StBauFG):

- Mängel in Belichtung, Besonnung und Belüftung, in der baulichen Beschaffenheit der Gebäude, der Erschließung, der Grundstücksnutzung sowie der Immissionsbelastungen.

- Mängel in der Funktionsfähigkeit eines Gebietes hinsichtlich seiner Versorgungsaufgaben im Verflechtungsbereich, seiner verkehrsmäßigen Erschließung sowie seiner infrastrukturellen Ausstattung.

Die ersten Entwürfe zum StBauFG kannten zunächst nur Substanzmängel als Sanierungstatbestand. Die mit dem Gesetz formal und inhaltlich reglementierte Intervention sollte allein der Korrektur des durch die zwangswirtschaftlichen Bindungen der Nachkriegsjahre angegriffenen Wohnungsmarktes dienen. Erst in der Folge der Rezession wurde 1968 die "Funktionsschwäche" eines Gebietes als zusätzlicher Sanierungstatbestand eingefügt. Was darunter zu verstehen war, ist in der Begründung zum Entwurf des StBauFG von 1968 unmißverständlich dargelegt: "Die Dienstleistungsbetriebe suchen und finden ihre Standorte vorwiegend in den Städten und innerhalb der Städte in den Stadtkernen. Hier konzentrieren sich mehr und mehr die höchsten Dienstleistungen. Die Betriebe beanspruchen neuere und grössere Flächen. Der Bedarf ist oft nur dadurch zu befriedigen, daß die Unternehmen auf angrenzende, d.h. citynahe Wohngebiete ausweichen. (...) Die Vermehrung der Arbeitsplätze im tertiären Sektor, der Dienste leistenden Berufe sowie die Zunahme der Verkehrsvorgänge treffen auf Stadtstrukturen die den an sie gestellten Anforderungen nicht gewachsen sind. Im Ergebnis führen diese Vorgänge zu einer Überlastung und damit einer wachsenden Funktionsschwäche der Stadtkerne. Sie sind nicht mehr in der Lage, den vermehrten und verschiedenartigen Aufgaben zu genügen, die ihnen nach ihrer Lage und Funktion innerhalb der Gemeinde oder nach der wirtschaftlichen, sozialen und kulturellen Bedeutung der Gemeinde im Verflechtungsraum zufallen. Die Beschleunigung, mit der sich die Strukturveränderungen vollziehen, zwingt deshakb zu rechtzeitigen, planmäßigen und nachhaltigen Bemühungen um eine städtebauliche Erneuerung" (BR-Drucksache 53o/68, 3of.).

Hinter dem Begriff Funktionssanierung steht als eigentlicher Motor des substanzverzehrenden Stadtumbaus die Zentralisierung des tertiären Sektors. Unter den Bedingungen eines -

- auch durch Konjunkturzyklen - zunächst nicht gefährdeten wirtschaftlichen Wachstums reichten die in den historisch gewachsenen Zentren verfügbaren Flächen für tertiäre Nutzungen auch bei intensivster Nutzung der bebaubaren Grundstücke nicht mehr aus. Die wachsenden tertiären Flächenansprüche einschließlich des daraus resultierenden Verkehrsaufkommens konnten nur durch eine räumliche Ausdehnung der Stadtzentren erfüllt werden. Aus dem Erweiterungsbedarf von Handel, Banken und Versicherungen resultierte folglich ein Investitionsdruck, der in den Altbaugebieten zu einer steigenden Differenz zwischen Grundrente und den Erträgen aus der Wohnnutzung führte. Unter marktwirtschaftlichen Bedingungen mußte diese Entwicklung eine Umnutzung der am Cityrand liegenden Altbaugebiete geradezu herausfordern, zumal die substanzbezogenen und wohnhygienischen Sanierungskriterien des StBauFG dort in aller Regel erfüllt waren. Denn durch Desinvestition und gezielte Überbelegung, die auch in der planungsbedingten Interimsperiode zwischen der spekulativen Vorwegnahme der Umnutzung und ihrer baulichen Realisierung die Erträge möglichst stabil halten sollten, beschleunigten die Eigentümer selbst den Verfall der Altbausubstanz (vgl. ERLINGER/GSCHWIND 1975,19). Als Kehrseite dieses Prozesses sammelten sich in den Cityrandgebieten einkommensschwache und randständige Bewohnergruppen.

Entstehungsbedingte Mängel der Bausubstanz, unterlassene Instandsetzung und Veränderungen der Sozialstruktur verschafften den Sanierungsmaßnahmen genügend Legitimität, um die ökonomisch verursachten Umstrukturierungen abzusichern. Dabei überschnitten sich alte Mißstände mit neuen Verwendungsintentionen und verhalfen letzteren zum Durchbruch (SCHLANDT 1974,155). Im Konfliktfall konnten sich die für Flächensanierung eintretenden lokalen Interessengruppen durchaus auf offizielle Verlautbarungen z.B. der MKRO berufen, die am 2.6.1971 vorgeschlagen hatte, bei der Auswahl von Sanierungsmaßnahmen jenen Vorrang einzuräumen, "die den größten Strukturverbesserungseffekt aufweisen" (zit.bei KRÖNING/MÜHLICH-KLINGER 1975,3o). Folgerichtig kommt eine Querschnittsauswertung der vom Bund in den letzten Jahren geförderten Sanierungsmaßnahmen zu dem Ergebnis, daß die Funktionssanierung "ein eindeutiges Übergewicht hat" (Städtebaubericht 1975, 69; vgl.auch KRÖNING/MÜHLICH-KLINGER 1975,31).

Begünstigt wird die Flächensanierung der innerstädtischen Altbaugebiete durch das Finanzierungssystem des StBauFG, das in hohem Maße auf die private Investitionsbereitschaft abstellt: "Für Privatinvestitionen bieten sich am ehesten Ansätze dort, wo städtebauliche Strukturen unter einem räumlichen und ökonomischen Veränderungsdruck stehen und kommunale Versorgungsfunktionen im öffentlichen und privaten Dienstleistungsbereich entwickelt werden" (Städtebaubericht 1975,69). So diente die mit hohem Aufwand betriebene Koordination und Synchronisation öffentlicher und privater Investitionen vornehmlich dem Zweck, die Entwicklungsschranken der bauwilligen tertiären Kapitale zu beseitigen.

Soweit die Verzahnung von staatlicher Steuerung und Kapitalverwertung auch gediehen schien, so schwierig gestaltete sich die intendierte Lenkung der baulich-räumlichen Entwicklung auf der kommunalen Ebene. Trotz eines elaborierten und weitgehenden Eingriffsrechten ausgestatteten Instrumentariums gestaltete sich der Umbau der Innenstädte in der Praxis von Anbeginn schwierig. Dies aus mehreren Gründen: Zu kostspieligen Verzögerungen des Sanierungsablaufes kam es in vielen Gebieten mit atomistischer Eigentumsstruktur. Wenn es nicht schon im Vorfeld der Sanierung gelungen war, das benötigte Bauland in einer oder wenigen Händen zu konzentrieren, erwies sich der Grunderwerb als problematisch wie SCHLANDT (1974,141f.) am Beispiel der westberliner Gebietssanierungen aufzeigt: Nachdem die Grundstücke der veräußerungswilligen Eigentümer von der Kommune oder einem beauftragten Sanierungsträger erworben worden waren, verzögerten die übrigen Eigentümer durch Desinteresse oder überhöhte Preisvorstellungen das Verfahren so sehr, daß nur selten das Gebot der zügigen Durchführung der Sanierung (§ 5 Abs. 2 StBauFG) eingehalten werden konnte. Zwar steht den Gemeinden gerade im Verfahrenskontext des StBauFG mit Umlegung, Vorkaufsrecht, gemeindlichem Grunderwerbsrecht und den besonderen Vorschriften über die Enteignung ein ausdifferenziertes bodenordnerisches Instrumentarium zur Verfügung, dessen gebündelte Anwendung blieb jedoch Ausnahme. Gebunden an ein Planungsrecht, in dessen Systematik der Planungsvorbehalt stets gegenüber eigentumsrechtlichen Garantien legitimiert werden muß, waren die Gemeinden zu sehr auf ein "gutes Klima" im Gebiet angewiesen, als daß sie es sich leisten konnten, beliebig in bestehende Eigentumsverhältnisse einzugreifen. Selbst wenn sie sich zu solch rigiden Maßnahmen entschlossen hätte, wäre bei der relativ großen Zahl zeitraubender Gerichtsverfahren wohl kaum eine Beschleunigung der sanierungsvorbereitenden Ordnungsmaßnahmen zu erwarten gewesen. Folglich verzichteten die Kommunen in aller Regel trotz vorhandener Rechtsmittel auf massive Eingriffe zu Lasten privater Grundeigentümer. Die Konsequenzen dieser grundsätzlichen Probleme faßt SCHLANDT (1974, 153) wie folgt zusammen: "Durch die Festlegung total zu sanierender Areale im Stadtgebiet, durch die Konzentration des gesamten Sanierungspotentials auf diese eingegrenzten Flächen, durch die sich daraus ableitende Notwendigkeit, hier fast sämtliche Grundstücke aufzukaufen, entstand eine Situation, in der sich die Monopolstellung des Grundeigentums sich desto stärker auswirken mußte, je weiter die Aufkäufer kamen. Preisforderungen, die sich über die Preise vergleichbarer Objekte außerhalb des Sanierungsgebietes erhoben, waren unter diesen Umständen unvermeidlich. Wurden sie nicht gezahlt, zögerten lange Verhandlungen den Prozeß hinaus."

Bei weitgehendem Verzicht auf direktive Eingriffe in private Eigentumsverhältnisse, mußten die finanziellen Anreize an Bedeutung gewinnen. Noch bevor es zur Neubebauung eines förmlich festgelegten Sanierungsgebietes kommt, entstehen u.a. durch die vorbereitenden Untersuchungen, den Umzug von Bewohnern und Betrieben, Abrißmaßnahmen erhebliche finanzielle Lasten, die als unrentierliche Kosten der Eigentümer, Betriebsinhaber etc. aus Sanierungsförderungsmitteln zu bezahlen sind. Eine Vorstellung über die daraus resultierende Belastung der öffentlichen Budgets läßt grob aus einem von BECKER u.a. (zit. bei EHRLINGER/GSCHWIND 1975, 4) angestellten Querschnittsvergleich zwischen 34 Sanierungsmaßnahmen gewinnen: Danach schwankt der Anteil der unrentierlichen Kosten an den Gesamtkosten einer Sanierungsmaßnahme zwischen 5% und 88% und liegt im Durchschnitt bei 56,4%. Da die Kommunen zu einem Drittel an der Finanzierung der unrentierlichen Kosten beteiligt sind, liegt es nahe, daß sie bei eingeschränkten fiskalischen Möglichkeiten bemüht sind, die Grenzen der Durchführungseinheiten möglichst eng zu ziehen, um die Belastungen ihres eigenen Haushaltes niedrig zu halten. Dieses Bemühen kennzeichnet z.B. auch die Stadterneuerungspolitik der Stadt Stuttgart, deren förmlich festgelegte Sanierungsgebiete nur jeweils Flächen zwischen 1,2 und 2,1 ha umfassen (ebd.).

Bei nachlassendem tertiären Umnutzungsdruck mußten sich diese Probleme zu handfesten Restriktionen auswachsen. Die seit 1969 im Bereich Handel verstärkt einsetzende Rationalisierung und die zunehmend geringere Investitionsneigung in der Rezession führten Mitte der siebziger Jahre zu einem Rückgang der Nachfrage nach innerstädtischen Laden- und Büroflächen. Obwohl das Ende der Cityexpansion nicht alle Stadtzentren gleichermaßen erfaßte, sondern - bei genauerer Betrachtung - in eine lediglich gebremste Überzentralisierung einiger Oberzentren und eine nachhaltige Stagnation der nachrangigen Zentren zerfällt (HELLWEG 1978a, 14), schlägt diese Entwicklung schnell auf die Durchführung von Sanierungsmaßnahmen durch. Anfang 1975 vermerkte die Bauwelt (H.1,3): "Obgleich durch das StBauFG begünstigt, werden Flächensanierungen von zahlreichen Gemeinden vor allem deshalb nicht mehr durchgeführt, weil die Vermietung und der Verkauf der zu errichtenden Neubauten auf Grund der hohen Bodenpreise und der schlechten Absatzlage ein zu hohes Risiko darstellen."

Nicht unerwähnt bleiben sollte in diesem Zusammenhang die Tatsache, daß die Flächensanierung zu tiefgreifenden Legitimationsdefiziten der Stadtparlamente und Kommunalverwaltungen geführt hat. Konnte der Stadtumbau seine Legitimation anfänglich noch aus den - die ökonomischen Hintergründe verdeckenden - wohnhygienischen und substanzbezogenen Sanierungstatbeständen beziehen, so zeigten bereits die ersten realisierten Maßnahmen die Tragweite dieser Politik. Um Entwicklungsschranken für die bauwilligen tertiären Kapitale zu beseitigen, wurden in großem Umfang mietgünstige Altbauwohnungen vernichtet und Betriebe des differenzierten sekundären Sektors ausgelagert. Die einkommensschwachen Bewohner und Gewerbetreibenden unterlagen im Verdrängungswettbewerb um die günstig gelegenen cityperipheren Standorte. Ganz gleich, ob sich sanierungsbedingte Verdrängung der Bewohner als "freiwilliger" Umzug im Vorfeld der Sanierung oder als administrativ angeordnete Umsetzung vollzog ergeben sich aus ihr z.T. irreparable materielle und psychosoziale Verluste (vgl.u.a. TESSIN 1977). Für viele betroffene kleine Gewerbebetriebe gilt entsprechendes. Entweder sie wurden bereits vor Beginn der Ordnungsmaßnahmen (qua Einsicht) zur Aufgabe gezwungen oder sie scheiterten bei dem Versuch, am neuen Standort mit in aller Regel erhöhten fixen Produktionskosten Fuß zu fassen.

Der Teil der Betroffenen, dem es auch mit Umgewichtungen des Haushaltsbudgets und unter Verzicht nicht gelang in Neubauwohnungen unterzukommen, steht schließlich nur noch der Weg in noch nicht sanierte Altbaugebiete offen. Vorsorglich ins StBauFG eingebaute Beteiligungsverfahren, Härteausgleich und Sozialplan erwiesen sich gegenüber Sanierungsfolgen als nicht ausreichend. Um die sanierungsbedingten Verschlechterungen ihrer Lebensbedingungen abzuwenden sammelten sich die Betroffenen z.T. spontan in Arbeiter- und Bürgerinitiativen und setzten sich entschlossen zur Wehr (vgl. u.a. WAWRZYN/KRAMER 1974). In den eskalierenden Konflikten wurden Fehlleistungen der Administration ebenso schonungslos aufgedeckt wie die ökonomischen Ursachen des Stadtumbaus. Sanierung wurde zum Synonym für Stadtzerstörung. Für Kommunalpolitiker und planende Verwaltung wurde es in dieser Situation dringend notwendig, Legitimität für ihr stadtplanerisches Handeln zurückzugewinnen. In einer durch schrumpfende kommunale Budgets und versiegende private Investitionen gekennzeichneten Periode städtischer Entwicklung fiel die Revision der wachstumsorientierten Ziele allerdings nicht weiter schwer.

Unter den veränderten ökonomischen Rahmenbedingungen lag ein Rückgriff auf die wohnungswirtschaftlichen Anfänge der Sanierungsdiskussion nahe. Denn die Funktionsschwächesanierungen hatten nur insoweit zur Stabilisierung des Wohnungsmarktes beitragen können, als sie den preiswerten innerstädtischen Altbauwohnungsbestand durch Abriß dezimierten und die Nachfragesituation verschärften. In den nicht sanierten Gebieten führten Umnutzungserwartung oder Ungewißheit über die zukünftige Entwicklung zu Desinvestitionen und Überbelegung mit der Folge, daß diese Gebiete dann ebenso in den "Strudel" beschleunigten Verfalls gerieten, wie vordem die förmlich festgelegten Sanierungsgebiete. So paradox es auch klingen mag, die weit über die eigentlichen Sanierungsgebiete hinausgreifende Desinvestition brachte - als Nebenprodukt der Stadtumbaumaßnahmen - auch ihre eigenen Slums hervor (SCHLANDT 1974, 153). Die Beseitigung innerstädtischer Funktionsschwäche wurde somit bezahlt mit einer beschleunigten Verschlechterung des Wohnungsbestandes, verbunden mit einem erheblichen Verlust an preiswertem Wohnraum in durchaus noch gebrauchsfähigen Altbauten. Wenn aber mit den Ergebnissen der Flächensanierung die ursprünglichen wohnungswirtschaftlichen Ziele des StBauFG geradezu ins Gegenteil verkehrt worden sind, mußte das Interesse nach Marktkorrektur im Bereich des Altbaubestandes nach wie vor bestehen.

Das offenkundige Bestreben des Wohnungsbaukapitals, die Modernisierung des Althausbestandes voranzutreiben, erleichterte es den politisch Verantwortlichen, den Forderungen der lokalen Oppositionsbewegungen "nachzugeben" und ebenfalls für die erhaltende Erneuerung einzutreten, zumal damit zugleich auch die strapazierten öffentlichen Haushalte entlastet werden konnten. Im Vergleich zur Flächensanierung reduzierten sich die übernahmepflichtigen Kosten im Rahmen der Modernisierung erheblich, da ein Teil der bisher ins Gewicht fallenden unrentierlichen Kosten erst gar nicht entstand (z.B. Kosten für die Beseitigung der Wohnbausubstanz) und ein weiterer Teil sich auf modernisierungswillige Eigentümer aufteilte (z.B. Instandsetzung, umlagepflichtige Erschließungskosten). An diese haushaltsmässige Entlastung gekoppelt ist ein instrumenteller Rückzug. Koordination und Bündelung der Investitionen werden zurückgeschraubt zugunsten einer flexiblen subsidiären Intervention (vgl. Abschnitt 2.1).

1.3 Selektive Abwanderung aus den Innenstädten

Der Übergang "von der Krise der Stadt zur Stadt in der Krise" (HELLWEG 1978a) spiegelt sich in den Schlagzeilen. War es Anfang der siebziger Jahre noch die "Zerstörung der Innenstädte", die an den Pranger gestellt wurde, so steht Mitte der siebziger Jahre die "Stadtflucht" im Brennpunkt öffentlichen Interesses. Vor dem Hintergrund verschiedener Wohnungsmarktanalysen schrieb AFHELDT (1976, 34o): "Politiker und Planer sind zunehmend beunruhigt über die Bevölkerungsverluste zunächst der Stadtkerne und nun auch der Kernstädte fast aller großen Stadtregionen und Verdichtungsräume in der Bundesrepublik. Seitdem der stete Ausländerzustrom der vergangenen Jahrzehnte plötzlich versiegt - oder sogar ins Gegenteil umgeschlagen - ist, wurde ein Phänomen überdeutlich, das schon seit langem bestand: Der Exodus der wohlhabenden Schichten aus den Kerngebieten ins Umland." In welchem Maße dieser - in Anlehnung an die angelsächsische Terminologie - auch als Suburbanisierung bezeichnete Prozeß die kommunalpolitische Diskussion der letzten Jahre beherrscht zeigen u.a. das Motto der 13. Kommunalpolitischen Bundesfachkonferenz der SPD "Schrumpfen sich unsere Städte krank?" oder die Zielsysteme vieler kommunaler Entwicklungspläne, die den Kampf gegen die Abwanderung zur zentralen Aufgabe erheben.

Für das Verständnis dieses Phänomens weit wichtiger als globale Bilanzen sind Kenntnisse über die Struktur des Wanderungsprozesses. MEUTER (1977, 1o) hat mehrere regionale Wohnungsmarktanalysen unter diesem Gesichtspunkt ausgewertet. Die nach Gebietstypen aufgeschlüsselten Ergebnisse, zu denen er dabei kommt, sollen im folgenden - mit einigen Ergänzungen - kurz dargestellt werden:

- Altersstruktur: Zu- und Abwanderer gehören vorwiegend den jüngeren Bevölkerungsgruppen unter 45 Jahren an. Während bei den Zuwanderern die Altersgruppe der 18- bis 3o-Jährigen klar dominiert (z.B. Hannover 49%; vgl. DECKERT 1978, 62), überwiegt bei den Abwandernden die Gruppe der 3o- bis 45-Jährigen. Soweit ältere Einwohner, insbesondere über 65-Jährige, an den Wanderungsbewegungen beteiligt sind, werden überwiegend Wohnstandorte im Umland aufgesucht.

- Haushaltsgröße: Überproportional vertreten sind bei Zu- und Abwandernden die 1- bis 3-Personen-Haushalte, die z.B. in Hannover 82% bzw. 84% erreichen (ebd., 62). Dabei läßt sich bei den Zuwandernden ein gewisser Überhang auf Seiten der 1- bis 2-Personen-Haushalte und bei den Abwandernden auf Seiten der 2- bis 3-Personen-Haushalte feststellen. Es sind vorwiegend Familien mit Kindern, die ins Umland abwandern. Junge 1-Personen-Haushalte hingegen tendieren zu einem Wohnstandort in der City, während junge 2-Personen-Haushalte Cityrandgebiete bevorzugen.

- Sozialstruktur: Bei den abwandernden Haushalten sind Angehörige der Mittelschicht eindeutig überrepräsentiert. In Hamburg liegt ihr Anteil bei 60%. Ihr durchschnittliches Einkommen liegt dort rd. 500 DM über dem der Zuwanderer aus dem Umland. Personen und Haushalte mit niedrigem beruflichen Qualifikationsniveau und Einkommen suchen sich hingegen eher eine Wohnung innerhalb der Kernstädte, woraus sich der festgestellte Zuwachs der Angehörigen der unteren Unterschicht in den Cityrandgebieten erklären dürfte.

Im Hinblick auf die Konsequenzen der Randwanderung ist es vor allem die Selektivität der Wanderungsbewegungen, die den Kommunalpolitikern und Stadtplanern bedrohlich erscheint. Ohne damit unzulässig zu vereinfachen kann man sagen, daß die ins Umland abwandernden Haushalte vom Durchschnitt der städtischen Bevölkerung abweichen. Sie sind im Durchschnitt jünger und besser qualifiziert, ihre Erwerbsquote und ihre Einkommen sind höher (ebd., 61). Sie kommen mehrheitlich aus den Innenstadtrandgebieten, deren ohnehin schon von überdurchschnittlichen Anteilen an Alten, Alleinstehenden, Arbeitern und Ausländern geprägte Sozialstruktur sich folglich noch weiter vom Idealtyp einer ausgeglichenen Bevölkerungszusammensetzung entfernt.

Die negativen Wanderungsbilanzen und die rückläufigen Bevölkerungszahlen der Innenstädte und ihrer Randgebiete kennzeichnen deshalb nur eine Dimension des hier behandelten Problems. Denn nur ein Teil der von den abwandernden Personen und Haushalten aufgegebenen Wohnflächen wird nicht wieder besetzt (z.B. beim Auszug aus der elterlichen Wohnung oder bei Umnutzung) während die Masse der Wohnungen erneut belegt wird. So ermöglichen die zentrifugalen Wanderungsbewegungen weitere Umzüge aus dem Umland in die Innenstädte und vor allem auch zwischen innerstädtischen Wohnstandorten oder sie lösen sie sogar aus. Diese Umzugskette führt insgesamt zu einer Verschärfung der traditionellen sozialräumlichen Segregationsmuster:

- In den Innenstädten und lagegünstigen Innenstadtrandgebieten sammeln sich einkommensstärkere 1- und 2-Personen-Haushalte in gut ausgestatteten Kleinwohnungen.

- In den abwanderungsbetroffenen Innenstadtrandgebieten setzt sich der Konzentrationsprozeß sozial und ökonomisch benachteiligter Bevölkerungsgruppen fort. Bei einem zunehmenden Teil der zuwandernden Haushalte handelt es sich um erzwungene Mobilitätsfälle (z.B. Modernisierungsverdrängte aus lagegünstigen Altbaugebieten); durch ihre vergleichsweise geringe Reichweite zwischen Wohnstandort und Arbeitsplatz (KAISER zit.n. BAEHR u.a. 1977,78) sind sie weiterhin auf das innerstädtische Wohnungsangebot angewiesen, es sei denn sie wechselten zugleich den Arbeitsplatz.

- Bei Fortsetzung des Trends spricht einiges dafür, daß diese preiswerten, mäßg ausgestatteten und leidlich instandgehaltenen Wohnungsbestände durch abgängige Bausubstanz und Modernisierung weiter dezimiert werden. Eine wachsende Zahl von Haushalten auf dem niedrigsten Einkommensniveau wird sich dann auf den lokalen Wohnungsmärkten nicht mehr behaupten können und in ein soziales Randgruppendasein in "Inseln der Armut" (GALBRAITH) verwiesen, die sich zunehmend auch in den "grey belts" (Grauzonen) der Städte herausbilden (vgl. VASKOVICS 1976, 39 ff.).

Als Resultat der selektiven Randwanderung und der durch sie beschleunigten innerstädtischen Umschichtungsprozesse ist zu erwarten, daß sich die zunächst durch Wachstum und Zentralisierung des tertiären Sektors bestimmte Polarisierung städtischer Teilräume über die selektiven Bevölkerungsverluste weiter fortsetzt und verstärkt.

Die in aller Regel vergrößerten Distanz zum Arbeitsplatz und zum Stadtzentrum schlägt sich auf Seiten der abwandernden Haushalte in einem erhöhten Weg-/Zeitaufwand nieder. Da zur Überwindung der größeren Distanzen überwiegend auf private PKW zurückgegriffen wird, führt die Verlagerung der Wohnstandorte ins Umland zwangsläufig zu einer Steigerung des Verkehrsaufkommens. HEUER/SCHÄFER (1978,2of.) berechnen für die bundesdeutschen Großstädte zwischen 1961 und 1970 eine Zunahme der Berufseinpendler um 26,8%. In München lag die Steigerungsrate sogar bei 40,8%, das sind absolut 39.397 Einpendler mehr. Im gleichen Zeitraum stieg der Anteil der Einpendler, die ihr privates Kfz benutzten von 30% auf 55%. Da ein großer Teil der Einpendler in den Innenstädten arbeitet, werden vom gestiegenen Verkehrsaufkommen wiederum die Innenstadtrandgebiete in Mitleidenschaft gezogen, wodurch der Trend zur Randwanderung noch verstärkt werden könnte. Die Kommunen sehen sich der Aufgabe gegenüber, den wachsenden Ansprüchen an das Verkehrsnetz durch Ausbau von radialen Haupterschließungsstraßen, Tiefgaragen und Parkhäusern nachzukommen, auch auf die Gefahr hin, damit noch weitere Einpendler zu veranlassen, auf das eigene Fahrzeug umzusteigen.

Besonders gravierend und nachhaltig können sich Wanderungsverluste und sozio-strukturelle Umschichtungen auf die Auslastung der Infrastruktur auswirken. Von den quantitativen und qualitativen Nachfrageverschiebungen unmittelbar betroffen sind nach Untersuchungen von EPPING (zit.nach BAEHR u.a. 1977,125) Schulen, Anlagen und Einrichtungen der Kinder- und Jugendbetreuung, Sportanlagen sowie Anlagen und Einrichtungen der Altenpflege. Die Situation der Innenstädte und Innenstadtrandgebiete ist im Detail von folgenden Entwicklungen gekennzeichnet:

- Die Nachfrage nach Einrichtungen der unmittelbar wohnungsbezogenen Infrastruktur für Kinder und Jugendliche ist rückläufig. Dabei überlagern sich Folgewirkungen der Randwanderung und absinkende Geburtenraten. Die genannten Entwicklungstendenzen treffen die abwanderungsbetroffenen Gebiete besonders stark, da die fruchtbaren jüngeren und mittleren Altersgruppen entweder bereits überproportional an der Randwanderung beteiligt sind oder sich im Falle einer Haushaltsvergrößerung den zentrifugalen Wanderungsströmen anschließen werden.

- Die Versorgungslage in den Zuzugsgemeinden ist ebenfalls kritisch. Denn ihnen erwächst aus der Altersstruktur der zuwandernden Haushalte ein zusätzlicher Bedarf an Kindergärten- und Schulplätzen, tendenziell auch an Sportanlagen und kulturellen Angeboten.

Insgesamt führen die beschriebenen kleinräumigen Wanderungsbewegungen zu einem beträchtlichen Problem bei der Infrastrukturauslastung und -versorgung.

Auf Seiten der Kommunen und sonstigen Infrastrukturträger resultieren aus der ungleichgewichtigen Infrastrukturauslastung beachtliche finanzielle Lasten. Eine Vorstellung über die Größenordnung der an den "falschen Ort" gebundenen Sachwerte und Betriebskosten vermitteln Berechnungen, die BALDERMANN u.a. (1978,98) aufstellten. Danach repräsentieren die in der Region Mittlerer Neckar festgestellten Infrastrukturüberhänge einen Investitionswert von ca. 2 Milliarden DM. Dieser Summe stehen Infrastrukturdefizite von umgerechnet 2,5 Milliarden DM gegenüber. Für die Unterhaltung der Überkapazität müssen jährlich noch einmal etwa 200 Millionen DM an Betriebskosten aufgebracht werden.

So bedeutsam die bis hierher beschriebenen Folgeprobleme für die zukünftige Stadtentwicklung auch immer sein mögen, die kommunalpolitische Diskussion der Randwanderung stellt ein anderes Problem in den Mittelpunkt: die Einnahmerückgänge der kommunalen Haushalte. Veränderungen in der Struktur der Einkommensbezieher wirken sich auf den Verteilungsschlüssel für die Einkommenssteuer-Anteile aus, die den Gemeinden nach dem Gemeindefinanzreform-Gesetz zustehen. Da vorwiegend mittlere und höhere Einkommensgruppen abwandern, sinken die Schlüsselzahlen für die Großstädte. Die Einnahmeverluste Stuttgarts z.B. bezifferten sich 1978 auf rd. 760,-DM pro nicht ersetztem Einwohner. Wie

ZIEROLD (in diesem Band) zeigt, werden die finanzwirtschaftlichen Auswirkungen der Suburbanisierung in der kommunalpolitischen Diskussion überschätzt.

Die Ausgabenseite der kommunalen Haushalte wird bisher kaum berücksichtigt. Als Begründung schreibt EICHSTÄDT (1978,6): "Eine Verrechnung von Mindereinnahmen und abnehmenden Ausgaben bei einem Bevölkerungsrückgang stößt bisher auf eine Vielzahl von Zurechnungsproblemen und erscheint darum nicht sinnvoll." Gegen diese Auffassung ist zunächst einzuwenden, daß sich die Randwanderung nicht nur kostensenkend auf die kommunalen Haushalte auswirken dürfte. Der Ausbau des Verkehrsnetzes zur Aufnahme einer wachsenden Zahl von Berufseinpendlern, die Notwendigkeit zur Beibehaltung auch nicht ausgelasteter Infrastruktureinrichtungen und wachsende Sozialhilfeleistungen in den "verslumten" Altbauquartieren verweisen gerade auf eine Erhöhung der Ausgaben.

In diesem Zusammenhang meint auch v.ROHR (1978, 101), daß der Bevölkerungsrückgang der Kernstädte keineswegs von einer proportionalen Ausgabensenkung begleitet ist, da der Finanzbedarf der Gemeinden zu einem beträchtlichen Teil "suburbanisierungsunabhängig" sei.

Trotz erheblicher Zweifel an den finanzwirtschaftlich geprägten Interpretationsmustern, trotz noch in weiten Bereichen ungeklärter Folgeprobleme der Randwanderung bestimmt die "Bekämpfung der Stadtflucht" seit etwa 1975 die kommunal- und planungspolitische Diskussion. Anhaltspunkt für die beabsichtigte Gegensteuerung liefern diverse Wohnungsmarktstudien, denenzufolge die unzureichende Ausstattung der Wohnungen und die schlechte Qualität innerstädtischer Wohnungsumfelder als zentrales Wanderungsmotiv festgemacht werden können (vgl. Städtebaubericht 1975, 17).

Nach vorherrschender Meinung könnten neben flankierenden Maßnahmen im finanzwirtschaftlichen Bereich vor allem die Modernisierung und Wohnungsumfeldverbesserung zur Retardierung der Randwanderung und mithin zur Konsolidierung der kommunalen Finanzen beitragen, indem sie es ermöglichte, in ausreichender Menge gutausgestattete Wohnungen für einkommensstärkere Nachfrager an innerstädtischen Standorten vorzuhalten.

2. Stadterneuerung unter veränderten ökonomischen und fiskalischen Rahmenbedingungen

Stand bisher die Frage nach Herkunft und Ursachen der vielzitierten planungspolitischen Umorientierung im Vordergrund unserer Überlegungen, so interessiert uns nun die Struktur der Wohnungsbestandspolitik (zur Füllung des Begriffs vgl. PFEIFFER u.a. 1974). Die in unserer bisherigen Analyse eingegrenzten ökonomischen Determinanten legen die Vermutung nahe, daß aus ihnen Anforderungen resultieren, die durch die Modernisierungsförderung im engeren Sinne nicht abgedeckt werden können. Und in der Tat ist die Entwicklung der Wohnungsbestandspolitik gekennzeichnet durch einen schrittweisen Ausbau des Instrumentariums, in den auch das Bauordnungs- und Bauplanungsrecht einbezogen werden.

2.1 Subsidiaritätsprinzip und informelle Steuerung

Eine von Grund auf neue politische Konzeption erforderte die Wohnungsbestandspolitik nicht. Die in der Rezession 66/67 entwickelten Steuerungsinstrumente für die baulich-räumliche Entwicklung erwiesen sich zum großen Teil als anpassungsfähig genug, um für die qualitativ veränderte Intervention des Staates genutzt werden zu können. Zu nennen sind hier insbesondere folgende Anknüpfungspunkte:

- Der Imperativ gesamtökonomischen Wachstums ist längst auf allen Planungsebenen, vom Bundesraumordnungsprogramm bis hinunter zur Förderung städtebaulicher Einzelmaßnahmen, fest verankert. Auch wenn allzu direktive Ansätze wie z.B. die Standortprogrammplanung des Landes Nordrhein-Westfalen sich gegenüber zögernden Kommunen und nur gelegentlich mitziehenden Investoren nicht durchsetzen ließen, bleiben die ökonomischen Prioritäten als Fördervorbehalte präsent: Einmal über die alle maßgeblichen Richtlinien und Erlasse bestimmenden Ziele der Raumordnung und Landesplanung, des weiteren über eine zunehmend enger ausfallende Zweckbestimmung der Subventionen.

- Die sich bei chronischer Finanzknappheit der Kommunen zwangsläufig ausweitende Konkurrenz um öffentliche Gelder und private Investitionen führt regelmäßig zu (vor-)schnellen Planungsaktivitäten und Förderungsanträgen, sobald ein neues Investitionsprogramm in Sicht ist, allein schon, um sich gegenüber den Mitbewerbern einen zeitlichen oder inhaltlichen Vorsprung zu sichern. Das bis zur Negation eigener Konzepte reichende Verhalten vieler Gemeinden bei der Bewerbung um Mittel aus dem Zukunftsinvestitionsprogramm der Bundesregierung ist hierfür nur ein Beispiel.

Aufgrund der Tatsache, daß die Wohnungswirtschaft nur über eine verstärkte Modernisierungstätigkeit in die ihr zugedachte Rolle als investitionspolitischer "leading sector" hineinwachsen konnte und die räumlichen Bewegungen des Wohnungsbaukapitals bei tendenziell rückläufiger tertiärer Expansion an städtebaulicher Relevanz (zurück-)gewinnen mußten, kurz: aufgrund der neuen investitionspolitischen Komponente der Wohnungs- und Städtebaupolitik, rückten nun andere lokale Investorengruppen ins Visier der Investitionssteuerung:

- Waren es im Bereich des tertiären Sektors vorher Verwaltungs- und Dienstleistungseinrichtungen mit hohem Flächenbedarf, die als Adressaten investitionsfördernder Maßnahmen in Frage kamen, so geht es inzwischen nur noch um die Realisierung des Restwachstums in einigen hochspezialisierten Branchen.

- Im Bereich des Wohnungsbaus zielt die Politik auf Unternehmen mit Althausbesitz aus den 2oer und 5oer Jahren, vor allem aber auch auf Kleineigentümer mit Althausbesitz aus den Gründerjahren.

Die Kriterien für die räumliche Verteilung der Förderungsmittel an investitionswillige Eigentümer sind in den einschlägigen Richtlinien als Orientierungsrahmen weitgehend vorformuliert. So dürfen z.B. Gemeindegebiete ohne ausreichende Erschließungs-, Versorgungs- und Abwasserbeseitigungsanlagen nicht zu Modernisierungsschwerpunkten bestimmt werden (§ 11 Abs. 2 WoModG); ein Auswahlkriterium, das gerade die Problemgebiete von der Modernisierungsförderung ausschließt. Die Richtlinien für das Modernisierungs-Programm des Bundes 1975 räumen bei der Verteilung der Subventionen jenen Gemeindegebieten Vorrang ein, die als Entwicklungsschwerpunkte oder zentrale Orte ihre im Bundesraumordnungsprogramm oder den jeweils zutreffenden Landesentwicklungsplänen geforderte Funktion noch nicht erfüllen. Das ModEnG bekräftigt diesen Vorbehalt, indem es in § 11 Abs. 3 bestimmt, daß die obersten Landesbehörden bei der Anerkennung der von den Kommunen vorgeschlagenen Förderungsschwerpunkte die Erfordernisse der Raumordnung und Landesplanung zu berücksichtigen haben.

Innerhalb dieser globalen strukturpolitischen Auswahlkriterien ist die Möglichkeit zur Verarbeitung spezifischer lokaler Problemstellungen gering. Anfängliche Versuche, unter stadtentwicklungspolitischen Gesichtspunkten besonders erneuerungsbedürftige Bereiche zu

Modernisierungsschwerpunkten zu erklären und konzentriert zu fördern, wurden wieder weitgehend zurückgenommen, als sich herausstellte, daß sich mit den vorhandenen Förderungsinstrumenten in diesen Gebieten kaum Investitionen induzieren ließen.

In Zeiten einer insgesamt zurückgegangenen Investitionsneigung mußten die in den nach 1967 entwickelten Lenkungsinstrumenten noch enthaltenen Bindungen zu restriktiv erscheinen. Eine Vielzahl z.T. spektakulärer Fehlschläge dieser Politik legte die Grenzen direktiver Steuerungsansätze offen. Es bedurfte nun flexibler Instrumente, die zwischen konjunktur- und strukturpolitischen Erfordernissen und betriebswirtschaftlichen Erwägungen der privaten Investoren vermitteln konnten: "Gefragt waren jetzt die eher indirekt wirkenden marktkonformen Steuerungsmittel, wie das Instrumentarium der direkten finanziellen Förderung, der fiskalpolitischen Lenkung, der Kredit und sonstigen Finanzierungsbedingungen" (LABINSCH 1978b, 1349). Erklärte Absicht ist es, Förderungsinstanzen und Investoren möglichst kurzzuschließen und Bauvorhaben bereits im Vorfeld reglementierter Verfahren auf informellem Wege abzuklären. Schließlich kann sich der erwartete Effekt der Modernisierungsinvestitionen nur dann einstellen, wenn das Förderungsangebot attraktiv genug ist und dementsprechend auch von potentiellen Investoren in Anspruch genommen wird. So wurde auch die Diskussion um eine gesetzliche Regelung der Modernisierungsförderung von Anbeginn von der Forderung nach einer für den Eigentümer rentablen "attraktiven" Modernisierung getragen.

Die traditionellen formalisierten Planungsverfahren lassen sich in das Konzept der informellen Steuerung nur schwerlich einbinden. Für das punktuelle innerstädtische Baugeschehen, seien es nun Modernisierungsmaßnahmen, der Umbau ehemaliger Wohngebäude für Handel und Dienstleistungen, die Schließung von Baulücken oder der Bau von Tiefgaragen in Blockinnenhöfen, erscheinen die rechtlich reglementierten Bebauungsplanverfahren ebenfalls zu zeit- und verfahrensaufwendig. Denn die Überführung der Investitionsanreize in Bauvorhaben wird durch die im Bauplanungsrecht festgelegten Beteiligungs- und Kontrollmöglichkeiten naturgemäß etwas verzögert.

In dieser Situation gewinnt das Instrumentarium im Vorfeld des StBauFG an Bedeutung. Umfaßt wird davon ein breites Spektrum direkter und indirekter Steuerungsansätze, die von degressiv gestaffelten Aufwendungshilfen für Modernisierungsmaßnahmen (WoModG/ModEnG, Modernisierungsprogramm der Länder), verlorenen Baukostenzuschüssen (Konjunkturprogramme), steuerlichen Erleichterungen (erweiterte Abschreibungen, Grunderwerbssteuerbefreiung), über den Abbau investitionshemmender bauordnungs- und bauplanungsrechtlicher Vorschriften (Freistellungsverordnung NW, Beschleunigungsnovelle zum BBauG und StBauFG) bis zur sachlichen Vorleistungen insbesondere im Wohnungsumfeld (Förderung städtebaulicher Einzelmaßnahmen NW) reichen.

Einen auf dieses Instrumentarium bezogener Planungsprozeß kann man sich idealtypisch in etwa folgendermaßen vorstellen:

- Rahmenplanung ggf. mit Festlegung von Modernisierungsschwerpunkten nach zu erwartender Investitionsbereitschaft;

- Ratsbeschlüsse über die Durchführung flankierender und stützender Maßnahmen in kommunaler Trägerschaft;

- Bereitstellung von Förderungsmitteln aus dem Bund-Länder-Modernisierungsprogramm etc.;

- Realisierung von Einzelbauvorhaben ohne Bebauungsplan nach § 34 BBauG; Modernisierung ohne Bauantrag.

In Hinblick auf investitionspolitische Ziele der Wohnungsbestandspolitik haben derart offene Verfahren gegenüber der traditionellen Bauleitplanung einen ganz entscheidenden Vorteil: Auf veränderte ökonomische und fiskalische Handlungsvoraussetzungen, auf einen Investitionsschub, aber auch das Ausbleiben bereits zugesagter Baumaßnahmen kann flexibel reagiert werden. Die Investitionsbedingungen in einem Altbaugebiet können beim Auftreten gewisser Investitionshemmnisse durch gezielte Einzelmaßnahmen verbessert werden u.dgl. mehr.

Zur rechtlichen Abstützung der informellen Steuerung baulich-räumlicher Entwicklung arbeitet die Bundesregierung an einem "Instrument mittlerer Intensität". Der Hintergrund dieser, unter dem Kürzel "Beschleunigungsnovelle" geführten Gesetzesinitiative ist eindeutig: "Nicht um Änderung städtebaulicher Funktionen, Beseitigung städtebaulicher Mißstände, bodenrechtliche Neuordnung usw. geht es, sondern um die Sicherstellung einer systematischen, wechselseitigen Ergänzung privater und kommunaler Investitionstätigkeit in den Modernisierungsschwerpunkten" (KRAUTZBERGER 1978, 535). Ziel der Novelle ist es, "Investitionshemmnisse im Baubereich" durch Straffung und Vereinfachung der Sanierung und Bebauungsplanverfahren abzubauen. Betroffen von den beabsichtigten Änderungen sind insbesondere jene Vorschriften des StBauFG und BBauG, die eine demokratische Kontrolle und Betroffenenbeteiligung ermöglichen (zur Kritik des Gesetzes vgl. SELLE 1979). Damit können auch jene innerstädtischen Bauvorhaben in die Investitionspolitik einbezogen werden, die sich bisher nach Art und Umfang entzogen haben.

Nun bleibt dieser direkte Zugriff auf lokale Investorengruppen nicht ohne Folgen für die kommunale Autonomie. Denn fraglos wird damit die Staatsintervention auf einen weiteren Aufgabenbereich ausgedehnt, der traditionell kommunalpolitischer Kontrolle unterworfen war; antragspflichtige Modernisierungsmaßnahmen waren eben von der unteren Bauaufsichtsbehörde zu genehmigen, Auflagen zur Erfüllung bauordnungsrechtlicher Normen wurden zwischen Eigentümern und Verwaltung verhandelt. Mit zunehmender Erweiterung und Konkretisierung des bestandspolitischen Instrumentariums reduziert sich die Rolle der Kommunen in diesem Abklärungsprozeß mehr und mehr auf eine Vermittlungs- und Stützungsfunktion. Beispiele für diesen Kompetenzabbau sind Erlasse des Landes Nordrhein-Westfalen, nach denen die Kommunen zunächst gehalten waren, bei der Genehmigung von Modernisierungsmaßnahmen auf kostensteigernde Auflagen zu verzichten, die schließlich sogar wohnwertverbessernde Maßnahmen weitgehend von der Genehmigungspflicht entbunden haben.

Innerhalb der vom Subsidiaritätsprinzip und informellen Steuerungsansätzen geprägten Wohnungsbestandspolitik bleibt für die Beteiligung der Planungsbetroffenen wenig Raum. Die Wohnungsbestandspolitik scheint ja die Forderungen der lokalen Oppositionsbewegungen gegen die Flächensanierung aufzunehmen und von daher allgemeine Zustimmung zu geniessen. Insofern erscheint es weit weniger substanzverzehrenden innerstädtischen Umstrukturierungsmaßnahmen erforderlich, den einzelnen Maßnahmen durch Beteiligung, Sozialplan etc. eine legitimatorische Basis in der betroffenen Bevölkerung zu verschaffen. Hinzu kommt, daß die gestreute Modernisierungstätigkeit immer nur einzelne Haushalte oder Hausgemeinschaften trifft und mithin kaum Ansatzpunkte gegeben sind, individuelle Betroffenheit in gemeinsame politische Aktivitäten umzumünzen.

Eine Mitwirkung der Planungsbetroffenen bei der Auswahl von Modernisierungsschwerpunkten, der Festlegung von Modernisierungsstandards u.dgl. findet deshalb nur vereinzelt dort statt, wo der Raum zwischen den Fixpunkten der Wohnungsbestandspolitik "vor Ort" mit stärker sozialorientierten Inhalten aufgefüllt werden kann. Kennzeichnend für die Entwicklung ist hingegen ein starker Bedeutungsverlust der traditionellen parlamentarischen Kontrollinstanzen und Beteiligungsrechte der Betroffenen. Wesentliche Aspekte dieser Entwicklung sind:

- Für "begünstigende Verwaltungsakte" wie die staatlichen Förderungsangebote sind in der geltenden Rechtssystematik keine Mitwirkungsmöglichkeiten für Nicht-Verfügungsberechtigte vorgesehen.

- Ebensowenig ist die Genehmigung von Einzelbauvorhaben an Beteiligungsverfahren gebunden; nicht einmal die Zustimmung der höheren Verwaltungsbehörde ist vorgesehen.

- Verzichtbar sind nach der "Beschleunigungsnovelle" zum Städtebaurecht zukünftig auch vorbereitende Untersuchungen und mit den "Heilungsvorschriften" des § 155 die vorgezogene Bürgerbeteiligung nach § 2a BBauG.

Auf diese Weise setzt sich der Autonomieverlust der Kommunen nach unten fort. Die Mitwirkungsmöglichkeiten der Planungsbetroffenen sind just zu einem Zeitpunkt besonders gefährdet, zu dem ihnen das novellierte Planungsrecht die bisher weitestgehenden formalen Rechte einräumt.

2.2 Strukturelle Steuerungsdefizite

Unter veränderten ökonomischen und fiskalischen Rahmenbedingungen hatte die Wohnungsbestandspolitik zwei zentrale Funktionen zu übernehmen:

- die Aktivierung und Beschleunigung der Investitionstätigkeit im privaten und gemeinnützigen Wohnungsbesitz und

- die Entlastung der öffentlichen Haushalte von den Zahlungsverpflichtungen im Stadtumbau.

Um es präziser zu fassen: Analog zur Umorientierung der Haushaltspolitik sollte die Erweiterung der privaten Kreditaufnahme und -verausgabung öffentliche Leistungen im Bereich der Stadterneuerung substituieren. Es liegt auf der Hand, daß dies kaum die traditionellen öffentlichen Versorgungsaufgaben (soziale und technische Infrastruktur) betreffen konnte - wenngleich auch hier in letzter Zeit verstärkt Privatisierungstendenzen spürbar wurden (vgl. HEUER/SCHÄFER 1978, 184). Sollte es aber gelingen, die Modernisierungstätigkeit räumlich zu bündeln, so bestand immerhin die Chance, dem Abgleiten von Problemgebieten zu Sanierungsfällen vorzubeugen. In diesem Präventivcharakter der Wohnungsbestandspolitik bestand ihre wesentliche fiskalische Entlastungsfunktion; umsomehr, wenn damit zugleich auch zahlungsfähige Bewohner in den gefährdeten Gebieten gehalten werden und Infrastrukturleerstände vermieden werden konnten.

In diesem Sinne ist das in § 1 WoModG/ModEnG niedergeschriebene Ziel, mit der Modernisierungsförderung "zur Erhaltung von Städten und Gemeinden beizutragen" weit mehr als eine Leerformel. Es bildet vielmehr die rechtliche Grundlage für eine simultane Problemlösungsstrategie bei der ökonomisch-fiskalische Maßnahmen über einen "Nutzentransfer" auch legitimatorische Ansprüche abdecken sollten. Der städtebaulichen Zwecksetzung des Gesetzes sollte insbesondere mit der bevorzugten Förderung von Modernisierungsschwerpunkten entsprochen werden (§ 11 Abs. 1,2 ModEnG). Jedoch zeigte sich bereits bei den parlamentarischen Beratungen des ModEnG, daß die für eine Sanierungsprophylaxe notwendige Lenkung der Subventionen zwangsläufig in Konflikt mit den investitionspolitisch begründeten informellen Steuerungsansätzen geraten mußte. Die zunächst vorgesehene Schwerpunktförderung wurde von verschiedenen Institutionen und Verbänden als "wohnungspolitisch nicht vertretbar" abgelehnt. Die letztendlich vorgesehene Quotierung der Förderung ermöglicht eine städtebaulich unwirksame Streuförderung und löst den strukturellen Widerspruch der Simultanpolitik zu Lasten der Städtebaupolitik auf. Auf diese Konsequenz wurde bereits hingewiesen: "Im Wohnungsmodernisierungsgesetz hat die städtebaulich-strukturelle Aufgabenstellung nur andeutungsweise Ausdruck gefunden. (...) Weitergehende Regelungen konnten mit Rücksicht auf die beschränkten Förderungsmöglichkeiten nicht in das Gesetz aufgenommen werden. Die Vorranggewährung wird damit nur in den Fällen zu einer wirksamen Hilfe für die Verbesserung älterer, citynaher Wohngebiete werden können, in denen die Gemeinden personell und finanziell in der Lage sind, deren Wohnwert durch erhebliche Verbesserungsmaßnahmen deutlich zu steigern. Dies wird mit Rücksicht auf die finanzielle Situation der Kommunen nur in wenigen Fällen zu leisten sein" (HIEBER 1976, 1316; sinngemäß PESCH/SELLE 1976).

Investitionsanreize in Form von Aufwendungssubventionen und Steuervergünstigungen, die Absicherung des investierten Kapitals durch mietrechtliche Regelungen (§§ 2,3 Miethöhe-Gesetz) einerseits und die Begrenzung der förderbaren Maßnahmen auf das jeweilige Privatgrundstück andererseits überstellten den Erfolg oder Mißerfolg der Förderung der Investitionsneigung privater Eigentümer. Aufgabenstellungen, die über die Grundstücksgrenzen hinausgreifen, sind als "flankierende städtebauliche Maßnahmen" technisch, organisatorisch und institutionell von der Wohnungsmodernisierung abgekoppelt. So konnte es schließlich auch nicht weiter verwundern, daß sich die Hoffnung auf eine städtebaulich präventive Wirkung des subsidiären und informellen Steuerungsansatzes in der Praxis nicht erfüllte. Ausschlaggebend dafür waren vor allem zwei Gründe die übrigens die Argumentationslinien der vorab geäußerten Kritik weitgehend bestätigen:

- Eine Lenkung der Subventionen in städtebauliche Problemgebiete erwies sich als unmöglich. Nur wenn Eigentümer benachbarter Grundstücke von sich aus bereit gewesen wären, das staatliche Förderungsangebot wahrzunehmen, hätte sich gleichsam "von unten" eine Schwerpunktförderung installieren lassen. In der Praxis blieben solche Möglichkeiten verständlicherweise ungenutzt: Schon bevor das WoModG Rechtskraft erlangt hatte, kritisiert WARTENBERG (1975,26), daß die Modernisierungsförderung vorrangig in Gebiete ohne städtebauliche Mängel und verfallsbedrohte Gebäude fließt. Förderungsobjekte waren und sind vornehmlich Wohnungsbestände aus der Zwischen- und Nachkriegszeit, die als zusammenhängende Siedlungen mit einheitlicher Ausstattung und im Eigentum einer Wohnungsgesellschaft weitaus günstigere Realisierungsbedingungen aufweisen als die vor der Jahrhundertwende entstandenen Viertel mit ihrem durchweg höheren Instandsetzungsbedarf und ihrer atomistischen Eigentumsstruktur. Obwohl viele Gemeinden zunächst ihre Modernisierungsschwerpunkte in den Problemgebieten abgegrenzt hatten, wird dort nur punktuell oder gar nicht modernisiert. Die von der Bundesregierung 1978 gezogene Bilanz der Städtebaupolitik kann nur die städtebauliche Wirkungslosigkeit der Modernisierungsförderung konstatieren: "Die Erfahrungen mit der Wohnungsmodernisierung zeugen, daß die damit geförderten Maßnahmen nicht im gewünschten Maße den kritischen Altbaubestand erreichen. Mehrere Untersuchungen haben ergeben, daß die bisherige Modernisierungsförderung vorwiegend in die Nachkriegsgebiete geflossen ist, obwohl der größte Modernisierungsbedarf im älteren Altbaubestand liegt. Die Folge ist, daß die älteren Bestände immer stärker abgewertet werden und damit die bestehenden Unterschiede im Wohnungsbestand immer größer werden."

- Bei fehlenden Möglichkeiten, städtebauliche Maßnahmen im Wohnungsumfeld über das ModEnG zu fördern, hätten die Gemeinden schon eigene Mittel investieren müssen, um die begrenzte Reichweite gebäude- und auch grundstücksbezogener Investitionen zu überwinden. Die Bereitschaft für solche komplementären Maßnahmen wie

Infrastrukturausbau, Verbesserung der Verkehrserschließung etc. war vergleichsweise gering. Neben der chronischen Finanzknappheit der Kommunen wirkte sich hierbei auch der Umstand aus, daß ein Teil der verfügbaren Finanzmasse noch längerfristig in zögernd voranschreitenden Sanierungsmaßnahmen gebunden waren und deren Subventionsbedarf trotz reduzierter Ansprüche weiter anstieg. Der "Inselcharakter" der Substanzsanierungen nach § 43 StBauFG verhinderte, daß von dieser Seite eine Stärkung der städtebaulichen Dimension der Wohnungsbestandspolitik zu erwarten war (vgl. MICHAELI u.a. 1977,196).

Mithin kann die Wirkung des WoModG/ModEnG allenfalls unter quantitativen Gesichtspunkten als "befriedigend" gewertet werden (KRAUTZBERGER 1978,532). Die in starker räumlicher Konzentration vorkommenden, besonders erneuerungsbedürftigen Wohnungsbestände aber werden von der subsidiären Modernisierungsförderung nicht erreicht. Wenn auch in offiziellen Verlautbarungen zumeist nur am Rande darauf hingewiesen wird, so ist mit der städtebaulichen Unwirksamkeit der gesetzlich geregelten Modernisierung zunehmend die Wohnungsversorgung einkommensschwacher Bevölkerungsgruppen in Frage gestellt, weil damit die relativ preiswerten Substandard-Wohnungen endgültig dem Verfall preisgegeben werden. Von einer wirksamen Entlastung des öffentlichen Haushaltes kann damit nicht die Rede sein. Es ist absehbar, daß die Verknappung preiswerter Wohnungen eine Hypothek auf die Zukunft darstellt, da dann in umso größerer Zahl Wohnungen auf ein niedriges Mietniveau heruntersubventioniert werden müssen (vgl. auch Abschnitt 1.1). Die Belastungen für die öffentlichen Haushalte sind folglich nur vertagt worden.

Korrektur und Ergänzung der Wohnungsbestandspolitik beziehen maßgebliche Impulse aus diesem strukturellen Problem der städtebaulichen Simultanpolitik. Kennzeichnend für die Entwicklungslinien des Instrumentariums ist deshalb ihre zunehmende Verknüpfung mit städtebaulich wirksamen Steuerungsansätzen; ohne daß damit allerdings die bisherige investitionspolitische Richtung geändert würde (vgl. Abschnitt 3). Ganz zentrale Bedeutung erhält dabei die Wohnungsumfeldverbesserung.

2.3 Erweiterung des Instrumentariums: Wohnungsumfeldverbesserung

Vergegenwärtigt man sich das bestandspolitische Instrumentarium der Jahre 1974 bis 1978, so liegt sein inhaltlicher Schwerpunkt eindeutig im Bereich wohnungs- und gebäudebezogener Maßnahmen. Dabei hatte sich der qualitätsbestimmende Einfluß des Wohnungsumfeldes längst in Wohnungspolitik und Planungspraxis niedergeschlagen, wie u.a. die Lagewertkategorien der lokalen Mietwertspiegel und die Mißstandskriterien des § 3 Abs. 3 StBauFG zeigen. Insofern wurde schon bald nach dem Anlaufen der ersten Modernisierungsprogramme auf die Bedeutung investitionsstützender Maßnahmen im Wohnungsumfeld hingewiesen. Dazu Heinz FEICHT (1975,26), Vorsitzender des technischen Ausschusses des Gesamtverbandes gemeinnütziger Wohnungsunternehmen, in einem anläßlich der Deubau 1975 gehaltenen Referat: "Der Wohnumgebung fehlt der angemessene Grünraum und die zeitgemäße Infrastruktur. (...) Es muß auch wieder neben einer funktionierenden Wohnungssubstanz selbst eine Wohnumgebung geschaffen werden, die mit unseren Wohnlagen draußen langfristig konkurrenzfähig ist und damit auch Investitionen mindestens für die Restnutzungsdauer wirtschaftlich absichert." Praktische Konsequenzen dieser Einsicht stellten sich indes nur zögernd ein.

In den parlamentarischen Beratungen des WoModG waren vom Städte- und Gemeindebund Überlegungen vorgetragen worden, der Modernisierungsförderung ein gesondertes Programm zur Komplementärfinanzierung von Maßnahmen im Wohnungsumfeld an die Seite zu stellen. Diesen Vorstellungen wurde jedoch vom Gesetzgeben nicht entsprochen, da man mehrheitlich der Auffassung war, daß es sich hierbei um Aufgaben der Kommunen handelte, die einer besonderen Förderung nicht bedurften. Eine begrenzte Wohnungsumfeldförderung wurde dann aber doch noch ins WoModG i.d.F. vom 23. August 1976 aufgenommen und im ModEnG fortgeführt. Auf der Basis eines vom Land Baden-Württemberg in den Bundesrat eingebrachten Alternativentwurfs wurde dann noch die "unmittelbare Umgebung des Grundstücks" einbezogen, "da sich ein nachhaltiger Modernisierungserfolg nur bei einer Einbeziehung des Wohnumfeldes erzielen läßt" (BT-Drucksache 7/5410,7f.). Der § 4 Abs. 2 WoModG definiert die förderbaren Maßnahmen im Wohnungsumfeld wie folgt: "Bauliche Maßnahmen, die die allgemeinen Wohnverhältnisse verbessern, sind insbesondere die Anlage und der Ausbau von nicht öffentlichen Gemeinschaftsanlagen wie Kinderspielplätzen, Grünanlagen, Stellplätzen und anderen Verkehrsanlagen." Durch die Begrenzung der förderungsfähigen Maßnahmen auf das Privatgrundstück (§ 3 Abs. 4 WoModG) wird allerdings der wichtigste Maßnahmenkomplex ausgeklammert, namentlich quartiersbezogene öffentliche Grünflächen, dezentrale Infrastruktureinrichtungen und die Verkehrserschliessung.

Die periphere Bedeutung der Wohnungsumfeldförderung in der Systematik des WoModG nährte Zweifel an ihrer Wirksamkeit in der Praxis. Zu Recht fragte ZLONICKY (1977, 179) "ob die Zuschüsse nach dem Wohnungsmodernisierungsgesetz als Basis für einen wirkungsvollen Maßnahmenansatz im Wohnungsumfeld ausreichen". Und: "kann bei den in der Regel anfallenden Kosten in Wohnung/Gebäude und dem derzeitig förderungsfähigen Gesamtbetrag überhaupt davon ausgegangen werden, daß mehr als ein Trostpflaster (vielleicht sogar wörtlich!) für das Wohnungsumfeld übrigbleibt?"

Tatsächlich reichte der zunächst auf 20.000 DM pro Wohnung begrenzte, später dann auf 25.000 DM pro Wohnung angehobene förderungsfähige Gesamtbetrag kaum für die gebäude- und wohnungsbezogenen Maßnahmen aus, so daß die Förderung faktisch bereits durch die Modernisierung aufgezehrt wurde. Für Maßnahmen im Wohnungsumfeld blieben nur dann Mittel übrig, wenn in Gebäude und Wohnungen nur noch frühere Modernisierungen abgerundet werden mußten. Breitenwirksame Initiativen zu Qualitätsverbesserungen auf dem Privatgrundstück konnten jedoch von diesem letztlich nach Qualität und Quantität unzureichenden Förderungsangebot nicht ausgehen. Regularien wie z.B. der Erlaß des Innenministers NW über "die Anwendung bauordnungsrechtlicher Vorschriften bei der Modernisierung..." sind zudem eher angetan, die notwendigsten Maßnahmen im Wohnungsumfeld wie z.B. die Anlage eines Kinderspielplatzes aus Kostengründen zu dispensieren als durchzusetzen oder durch öffentliche Investitionen zu substituieren.

Erneuerungsmaßnahmen, die Wohnwertverbesserungen im Wohnungsumfeld einschließen, wie die Erneuerung des Blocks 47 Wuppertal Elberfeld-Nord oder des Blocks 118 am Klausener Platz in Berlin-Charlottenburg standen von Anbeginn im instrumentellen Kontext des StBauFG und waren dementsprechend reichlich mit öffentlichen Förderungsmitteln ausgestattet. Dieser solide finanzielle Hintergrund fehlte in Modernisierungsschwerpunkten völlig. Insofern ist es nur allzu verständlich, wenn im Jahre 1976 interviewte Verwaltungsangehörige betonten, daß mit zunehmender Komplexität der Erneuerungsaufgabe (starke Überbauung, eingeschränkte Belichtung und Besonnung der Wohnungen, Störungen durch Verkehr und Gewerbe etc.) bei geringer Investitionsfähigkeit und/oder -neigung der Haus- und Grundstückseigentümer der Rückgriff auf das Instrumentarium des StBauFG unerläßlich sei. Maßnahmen nach dem WoModG/ModEnG werden folgerichtig nur dort vorgesehen, "wo wir im Wohnungsumfeld nichts machen können oder auch nicht machen wollen". Die Befragten gaben der Wohnungsumfeldverbesserung erst dann eine Chance, wenn (vgl. in diesem Band Seite 77-9o) parallel zu den Modernisierungs-Subventionen zweckgebundene Förderungsmittel für flankierende städtebauliche Maßnahmen bereitständen. Zu entsprechenden Ergebnissen kommen DUBACH/KOHLBRENNER (1978,386) bei der Auswertung von zwei Gutachten zur Erneuerungsproblematik außerhalb von Sanierungsgebieten, die 1975 und 1976 im Auftrage des Berliner Senats erarbeitet worden waren: "Das Fehlen von Förderungsprogrammen zur Wohnumfeldverbesserung und zur Instandsetzung stellt (...) ein wesentliches Hemmnis für die Realisierung der städtebaulichen Blockmodernisierung dar." Für Gebiete in relativ guter Lage mit dem Risiko infolge unterlassener Re-Investitionen schnell abzusinken folgern die Autoren: "Unter dem Gesichtspunkt der Sanierungsprophylaxe sollte (...) ein besonderes Wohnumfeldprogramm (WUP) entwickelt werden." (ebd.,388) Gleich- und ähnlichlautende Forderungen wurden von verschiedener Seite in die Diskussion eingebracht, so daß KRAUTZBERGER (1978,532) als "Ergebnis der Fachdiskussion" u.a. die These präsentiert, ohne kommunale Maßnahmen zur Wohnungsumfeldverbesserung sei der gedämpften Investitionsneigung in den von der Modernisierungsförderung bisher nicht erreichten Gebieten nicht beizukommen. Oder, wie SCHNEIDER (1978,573) salopp den Tenor des 2.Kongresses für Altbaumodernisierung in Wiesbaden resümiert: "Jetzt ist das Wohnumfeld an der Reihe."

An diese inzwischen verbreitete Einsicht geknüpft sind verschiedene Initiativen zu einer Ergänzung der Modernisierungsförderung durch Programme zur Wohnungsumfeldverbesserung, deren gegenwärtiger Entwicklungsstand im folgenden kurz umrissen werden soll.

Zunächst soll dabei an verschiedene, bereits im bestandspolitischen Instrumentarium verankerte Vorläufer und Ausgangspunkte erinnert werden, wobei die Bezüge teils stärker inhaltlich teils stärker instrumentell gesehen werden müssen. Gemeint sind z.B. die Substanzsanierung nach § 43 StBauFG, bei der Maßnahmen im Blockinnenbereich als "unrentierliche Kosten" aus Sanierungsförderungsmitteln finanziert werden können. Aber auch einzelne Teile der seit 1974 durchgeführten Konjunkturprogramme wie z.B. die Förderung wohnungsnaher Infrastruktur im Sonderprogramm zur regionalen und lokalen Abstützung der Beschäftigung von 1974 oder die Auslagerung von Gewerbebetrieben als Bestandteil des Zukunftsinvestitionsprogramms von 1977.

Weitgehend unabhängig von diesen überkommenen (weil noch sanierungsgebundenen Ansätzen) versuchen inzwischen verschiedene, vor allem großstädtische Kommunen, die hinter den Erwartungen zurückbleibende private Modernisierungstätigkeit durch eigene Programme zu aktivieren. Ausgehend von den jeweiligen lokalen Problemstellungen ist diese kommunale Wohnungspolitik unterschiedlich angelegt:

- Einige Gemeinden haben Beratungsgruppen eingerichtet, die im Rahmen der Modernisierungsbetreuung koordinierte private Maßnahmen im Wohnungsumfeld anregen sollen. Ergänzt werden solche Beratungsangebote durch gelegentliche Kampagnen wie z.B. Fassadenwettbewerbe und Begrünungsaktionen (Stichwort: "Aktion Grüner Hof"), aber auch durch praktische Hilfen wie die Unterstützung von Entrümpelungsmaßnahmen durch Einsatz des kommunalen Fuhrparks. Trotz gewisser, von der Presse allerdings überbewerteter Erfolge halten sich Ausstrahlungseffekte und koordinierende Wirkung dieser Aktionen naturgemäß in Grenzen.

- Nicht zuletzt aus diesem Grunde haben z.B. Berlin, Hamburg, Köln, Nürnberg eigene Investitionsprogramme zur Verbesserung des Wohnungsumfeldes aufgelegt. Mit dem direkten Einsatz kommunaler Haushaltsmittel werden zwei komplementäre Intentionen verfolgt: zum einen sollen durch Verkehrsberuhigung, Infrastrukturausbau und weitere Maßnahmen besonders gravierende Wohnungsumfeldmängel gezielt behoben werden. Zum anderen soll den Eigentümern mit exemplarischen Abriß- und Begrünungsmaßnahmen nachprüfbar vor Augen geführt werden, welche Qualitätsverbesserungen bereits mit verhältnismäßig geringem Aufwand möglich sind.

Ein erster Vorstoß zu einer Wohnungsumfeldförderung auf Länderebene wurde in Baden-Württemberg unternommen. Erklärtes Ziel des "14-Städte Programms" vom 15. Juli 1977 ist es, "einen Anstoß zur Lösung der außerordentlich schwierigen Probleme älterer Wohngebiete zu geben, indem es in den auszuwählenden Wohngebieten die Beseitigung wohnwertmindernder Mißstände und Mängel ermöglicht" (Richtlinien, Ziffer 1, 2. Absatz). Das Programm ist "zweigleisig" konzipiert, d.h. es verbindet Modernisierungs- und Wohnungsumfeldförderung:

- Die an die Eigentümer adressierte Modernisierungsförderung erstreckt sich auf alle gängigen Wohnwertverbesserungen und Energieeinsparmaßnahmen. Die Förderungskriterien sind teilweise analog zum ModEnG formuliert. Das Gesetz findet jedoch keine Anwendung auf dieses Programm. So ist denn auch abweichend vom ModEnG auch die Förderung von Instandsetzungsmaßnahmen möglich. Förderungsfähig sind Gesamtkosten bis zu einer Höhe von 37.000 DM je Wohnung. Die gewährten Zuschüsse betragen 20% bis zu 15.000 DM förderbare Kosten und 30% des diese Summe übersteigenden Aufwandes. Zinsverbilligte Darlehen sind mit einer Annuität von 7% und einer Laufzeit von rd. 15,5 Jahren ausgestattet. Die Höhe eines solchen Darlehens beläuft sich auf 85% der genannten förderbaren Kosten. In begrenzter Zahl werden im Rahmen des Programms auch Um- und Ausbauten nach § 17 II.WoBauG mit einem Aufwand von 40.000 DM bis 65.000 DM je Wohnung gefördert. Von den hier dargestellten Förderungsmodalitäten der 1978 geänderten Fassung fehlte in den ursprünglichen Richtlinien von 1977 vor allem die Instandsetzungsförderung. Bemerkenswert ist folgende, an die Kommunen gerichtete Forderung: "Mietwohnungen sind für breite Schichten der Bevölkerung (§ 10 Abs. 1 Satz 1 Nr. 4 ModEnG) in der Regel nicht mehr geeignet, wenn die Miete nach Durchführung der Maßnahmen die Mietobergrenze des öffentlich geförderten sozialen Wohnungsbaus um mehr als 20% übersteigt. Es ist Aufgabe der Städte, sich darum zu bemühen, daß die Modernisierungsmaßnahmen zu keiner Verdrängung von Mietern führen" (Ziffer 7.1). Es gilt allerdings zu berücksichtigen, daß inzwischen selbst die Höchst-Durchschnittsmieten des sozialen Wohnungsbaus von einem Großteil der einkommensschwächeren Haushalte nicht mehr finanziert werden können, so daß auf diese Weise bestimmt keine Verdrängungsprozesse vermieden werden können.

- An die Modernisierungsförderung unmittelbar gekoppelt ist das Programm für die "Wohnumweltverbesserung" in den ausgewählten Wohngebieten. Als förderungsfähig gelten insbesondere bauliche Maßnahmen zur Verkehrsberuhigung, der Erwerb von Grundstücken, Abbruch- und Umzugskosten, die Schaffung von Wegen, Plätzen, Fußgängerbereichen, Grünanlagen und öffentlichen Spielplätzen, sowie die Einrichtung von öffentlichen Stellplätzen; eben alle jene Bereiche, die in § 4 Abs. 2 WoModG/ModEnG nicht berücksichtigt werden. In die Neufassung aufgenommen wurde die Möglichkeit zu ausnahmsweiser Verlagerung störender Gewerbebetriebe (Ziffer 6.1). Adressaten der Wohnungsumfeldförderung sind die Kommunen. Sie sollen die flankierenden städtebaulichen Maßnahmen zur "Wohnumweltverbesserung" vorbereiten, durchführen und auch anteilig finanzieren. Darin eingeschlossen ist die Verpflichtung, sich dabei möglichst eigener Trägerschaft zu bedienen (Ziffern 5.5 und 6.2 i.V.m. 6.1).

Für die Förderung der Wohnungsumfeldmaßnahmen im Rahmen des 14-Städte-Programms stellte das Land Baden-Württemberg 1977 rd. 12 Mio.DM und im Jahr 1978 rd. 18,4 Mio. DM. In der letztgenannten Summe enthalten waren 8,4 Mio.DM, die speziell für verkehrsberuhigende Maßnahmen aufgewendet wurden (Ziffer 8.1). Zunächst war vorgesehen, daß sich das Land mit 60% an den Kosten der kommunalen Maßnahmen beteiligt, die beteiligten Städte fanden sich jedoch bereit höhere Kostenanteile zu übernehmen, so daß der tatsächliche Landesanteil inzwischen auf 40% zurückgegangen ist.

Das vom Land Nordrhein-Westfalen Anfang 1979 eingerichtete Wohnungsumfeldprogramm läuft über die Städtebauförderung. Zu diesem Zweck ist in die "Richtlinien zur Förderung städtebaulicher Einzelmaßnahmen" ein besonderer Teil über "Städtebauliche Maßnahmen zur Sicherung und Verbesserung von Wohnnutzung und Wohnumfeld" eingearbeitet worden. Gemeinden, die Maßnahmen im Wohnungsumfeld ihrer Altbauquartiere planen, erhalten damit Gelegenheit, Städtebauförderungsmittel für diese Vorhaben zu beantragen. Gefördert werden Wohnwertverbesserungen in Siedlungsschwerpunkten nach § 6 des Gesetzes zur Landesentwicklung NW (LEPro), in Modernisierungsschwerpunkten nach § 11 Abs. 1 ModEnG oder in Gebieten mit Erhaltungssatzung nach § 39h BBauG bzw. mit entsprechenden Festsetzungen im Bebauungsplan. Ein Sanierungstatbestand im Sinne von § 1 StBauFG darf nicht erfüllt sein. Auch sollte eine zügige Durchführung der Maßnahmen gewährleistet sein. Diese Forderung wird durch den Hinweis unterstrichen, "Förderungsanträge (...) auf räumlich, zeitlich, finanziell überschaubare und funktionsfähige Maßnahmen bzw. Teilmaßnahmen/Abschnitte auszurichten" (Ziffer 1.1.9).

Adressaten der Zuwendungen sind auch hier die Gemeinden. Sie haben i.d.R. mindestens 20% der unrentierlichen Kosten einer Maßnahme als Eigenanteil zu übernehmen, beim Erwerb gewerblicher Bauflächen sogar mindestens 50%. Gefördert werden im einzelnen die Kosten für:

- Betriebsverlagerungen in Verbindung mit Änderungen der zulässigen Nutzung oder Blockentkernung,
- Grün- und Freiflächen einschließlich Blockentkernung, Maßnahmen zur Verbesserung des Ortsbildes, Schaffung von verkehrsberuhigten Zonen und Fußgängerbereichen,
- Herstellung der Bebaubarkeit von Wohnbauflächen, gemischten Bauflächen und Sonderbauflächen,
- Grunderwerb zur Wahrnehmung gemeindlicher Vorkaufsrechte nach §§ 24 bis 26 BBauG,
- kommunale Entschädigungsleistungen, Übernahmeansprüche oder sonstige kommunale Aufwendungen aufgrund der Planverwirklichungsgebote der §§ 39a bis i BBauG o.ä. oder aufgrund der Änderung/Aufhebung einer Nutzung,
- öffentliche Parkhäuser und Tiefgaragen, Parkpaletten und Parkdecks.

Die Modernisierungsförderung wird von diesem Wohnungsumfeldprogramm nicht berührt. Sie soll weitgehend aus Mitteln des Bund-Länder-Programms bestritten werden. Erwogen wird eine ergänzende Förderung nach § 17 II.WoBauG; Einzelheiten darüber sind bisher noch nicht festgelegt. Der Start des Wohnungsumfeld-Programms wird begleitet von mehreren Modellvorhaben (u.a. Block 11 in Wuppertal Elberfeld-Nord), an denen die Wirksamkeit des erweiterten Förderungsansatzes getestet werden soll, wobei die jeweils bereitgestellten Mittel, die "Normalförderung" nicht überschreiten sollen. Auch hier liegt die Trägerschaft der Maßnahmen bei der Kommune, die zudem die Betreuung und Beratung der modernisierungswilligen Eigentümer übernimmt. Die Ergebnisse dieser Vorhaben werden in einer Begleitdokumentation ausgewertet.

Als Bundesbauminister HAACK am 9. November 1978 im Bundestag auf die Dringlichkeit "wohnumweltverbessernder Maßnahmen" hinwies, dürfte er damit nicht zuletzt auf diese Anstöße reagiert haben, zumal die Forderungen nach einem Bundesprogramm zur Verbesserung des Wohnumfeldes innerstädtischer Altbaugebiete immer breiter und dezidierter vorgetragen werden:

- Bereits anläßlich der Beratungen des ModEnG im Bundestag hatte der Deutsche Städtetag vorgeschlagen, die Förderung ebenfalls auf ergänzende städtebauliche Maßnahmen auszudehnen, die von den Gemeinden im räumlichen Bereich der modernisierten bzw. zu modernisierenden Wohnungen unternommen werden. Auch nach Verabschiedung des Gesetzes sieht der Städtetag weiterhin das ModEnG als geeignetes Instrument für die Förderung ergänzender städtebaulicher Maßnahmen an. Die von dieser Seite entwickelten Vorstellungen lehnen sich weitgehend an das 14-Städte-Programm des Landes Baden-Württemberg an.

- In die parlamentarischen Beratungen der "Beschleunigungsnovelle" brachte der Bundesrat den Vorschlag ein, das StBauFG um Bestimmungen über "vereinfachte Erneuerungsmaßnahmen" zu ergänzen. Gegenstand dieses zwischen das subsidiäre ModEnG und direktive StBauFG eingeschobenen Instrumentes mittlerer Intensität "sollen insbesondere Maßnahmen zur Verbesserung der Wohnverhältnisse und der Wohnumwelt sein" (BT-Drucksache 8/2451, 46).

- Eine gewisse Selbstbindung ist der Bund darüberhinaus durch die Propagierung und Unterstützung der Verkehrsberuhigung eingegangen. Nachdem die Medien diese von lokalen Initiativen ausgehenden Bestrebungen inzwischen fast schon zur "stadt- und verkehrspolitischen Modeerscheinung" (GÖB) aufgebaut haben, gilt es hier, den Ankündigungen Taten folgen zu lassen.

Insofern ist es auf Bundesebene inzwischen weitgehend unstrittig, daß es "eines zwar geschlossenen Konzepts, jedoch mit einem flexiblen Instrument" bedarf, "welches die Gemeinden veranlaßt und bewegt, die Hebung des Wohnungsstandards durch Modernisierungsförderung mit gleichlaufender Hebung des Gebietsstandards abzurunden" (KRAUTZBERGER 1978, 535). Welcher Weg dabei beschritten wird, ist allerdings noch offen.

Angesichts des geschilderten Diskussionsstands konzentrieren sich entsprechende Überlegungen verständlicherweise auf Änderungen des ModEnG und des StBauFG. Dabei tendiert die Bundesregierung bisher offensichtlich zur Ergänzung des Modernisierungsrechtes, zumal das geplante "Instrument mittlerer Intensität" in den Bestimmungen des ModEnG bereits konkrete Anknüpfungspunkte vorfände: So im Prinzip der Schwerpunktförderung (§§ 11, 12 ModEnG), der Förderungsfähigkeit privater Umfeldmaßnahmen (§ 4 Abs. 2 ModEnG), sowie in der Möglichkeit, die Aufnahme in das jeweilige Landesprogramm von vorbereitenden und fördernden Maßnahmen der Kommune abhängig zu machen (§ 11 Abs. 3 ModEnG). Ausgehend von der letztgenannten Regelung wird überlegt, ob die Anweisung von Modernisierungsschwerpunkten und die Vergabe von Förderungsmitteln zukünftig nicht stärker von flankierenden Maßnahmen der Gemeinden im Wohnungsumfeld abhängig gemacht werden können.

Zusammenfassend läßt sich der Stand der Wohnungsumfeldpolitik wie folgt umreißen: Die Ergänzung der Modernisierungsförderung durch flankierende Maßnahmen im Wohnungsumfeld wird nicht mehr in Frage gestellt. Von verschiedenen Kommunen und Ländern aufgelegte Wohnungsumfeldprogramme werden vom Bund als richtunggebend angesehen. Die Entwicklung einer bundeseinheitlichen Lösung steht im Zusammenhang mit dem geplanten "Instrument mittlerer Intensität", das die Lücke zwischen dem StBauFG mit seinem Sondermaßnahmencharakter und dem ModEnG mit seiner geringen städtebaulichen Eingriffsschärfe schließen soll.

3. Ziele und Wirkungen der Wohnungsumfeldpolitik

Nach den bisherigen Ergebnissen dient die Wohnungsbestandspolitik primär Investitionssteuerung und Marktkorrektur. Man könnte auch sagen: Die ursprünglich mit dem StBauFG intendierte Staatsintervention in den Wohnungsmarkt, die in der Wachstumsphase Ende der 6oer Jahre und Anfang der 7oer Jahre von einer zentrenorientierten Tertiärisierungspolitik überformt wurde, beginnt sich nach der Rezession 1974/75 doch noch durchzusetzen. In Anlehnung an TESSIN (1977,261 f) kann dieser Prozeß als "Formwandel" der Wohnungs- und Städtebaupolitik bezeichnet werden; als Anpassung der Strategien und Instrumente an veränderte planungspolitische Handlungsvoraussetzungen, von der aber der Kern der Konjunktur- und Strukturpolitik nicht wesentlich berührt wird.

Als Erweiterung des bestandspolitischen Instrumentariums soll die Förderung der Wohnungsumfeldverbesserung, Steuerungsdefizite des bisherigen Instrumentariums beheben. Wie verhält es sich demgegenüber nun aber mit Forderungen nach einer sozialorientierten Wohnumfeldverbesserung? Trifft es zu, wenn WOLF (1979,24) u.a. behauptet, unter den gegenwärtigen restriktiven Bedingungen böte sich die Möglichkeit, "Wohnumfeldmaßnahmen, bzw. das dafür vorgesehene Finanzvolumen auf die schlechten Gebiete, das sind i.d.R. die ehemaligen Arbeiter-Wohnquartiere, zu konzentrieren"? Diesen Fragen wollen wir in diesem Kapitel nachgehen. Nachdem in Abschnitt 2.3 die sich herausbildenden Konzepte und Strategien mehr "von außen" betrachtet wurden, soll nun aufgezeigt werden, welchen Problemen und Zielen die Wohnungsumfeldpolitik im Rahmen ihrer Entstehungsbedingungen verpflichtet ist und welche Konsequenzen daraus resultieren.

Die Erwartungen, die an eine Förderung flankierender städtebaulicher Maßnahmen geknüpft werden, konzentrieren sich auf zwei Schwerpunkte:

- Wohnungsumfeldverbesserung soll den Wanderungsverlusten der Innenstädte entgegenwirken (vgl. Abschnitt 3.1) und

- Wohnungsumfeldverbesserung soll die Investitionsschwelle gegenüber Re-Investitionen in den privaten Althausbesitz senken (vgl. Abschnitt 3.2).

Wenn diesen Zweckbestimmungen der Wohnungsumfeldpolitik auch z.T. eine verzerrte Problemwahrnehmung vor allem der kommunalen Administration zugrunde liegt, so zwingen sie letztendlich zu einem selektiven Mitteleinsatz, der nicht ohne Auswirkungen auf Grad und Qualität der Wohnungsversorgung bleiben kann (vgl. Abschnitt 3.3).

3.1 Gegensteuerung zur Randwanderung?

Bei unvermindert anhaltenden Bevölkerungsverlusten der Innenstädte und gestreuter Modernisierungstätigkeit im privaten Althausbesitz erhält die Diskussion um gegensteuernde Maßnahmen einen neuen Akzent. Baundesbauminister HAACK auf dem 2.Kongress für Altbaumodernisierung 1978 in Wiesbaden: "Aus den gefährdeten Wohnquartieren mit ungünstigen Lebensbedingungen wandern vor allem die besser Verdienenden und jüngere Bewohner ab. Zurück bleiben meist alte Leute und Ausländer, die häufig eine der Modernisierung entsprechende Miete nicht tragen können. (...) Um jüngere und zahlungskräftige Bewohner für diese Gebiete zu gewinnen, müssen deshalb neben der Wohnungsmodernisierung vor allem die allgemeinen Wohnbedingungen in diesen Gebieten verbessert werden" (zit.n. SCHNEIDER 1978,573f.).

Unter Verweis auf die Ergebnisse einschlägiger Wohnungsmarktanalysen wird dabei wie selbstverständlich von der Beeinflußbarkeit des Abwanderungsprozesses gesprochen. Gegen diese Hypothese sind verschiedene Vorbehalte anzuführen: Die Zentralisierung und räumliche Expansion der tertiären Kapitale in den Stadtzentren, die primär ökonomischer Rationalität unterworfene Aufteilung des städtischen Bodens haben in den letzten Jahren traditionelle Standortstrukturen und Segregationsmuster aufgebrochen: Zahlreiche Betriebsverlagerungen im sekundären Sektor, in die cityperipheren Wohngebiete eindringende Verwaltungsbauten, der Ausbau radialer Erschließungsachsen und nicht zuletzt die Eliminierung ganzer Wohnquartiere mittels flächenhafter Stadtumbaumaßnahmen haben nicht nur das Gesicht der Städte verändert. Die Wohnverhältnisse in vielen Innenstadtrandgebieten sind für viele Bewohner inzwischen unerträglich geworden. Nach einer Sonderauswertung des städtebaulichen Fragenprogramms der Wohnungsstichprobe 1972 fühlen sich z.B. durchschnittlich 29,6% der in Gemeinden mit über 100.000 E in ihrer Wohnung durch Verkehrslärm beeinträchtigt. Bundesbauminister HAACK räumte vor dem Bundestag ein, daß heute etwa 10 bis 20% des Wohnungsbestandes in "Problemzonen" mit hoher Wohndichte und Überbauung sowie stark belasteten Wohnungsumfeld liegen. Die "Abstimmung mit den Füßen" (DECKERT) als Reaktion auf die sich zunehmend verschlechternden innerstädtischen Wohnbedingungen erfolgt deshalb wohl nur z.T. freiwillig, im übrigen wird sie durch die Strukturveränderungen unmittelbar oder mittelbar erzwungen. Auf der anderen Seite sind die aus Einsicht in ihre begrenzte finanzielle Leistungsfähigkeit zurückbleibenden "immobilen" Bevölkerungsgruppen zu einem nicht unerheblichen Teil zur Seßhaftigkeit gezwungen. Auslösender Faktor war nicht zuletzt auch die kommunale Planungspolitik der jüngsten Vergangenheit. Die planungsrechtliche Beförderung der Tertiärisierung durch Einzelfallentscheide nach § 34 BBauG extensive Festlegung von MK-Gebieten in den Innenstädten und die Erschliessung der letzten Baulandreserven in den Umlandgemeinden konnten bei insgesamt günstigen Investitionsbedingungen (niedriges Zinsniveau, Steuervergünstigungen z.B. § 7b EStG) den Trend zur Suburbanisierung nur verstärken. HÄUSSERMANN/SIEBEL (1978) kommen deshalb zu folgendem Schluß: "Wenn die Großstadtverwaltungen jetzt den Bevölkerungsverlust beklagen und zum zentralen Problem der Stadtkrise erklären, so betreiben sie zudem eine "Haltet den Dieb"-Strategie. Denn lange Zeit war die Verdrängung der Wohnbevölkerung gewollte oder zumindest in Kauf genommene Konsequenz ihrer eigenen Entwicklungspolitik."

Zudem findet die Retardierung des Abwanderungsprozesses in der baulich-räumlichen Struktur der Innenstädte materielle Grenzen: Entgegen anderslautenden Prognosen, die für die 80er Jahre nur noch einen leichten Anstieg der Quote Wohnfläche je Einwohner erwarteten, zeigen Untersuchungen von HARFST (1977, zit.n. KREIBICH 1978,4), daß sich die jährlichen Zuwachsraten von durchschnittlich 2,3% in den Jahren 1968 bis 1972 auf 3,4% in den Jahren 1972 bis 1975 sogar noch erhöhten. Im gesamten Beobachtungszeitraum wuchs die einer Person durchschnittlich zur Verfügung stehende Raumzahl von 1,34 auf 1,60 an. Offen ist dabei die Frage, ob dieser Trend teilmarktunspezifisch für alle sozialen Gruppen gleichermaßen zutrifft, wie es KREIBICH (ebd.) andeutet, oder ob die Wohnflächenzunahme zumindest bei den oberen Einkommensgruppen Sättigungserscheinungen erkennen läßt (vgl. FASSBINDER u.a. 1977,206). Wenn wir hierüber auch nicht abschließend befinden können, so scheint es im Hinblick auf die uns vornehmlich interessierenden innerstädtischen Altbaugebiete durchaus realistisch, für die heute überschaubaren Zeiträume einen anhaltenden Trend zur Wohnflächenerweiterung zu unterstellen, zumal die Wohnungsversorgung der dort vornehmlich anzutreffenden unteren und mittleren Einkommensgruppen längst nicht als gesichert angesehen werden kann. So zeigt z.B. eine von BASTISCH/WIEHAGEN (1979,97) in Wuppertal Elberfeld-Nord durchgeführte Untersuchung, daß die unteren Einkommensgruppen selbst bei vergleichsweise niedrigen Altbaumieten eine starke Unterversorgung mit Wohnflächen in Kauf nehmen müssen; mithin würde schon eine geringfügige Verbesserung ihrer Versorgungslage einen zusätzlichen Wohnflächenbedarf erzeugen.

Was die Mobilitätsforschung bisher - in Kenntnis ihrer Mängel (vgl. KREIBICH 1978, DECKERT 1978) - zu den Motiven der Abwanderer hergibt, kann grob wie folgt zusammengefaßt werden:

- Im Querschnitt der Wohnungsmarktstudien erweisen sich wohnungsbezogene Motive als vorherrschend. Soweit dabei nach Wohnungsgröße und -qualität unterschieden wird, erscheinen diese Faktoren in einer Reihe von Untersuchungen gleichgewichtig (vgl. z.B. DECKERT 1978,65), vereinzelte Ergebnisse deuten aber auf ein gewisses Übergewicht des Motivs "zu kleine Wohnung" hin (vgl. z.B. IBLHER 1974,171). Bei der hier angesprochenen Gruppe dürfte die Wanderungsentscheidung entweder durch die Vergrößerung des Haushaltes oder durch die nachhaltige Verbesserung der wirtschaftlichen Situation bestimmt sein. Für diese Überlegungen spricht die Tatsache, daß Familien mit Kindern bis zu 15 Jahren und Mehrpersonenhaushalte mittleren Alters überdurchschnittlich stark an den untersuchten Wanderungsvorgängen beteiligt sind.

- Oberhalb einer gewissen Einkommensgrenze gewinnt für diese Gruppe auch das Wohnungsumfeld als Wanderungsmotiv an Bedeutung, und zwar zunächst in Form konkreter Beeinträchtigungen (Verkehrslärm, betriebliche Emissionen), dann aber auch in Form defizitärer Spiel-, Aufenthaltsmöglichkeiten u.dgl. mehr. Zum Tragen kommt das Wohnungsumfeld weniger als isoliertes Motiv, sondern vielmehr in Motivverflechtung mit den Kriterien Haushaltsvergrößerung und Eigentumserwerb (MEUTER 1977,1o). Die ruhige Wohnlage in der Nähe der allerdings zunehmend zersiedelten Landschaft ist jedoch auch für eine kleinere Gruppe älterer Mehrpersonenhaushalte attraktiv, die sich im Umland einen "Altensitz" sucht. Als auslösende Faktoren spielen hier sicherlich die Verkleinerung des Haushalts nach Auszug der Kinder und der Eintritt in den Ruhestand eine Rolle.

- Und dann darf auch der Eigentumserwerb als Wanderungsmotiv nicht unterschätzt werden, zumal der Wunsch ein Eigenheim oder eine Eigentumswohnung zu besitzen, aufgrund der großen Baulandknappheit in den Kernstädten nur im Umland zu verwirklichen ist. Die Bedeutung des Eigentumserwerbs im Rahmen der Randwanderung läßt sich mit einigen empirischen Befunden belegen: Ein Vergleich der Wanderungsmotive verschiedener Wanderungsgruppen in Hamburg zeigt, daß Bau/Erwerb eines Hauses oder einer Eigentumswohnung von den abgewanderten Haushalten mit 2o% viermal häufiger als Umzugsgrund genannt wurden als von den innerhalb Hamburgs umgezogenen Haushalten (5%). Insgesamt hatten dort 3o% der ins Umland gezogenen Haushalte Eigentum erworben. In Hannover lag der entsprechende Anteil bei 25% (DECKERT 1977,71). Aufschlußreich ist in diesem Zusammenhang auch die Frage, in welchem Umfang die einzelnen sozialen Schichten an der Eigentumsbildung beteiligt sind. Haus- bzw. Wohnungseigentümer wurden in Hamburg 8% der Haushalte der unteren Unterschicht, 17% der unteren Mittelschicht und 55% der oberen Mittelschicht. Mithin ist gerade die von der Wohnungsumfeldpolitik angesprochene Zielgruppe besonders stark an der Eigentumsbildung interessiert und kann von wohnwertverbessernden Maßnahmen in Altbaugebieten nur bedingt erreicht werden.

Wie sind vor diesem Hintergrund die Chancen einer gegensteuernden Stadtentwicklungspolitik einzuschätzen? In einer Züricher Mobilitätsuntersuchung fragte IBLHER (1974,182) die Gruppe der Abwanderer "was sie hätte bewegen können, weiterhin in der Stadt zu bleiben". Die Schwerpunkte der Antworten lagen mit 55,6% bei wohnungsbezogenen und 15,5% bei wohnungsumfeldbezogenen Angaben. Mit gewissen Einschränkungen spiegeln sich in diesen Aussagen die herausgearbeiteten Abwanderungsmotive wider. Immerhin 1o,6% der Abwanderer wären aber unter keinen Umständen in der Stadt geblieben. Unter Berücksichtigung von acht regionalen Wohnungsmarktanalysen aus der Bundesrepublik (zusammenfassend MEUTER 1977) ist zu vermuten, daß es sich hierbei um den "harten Kern" höher qualifizierter und besser verdienender Haushalte handelt, in deren Wanderungsentscheidung sich wohnungs- und wohnungsumfeldbezogene Motive mit dem Eigentumserwerb verbinden. Wenn also 71,1% der aus Zürich abwandernden Haushalte unter der Voraussetzung eines qualitativ besseren Wohnungsangebotes in der Stadt geblieben wären (IBLHER ebd.) und 63% der in den erwähnten Wohnungsmarktanalysen erfaßten umzugswilligen zunächst eine Wohnung in der Nähe ihres bisherigen Wohnstandortes gesucht haben (MEUTER ebd.,11), so kann daraus nur eine bedingte Steuerbarkeit des Mobilitätsverhaltens der einkommensstarken Abwanderer geschlossen werden, zumal das steigende Mietniveau großer, modernisierter Altbauwohnungen in guter Wohnlage die Übergangswahrscheinlichkeit zum Eigentum verstärkt.

Aus dem Umstand, daß die eigentliche Zielgruppe der gegensteuernden Politik nur in Grenzen auf Maßnahmen im Wohnungsumfeld ansprechen wird, auch zu schließen, daß diese Strategie keine mobilitätssteuernde Wirkung hätte, wäre falsch. Im Gegenteil: Aus der Absicht, höher qualifizierte und einkommensstärkere Bewohnergruppen an ihren innerstädtischen Wohnstandort zu binden bzw. entsprechend gut situierte Zuwanderer anzuziehen, ergeben sich Auswahlkriterien für Maßnahmen und Gebiete. Denn auch aus dem mobilitätsfixierten Begründungszusammenhang heraus erscheint es nur konsequent, der selektiven Abwanderung mit einer entsprechend sozial und räumlich selektiven Verbesserungsstrategie zu begegnen. Wenn auch gründlich bezweifelt werden muß, daß von Maßnahmen im Wohnungsumfeld die erwartete gegensteuernde Wirkung ausgehen kann, so ist doch eines sicher: Eine Umschichtung der Bevölkerung, die möglicherweise zu einer Verschärfung jener Segregationserscheinungen führen könnte, denen sie nicht zuletzt ja entgegenwirken soll.

3.2 Senkung der gebietsinternen Investitionsschwelle

Es ist freilich nicht nur die Beeinflussung der Wanderungsströme, die mit der Wohnungsumfeldverbesserung geleistet werden soll. Hervorgehoben wird ebenfalls die Aufgabe "das Investitionsklima für private Investitionen zu verbessern"(HAACK).

Die Beobachtung, daß die Investitionsbereitschaft der Althauseigentümer mit sinkendem Status eines Gebietes fällt, ist inzwischen auch für die Bundesrepublik empirisch belegt. Selbst in den i.d.R. als regenerationsfähigen eingestuften bürgerlichen Altbaugebieten gibt es - abgesehen von den überall anzutreffenden Spekulanten - eine Eigentümergruppe, die aufgrund ihres Alters und weiterer persönlicher Umstände nur noch wenig Bereitschaft aufweist, in ihren Althausbesitz zu investieren. Hinzu tritt nicht selten ein akuter Mangel an Eigenkapital, der durch zusätzliche finanzielle Lasten aus dem Kapitaldienst noch zu tilgender Hypotheken z.T. noch verschärft wird, wie an einem ausgewählten Eigentümerinterview verdeutlicht werden kann: "Seit 1971 haben wir an einer Hypothek in Höhe von DM 19o.ooo zu tragen, die für die Auszahlung von Miterben aufgenommen werden mußte. Unsere finanzielle Leistungsfähigkeit ist damit schon bei weitem überschritten und die Kredite laufen noch zehn bzw. zwanzig Jahre. Die Mieteinnahmen reichen nicht annähernd aus, die Kosten zu decken. Das Hauptproblem ist, daß es für uns keine Möglichkeit gibt, irgendwelche Gelder anzusammeln, um Modernisierungen durchzuführen" (MURATIDIS u.a. 1977). Es sind jedoch nicht nur die Kosten für die Unterhaltung der Gebäude und Wohnungen, von denen die Mieteinnahmen aufgezehrt werden. Da viele Eigentümer oftmals nicht auf weitere Einnahmen zurückgreifen können und über zu geringe

Kenntnisse über die wirtschaftlichen Zusammenhänge verfügen, führen sie die Mieteinnahmen ihrer privaten Konsumption zu. Hierzu die Äußerung eines Eigentümers: "Ich bin gezwungen, von den Mieteinnahmen zu leben, Eigenmittel stehen mir nicht zur Verfügung. Jede Modernisierung müßte demzufolge mittels Fremdkapital finanziert werden. Bei einer solchen Finanzierungsart ist dann allerdings jegliche Rentabilität unmöglich. Vermietungsprobleme existieren für mich in jener Gegend dort nicht, so daß ich auf Modernisierungsvorhaben verzichten kann" (ebd.). Es versteht sich, daß diese Eigentümer keine Rücklagen für Instandsetzungs- und Modernisierungsmaßnahmen bilden können.

Während diese begrenzt investitionsfähige und -bereite Eigentümergruppe in den regenerationsfähigen Altbaugebieten zahlenmäßig zurücktritt und sich bei anhaltendem Grundstückstransfer zur Ausnahmeerscheinung entwickelt, so ist sie in den traditionellen Arbeiterwohngebieten geradezu "typisch" (ebd., 1o). Ein Ausgleich für dieses ausgeprägt desinvestive Verhalten seitens leistungsfähiger Eigentümer ist dort nicht zu erwarten, da diese zahlenmäßig stark unterrepräsentiert sind und außerdem keine städtebaulich wirksame Investitionsneigung erkennen lassen. Gemessen an der für eine ordnungsgemäße Unterhaltung der Gebäude und Grundstücke erforderlichen Re-Investitionstätigkeit sind diese Gebiete als nicht-regenerationsfähig einzustufen.

Die mit den wachsenden strukturellen Problemen eines Gebietes zurückgehende Investitionsbereitschaft hängt nur zum Teil von objektspezifischen Merkmalen ab. Von großer Bedeutung ist auch die Lagequalität eines Grundstücks. Was jeder Wohnungs- und Grundstückssuchende aus eigener Erfahrung weiß, wird auch in den einschlägigen Richtwerttabellen bestätigt: Ein Wohngebäude gleicher Qualität weist in Abhängigkeit von seinen Lageeigenschaften erhebliche Kauf- bzw. Mietpreisdifferenzen auf. Geht man etwa von den gebräuchlichen Lagewertkategorien aus, so liegt das Mietniveau einer vor 1918 errichteten Wohnung in sehr guter Wohnlage je nach Ausstattung und Wohnfläche 4o bis 50% über dem einer gleichwertigen Wohnung in einfacher Wohnlage. Dieser u.a. von KRETZSCHMAR (in diesem Band S.159-174) aufgezeigte Einfluß lagebedingter Faktoren auf die Mietpreisbildung wird durch Untersuchungen von DUBACH/KOHLBRENNER (1978, 388) bestätigt, nach denen der lagewertbedingte Mietanteil unter günstigen Bedingungen bis auf 45% ansteigen kann. Bestimmend für die Lagequalität eines Grundstücks sind im wesentlichen folgende Merkmale:

- Physikalische und ökologische Faktoren: Belichtung und Besonnung, Luftventilation und Schadstoffbelastung, Schallimmissionen durch Betriebe und Verkehr;

- Ausstattung im Wohnungsnahbereich: Wohnergänzende Gemeinschaftseinrichtungen im Gebäude (z.B. Hobbykeller) und auf dem Grundstück (z.B. Müllentsorgung), nutzbare Freiflächen, Stellplätze und Garagen;

- Ausstattung des Wohnquartiers: Erschließung durch Individualverkehr und öffentliche Nahverkehrssysteme, Versorgung mit sozialer Infrastruktur, Handels- und Dienstleistungseinrichtungen sowie öffentlichen Grünanlagen;

- Image des Wohnquartiers: neben den genannten Qualitätsmerkmalen insbesondere der Status der traditionell ansässigen Bevölkerung (Ausländeranteil), Erhaltungszustand der Bausubstanz, stadtgestalterische Qualität der Bauten, Straßenräume und Plätze, Durchgrünung der Höfe und Straßenräume.

Schlecht instandgehaltene Bausubstanz, hohe bauliche Verdichtung, störendes Gewerbe, fehlende nutzbare Freiflächen als Charakteristika der "einfachen Wohnlage" erklären nicht nur das unterdurchschnittliche Mietniveau in den nicht-regenerationsfähigen Altbaugebieten; sie engen auch die Bandbreite rentierlicher Investitionen ein, wie folgendes Beispiel veranschaulichen soll: Vor der Modernisierung beträgt die Kaltmiete einer 86,5 qm großen

Wohnung in einfacher Wohnlage 216,25 DM. Vereinfachend gehen wir davon aus, daß diese Miete der Vergleichsmiete einer vor 1918 errichteten Wohnung mit Ofenheizung ohne Bad/WC zu einem bestimmten Zeitpunkt entspricht. Legt man als Kosten einer durchgreifenden Modernisierung 40.440 DM zugrunde, so wäre nach § 3 Miethöhe-Gesetz (MHG) eine Erhöhung der monatlichen Miete auf 586,95 DM zulässig. Umgerechnet entspräche dies einer Steigerung von 2,50 DM auf 6,79 DM je qm Wohnfläche (Wfl.), also rd. 270%. Bei Inanspruchnahme von Zuschüssen aus dem Bund-Länder-Modernisierungsprogramm verringern sich die umlagefähigen Kosten um die gewährte Subvention. Nach Abzug der Förderung ist eine Erhöhung der monatlichen Miete auf 436,83 DM - umgerechnet 5,05 DM je qm Wfl. - zulässig. Bezogen auf die Ausgangsmiete sind dies immer noch 202%. Nun zeigt z.B. ein Blick in die kommunalen Mietpreisspiegel (vgl. KRETZSCHMAR, Tab. 4 in diesem Band) aber, daß eine 61-90 qm große Wohnung der genannten Baualtersklasse mit Heizung, Bad und WC jenseits 180% der Ausgangsmiete in einfacher Wohnlage nur noch schwer zu vermieten sein dürfte. Erst auf dem Niveau einer mittleren Wohnlage wäre es dem Eigentümer möglich, den in § 3 MHG gesteckten Rahmen voll auszuschöpfen.

Selbst wenn man davon ausgeht, daß die vom MHG eingeräumte 11%ige Umlage der Modernisierungskosten noch gewisse Investitionsspielräume offenläßt, so ist es für die Entscheidung eines Eigentümers zu modernisieren oder sein Kapital in anderen Bereichen anzulegen, schon von erheblicher Bedeutung, daß eine gleich hohe Investition in Abhängigkeit von der Qualität des Wohnungsumfeldes unterschiedliche Erträge ermöglicht, eine Investition in einfacher Wohnlage durchaus sogar zu einer Unterdeckung der laufenden Aufwendungen führen kann. Ohne selbst über Einwirkungsmöglichkeiten zu verfügen, sieht der Eigentümer seine Ertragschancen durch Nachbarschafts-Effekte ("neighborhood externalities") negativ beeinflußt. Hohe ökologische Belastungen und Ausstattungsdefizite des Wohnquartiers bedeuten für ihn unsichere Ertragschancen. Im Zweifelsfall wird er darauf verzichten, das Risiko einer Investition einzugehen, zumal sich Desinvestition zeitweise durchaus rentieren kann (z.B. bei gleichzeitiger Überbelegung). Daß lagewertsteigernde Maßnahmen von einem beträchtlichen Teil der investitionsfähigen Eigentümer tatsächlich als Voraussetzung für eigene Aktivitäten gesehen werden, zeigen Befragungsergebnisse von MURATIDIS u.a. (1977,26). An dieser Stelle nochmals ein bezeichnender Gesprächsauszug: "Wenn die anderen Häuser weiter vernachlässigt werden, bleibt auch das einzelne Haus unvermietbar (...). Außerdem müßte zuvor erst mal die Stadt die Voraussetzung für eine attraktive Wohngegend schaffen."

Da die Bundesregierung den einmal eingeschlagenen Weg der subsidiären Förderung und informellen Steuerung bislang offenbar nicht zur Disposition stellt, bewegen sich die Versuche, den endgültigen Fehlschlag der Sanierungsprophylaxe zu verhindern, weiter auf der Ebene der Investitionsförderung. Aus dieser Perspektive erscheinen Mängel und Defizite des Wohnungsumfeldes als "Investitionsbremse" gegenüber einer erweiterten Modernisierungstätigkeit. Innerhalb des abgesteckten erneuerungspolitischen Rahmens ist es mithin naheliegend, den Hebel im Wohnungsumfeld anzusetzen.

Damit ordnet sich die Wohnungsumfeldverbesserung bruchlos in die Reihe der Investitionsanreize ("incentives") ein, die MROSEK bereits 1972 (167ff.) zur Überwindung der investitionshemmenden Nachbarschaftseffekte u.a. gefordert hat. Mit dem Unterschied, daß an die Stelle finanzieller Hilfen konkrete wohnwertverbessernde Maßnahmen treten, die von den Kommunen als Vorleistung erbracht werden. "Wohnumfeldverbesserung - darüber sollte es keinen Zweifel geben - ist natürlich eine öffentliche Aufgabe" (HAACK). Die Anstoßwirkung solcher "environmental improvements" auf die Investitionsbereitschaft privater Eigentümer schätzt MROSEK (ebd., 188) unter Verweis auf angelsächsische Untersuchungen günstig ein. Eine Gewähr dafür, daß die privaten Eigentümer aus öffentlichen Haushalten finanzierte Wohnwertverbesserungen mit wohnungsbezogenen Folgeinvestitionen honorieren, haben die Kommunen dennoch nicht. Wie DAVIS/WHINSTON (1966,54f.) gezeigt haben, wirken sich wohnwertsteigernde Maßnahmen in der Nachbarschaft zwar günstig auf die Rentabilität einer Investition in den Altbau aus, doch verspricht ein Investitionsverzicht möglicherweise eine höhere Rendite, wenn die Qualitätsverbesserung in der Nachbarschaft als kostenloser Vorteil den Wert des Grundstücks und den lagebedingten Mietanteil anhebt. In diesem Fall erweist sich die Fortsetzung der Desinvestition als die profitablere Alternative. Unter rein ökonomischen Gesichtspunkten stellt sich für den Eigentümer die Modernisierungsfrage nur dann, wenn sich keine Mieter fänden, die den verbesserten Lagewert mit einer Mietsteigerung bezahlen würden; z.B. wenn die betreffende Wohnung für die Nachfrager einfach ausgestatteter Wohnungen bereits zu teuer, für die Nachfrager lagegünstiger Wohnungen aber wiederum zu schlecht ausgestattet wäre. Ohne daß damit immer auch eine merkliche Verbesserung der Gebrauchsfähigkeit des Wohnungsumfeldes für die Bewohner verbunden wäre, sind die durch den "Aufstieg" in die nächsthöhere Lagewertkategorie bedingten Mietsteigerungen beträchtlich. So errechnet sich beim Übergang von der einfachen zur mittleren Wohnlage eine Mietsteigerung zwischen 13 und 14%, beim Übergang von der mittleren zur guten Wohnlage eine zwischen 11 und 13%. Nach einer anschließenden Modernisierung ließe sich die Miete dann noch einmal um 75 bis 85% anheben, ohne daß damit der durch die ortsübliche Vergleichsmiete gesteckte Rahmen überschritten würde; wohl aber die finanzielle Leistungsfähigkeit einkommensschwächerer Haushalte.

3.3 Wirkungen und Perspektiven der Wohnungsumfeldpolitik

Nach Herkunft und Entwicklung ist die Wohnungsumfeldpolitik keine isolierte Strategie sondern Teil eines zunehmend erweiterten und differenzierten Instrumentariums der "kombinierten Erneuerungspolitik", die Modernisierung, Instandhaltung, Um- und Ausbau, Wohnungszusammenlegungen und die Verbesserung des Wohnumfeldes zu einem Ganzen zusammenfaßt. Ergänzt wird sie durch Programme zur innerstädtischen Baulandbeschaffung für großstadttypische Einfamilienhäuser und Lückenverbauungen. Ob es sich um Subventionen, Steuererleichterungen oder sachliche Vorleistungen der öffentlichen Hand handelt, die investitionspolitischen Prioritäten dieser Politik sind unverkennbar.

Ob und inwieweit mit dieser ökonomisch-fiskalisch bestimmten Politik auch langfristig legitimatorische Ansprüche mit abgedeckt werden können, kann noch nicht abschließend beantwortet werden. Daß die Legitimationsbasis der Wohnungsbestandspolitik anfangs ungebrochen war, liegt wohl vornehmlich an zwei Gründen:

- So profitierte die Modernisierung von dem Kredit, der ihr als Alternative zur wohnraumvernichtenden Flächensanierung in der öffentlichen Meinung eingeräumt wurde.
- Da die Modernisierung offiziell zur privaten Aufgabe erklärt worden war, konnte bei Legitimationsproblemen auf den Markt verwiesen werden.

Inzwischen mehren sich jedoch Widerstände gegen mietsteigernde Wohnwertverbesserungen und es scheint, daß diese Art simultaner Aufgabenbewältigung nur noch begrenzt in der Lage ist Konflikte zu verhindern.

Bei der schrittweisen Ergänzung des zunächst einseitig gelagerten Instrumentariums der Wohnungsbestandspolitik durch bau- und planungsrechtliche Vereinfachungen und städtebaulich orientierte Förderungsinhalte spielen legitimatorische Erwägungen allerdings (noch) eine untergeordnete Rolle. Ihren gemeinsamen Nenner haben diese Modifikationen darin, daß sie jeweils spezifische Restriktionen der Modernisierungsförderung entschärfen sollen.

Das gilt gleichwohl für die Wohnungsumfeldverbesserung. Ungeklärt ist dabei allerdings noch wie sich die beiden herausgearbeiteten Zielebenen "Gegensteuerung zur Randwanderung" und "Senkung der Investitionsschwelle" zueinander verhalten; geht es doch einmal um eine "ausgewogene" Sozialstruktur und zum anderen um die Intensivierung der Modernisierungstätigkeit. Es läßt sich aber unschwer feststellen, daß es sich bei diesen Zielen der Wohnungsumfeldverbesserung letztlich nur um zwei Seiten einer Zweckbestimmung handelt. Schon in den sechziger Jahren ist bei der Erarbeitung von Bewertungsgrundlagen für die Stadtsanierung die Sozialstruktur eines Altbaugebietes als ökonomischer Faktor erkannt worden. Insofern nämlich, als ein überproportional mit sozial und ökonomisch unterprivilegierten Bewohnern besetzter Wohnungsbestand weder eine bestandssichernde Bauunterhaltung noch eine Umlage der Kosten für qualitätssteigernde Maßnahmen erlaubt. Daraus folgt, daß einkommensstarke Haushalte nicht nur als Steuerzahler und Konsumenten gebraucht werden, sondern vor allem als zahlungsfähige Nachfrager für modernisierte Wohnungen. Ein Eigentümer, der seinen Altbau aus steuerlichen Gründen erworben hat und modernisieren will, wird dies nur bei entsprechend zahlungsfähiger Nachfrage tun können, wenn er nicht das Risiko einer Unterdeckung eingehen will. Umgekehrt kann die Nachfrage nach gut ausgestatteten Wohnungen an innerstädtischen Standorten unter den beschriebenen Bedingungen nur befriedigt werden, wenn die Eigentümer über ausreichendes Eigenkapital verfügen. So gesehen, kann sich der Staat nur auf finanzielle Anreize zur privaten Investition beschränken, wenn Eigentümer und Mieter in der Lage sind, die auf sie zukommenden finanziellen Lasten zu tragen. Auf den Begriff gebracht: Wohnungsumfeldverbesserung soll eine ausreichende zahlungsfähige Nachfrage für private Investitionen in die innerstädtischen Altbaugebiete hineinziehen und damit die Ertragsfähigkeit der getätigten Investitionen langfristig absichern. Eine Verklammerung mit der Modernisierungsförderung ermöglicht eine städtebaulich wirksame Bündelung der Erneuerungsaktivitäten im Sinne der bisher nicht erreichten Sanierungsprophylaxe.

Aus der erklärten Absicht, die private Investitionstätigkeit durch Maßnahmen im Wohnungsumfeld anzukurbeln, leiten sich Anforderungen an die Gebietsauswahl ab, durch die die Handlungsspielräume bei der Verteilung der Mittel erheblich eingeengt werden. Naturgemäß ist der angestrebte Multiplikatoreffekt der kommunalen Vorleistungen nur dort zu erreichen, wo hinreichende finanzielle Ressourcen auf Eigentümer- und Mieterseite aktiviert werden können. Erfüllt ist diese Forderung noch am ehesten in den herabgefilterten bürgerlichen Wohnvierteln. Hier ist der Anteil der investitionsfähigen Eigentümer vergleichsweise hoch. Dorthin verlagert sich die Nachfrage anlagewilliger Investoren und wohnungssuchender Mittelschichtenangehöriger (bislang vornehmlich 1- und 2-Personen-Haushalte). Weiträumige und teilweise durchgrünte Straßenzüge, attraktive Raumfolgen, repräsentative Fassaden, großzügige Wohnungsgrundrisse u.dgl.mehr sind unbestreitbare Vorzüge, die eine Re-Investition in die Bausubstanz als lohnend erscheinen lassen, wenn erst einmal die gravierendsten Mängel im Wohnungsumfeld beseitigt sind, zumal unter den genannten Voraussetzungen eine Anpassung dieser Quartiere an gehobene Wohnwertvorstellungen ohne unvertretbar hohen Aufwand möglich erscheint.

Das vom Anspruchsniveau der Mittelschicht beherrschte Repertoire der geplanten Verbesserungen reicht von verkehrsberuhigten Wohnstraßen, Tiefgarage etc. über Spielgeräte, Freilichtschach, Boccia bis hin zu Kunsthöfen, Kaffeeterrasse u.dgl.mehr. Neben der Verringerung verschiedenster Störungen und der Verbesserung der Benutzbarkeit des Wohnungsumfeldes zielen die geplanten Maßnahmen vor allem darauf das Image der betreffenden Gebiete aufzuwerten.

Wesentlich ungünstiger liegen die Dinge in den traditionellen Arbeiterwohnquartieren. Als "Grauzonen" der Stadtentwicklung sind sie in den investitionspolitischen Ansatz der kombinierten Erneuerungspolitik nicht einzubinden. Der Anteil investitionsfähiger Eigentümer ist hier ausgesprochen gering. Qualitätsarme und extrem schadhafte Bausubstanz, dekorarme Fassaden, Wohnungen mit kleinen Zimmern und insgesamt geringer Wohnfläche sowie das Stigma des Unterschicht-Wohnquartiers dürften auch nach gewissen Vorleistungen im Wohnungsumfeld nur eine geringe Anziehungskraft auf einkommensstärkere Haushalte ausüben. Zudem könnte wahrscheinlich nur ein kleiner Teil der Eigentümer das erforderliche Eigenkapital für gebäude- und wohnungsbezogene Folgeinvestitionen aufbringen. Andererseits besteht die Möglichkeit, diese großflächigen Altbaugebiete durch räumlich konzentrierten Einsatz von Städtebauförderungsmitteln sukzessive "abzuarbeiten" faktisch nur auf dem Papier, da die dafür erforderlichen Realisierungszeiträume die Restnutzungsdauer der Bausubstanz bei weitem überschreiten dürften.

Eine primär als Investitionsanreiz verstandene Wohnungsumfeldverbesserung kann mithin nur in den strukturstärkeren Altbaugebieten Fuß fassen. Hier liegen fraglos die erneuerungspolitische Prioritäten. Die ARGEBAU (1978) will sogar Maßnahmen in Wohngebieten eingeschlossen sehen, "in denen der Wohnungsbestand selbst nicht mehr erneuert zu werden braucht". Bei den relativ günstigen Ausgangsbedingungen solcher Gebiete ist durchaus eine Chance gegeben, den bisher schleppend vorankommenden Erneuerungsprozeß zu beschleunigen. Die wohl kaum zu vermeidenden Mitnehmereffekte wären dabei noch das geringste Problem:

- Finanziell leistungsschwache Eigentümer, deren Eigenkapital nicht ausreicht, um der Wohnungsumfeldverbesserung eigene Modernisierungsmaßnahmen folgen zu lassen, werden sich mit hoher Wahrscheinlichkeit dem öffentlichen und ggf. auch von kommunaler Seite forcierten Druck ausgesetzt sehen, ihren Besitz an investitionsfähige Bewerber zu veräußern.

- Für die in den geförderten Gebieten ansässigen einkommensschwächeren Bewohner, deren Budget im allgemeinen gerade ausreicht, ihre primären Anforderungen an eine Wohnung zu befriedigen, nicht aber weitergehende Anforderungen an das Wohnumfeld, birgt die Wohnumfeldverbesserung gleich ein zweifaches Risiko: Sollte sich der Eigentümer ihrer Mietwohnung bereitfinden, die Vorleistungen der Kommunen mit eigenen Modernisierungen zu honorieren, müssen sie Mieterhöhungen befürchten, die ihre finanzielle Belastbarkeit übersteigen. Verzichtet der Eigentümer vorerst auf die Modernisierung sind Mietsteigerungen dennoch möglich, wenn das Wohnquartier in Folge der Wohnumfeldverbesserung in eine höhere Lagewertkategorie "aufsteigt". Als Ausweg bleibt den weniger zahlungsfähigen Haushalten nur der Umzug in bisher "verschonte" zugleich aber umso mehr verfallsbedrohte und ökologisch belastete Wohngebiete. D.h. Maßnahmen zur Verbesserung des Wohnumfeldes tragen direkt und indirekt zur Verdrängung der ökonomisch schwächeren Haushalte bei. Wie wir gesehen haben, handelt es sich dabei aber nicht um eine unerwünschte Folgeerscheinung der Wohnungsumfeldpolitik sondern um ihre ökonomische Voraussetzung.

Mit der sich anbahnenden Integration der Wohnumfeldverbesserung in eine "kombinierte Erneuerungspolitik" des Bundes wird zwar der zeitweise ausgeblendete Zusammenhang von wohnungswirtschaftlichen und städtebaulichen Maßnahmen wiederhergestellt, die begrenzte Reichweite und Selektivität der Stadterneuerung damit zugleich weiter fortgeschrieben. Durch Wohnungsumfeldprogramme kann allenfalls die Grenze der regenerationsfähigen Gebiete etwas zu den schwächer strukturierten Gebieten hin verschoben werden. Übergangen werden aber nach wie vor Stadtteile mit stark instandsetzungsbedürftiger Bausubstanz und schwerwiegenden Wohnumfeldmängeln; jene Wohnungsbestände also, auf die gerade sozial und ökonomisch schwächere Bevölkerungsgruppen existentiell angewiesen sind, und die bisher weder von Stadtumbaumaßnahmen noch von der Modernisierungsförderung erreicht worden sind. Es ist zu befürchten, daß damit auf Dauer die Chance vergeben wird, die wohnungspolitisch dringend benötigten preiswerten Altbauwohnungen über einen angemessenen öffentlichen Mitteleinsatz zu stabilisieren. Wenn ja, dürfte die Polarisierung städtischer Lebensräume in sozialer, ökonomischer und städtebaulicher Hinsicht weiter voranschreiten.

Fazit: Ungewiß ist, ob die intendierten ökonomisch-fiskalischen Effekte der Wohnungsumfeldpolitik erreicht werden können, sicher scheinen hingegen die negativen sozialen und stadtstrukturellen Konsequenzen.

Z.B.:

- Bau- und Nutzungsstruktur: Bei der Bewertung der hochverdichteten und mit Gewerbe durchsetzten Altbaugebiete wird im allgemeinen zu wenig beachtet, daß ein beträchtlicher Teil der nicht überbauten Grundstücksflächen als Brache oder interimsgenutzte Fläche einer Freiraumnutzung zugeführt werden könnte. Ehemalige Betriebsgebäude stehen leer und könnten ohne unvertretbar hohe unrentierliche Kosten umgenutzt (z.B. für soziale Dienste) oder als Flächenreserve für die Erweiterung wohnungsnaher Freiflächen gewonnen werden. Nicht wesentlich störende Gewerbebetriebe und bewohnte Hinterhäuser sollten nicht vorschnell als städtebaulicher Mangel abqualifiziert werden. Gemessen an der Gesamtproblematik der innerstädtischen Altbaugebiete dürfte ihre Erhaltung innerhalb sorgfältig geplanter Mischgebiete sinnvoller sein als die üblicherweise angestrebte Entkernung, die nur innerhalb kleiner Erneuerungsinseln zu finanzieren ist, während der größte Teil der erneuerungsbedürftigen Gebiete weiterhin beschleunigtem Verfall und kumulativen Belastungen ausgesetzt bleibt.

- Eigentumsverhältnisse und Mitwirkungsbereitschaft der Eigentümer: Interviews mit Althauseigentümern haben ergeben, daß es auch in den als problematisch eingestuften Altbaugebieten eine Eigentümergruppe gibt, die trotz ungünstiger Renditeerwartungen investiert. Besonders starke emotionale Bindungen an Gebäude und Mieter sind festzustellen, wenn ihnen der Besitz im Rahmen von Erbschaften, Schenkungen und dgl. zugefallen ist. Nicht selten sind sie als "aktive Bastlertypen" sogar bereit, eigene handwerkliche Arbeit in die Erneuerung einzubringen (MURATIDIS u.a. 1977, 12). Bei ihnen treffen auch Vorschläge zur Kooperation bei grundstücküberbgreifenden Wohnumfeldverbesserungen in höherem Maße als erwartet auf Zustimmung (MICHAELI u.a. 1977, 70 u. 309). Als Ergebnis einer vorsorglichen Bodenvorratspolitik befindet sich ein weiterer Teil von Grundstücken in kommunaler Hand und kann somit der Verfügungsmasse der Wohnumfeldverbesserung zugeschlagen werden.

- Bewohner: Die Ansprüche der ansässigen Bevölkerungsgruppen an das Wohnumfeld sind entscheidend von ihren konkreten Lebensbedingungen geprägt. Das eingefahrene Lösungsschema der erhaltenden Stadterneuerung (Entkernung, nutzungsüberlagerte Tiefgaragen, Verkehrsberuhigung) zielt an den Bedürfnissen vieler Bewohner vorbei. Insbesondere in jenen Gebieten, deren Bewohner die "lagewertbedingte Anhebung des Mietniveaus" nicht verkraften können, ist eine zielgruppenspezifische Ausstattung des Quartiers notwendig, um mit möglichst geringem Aufwand die Gebrauchsfähigkeit des Wohnumfeldes zu erhöhen (vgl. auch WOLF 1979). Wenn auch sicher nicht so ausgeprägt wie z.B. in Bergarbeitersiedlungen, so sind auch in den innerstädtischen Altbaugebieten Ansätze zur Mieterselbsthilfe im Wohnumfeld zu erkennen. Kleinkinderspielplätze und Sitzecken im Hof, die Umnutzung eines Schuppens zu einem Spielhaus (vgl. KOHLBRENNER, in diesem Band) sind fraglos entwicklungsfähige Ansätze.

Im Aufgreifen solcher gebietsinterner Potentiale und Initiativen ist die Chance einer stärker versorgungsorientierten Wohnumfeldpolitik zu sehen. Nicht die demonstrative Aufwertung einzelner Baublöcke, sondern ein schrittweiser Erneuerungsprozeß, der von den verfügbaren Grundstücksflächen ausgeht, sollte im Vordergrund stehen. Art und Umfang des öffentlichen Mitteleinsatzes könnten dann den jeweiligen strukturellen Gegebenheiten angemessen werden:

- In "regenerationsfähigen" Gebieten können Wohnumfeldmaßnahmen auf die Beseitigung einzelner Störfaktoren beschränkt bleiben (z.B. verkehrslenkende Maßnahmen, gezielte Betriebsverlagerung). Hier wird in gewissem Umfang auch ohne Förderung modernisiert und der Bestand der Bausubstanz auch bei nur punktueller Modernisierungstätigkeit nicht ernstlich gefährdet. Was die Förderung der Investitionsbereitschaft angeht, so wäre zu bedenken, ob hier nicht eher flankierende Regelungen wie z.B. die Erweiterung der steuerlichen Abschreibung des § 82a EStDV auf Wohnumfeldmaßnahmen anzustreben wären, um eine Einbeziehung des Wohnungsumfeldes in den Erneuerungsprozeß zu unterstützen.

- In Gebieten mit begrenzten internen Ressourcen sollten Wohnumfeldmaßnahmen kleinräumig gezielt eingesetzt werden. Im Vordergrund stehen hier die Stützung und Ergänzung privater Initiativen; kurzfristig mit dem Ziel die sozialräumliche Entwicklung größerer Gebietseinheiten zu stabilisieren, langfristig mit dem Ziel, die Wohnverhältnisse schrittweise zu verbessern. Nur im Einzelfall wird man festlegen können, welche Maßnahmen aus der Sicht der jeweiligen Gebietsbevölkerung zu priorisieren sind. In Gebieten mit überdurchschnittlichem Anteil sozial und ökonomisch benachteiligter Bewohnergruppen dürfte in einer ersten Phase der Ausbau dezentraler Infrastruktureinrichtungen einer extensiven Erweiterung der nutzbaren Freifläche meist vorzuziehen sein.

- In Gebieten, die bereits auf das Niveau von "Slums" abgesackt sind, werden sich aller Wahrscheinlichkeit nach kaum noch interne Ressourcen aktivieren lassen. Dort muß Stadterneuerung einschließlich Wohnumfeldverbesserung als "Umverteilungspolitik zugunsten unterer Einkommensschichten" (PFEIFFER) begriffen werden. Allerdings können gerade in diesen Gebieten vorgezogene Einzelmaßnahmen wie z.B. die Einrichtung eines betreuten Kinderspielplatzes oder eines selbst verwalteten Jugendzentrums als "stop-gap improvement" über die Erhaltung des status quo hinaus zur Wahrung der Regeberationschancen beitragen.

Die Zielsetzung, städtebauliche Maßnahmen zur Ergänzung bzw. als Ersatz privater Investitionen einzusetzen, kann sich zwar auf Diskussionslinien der Wohnungsbestandspolitik berufen; dennoch hätte sie allenfalls Chancen, wenn in der Wohnungs- und Städtebaupolitik umverteilungsorientierte Grundsätze stärker an Bedeutung gewinnen könnten.

Literatur

AFHELDT, H.: Zur Lage. In: Stadtbauwelt 49, Bauwelt, 67. Jg. (1976), Heft 12, S. 340

ARGEBAU: Entwurf eines Gesetzes zur Vereinfachung von städtebaulichen Erneuerungsmaßnahmen. Unv. Manuskript o.O., o.J. (1979)

BAEHR, V./BALDERMANN, J./HECKING, G./KNAUSS, E./SEITZ, U.: Bevölkerungsmobilität und kommunale Planung - Konsequenzen kleinräumlicher Bevölkerungsmobilität für die kommunale Infrastrukturplanung. Schriftenreihe 7 des Städtebaulichen Instituts der Universität Stuttgart. Stuttgart 1977

BALDERMANN, J./HECKING, G./KNAUSS, E./SEITZ, U.: Infrastrukturausstattung und Siedlungsentwicklung. Schriftenreihe 9 des Städtebaulichen Instituts der Universität Stuttgart. Stuttgart 1978

BASTISCH, B./WIEHAGEN, W.: Sanierung Elberfelder Nordstadt 7/78 - Auswirkungen von Sanierungsmaßnahmen auf die Quartiersbevölkerung während der Anfangsphase einer Sanierung nach StBauFG. Diplomarbeit an der Abt. Raumplanung, Universität Dortmund 1979

BELLEMANN, W.: Verteuerung der Wohnungsnutzung. In: Stadtbauwelt 54, Bauwelt, 68. Jg. (1977), H. 24, S. 811

BIALAS: Wohnungsbauplanungspolitik und politische Entscheidung. In: Seminar für Planungswesen. Technische Universität Braunschweig (1978), H. 15, S. 72. Braunschweig 1978

DAVIS, O.A./WHINSTON, A.: The Economics of Urban Renewal. In: WILSON (Hrsg.): Urban Renewal. Cambridge (Mass.)/London 1966, S. 50

DECKERT, P.: Der Umzug ins Grüne: Abstimmung mit den Füßen? In: Stadtforschung und Stadtplanung, Transfer H. 3, Hrsg.: BÖHRET, C. u.a.. Opladen 1977. S. 59

DUBACH, H./KOHLBRENNER, U.: Grundlagen und Entscheidungshilfen für die Erneuerung von Berliner Wohnblöcken. In: Bauwelt, 69. Jg. (1978), H. 11, S. 382

EHRLINGER, W./GSCHWIND, F.: Modernisierung und Stadtentwicklung - Analysen am Beispiel Stuttgarts und seiner Innenstadt. In: Arch+, 7. Jg. (1975), H. 26, S. 1

EICHSTÄDT, W.: Wohnungsmarkt und Wanderungen. (Kurzfassung). Unv. Manuskript, o.O. (Berlin), o.J. (1978)

FEICHT, H.: Die Wohnung und ihr Nahbereich im Spannungsfeld zwischen sozialer Verpflichtung und wirtschaftlicher Beschränkung. In: Gesamtverband gemeinnütziger Wohnungsunternehmen (Hrsg.): Die Wohnung und ihr Nahbereich - humane Planung für und mit dem Bewohner. Schriftenreihe des Gesamtverbandes gemeinnütziger Wohnungsunternehmen. H. 9. Hamburg 1975, S. 25

GEWOS: Entwicklung eines nachfrageorientierten Wohnwertsystems zur Bestimmung von Modernisierungsmaßnahmen im Wohnungsbestand der "Neuen Heimat" (Kurzfassung). Als Manuskript vervielfältigt. Hamburg 1974

HELLWEG, U.: Stadtentwicklung in der Krise - Das Beispiel des Ruhrgebietes. In: Arch+, 10. Jg. (1978a), H. 38, S. 11

HELLWEG, U.: Stadtentwicklung in der Krise - Das Beispiel des Ruhrgebietes. In: Arch+, 10. Jg. (1978b), H. 40/41, S. 32

HÄUSSERMANN, H./SIEBEL, W.: Die Stadt im traditionellen Sinne hat aufgehört zu existieren - Studie über Ansätze einer sozial orientierten und verteilungspolitisch gerechteren Stadtentwicklungspolitik. In: Frankfurter Rundschau, Mittwoch, 15 November 1978, S. 10

HEUER, H./SCHÄFER, R.: Stadtflucht - Instrumente zur Erhaltung der städtischen Wohnfunktion und zur Steuerung von Stadt-Umland-Wanderung. Stuttgart, Berlin, Köln, Mainz 1978

HIEBER, U.: Ziele und Grenzen des neuen Wohnungsmodernisierungsgesetzes. In: Bauwelt. 67. Jg. (1976), H. 42, S. 1314

HUMPERT, K.: Zur Lage. In: Stadtbauwelt 54, Bauwelt, 68. Jg. (1977), H. 24, S. 777

IBLHER, G.: Wohnwertgefälle als Ursache kleinräumiger Wanderungen - untersucht am Beispiel der Stadt Zürich. In: Beiträge zur Stadt- und Regionalforschung, H. 8, Hrsg.: JÜRGENSEN, H., Göttingen 1974

KEMPF, W.: Stadterneuerung: Rahmenbedingungen der Instandsetzung und Modernisierung von Altbauten. Frankfurt 1979

KRAUTZBERGER, M.: Aktuelle Fragen der Modernisierungsförderung. In: Bundesbaublatt (1978), H. 11, S. 532

KREIBICH, V.: Städtebauliche Problemgebiete als Auslöser von Suburbanisierungsprozessen: Welche Möglichkeiten zur Identifizierung, Analyse und Bewertung hat der Raumplaner? In: Mitteilungen des Informationskreises für Raumplanung (IfR). (1978), H. 7, S. 3

KRÖNING, W./MÜHLICH-KLINGER, I.: Zur Problematik des Zusammenhangs von Raumordnung und Sanierung. In: Stadtbauwelt, 66. Jg. (1975), H. 45, S. 30

LABINSCH, B.: Steuerung der Stadtentwicklung über Einzelbauvorhaben. In: Stadtbauwelt 59, Bauwelt, 69. Jg. (1978), H. 36, S. 1348

MEUTER, H.: Motive und Tendenzen der Abwanderung aus Kernstadtbereichen in die Umlandgemeinden. In: Mitteilungen des Informationskreises für Raumplanung (IfR). (1977) H. 62, S. 8

MICHAELI, W./NORDALM, V./PESCH, F./SELLE, K./ZSCHIRNT, H.-G.: Erhaltung und Erneuerung überalterter Stadtgebiete aus der Zeit zwischen Gründerjahren und 1919 in Nordrhein-Westfalen. Hrsg.: Institut für Landes- und Stadtentwicklungsforschung NW. Dortmund 1978

MROSEK, H.: Die sozioökonomische Bedeutung der Instandsetzung und Modernisierung des Altbauwohnbestandes unter besonderer Berücksichtigung der Verhältnisse in Nordrhein-Westfalen. Münster 1972 (2 Bde)

MURATIDIS, B./ WAND, K./DIEDRICH, H.: Ökonomische Analyse der Veränderung im Bestand der Altbauwohnungen in Großstädten - Bericht über die Intensivinterviews mit Althauseigentümern. Hrsg.: GEWOS GmbH. Hamburg 1977

NEUE HEIMAT: Jahresbericht 1976/77 der Unternehmensgruppe Neue Heimat, Hamburg 1977

PESCH, F.: Wohnungsumfeldverbesserung und Freiraumversorgung innerstädtischer Altbauquartiere. Manuskript Dortmund 1979

PESCH, F./SELLE, K.: Betrifft: WoModG - Anmerkungen zum neuen Modernisierungsgesetz. In: Der Architekt (1976) H. 12, S. 446

PFEIFFER, U.: Tendenzen und Trends des Wohnungsmarktes - einige Folgerungen für den Städtebau. In: Stadtbauweilt 54, Bauwelt, 68. Jg. (1977), H. 24, S. 778

PFEIFFER, U.: Wohnungspolitik in der Wohlstandsgesellschaft. In: Seminar für Planungswesen, Technische Universität Braunschweig (1978), H. 15, S. 4. Braunschweig 1978

PFEIFFER, U./KINNIGKEIT, F./TEPPER, H./KAMPFFMEYER, H.: Wohnungsbestandspolitik. Materialien zum Siedlungs- und Wohnungswesen und zur Raumplanung, Bd. 9. Münster 1974

Richtlinien des Innenministeriums Baden-Württemberg für das 14-Städte-Programm (Programm zur Verbesserung der Wohnverhältnisse in älteren Wohngebieten der großen Städte). Teilprogramm der Städtebauaktion - Nr. V 8715 1/8. Vom 15. Juli 1977; sowie Richtlinien ... i.d.F. der Änderung vom 30. November 1978

Richtlinien zur Förderung städtebaulicher Einzelmaßnahmen. RdErl. d. Innenministers NW vom 20...1979. Insbesondere Ziffer 2.2

ROHR, H.-G. v.: Änderungen des Finanzbedarfs zwischen Kernstadt und Umlandgemeinden bei anhaltender Suburbanisierung. In: Informationen zur Raumentwicklung (1978), H. 2/3, S. 93

SCHLANDT, J.: Die West-Berliner Gebietssanierungen. In: PETSCH, J.: Architektur und Städtebau im 20. Jahrhundert. Berlin 1974, S. 141

SCHNEIDER, G.: Jetzt ist das Wohnumfeld an der Reihe - Zum 2. Kongreß für Altbaumodernisierung. In: Gemeinnütziges Wohnungswesen, 31. Jg. (1978), H. 10, S. 573

SELLE, K.: Bevor der Bagger kommt ... - Vorstudien zur Funktion und Struktur von Bestandsanalysen. Diss. Dortmund 1979

SELLE, K.: Die Beschleunigungsnovelle der Bundesregierung oder: wie ein Investitionsstau alle Demokratisierungsversprechen und vorbereitende Untersuchungen hinwegschwemmt. In: Stadtbauwelt 61, Bauwelt, 70. Jg. (1979), H. 12, S. 447

Städtebaubericht 1975 der Bundesregierung. Hrsg.: Der Bundesminister für Raumordnung, Bauwesen und Städtebau. Bonn-Bad Godesberg 1975

TESSIN, W.: Stadterneuerung und Umsetzung. Der Stadtumbau als räumlicher und gesellschaftlicher Transformationsprozeß in seinen Auswirkungen auf umsetzungsbetroffene Mieter. Diss. Göttingen 1977

VASKOVICS, L.A.: Segregierte Armut - Randgruppenbildung in Notunterkünften. Frankfurt/New York 1976

WARTENBERG, G.: Zur Misere des Sozialen Wohnungsbaus. In: Bauwelt, 64. Jg. (1973), H. 1, S. 30

WARTENBERG, G.: Aktuelle Probleme der Modernisierungspolitik. In: Bauwelt 66. Jg. (1975), H. 47, S. 1326

WAWRZYN, L./KRAMER, D.: Wohnen darf nicht länger Ware sein. Darmstadt/Neuwied 1974

WINKLER, F.R.: Mietentwicklung des nächsten Jahrzehnts bei ausgesuchten Wohnanlagen. In: Bauwelt, 66. Jg. (1975), H. 20/21, S. 593

WOLF, J.: Sozialorientierte Wohnumfeldverbesserung. In: Arch+, 11. Jg. (1979), H. 43/44, S. 22

ZSCHIRNT, H.-G.: Modernisierung des Wohnungsbestandes - Dokumentation. In: Schriftenreihe "Wohnungsbau - Kommunaler Hochbau" des Instituts für Landes- und Stadtentwicklungsforschung des Landes Nordrhein-Westfalen. Dortmund 1977

ZLONICKY, P.: Modernisierung als Werkzeug erhaltender Erneuerung - Praktische Erfahrung bei der Durchführung von Stadterneuerungsmaßnahmen. In: Neue Mittel und neue Ziele der Stadtplanung. Städtebauliche Beiträge 1/1977. Hrsg.: Institut für Städtebau und Wohnungswesen der Deutschen Akademie für Städtebau und Landesplanung. München 1977, S. 177

Horst Zierold

Die Bedeutung finanzwirtschaftlicher Auswirkungen der Kernstadt-Randwanderung für die Stadtentwicklungspolitik

Der folgende Beitrag setzt sich unter dem Aspekt der kommunalen Finanzen mit der Kernstadt-Rand-Wanderung und Strategien ihrer Gegensteuerung auseinander. Er geht also nicht von den Maßnahmen der Wohnumfeldverbesserung aus, sondern behandelt Argumente, die in der aktuellen politischen Diskussion um Stadtentwicklung große Bedeutung haben und die Strategien der Wohn- und Wohnumfeldplanung entscheidend beeinflussen /1/.

1. <u>Problemstellung</u>

Der Beitrag greift die im "Workshop Wohnumfeldverbesserung" gestellte Frage auf: "Welche Bedeutung hat das Ziel, die Abwanderung einkommensstärkerer Bevölkerungsgruppen ins Umland zu verlangsamen oder zu verhindern?" /2/.

Ausgangspunkt kommunalpolitischer Argumentationen ist in den letzten Jahren in zunehmendem Maße die prekäre kommunale Finanzlage geworden /3/. Unter der weitverbreiteten These, daß die Knappheit der kommunalen Finanzmittel die bei weitem wichtigste Einschränkung des kommunalen Handlungsspielraums darstellt, ist die Bedeutung der finanzwirtschaftlichen Argumente in der gegenwärtigen Stadtentwicklungspolitik verständlich /4/.

Im Gemeindefinanzbericht 1978 wird zur Situation der kommunalen Haushalte festgestellt, "daß die Gemeinden nicht nur den höchsten Ausgabenanstieg (im Vergleich zu den anderen Gebietskörperschaften, H.Z.) hinnehmen, sondern auch mit einem Einnahmewachstum auskommen mußten, das mit dem Anstieg der Gesamtausgaben trotz aller Verbesserungen aus der Gemeindefinanzreform nicht Schritt halten konnte" /5/. Die zunehmende Abhängigkeit der Gemeinden von staatlichen Zuweisungen führt dazu /6/, daß jede Gemeinde um den Erhalt gerade der eigenen Einnahmen als einem Stück kommunaler Entscheidungsfreiheit besonders hartnäckig kämpft.

In diese, durch die Finanzmittelknappheit geprägte, kommunalpolitische Situation trifft die Diskussion um die Kernstadt-Rand-Wanderung. Seit der kommunalen Finanzreform im Jahre 1969, die den Gemeinden den 14 %-Anteil an der Einkommensteuer gebracht hat /7/, verbreitete sich in den Städten immer häufiger die Auffassung, daß die Finanzmisere in starkem Maße durch die Bevölkerungsabwanderung bestimmt würde /8/. Dieser Auffassung schließt sich auch der Gemeindefinanzbericht 1978 an: "Die andauernde sogenannte Stadtflucht mindert die Einnahmen der Kernstädte, ohne in entsprechendem Maße die Ausgaben zu reduzieren; das zentralörtliche Leistungsangebot muß unvermindert bereitgehalten werden" /9/.

Die große Pleite sahen (und sehen) manche Ballungszentren auf sich zukommen, als sowohl wirtschaftliche Entwicklung als auch Bevölkerungsentwicklung eindeutig negative Tendenzen aufwiesen /10/. Die Kern-Rand-Wanderung wird - meist allerdings ohne dies genauer empirisch geprüft zu haben - für eines der größten Löcher im Stadtsäckel gehalten. Bemerkenswert dabei ist aber, daß auch die von den Kernstädten des Schmarotzertums verdächtigten Randgemeinden nach anfänglicher Freude über den steuerkräftigen Zuzug nun ihrerseits genauso stöhnen unter der finanziellen Last der ihnen zugemuteten Aufgaben-

und Ausgabenerweiterung /11/. Man hat den Eindruck, als gäbe es außer Grundbesitzern oder bestimmten Betrieben der Bauwirtschaft nur Verlierer in diesem Prozeß.

Neben dem Interesse, dem jeweils anderen die Schuld an der Leere in den eigenen Kassen zuschieben zu können, erhofft man sich von der finanzwirtschaftlichen Betrachtung des Randwanderungsproblems instrumentelle Hilfen sowohl für die Steuerung des Wanderungsverhaltens als auch für die Füllung der Stadtkasse. Darüber hinaus wird die finanzwirtschaftliche Argumentation zunehmend für die Rechtfertigung städtebaulicher bzw. stadtentwicklungspolitischer Maßnahmen herangezogen, bzw. wird die Wohn- und Wohnumfeldplanung finanzwirtschaftlichen Zielen unterworfen (vgl. z.B. die weiter unten diskutierte "Eigenheimstrategie").

Im folgenden 2. Abschnitt werden zunächst die Zusammenhänge zwischen Kernstadt-Rand-Wanderung und kommunalen Finanzen dargestellt, um auf diesem Hintergrund die Bedeutung der Randwanderung für die kommunalen Finanzen einschätzen zu können. Im 3. Abschnitt werden Instrumente und Strategien zur Gegensteuerung auf ihre finanzwirtschaftlichen Auswirkungen untersucht. Dabei soll insbesondere überprüft werden, welche Auswirkungen die auf die Verhinderung der Abwanderung einkommensstarker Bevölkerungsgruppen ausgerichtete Strategie der verstärkten Ausweisung von Eigenheimgebieten in den Städten hat. Es muß betont werden, daß die hier in den Vordergrund geschobene finanzwirtschaftliche Analyse nur einen Aspekt der behandelten Stadtentwicklungsprozesse und -strategien darstellt, zu deren Bewertung eine breite ökonomische und sozialpolitische Argumentation notwendig ist, wie sie z.B. von HÄUSSERMANN und SIEBEL entwickelt wird /12/.

2. Auswirkungen auf die kommunalen Finanzen

Generelles Problem bei diesem Thema ist die Unmöglichkeit, exakte Zahlen anzugeben, da der empirischen Arbeit eine Reihe von Schwierigkeiten entgegenstehen:

- die Auswirkungen der Randwanderung auf die kommunalen Finanzen lassen sich nur unter großen methodischen Schwierigkeiten und dann auch keinesfalls vollständig (z.B. durch verschobene Wirkungszeiträume) erfassen und von anderen Wirkungen isolieren.
- Die Auswirkungen sind sehr abhängig von der spezifischen wirtschaftlichen und sozialen Struktur der betroffenen Gemeinden und der wandernden Bevölkerung /13/.
- Sowohl die Finanzgesetzgebung (z.B. kommunaler Finanzausgleich) unterscheiden sich länderweise erheblich als auch die finanzwirtschaftlichen Strukturen der Gemeinden (z.B. Hebesätze, Gebühren) sind untereinander sehr verschieden.
- Darüber hinaus treten natürlich die "normalen" Schwierigkeiten der amtlichen Statistik bzw. der Finanzstatistik auf.

Daraus ergibt sich, daß alle Zahlen, die in diesem Zusammenhang genannt werden, mit größter Vorsicht zu genießen sind und nur in der Dimension als Argumentationshilfen verwendet werden sollten. Mit der besseren Erfaßbarkeit und Isolierbarkeit mag es auch zusammenhängen, daß die wanderungsbedingten Einnahmenveränderungen in der Diskussion bisher eine größere Rolle spielen als die Ausgabenveränderungen. Eine einseitige Überbetonung der Einnahmen führt in diesem Zusammenhang aber unbedingt zu Fehleinschätzungen; denn letztlich kommt es in jedem Haushalt entscheidend auf den Saldo an.

Einnahmen

Abwanderungen aus den Kernstädten bringen Einnahmenverluste für die Ballungszentren und Einnahmensteigerungen für die Zielorte, also hauptsächlich die Randgemeinden, mit sich.

Die wichtigste hier angesprochene Einnahmenart ist der Einkommensteueranteil der Gemeinden /14/. Seit dem Gemeinde-Finanz-Reform-Gesetz von 69 werden die Gemeinden mit 14 % am Landesaufkommen der Einkommensteuer beteiligt. Die Verteilung des Einkommensteuertopfes an die Gemeinden wird entsprechend der Struktur der Einkommensbezieher der jeweiligen Gemeinde vorgenommen. Allerdings gehen die Einkommen nur bis zu bestimmten Sockelbeträgen in den Verteilungsschlüssel ein (bisher bei Ledigen bis 16.000 DM, bei Verheirateten bis 32.000 DM, seit 1979 25.000 und 50.000 DM). D.h. über diese Beträge hinausgehende Einkommen verbessern den Schlüssel der Gemeinde nicht sondern vergrößern lediglich den zur Verteilung stehenden Landestopf /15/. Die Kernstädte erleiden bei großer Abwanderung der Bezieher mittlere Einkommen, die die Sockelbeträge verhältnismäßig hoch ausschöpfen, relativ hohe Einkommensteuer-Verluste /16/.

Entscheidender noch als die Einkommenshöhe für die Einnahmeveränderung bei der Einkommensteuer ist die Erwerbsquote der abwandernden Bevölkerungsgruppen. Bei hoher Erwerbsquote der Abwandernden erleiden die Kernstädte wesentlich höhere Verluste als bei der Abwanderung z.B. kinderreicher Familien, da der Verteilungsschlüssel für den kommunalen Einkommensteueranteil auf die Zahl der Steuerfälle bezogen ist. In einer Wiesbadener Untersuchung wird ein durchschnittlicher Wanderungsfall konstruiert, der der Stadt Wiesbaden 1974/75 eine negative Veränderung des Einkommensteueranteils im Durchschnitt von 420,- DM bringt /17/. In anderen Städten, wo aber teilweise andere Berechnungsverfahren angewandt wurden (z.B. Division des gesamten Einkommensteueranteils durch die Ew-Zahl statt der Konstruktion eines durchschnittlichen Abwanderers), liegen die Werte in ähnlichen Dimensionen (Stuttgart 365,- DM, Augsburg 279,- DM Pforzheim 330,- DM). Diese Einnahmeverluste aus der Einkommensteuer schlagen sich ziemlich vollständig als Zugewinn in den Zielorten (Randgemeinden) nieder.

Neben dem Einkommensteueranteil sind noch weitere Einnahmenarten betroffen: Das Gewerbesteueraufkommen wird beispielsweise durch die Veränderung der Kaufkraft betroffen. In der angesprochenen Wiesbadener Untersuchung wurde als grober Richtwert ein Verlust pro durchschnittlichem Nahabwanderer von rd. 75,- DM errechnet /18/. Da die Randwanderer größtenteils weiterhin in der Kernstadt einkaufen und die Hebesätze in den Randgemeinden meist geringer sind, verbessern sich die Gewerbesteuereinnahmen der Randgemeinden normalerweise nur geringfügig. Es sei denn, es konnten neben der zuwandernden Bevölkerung auch neue Arbeitsplätze angesiedelt werden, was jedoch meist nicht in nennenswertem Umfang der Fall ist.

Ein weiterer wichtiger Faktor der Einnahmenbestimmung besteht in den Schlüsselzuweisungen des Landes im Rahmen des kommunalen Finanzausgleichs. Es würde hier zu weit führen, auf das ziemlich komplizierte Schlüsselsystem (Verhältnis von Steuerkraftzahlen und Bedarfsmeßzahl) einzugehen /19/. Um eine größenordnungsmäßige Vorstellung der Auswirkungen zu haben, sei wieder die Berechnung aus Wiesbaden zitiert, die pro durchschnittlichem Wanderungsfall einen Rückgang der Schlüsselzuweisungen von ca. 200,- DM errechnet /20/. EHRLINGER hat anläßlich der Sanierung des Stuttgarter Westens auf der Basis von 1972 einen wesentlich höheren Wert von 381,- DM berechnet /21/, was neben unterschiedlichen Berechnungsmethoden auch an der unterschiedlichen Bevölkerungsstruktur liegen kann. Durch die Konstruktion des Schlüssels, der die Großstädte überproportional beim Finanzausgleich berücksichtigt, gewinnen die kleineren Randgemeinden erheblich weniger als die Kernstädte verlieren /22/.

Ein weiterer, je nach Fall sehr unterschiedlich zu Buche schlagender Einnahmenfaktor, der durch Randwanderung betroffen wird, sind Gebühren und Beiträge. Das gilt natürlich besonders für kostenrechnende öffentliche Einrichtungen. Die Wiesbadener Untersuchung weist richtig darauf hin, daß hier im Einzelfall geprüft werden muß, ob evtl. Kapazitätsüberlastung bzw. Warteschlangen vorliegen und somit kein tatsächlicher Rückgang der Gebühreneinnahmen stattfindet /23/. Diese Einnahmenverluste durch Ausfälle bei Gebühren und Beiträgen finden großteils kein gewinnbringendes Gegenstück in den Randgemeinden.

Die Stuttgarter Untersuchung beziffert den Verlust der Kernstadt bei einem Wanderungsfall, der nicht durch einen Zuwanderer ersetzt wird auf der Basis 1971 mit 460,- DM und bei Zugrundelegung der Steuervorausschätzung 1978 bis zu 760,- DM /24/. Am Gesamthaushalt gemessen sind die Einnahmenveränderungen aber eher gering einzuschätzen: "Bezieht man die Einnahmeveränderungen Stuttgarts infolge von Abwanderung auf die Haushaltsdaten von 1971, so entsprechen sie einem Anteil von maximal 1,2 % des gesamten Aufkommens aus Einkommensteuer, Grundsteuer sowie aus Kopf- und Schlüsselzuweisungen. Bezogen auf das gesamte Haushaltsvolumen entspricht der Verlust noch höchstens 2 o/oo" /25/.

Ausgaben

Im Ausgabenbereich ist es noch weniger als im Einnahmenbereich möglich verbindliche, empirisch fundierte zahlenmäßige Aussagen zu treffen, da die Isolierungs- und Kausalitätsprobleme noch schwieriger sind. Es kann hier lediglich darum gehen, allgemeine Fragestellungen aufzulisten, mit denen man an die spezifischen Prozesse herangehen kann, und Plausibilitätsannahmen zu treffen.

Für die Kernstädte bleiben trotz Bevölkerungsverlust die Kosten für die meistens öffentlichen Einrichtungen konstant bzw. verhalten sich sprungfix (z.B. Verkehrslinien, Theater usw.). Manche Ausgaben wie z.B. für Verkehr steigen bei zunehmender Pendelwanderung sogar noch an. Dabei spielt die räumliche Verteilung eine wichtige Rolle; so kann man z.B. die notwendige Zahl der Kindergärten nicht einfach aus der Zahl der Kinder herleiten sondern muß die Erreichbarkeiten im Wohngebiet berücksichtigen. Durch die Veränderungsprozesse der Sozial- und Altersstruktur können neue Bedarfsträgergruppen entstehen, die neue Ausgaben erfordern (z.B. Überalterung - Altenwohnungen bzw. -heime) /26/. Dabei sind nicht nur Investitions- und deren Folgekosten zu beachten, sondern auch laufende Belastungen wie z.B. Sozialhilfe. Positiv schlagen sich Abwanderungen für die Kernstädte bei den Umlagen nieder, z.B. Landeswohlfahrtsverband und Krankenhausumlage.

Auf die Randgemeinden kommen mit Zuwanderungen erhebliche Aufgabensteigerungen im Infrastruktur- und Verwaltungsbereich zu. Die Ausgaben sind durch die hier meist anzutreffende weitläufige Bebauung (Erschließung) und die bei den vorherrschenden Mittelschichtangehörigen verhältnismäßig hohen Ansprüche an öffentliche Einrichtungen und Leistungen besonders hoch. Auch hier schlagen die Kosten für Verkehr durch die Pendel-Notwendigkeit zu Buche. Aufgrund der Struktur der Randwandernden (oft Familien mit Kindern) stellen die Sozialausgaben besonders hohe Belastungen für die Randgemeinden dar /27/.

Mittelbare und langfristige Auswirkungen

In den Kernstädten lösen wohnbedingte Abwanderungen häufig soziale Segregationsprozesse und Verslumungstendenzen ganzer Viertel aus. Solche Entwicklungen beanspruchen mittel- und langfristig erhebliche öffentliche Mittel im sozialen, baulichen und Sicherheitsbereich. In diesem Zusammenhang ist HÄUSSERMANN und SIEBEL zuzustimmen, wenn sie die Ursachen dieses Prozesses nicht in der Erscheinungsform "Randwanderung" sondern in der sozialen Polarisation durch den kapitalistischen Wohnungsmarkt und in der Krise des administrativen Steuerungssystems sehen, die beide auf die allgemeinen ökonomischen Bedingungen zurückgeführt werden können /28/.

Durch Abwanderungen kaufkräftiger Schichten wird die Existenzgrundlage vieler kleinerer und mittlerer Einzelhandels- und Dienstleistungsbetriebe in den betroffenen Stadtteilen gefährdet und kann zur reihenweisen Geschäftsaufgabe führen /29/. Das bringt aber eine positive Rückkoppelung mit sich, die zur Verstärkung der Abwanderungstendenzen führt: Die Verschlechterung der Versorgungssituation bewirkt eine entsprechend abnehmende Attraktivität des Wohnstandortes. In diesem Prozeß gehen also sowohl Gewerbesteuer- als auch Einkommensteuererträge der Gemeinde verloren.

Die Umlandgemeinden haben nach Ausweisung neuer Baugebiete besonders an den notwendigen Folgeinvestitionen zu tragen. Bei Übersteigen einer bestimmten Einwohnerzahl reichen Schulen, Sportanlagen, Rathaus, Kläranlage usw. nicht mehr aus bzw. müssen völlig neu geschaffen werden. Im Rahmen der "Baulandproduktion" muß ein erheblicher Teil der Erschließung über Kredite finanziert werden, was zu steigender Verschuldung und damit verbundener Belastung der Gemeinde durch hohen Schuldendienst führt.

Durch zunehmende Zersiedlung verlieren manche Umlandgemeinden ihre natürliche Attraktivität als Naherholungsgebiete. Diese Attraktivität muß dann oft über teure Freizeitanlagen wiederhergestellt werden.

Zu den möglichen längerfristigen Folgen in den Umlandgemeinden kann auch die Senkung besonders der weiblichen Erwerbsquote gezählt werden. Sie hat neben den unmittelbaren finanzwirtschaftlichen (Einkommensteuer) auch über psychologische Mechanismen vermittelte Ausgabewirkungen (Bedarf an Sozial- und Gesundheitseinrichtungen). Manche langfristig entstehenden öffentlichen Kosten werden durch die Veränderung der betroffenen Menschen infolge langfristiger Einwirkung ungünstiger Zustände (z.B. soziale Isolation in Eigenheim-Siedlungen) bewirkt.

Bewertungsprobleme der Kernstadt-Rand-Wanderungsprozesse aus finanzieller Sicht

Umlandwanderungsprozesse können aus der Sicht der jeweiligen kommunalen Finanzwirtschaft nur bei gleichzeitiger Betrachtung der Einnahmen- und Ausgabenveränderungen bewertet werden. Dabei ist nicht das punktuelle Saldo sondern die mittel- und langfristige Entwicklung des Verhältnisses entscheidend.

Aus stärker volkswirtschaftlich orientierter Sicht kann die einzelgemeindliche Betrachtung der Wirkungen nicht zufriedenstellen, sondern die Wirkungen müßten in Kernstadt und Umland zusammengenommen berechnet und saldiert werden. Es sollte jedoch nicht vergessen werden, daß nur öffentliche bzw. sogar nur kommunale finanzielle Wirkungen bisher berücksichtigt wurden. Eine wirklich umfassende Analyse müßte aber sowohl wegen der sozialen Belastungen der Betroffenen als auch wegen der in Grenzen gegebenen Substituierungsnotwendigkeit bzw. Überwälzung die privaten finanziellen Belastungen (Gewinne entstehen kaum) und die auf anderen staatlichen Ebenen anfallenden finanziellen Auswirkungen berücksichtigen.

Will man die Bewertung als Grundlage rationaler Planungsentscheidungen wirklich verbessern, so muß man den finanziellen Größen qualitative Kategorien gegenüberstellen /30/.

Festzuhalten bleibt, daß die durch Randwanderungen bewirkten Ausfälle bei den städtischen Einnahmen im Vergleich zum gesamten Steuer- bzw. Haushaltsvolumen nur sehr gering sind. Aufgrund der Sockelgrenzen im Schlüssel zur Verteilung des Gemeindeeinkommensteueranteils und der Bedeutung der Erwerbsquote für die Höhe des kommunalen Einkommensteueranteils kann man außerdem nicht davon ausgehen, daß die Größe des Einnahmenlochs entscheidend von der Einkommenshöhe der Randwanderer abhängt.

Bedeutender als die Einnahmenausfälle sind die mit Randwanderungsprozessen zusammenhängenden Ausgabenzuwächse einzuschätzen. Allerdings können Randwanderungsprozesse in den Kernstädten in den wenigsten Fällen als alleinige Ursachen angesehen werden. Meistens sind sie vielmehr Auslöser oder Indikatoren für strukturelle Probleme der städtischen Wohngebiete, die sehr komplexe ökonomische, soziale und städtebauliche Ursachen haben. Eine Zurechnung von Ausgabensteigerungen in kernstädtischen Wohngebieten kann also in der Regel nicht isoliert vorgenommen werden. Dagegen sind ein großer Teil der randwanderungsbedingten Ausgaben der Randgemeinden (z.B. Baulandproduktion, Infrastrukturerweiterungen) und der Belastungen der Randwanderer selbst zu identifizieren und zu quantifizieren.

3. Instrumente und Strategien zur Gegensteuerung

Im folgenden werden einige Strategien und Instrumente betrachtet, die unter dem kommunalpolitisch dominierenden finanzwirtschaftlichen Aspekt der Randwanderung diskutiert werden. Sie sollen auf ihre finanziellen und entwicklungspolitischen Auswirkungen untersucht werden. Dabei ist zu überprüfen, inwieweit die den Strategien und Instrumenten zugrundegelegte Problemperzeption richtig ist.

Finanzpolitische Instrumente

Besonders von seiten der Kernstädte werden Forderungen nach Ausgleich der randwanderungsbedingten Belastungen erhoben. Eine Regelung des Ausgleichs randwanderungsbedingter Belastungen über den kommunalen Finanzausgleich scheint mir sehr problematisch, da dadurch im wesentlichen nur eine Umverteilung des Mangels vorgenommen werden könnte. Die Schwierigkeiten bei der Schaffung einer "gerechten" Meßgrundlage wurden schon angedeutet: je nachdem ob die Ausgabenbelastungen oder die Einnahmenausfälle stärker in einer solchen Regelung berücksichtigt werden, können entweder die Randgemeinden oder die Kernstädte mehr profitieren. Die Ausgabenbelastungen können in den Kernstädten kaum isoliert und auf das Randwanderungsphänomen zurückgeführt werden, da sie in der Regel Ausdruck komplexer Strukturprobleme sind. Einnahmenausfälle sind schon eher zu quantifizieren, doch sind sie relativ gering im Vergleich zur Höhe der Forderungen einiger Kernstädte. Das Randwanderungsphänomen wird hier also häufig als Argument für die - durchaus berechtigte - Forderung nach verbesserter Finanzausstattung der Städte benutzt, ohne daß seine finanziellen Auswirkungen in der unterstellten Größenordnung empirisch nachgewiesen werden können.

Neben dem kommunalen Finanzausgleich könnte die Veränderung der Sockelbeträge bei der Verteilung des Einkommensteueranteils an die Gemeinden erwogen werden. Die Senkung der Sockelbeträge wäre zwar für manchen Ballungskernstadt unter dem Randwanderungsaspekt wünschbar, da sie die Bedeutung der Einkommenstruktur für das Steueraufkommen der Stadt reduzieren würde /31/, sie ist aber politisch nicht diskutabel geschweige denn durchsetzbar. Eine Erhöhung der Sockelbeträge wäre sicher im Interesse vieler Randgemeinden, denen dann der verhältnismäßig große Anteil hoher Einkommen bei ihren Zuwanderern stärker im Einkommensteueranteil zugutekäme.

Eine Erhöhung der Sockelbeträge wird aber zwangsläufig die soziale Segregation verstärkende Maßnahmen zur Folge haben. In der Konkurrenz um die steuerkräftigsten Einwohner wird die Verbesserung der Wohnversorgung der überwiegenden Mehrheit der Bevölkerung - ganz zu schweigen von den einkommensschwachen Bevölkerungsgruppen - auf der Strecke bleiben. Durch diese in 3.2 noch näher zu untersuchenden Auswirkungen einer einseitig auf einkommensstarke Schichten ausgerichteten Stadtentwicklungspolitik kann die Erhöhung der Sockelgrenzen weder sozialpolitisch noch finanzwirtschaftlich (Folgekosten) verantwortet werden. Sinnvoll und politisch möglich erscheint mir dagegen eine längerfristige Beibehaltung der Sockelbeträge, die durch die nominale Steigerung der Einkommen mit der Zeit zu einer weitgehenden Egalisierung führen würde.

Neben den Instrumenten, die auf die kommunale Einnahmenverteilung wirken, werden finanzpolitische Instrumente diskutiert, die auf das Wanderungsverhalten einwirken sollen. Direkt auf das Wanderungsverhalten könnten Steuerhebesätze sowie Gebühren und Beiträge wirken. Doch macht das effektiv für die durchschnittlich abwandernde Familie nicht sehr viel aus, so daß diese Instrumente kaum Wirkung zeigen werden. Wirkungsvoller sind dagegen Änderungen in den Abschreibungsmöglichkeiten der Einkommensteuer z.B. nach § 7b Einkommensteuergesetz, der beim Bau oder Kauf eines Eigenheims erhebliche steuerliche Vergünstigungen gewährt, oder Reduzierungen der öffentlichen Bausparförderungen. Ebenso dürften die steuerlichen Absetzungsmöglichkeiten für die Arbeitswegaufwendungen Einfluß auf die Wohnstandortentscheidungen haben. Eine radikale Einschränkung dieser Steuervergünstigungen könnte zur Reduzierung der Randwanderungen beitragen.

Doch geht der Einsatz bzw. die Veränderung solcher finanzpolitischer Instrumente zur Reduzierung von Randwanderungen unter einseitig finanzwirtschaftlichen Zielsetzungen an der sozialen Realität vorbei. Solche Steuerungsversuche des Wanderungsverhaltens gehen davon aus, daß die Entscheidungen zur Wanderung oder Seßhaftigkeit freiwillig gefällt werden. Sie ignorieren die objektiven und subjektiven Zwangsaspekte der meisten dieser Entscheidungen. "Die Bevölkerung wandert, um eine Diskrepanz zwischen Bedarf und Realität zu verringern, oder weil sie zur Mobilität gezwungen ist. Für sie ist die Wanderung ein Problem der Wohnversorgung. Die Kommune dagegen sieht in negativen Wanderungssalden in erster Linie finanzielle Verluste und zusätzliche Anforderungen an ihre Infrastruktur. Für sie ist Wanderung vornehmlich ein Problem der Standortverteilung der Bevölkerung" /32/. Die Randwanderung auf ein Problem individueller Entscheidung zu reduzieren, die es mit finanzpolitischen Instrumenten zu korrigieren gilt, ist eine grundsätzlich falsche Problemperzeption. Sie vernachlässigt, daß ein Großteil der Mobilitätsentscheidungen zur Wohnversorgung bzw. überhaupt zur Sicherung der ökonomischen und sozialen Existenz notwendig ist.

<u>Planerische bzw. politisch-administrative Strategien und Instrumente</u>

Als "neues" Rezept gegen Randwanderungsverluste wird in vielen Kernstädten die "Eigenheimstrategie" angepriesen /33/. Durch Ausweisung von Eigenheimgebieten bzw. Vermittlung geeigneter Grundstücke sollen höhere Einkommensgruppen in der Stadt gehalten bzw. in die Stadt gezogen werden.

Untersuchen wir zunächst, wie überzeugend das Argument der Verbesserung der Einnahmensituation durch diese Strategie ist. Die Sockelgrenzen von 25.000 bzw. 50.000 DM bewirken, daß höhere Einkommen keine zusätzlichen Einkommensteuereinnahmen für die Stadt bringen. Außerdem ist zu berücksichtigen, daß die Erwerbsdichte in Eigenheimgebieten relativ niedrig anzusetzen ist. Das bedeutet z.B., daß im Vergleich ein Wohngebiet mit sozialem Wohnungsbau durchschnittlicher Dichte mehr an Einkommensteuer für die Stadt einbringt als ein Eigenheimgebiet gleicher Größe. Damit soll keineswegs eine städtebauliche Gegenstrategie "berechnet" werden, sondern lediglich die Einnahmenwirksamkeit einer groß angelegten Eigenheimstrategie in Frage gestellt werden. Auch die über mehrere Stationen vermittelte ökonomische Argumentation, daß Eigenheimgebiete höhere Einkommensgruppen binden, die aufgrund ihrer höheren Kaufkraft und eines höheren Konsumniveaus den Umsatz des örtlichen Einzelhandels und Dienstleistungsgewerbes und damit die Gewerbesteuereinnahmen entscheidend ansteigen lassen, ist nicht plausibel. Denn die meisten Städte werden keine Millionäre in ihre Neubaugebiete locken können sondern Bezieher mittlerer Einkommen. Diese Familien verschulden sich aber beim Erwerb eines Eigenheims in der Regel sehr hoch (und normalerweise noch nicht einmal bei Kreditinstituten des eigenen Wohnortes), was sich negativ auf die Kaufkraft dieser Gruppen auswirken müßte und damit keineswegs den erwarteten Wachstumsimpuls auslösen muß. Den also nach diesen Überlegungen eher gering anzusetzenden Einnahmenzuwächsen sind die Kosten und negativen Auswirkungen der Eigenheimstrategie gegenüberzustellen.

Die schwerpunktmäßige Förderung des Eigenheimbaus in den Kernstädten erfordert Investitionen in die Erschließung der Eigenheimgebiete, die dann für notwendige Verbesserungen in den vorhandenen Wohngebieten nicht mehr zur Verfügung stehen.

Noch schlimmer ist der Wegfall der in den Kernstädten ohnehin sehr raren Freiflächen (z.B. Erholungsflächen) durch flächenintensive Eigenheimbebauung. Damit werden wichtige Voraussetzungen für Wohnumfeldverbesserungen für vorhandenes städtisches Wohnen zugunsten der Wohnumfeldverbesserung einer kleinen einkommensstarken Minderheit vernichtet. Eigenheimpolitik als Stadtentwicklungspolitik fördert verstärkt soziale Segregationstendenzen, womit die Probleme der vorhandenen städtischen Wohngebiete verschärft werden.

Auch das vom Bundesbauminister propagierte Stadthauskonzept hat keine wesentlich anderen Konsequenzen. Zwar wird beim Bau von Stadthäusern mit der kostbaren Fläche sparsamer umgegangen und die Eingliederung in vorhandene Versorgungs- und Infrastruktursituationen stärker berücksichtigt als beim üblichen Einfamilienhausbau, aber sie antworten genausowenig auf die aktuellen Probleme städtischer Wohnversorgung. Soweit sie in Baulücken und Innenflächen vorhandener Wohngebiete hineingebaut werden, verbauen sie oft Möglichkeiten zur Verbesserung des Wohnumfelds. Außerdem ist zu befürchten, daß sie in ähnlicher Weise wie die Tertiärisierungsstrategien Spekulation und Verdrängungsprozesse auslösen. Eine städtische Instandsetzungs-, Modernisierungs- und Sanierungspolitik, die auf die Bereitschaft der privaten Eigentümer zu Investitionen in den Altbaubestand angewiesen ist, kann durch solche Entwicklungen konterkariert werden. Der ökonomische Selektionsmechanismus wird auch beim Stadthauskonzept zur Verstärkung sozialer Segregationsprozesse führen: "Die Preise der auf der "Hamburg-Bau" gezeigten Häuser bestärken zudem die Befürchtung, daß hier eher Mittelstandsidyllen denn sozialstrukturell durchmischte Wohnsiedlungen entstehen werden: Über 90 % der Bauten liegen in Preisgruppen über 250.000,- DM, und dies trotz "subventionierter" Grundstückspreise" /34/. Selbst bei einer auf finanzwirtschaftliche Aspekte eingeschränkten Betrachtung - die für die Bewertung stadtentwicklungspolitischer Maßnahmen keineswegs hinreicht - kann die Eigenheimstrategie als Instrument zur Verbesserung kommunaler Finanzen nicht überzeugen. Wenn die Städte ihre Mittel zur Verbesserung der Wohnversorgung (Geld und Flächen) künftig schwerpunktmäßig in Eigenheimpolitik statt in die Probleme ihrer vorhandenen innerstädtischen Wohngebiete stecken, besteht die Gefahr, daß mehr einnahmenrelevante Haushalte aufgrund schlechter Wohn- und Wohnumfeldbedingungen verdrängt werden als durch Eigenheimbau wieder in die Städte hineingezogen werden können. Sehr viel höhere Belastungen, letztlich auch des kommunalen Haushalts, können längerfristig durch die in der Eigenheimstrategie angelegte räumlich-soziale Segregation (z.B. Desinvestitionen privater Hauseigentümer, Steigerung des Bedarfs an sozialer Infrastruktur, Verslumungserscheinungen) bewirkt werden.

Insgesamt ist der großstädtischen Eigenheimstrategie gegenüber also Skepsis angebracht. Wohlgemerkt stand hier nicht der Bau des einen oder anderen Einfamilien- bzw. Stadthauses zur Debatte sondern Eigenheimstrategie als stadtentwicklungspolitisches Konzept. Eine Stadtentwicklungspolitik, die mit Maßnahmen der Instandsetzung, Modernisierung und Sanierung sowie der Wohnumfeldverbesserung die Wohnsituation ihrer städtischen Wohngebiete verbessert, packt entscheidende Ursachen der Randwanderungsprozesse an. Solche Maßnahmen können den Zwang zum Wegzug vermindern und damit die Zahl der Randwanderungen verringern. Familien mit Kindern müßten nicht ins Umland ziehen, wenn sie in der Stadt geeignete Wohnungen mit entsprechendem Wohnumfeld (z.B. verkehrsberuhigte Wohnstraßen, ausreichende wohnungsnahe Spielflächen) finden könnten. Dabei kommt es auf die konkrete Ausgestaltung und Durchführungspraxis dieser Maßnahmen an. Auch Sanierungs-, Modernisierungs- und Wohnumfeldverbesserungsmaßnahmen zerstören oft mehr als sie verbessern, weil sie die ökonomischen und sozialen Verhältnisse der Betroffenen übersehen oder sogar bewußt ignorieren. Dennoch meine ich, daß im Entwurf und der Durchsetzung angemessener - d.h. auf die Interessen der in den städtischen Wohngebieten lebenden Bevölkerung bezogener - Maßnahmen der Wohn- und Wohnumfeldverbesserung ein richtiger Ansatz der planerischen und stadtentwicklungspolitischen Behandlung der Randwanderungsproblematik liegt. Die differenzierte Auseinandersetzung mit den Problemen des Entwurfs und der Anwendung solcher Maßnahmen ist allerdings nicht Gegenstand dieses Beitrags. Dazu sei auf die anderen Beiträge dieses Bands verwiesen (vgl. z.B. den Einführungsbeitrag von PESCH/SELLE).

Auch finanzwirtschaftlich erscheint die Strategie vertretbar. Sie erhält Einnahmen, indem z.B. die Wohnstandorte in der in den meisten Städten umfangreich vorhandenen citynahen "Gründerzeitbebauung" für die Bevölkerungsgruppen mit mittlerem Einkommen und hoher Erwerbsquote attraktiv bleiben. Diese städtebauliche Erhaltungs- und Verbesserungsstrategie wird sich längerfristig auch positiv auf die kommunale Ausgabenentwicklung auswirken, da die Maßnahmen an der Lösung solcher stadtstruktureller Probleme ansetzen, die über vielfältige soziale und ökonomische Mechanismen die Städte mit immensen Ausgaben belasten.

4. <u>Schlußfolgerungen und zusammenfassende Thesen</u>

Randwanderungen haben zweifellos finanzielle Auswirkungen auf die betroffenen Gemeinden. Sie aber in erster Linie als Problem des kommunalen Haushalts aufzufassen, bedeutet eine falsche Problemperzeption. Die Randwanderungsprozesse sind zunächst ein Problem der Wohnversorgung und nicht Instrumente kommunaler Finanzwirtschaft.

Die Auswirkungen der Randwanderungen auf die Einnahmen der Kernstädte sind entgegen vieler kommunalpolitischer Äußerungen relativ gering. Daher geht eine auf das Randwanderungsproblem gerichtete Stadtentwicklungspolitik, die die Einnahmenverbesserung in den Vordergrund stellt, von falschen Voraussetzungen aus. Die von diesem Oberziel abgeleitete "Eigenheimstrategie", die einkommensstarke Bevölkerungsgruppen in den Mittelpunkt des stadtentwicklungspolitischen Interesses stellt, übersieht nicht nur die durch Sockelgrenzen bedingte Beschränkung der kommunalen Einnahmenverbesserung durch Bezieher hoher Einkommen, sondern ignoriert auch die vielfältigen sozialen und finanziellen Folgewirkungen dieser selektiv mittelstandsorientierten Politik.

Eine Ableitung stadtentwicklungspolitischer Strategien aus nur finanzwirtschaftlichen Zielen setzt sich in gefährlicher Weise über die ursächlichen Zusammenhänge der Randwanderungsproblematik hinweg. Das führt dazu, daß nur einzelne Symptome behandelt werden und Mittel an partiale Scheinlösungen gebunden werden und damit umfassenderen bzw. ursachenadäquateren Konzepten nicht mehr zur Verfügung stehen. Der Spielraum für Wohnumfeldverbesserungen wird z.B. durch großangelegte Eigenheimstrategien erheblich eingeengt.

Längerfristig erfolgversprechend auch unter dem Gesichtspunkt der kommunalen Haushaltsbelastung erscheint eine auf die konkreten Probleme städtischer Wohnversorgung gerichtete erhaltende Erneuerungspolitik, die damit auch wesentliche Ursachen der Randwanderungen beseitigen kann.

Anmerkungen:

/1/ Der Beitrag entstand aus der Überarbeitung meines Artikels: Der Einfluß der Kernstadt-Randwanderung auf die kommunalen Finanzen; in: Mitteilungen des Informationskreises für Raumplanung Heft 7, Juli 1978, S. 20 - 26

/2/ Vgl. Plakat zum Workshop Wohnungsumfeldverbesserung - Arbeitsgespräch zur Qualitätsverbesserung innerstädtischer Altbaugebiete durch Maßnahmen im Wohnungsumfeld; 13.10.78 in Dortmund

/3/ Vgl. z.B. GOTTHOLD, J.: Stadtentwicklung zwischen Krise und Planung; Köln 1978, S. 32 u. 36 ff

/4/ Inwieweit diese These einen wirklich vorhandenen Sachzwang richtig widergibt oder manchmal als Vorwand für mangelnde Bereitschaft, notwendige kommunalpolitische Entscheidungen zu treffen, benutzt wird, ist eine wichtige Frage, deren Untersuchung aber den Rahmen dieses Beitrags sprengen würde

/5/ KLEIN, R.R./MÜNSTERMANN, E.: Gemeindefinanzbericht 1978; in: Der Städtetag 1/1978, S. 2 ff. Vgl. auch ZIELINSKI, H.: Diskrepanz zwischen Aufgabenentwicklung und Finanzierung in den Gemeinden; Kommission für wirtschaftlichen und sozialen Wandel 40; Göttingen 1975

/6/ Vgl. SCHÄFER, G.F./GEORGIEFF, P./KLACZKO, S.: Staatliche Zuweisungen: Welche Spielräume bleiben den Gemeinden? in: transfer 3, Stadtforschung und Stadtplanung, Opladen 1977, S. 21 ff

/7/ Vgl. MÜNSCHER, A./KREIBICH, V.: Das Gemeindefinanzreformgesetz als Instrument der Raumentwicklung - Regionale Mobilität und der Anteil der Gemeinde an der Einkommensteuer; in: Informationen zur Raumentwicklung Heft 10/11, 1974

/8/ 130.000 Menschen zogen z.B. seit 1962 aus Frankfurt fort (laut einer Untersuchung des "Amtes für kommunale Gesamtentwicklung" der Stadt Frankfurt am Main). Dieses Ergebnis kommentiert der leitende Baudirektor in der Frankfurter Rundschau vom 18.8.1977: "Eine Stadt ist krank, wenn sie sich auf diese Weise zum Armenhaus stilisiert." "Stadtflucht: ein teurer Aderlaß" lautet die Überschrift eines Artikels in der Frankfurter Rundschau vom 6.1.1979

/9/ KLEIN/MÜNSTERMANN: Gemeindefinanzbericht 1978, S. 13

/10/ Vgl. Städtische Finanzkrise am Beispiel Duisburgs - ein Interview; in: ARCH + Heft 38, Mai 1978

/11/ WEISS, A.: Finanzielle Auswirkungen der Stadt-Umland-Wanderungen für aufnehmende Gemeinden. - Lösungsansätze in der Praxis; Referat gehalten auf der ARPUD-Tagung 1978: Auswirkungen von Stadt-Umland-Wanderungen und Betriebsverlagerungen auf die Entwicklung der Innenstädte; Tagung der Abteilung Raumplanung der Universität Dortmund, 9. - 11.10.78; veröffentlicht im Tagungsband

/12/ Vgl. HÄUSSERMANN, H./SIEBEL, W.: Die Stadt im traditionellen Sinne hat aufgehört zu existieren - Studie über Ansätze einer sozial-orientierten und verteilungspolitisch gerechteren Stadtentwicklungspolitik; in: Frankfurter Rundschau vom 15.11.1978 S. 10 f (Dokumentation)

/13/ Hinter Globalzahlen stehen oft erhebliche Strukturverschiebungen, z.B. kann sich hinter 1.000 zugewanderten 18 - 65jährigen eine "finanzrelevante" überdimensionale Zuwanderung von Jugendlichen und Abwanderung von 30 - 65jährigen verbergen.

/14/ "Der Gemeindeanteil an der Einkommensteuer macht 42 % aller Steuereinnahmen der Gemeinden aus (1975)." FISCHER, R./GSCHWIND, F./HENCKEL, D.: Nutzungsverlagerung und die Auswirkungen auf die kommunalen Einnahmen von Kernstadt und Umland; in: Informationen zur Raumentwicklung 2/3 1978; Zur Raumbedeutsamkeit des kommunalen Finanzsystems, S. 91 Anm. 1. Der Artikel ist aus der Bearbeitung eines Forschungsprojektes der Verfasser entstanden: Auswirkungen veränderter Nutzungsverteilungen auf die kommunalen Einnahmen (MFPRS 1975. 15)

/15/ "Der Bundesrat hat am 21.12.1978 dem vom Bundestag verabschiedeten Zweiten Gesetz zur Änderung des Gemeindefinanzreformgesetzes zugestimmt. Nach dieser Gesetzesnovelle werden die Höchstbeträge zur Verteilung des Gemeindeanteils an der Einkommensteuer auf 25.000 DM (Alleinstehende) und 50.000 DM (zusammenveranlagte Ehegatten) angehoben. Die neuen Höchstbeträge sollen zunächst für die Jahre 1979 und 1980 gelten." Städte- und Gemeinderat 1/1979, S. 22.
Vgl. HOLTMANN, H./HEUSER, U.: Kommunale Finanzplanung und Wirtschaftlichkeitsberechnung in der Stadtplanung BAUÖK-Papiere 10, Stuttgart 1973

/16/ Das gilt z.B. für Frankfurt/Main, wo das Durchschnitts-Haushaltseinkommen innerhalb Ffm netto 1976 knapp 2.000,- DM in den Umlandgemeinden dagegen knapp 2.500,- DM beträgt. Vgl.: "Stadtflucht aus Frankfurt?" Stadt Frankfurt am Main, Dezernat Planung; Ffm Dez. 1977, S. 17

/17/ Vgl. Stadtentwicklung Wiesbaden: Wanderungsströme, Wanderungsmotive und Stadterhaltung; Hrsg.: Magistrat der Landeshauptstadt; Bearbeiter GEISLER, J./HOCHGESAND; Planungsgruppe beim Oberbürgermeister; Wiesbaden Feb. 1977, S. 62

/18/ a.a.O., S. 64

/19/ Vgl. die sehr übersichtliche und gut verständliche Broschüre zum kommunalen Finanzausgleich in Nordrhein-Westfalen: Zur Information 22: Finanzausgleich Nordrhein-Westfalen 1978; Der Innenminister des Landes Nordrhein-Westfalen 1978

/20/ Stadtentwicklung Wiesbaden a.a.O., S. 66

/21/ Institut für Bauökonomie: Die "Sanierung" des Stuttgarter Westens und ihre Auswirkungen auf den städtischen Haushalt; zusammengefaßt von Wolfgang Ehrlinger in: ARCH+ 20, 1973, S. 42

/22/ In Baden-Württemberg betrug das Verhältnis des Kopfbetrags zur Berechnung der Bedarfsmeßzahl in der kleinsten Ortsgrößenklasse zum Kopfbetrag in der größten 1 : 1,63 (485 DM : 791 DM) im Jahre 1975. Nach Ansicht des Städtetags sollte das Verhältnis 1 : 3,5 betragen. Vgl. KLENK, V.: Das kommunale Finanzsystem; BAUÖK-Papier 28, Stuttgart 1976

/23/ Stadtentwicklung Wiesbaden, a.a.O., S. 70

/24/ FISCHER, u.a.: a.a.O., S. 87. Die im Zusammenhang mit Untersuchungen aus Hamburg und Bremen genannten sehr viel höheren Einnahmenverluste durch Abwanderung (vgl. AFHELDT, H.: Zur Lage; in: Stadtbauwelt 49, Bauwelt 67. Jg.(1976) H. 12, S. 340. KOSCHNICK, H.: Städteplanung heute - Rahmendaten und Hinweise; in: Stadtforschung und Stadtplanung; transfer H. 3, Opladen 1977, S. 14) sind wahrscheinlich z.T. auf den Länderstatus dieser Städte zurückzuführen. Dieser Begründungszusammenhang wurde aber vom Verfasser bisher nicht näher untersucht.

/25/ FISCHER, u.a.: a.a.O., S. 86

/26/ H.G. v. ROHR vertritt sogar die These, daß sich die Struktur der Nachfrage und das Leistungsangebot der Kernstädte suburbanisierungsbedingt generell in Richtung auf kostenintensivere Einrichtungen und Dienstleistungen verschieben.. Vgl. H.G. v. ROHR: Änderungen des Finanzbedarfs zwischen Kernstadt und Umlandgemeinden bei anhaltender Suburbanisierung; in: Informationen zur Raumentwicklung Heft 2/3 1978, S. 102

/27/ Dem steht die These von v. ROHR, daß die Randgemeinden im Vergleich zu den Kernstädten keine überproportionalen Ausgabensteigerungen pro Finwohner verkraften müssen, nicht unbedingt entgegen. Denn es kann ja der Fall sein, daß beide mit großen Ausgabensteigerungen belastet werden. Vgl. v. ROHR: a.a.O., S. 102

/28/ Vgl. HÄUSSERMANN/SIEBEL, a.a.O., S. 10

/29/ Vgl. den Beitrag in diesem Band von Karl-Heinz FIEBIG: Gewerbebestandssicherung und Wohnumfeldverbesserung. FIEBIG weist völlig zu Recht daraufhin, daß das Wohnumfeld in gewachsenen städtischen Vierteln nicht auf Wohnen reduziert werden darf. Gerade innenstadtnahe Viertel üben nebeneinander und in enger Verflechtung miteinander eine Vielzahl von Funktionen aus

/30/ Hier hat ZIMMERMANN einen sehr interessanten Ansatz entwickelt, in dem er versucht, die Kostenstrukturen und die Wohnqualitäten bei alternativen Stadtentwicklungsstrategien aufeinander zu beziehen. Leider wurde dieser Ansatz meines Wissens nach nicht weitergeführt. ZIMMERMANN, H.: Kostenstruktur und Wohnqualität bei alternativen Stadtentwicklungsstrategien; unter Mitarbeit von Peter Mohn und Robert Pauksztat, Vorstudie im Auftrag des BMFT, Marburg, Febr. 1976

/31/ In Frankfurt zeigt sich die Umschichtung der Einkommensstruktur zugunsten der Umlandgemeinden sehr deutlich: "Im Umland liegt der durchschnittliche Bruttoverdienst heute zum Teil erheblich über dem Frankfurter Wert (Main-Taunus: 29.000 Mark, Frankfurt: 24.680 Mark), 1961 dagegen war die Metropole in Hessen noch einsame Spitze." SCHREIBER, J.: Stadtflucht ein teurer Aderlaß; in: Frankfurter Rundschau vom 6.1.1979, S. 16

/32/ KREIBICH, V.: Städtebauliche Problemgebiete als Auslöser von Suburbanisierungsprozessen: Welche Möglichkeiten zur Identifizierung, Analyse und Bewertung hat der Raumplaner?; in: Mitteilungen des Informationskreises für Raumplanung Nr. 7, Juli 1978, S. 6

/33/ ZIMMERMANN, H.: Köln will die Stadtflucht durch die Vermittlung von Eigenheimen bremsen. Katalog wurde ein Bestseller - Aufsteiger-Familien sollen gehalten werden; in: Westfälische-Allgemeine-Zeitung (WAZ) vom 16.6.1978

/34/ DURTH, W./HAMACHER, G.: Alle reden vom Stadthaus ... Fragen zum Gebrauch einer neuen Zauberformel; in: ARCH[+] 42, Dez. 1978, S. 17

Salam (Felix Borkenau)
Das Aachener Ostviertel

Die Bilder der Ausstellung entstanden in den Jahren 1974 und 1975 im Aachener Ostviertel, dem größten zusammenhängenden Arbeiterviertel der Stadt. Im Anschluß an die Studentenbewegung hatte ich dort über einen längeren Zeitraum in einer Gruppe mitgearbeitet, die sich mit den sozialen und politischen Problemen des Viertels befaßte. Als ich nach einer Amerikareise anfing zu fotografieren, bin ich mehr als zwei Jahre lang immer wieder ins Ostviertel gegangen um dort Aufnahmen zu machen. Ich wollte herausfinden und zeigen, in welcher Art und Weise die Menschen dort von ihrer Umgebung geprägt werden. Ich habe versucht, etwas "atmosphärisch" das einzufangen, was das Ostviertel als einen bestimmten Teil der Stadt Aachen, als Lebensraum einer bestimmten Gruppe der Aachener Bevölkerung, nämlich der deutschen und ausländischen Arbeiter, kleinen Angestellten und Beamten, Händler, Handwerker, Rentner usw. bestimmt.

Meine Sicht kann nur einseitig sein, möglicherweise zeichne ich ein zu düsteres und deprimierendes Bild. Trotz dieser Einschränkung kann man sagen, daß man hier mit einer rückständigen Situation in der ohnehin rückständigen Stadt Aachen konfrontiert ist. Hier wohnen diejenigen, die in der nahegelegenen Industrie und in den kleinen Betrieben im Viertel selbst einen wesentlichen Teil des Reichtums der Stadt produzieren, von dessen Konsum sie jedoch weitgehend ausgeschlossen werden. Es fehlt an Freiflächen, Schulen, Kindergärten, die Wohnungen sind schlecht ausgestattet und überaltert.

Diese Bedingungen begrenzen Blickwinkel und Aktionsfähigkeit der hier lebenden Menschen. Junge Familien, die es sich leisten können, verlassen das Viertel. Bestimmte Bereiche haben sich zu profitablen Ghettos für ausländische Arbeiter und ihre Familien entwickelt. Unter dem Einfluß dieser Entwicklung zerbröckeln die ehemals ausgeprägten sozialen Kontakte und die historisch bedingte Homogenität des Ostviertels als Voraussetzung für den Widerstand gegen die Zerstörung des Viertels. Seit einigen Jahren laufen Voruntersuchungen für die Sanierung und Modernisierung dieses günstig zum Stadtzentrum gelegenen Gebietes, die ersten Modernisierungsprojekte haben schon begonnen. In einer Reihe von Jahren werden viele der bisherigen Bewohner es sich nicht mehr leisten können hier zu wohnen.

Das Aachener Ostviertel

Das Aachener Ostviertel

Das Aachener Ostviertel

Das Aachener Ostviertel

Das Aachener Ostviertel

Das Aachener Ostviertel

Das Aachener Ostviertel

Das Aachener Ostviertel

Das Aachener Ostviertel

Das Aachener Ostviertel

Das Aachener Ostviertel

Querschnitt 1: Ergebnisse einer Planerbefragung

(Zusammengestellt von Franz Pesch & Klaus Selle)

Wir haben oben versucht, die Ursprünge und Entstehungszusammenhänge der Wohnungsumfeldverbesserung zu skizzieren. Es wurde deutlich, daß sich mit der Intensivierung einer wohnungswirtschaftlichen und städtebaulichen Bestandspolitik eine teils eigenständige, teils in andere Planungsbezüge integrierte Aufgabenstellung neu herausbildete, die die Verbesserung der Wohnungsumfelder in Altbauquartieren zum Gegenstand hat.

Selbstverständlich wurde im Kontext von Neubaumaßnahmen oder durchgreifenden Neustrukturierungen innerstädtischer Bereiche stets auch das Umfeld der Wohnungen verändert. In diesem Zusammenhang wurde in der Regel auch berücksichtigt, daß Qualität von Wohnung und Umfeld zusammen erst wesentliche Bestimmungsgrößen des Wohnwertes eines städtischen Quartiers ausmachen. Eine solche Betrachtungsweise blieb aber lange aus der punktuell betriebenen und isoliert auf Wohnung und Gebäude ausgerichteten Instandsetzung und Modernisierung ausgeklammert.

Erst in dem Maße, wie Modernisierung nicht mehr nur als vereinzelte Maßnahme eines Hauseigentümers, sondern als notwendiger Bestandteil einer Stadterneuerung der kleinen Schritte begriffen wurde, konnte der wechselseitigen Abhängigkeit von Gebrauchswertverbesserungen in den Wohnungen mit solchen im Umfeld durch die Entwicklung entsprechender Konzeptionen Rechnung getragen werden.

Ein erstes - zaghaftes - Problembewußtsein entwickelte sich hierzu Mitte der 70er Jahre. Im Rahmen eines Forschungsprojektes /1/, das ebenfalls an diesen Fragen zu nagen hatte, versuchten wir, den Stand der Diskussion summarisch aufzuarbeiten. Da kaum Veröffentlichungen vorlagen, hingegen auf sehr unterschiedliche Weise lokal begrenzte Versuche gestartet wurden, schien eine Erfassung "vor Ort" das geeignete Mittel.

Dies war der Anlaß für eine 1976 durchgeführte Befragung in 7 bundesdeutschen Kommunen (von Norden nach Süden geordnet: Hamburg, Hannover, Wuppertal, Köln, Wiesbaden, Stuttgart, München), die sich hauptsächlich auf die Auswertung vorliegender Konzepte - überwiegend Vorstudien und Rahmenplanungen - und hierauf bezogen Interviews mit den Planverfassern in der kommunalen Verwaltung bzw. freien Büros stützte. Es konnte sich hierbei nur um eine explorative Studie, und nicht etwa um eine repräsentative Erhebung handeln (was sich schon aus methodischen Gründen - geringe Größe und Heterogenität der Untersuchungseinheit verbot). Ziel war die möglichst breite Aufarbeitung des zu der Zeit vorzufindenden Spektrums von Wohnungsumfeld - Konzeptionen.

Heute - drei Jahre später erscheinen uns die Ergebnisse der Befragung noch immer relevant:

- Hier werden die Anfänge einer Praxis sichtbar, deren Bedeutung inzwischen zu Alternativen staatlicher Förderungspolitik führte ("Maßnahmen mittlerer Intensität").

- Die vor allem organisatorischen und instrumentellen Ausgangsprobleme sind nach wie vor wirksam - ihre Darstellung an dieser Stelle ergänzt den aktuellen Diskussionsschwerpunkt um das Cui Bono der Wohnungsumfeldverbesserung (vgl. hierzu insbesondere Querschnitte II und die entsprechenden Einzelbeiträge).

Nichtsdestoweniger war eine Auswahl im vorliegenden Material sinnvoll: die hier vorgelegte Selektion aus den Ergebnissen hat daher primär Orientierungs- und Übersichtsfunktion - Vertiefungen, Modifikation aus der Einzelperspektive etc. ergeben sich aus den folgenden Beiträgen /2/.

Angemerkt werden muß jedoch noch, daß die Befragung von ihrem Gegenstand her Wohnungsumfeldverbesserung zunächst isoliert und als selbständige Einheit im Planungs- und Maßnahmenprozeß unterstellt. In der Realität - damals wie heute - ist Wohnungsumfeldverbesserung jedoch nur in Ausnahmefällen eine gesonderte, inhaltlich, formell und auch verwaltungsorganisatorisch identifizierbare Aufgabe. Daraus folgt, daß ein konsistentes Begriffsfeld nicht herzustellen ist, daß vielmehr in der Summe aller Interviews ein breites und partiell diffuses Verständnis von Wohnungsumfeldverbesserung, das jeweils geprägt ist von den lokalen Besonderheiten, aufgedeckt wird.

Wir verzichten daher auch bei der Befragung darauf, ein eng umgrenztes Begriffsfeld für die Bezeichnung Wohnungsumfeldverbesserung vorzugeben. Statt einer solchen deduktiv abzuleitenden Bestimmung sollte die vorhandene Vielfalt der Begriffsfüllungen - gewonnen aus dem Verständnis der Planerpraxis - erfaßt und so gleichsam induktiv präzisiert werden.

1. <u>Warum Wohnungsumfeldverbesserung</u>?

Auf diese Frage reagierten die Gesprächspartner überwiegend unter dem Eindruck konkreten Problemdrucks etwa wie folgt: "Es geht nicht anders, wenn wir etwas für unsere Altbaugebiete tun wollen kommen wir mit dem Städtebauförderungsgesetz nicht aus ..."

Vor dem Hintergrund stark rückläufiger Neubautätigkeit und der Finanzknappheit der öffentlichen Hände (die eine Ausweitung der Sanierungsförderung nicht zuläßt) hat sich in den meisten der befragten Kommunen die Erkenntnis durchgesetzt, daß mit Sanierungsgebieten nach Städtebauförderungsgesetz allein der "Problemstau" in den Altbauquartieren nicht zu reduzieren ist: "Wir haben über 300 ha "Sanierungsverdachtsgebiete" und förmlich festgelegt sind hier nur 9 ha und vorbereitende Untersuchungen sind nochmals für 9 ha beschlossen worden. Daraus sehen Sie, was für ein Riesenfeld insgesamt städtebaulich zu verbessern ist, was zwangsläufig ohne Städtebauförderungsgesetz und ohne Sanierung passieren muß und was durch solche Einzelmaßnahmen - etwa Verbesserung der Infrastruktureinrichtungen, Anlage von Grün- und Freiflächen etc. - gemacht werden muß."

In dem Maße, wie die Modernisierung der Wohnungen und Gebäude in den Mittelpunkt staatlicher Wohnungspolitik und -förderung rückt, wird demnach von der kommunalen Planungspraxis in der Koordination von Modernisierung und Wohnungsumfeldverbesserung eine Alternative, richtiger: eine notwendige Ergänzung zu den auf wenige städtische "Inseln" beschränkten Erneuerungsmöglichkeiten nach Städtebauförderungsgesetz gesehen /3/.

Stadterneuerung also: im Vorfeld und flankierend zum Städtebauförderungsgesetz. Dies durchaus im Sinne des Wohnungsmodernisierungsgesetzes, das mit der Schwerpunktbildung explizit städtebauliche Zielsetzungen verfolgte. Wenn auch - und das machte die Praxis bereits 1976 deutlich - mit unzulänglichen Mitteln und entsprechendem Erfolg.

Die Notwendigkeit, über das gesetzlich gegebene hinaus eigenständige kommunale Strategien zu entwickeln war denn auch zunächst Anlaß der beobachteten (und befragten) Experimente zur Wohnungsumfeldverbesserung.

Deren wesentliches Kennzeichen ist demnach in vielen Fällen die Komplementarität zur Verbesserung der Wohnungen: die Kommune verstärkt dierekt die Modernisierungsaktivität und sichert sie mittelbar über ergänzende Maßnahmen ab:

- "Man muß den Leuten sagen, es ist gut, was ihr macht. Das bißchen Eigenkapital, was ihr habt, das müßt ihr mobilisieren. Ihr Mieter sollt auch bereit sein, ein bißchen mehr Miete aufzubringen. So könnte es gelingen, über das Absinken der Stadtteile und den Verschleiß der Häuser hinwegzukommen."

- "Die Wohnungsumfeldverbesserung ist notwendig, um die Wohnsituation zu verbessern. Nicht zuletzt geht es aber auch darum, den Eigentümern eine langfristige Vermietbarkeit ihrer Wohnungen zu gewährleisten. Ansonsten wären sie nicht bereit, die Kosten für die Wohnungsmodernisierung und ggf. für Maßnahmen auf ihrem Grundstück zu tragen."

Ein solches - über die schiere Wohnungsbauförderung hinausgehendes - Verständnis von Modernisierung setzt sich (1976) jedoch erst zögernd in Modifikationen bisheriger Vorgehensweisen um - zumal diese Schritte auf neue instrumentelle Ufer nur vereinzelt durch kommunale Gesamtprogramme etc. getragen wurden. Nicht selten handelte es sich um eher isolierte Versuche. Beklagt wurde, daß seitens des Gesetz- und Förderungsgebers auch Anregungen und Bestärkungen in dieser Hinsicht fehlten.

Ist damit die Unzulänglichkeit bisher praktizierter Vorgehensweisen als Anlaß zur Herausbildung von Alternativen deutlich geworden, so bleibt doch zu fragen: auf welches Ziel hin erwies sich das "konventionelle" Vorgehen als unzureichend? Was soll mit der Koppelung von wohnungs- und umfeldbezogenen Maßnahmen erreicht werden?

Offensichtlich existiert in vielen Großstädten der BRD (und auf solche konzentrierte sich unsere Befragung) ein Planungsproblem, zu dessen Lösung Wohnungsumfeldverbesserung einen Beitrag leisten soll: Innenstadtnahe Wohngebiete - nicht mehr unmittelbar bedroht durch das Vordringen des tertiären Sektors - leiden unter Bevölkerungsverlusten (die in einem Fall z.B. innerhalb von 10 Jahren mehr als 30 % betrugen) und sozialer Umstrukturierung. Nach Auffassung der Befragten kann Wohnungsumfeldverbesserung (ggf. zusammen mit Modernisierung der Wohnungen) wesentlich zur Stabilisierung bzw. Attraktivierung dieser Quartiere beitragen. Dies allerdings im Dienste konträrer Zielsetzungen:

- Für die eine Gruppe der Befragten gilt es, die einkommensstarken Bevölkerungsgruppen in den citynahen Wohngebieten zu halten oder sie dorthin zurückzuholen; nur so sei eine weitere "Verschlechterung der Sozialstruktur" ein weiteres "Absinken des Gebietes" zu verhindern.

  "Das Schwergewicht unserer Bemühungen liegt eigentlich darin, diese Bevölkerungsgruppen, die wir heute verloren haben, wiederzugewinnen. Das bedeutet letztlich, daß man die innerstädtischen Wohngebiete wieder so herrichten muß, daß sie für jüngere und einkommensstarke Familien attraktiv werden."

  Neben gebietsbezogenen Begründungen finden sich für diese Funktionalisierung der Wohnungsumfeldverbesserung auch noch andere Ursachen: Die Zersiedlung der städtischen Außenbereiche können nur durch Attraktivierung innerstädtischer Wohngebiete verlangsamt werden, bzw. in jenen Gemeinden, die ihre abwandernde Bevölkerung ans Umland verlieren: die durch abziehende einkommensstarke Bewohnergruppen verursachten z.T. empfindlichen Steuerverluste ließen sich nur so reduzieren.

- Demgegenüber vertreten andere Planer die Auffassung, daß diese Rückgewinnungsstrategien unrealistisch, bzw. sozialpolitisch nicht vertretbar seien. Es müsse vielmehr darum gehen, für die derzeitigen Bewohner der innerstädtischen Bereiche Verbesserungen zu erwirken.

- Dem wiederum wird in einer sehr pragmatischen Aussage entgegengehalten: "Ich bin kein sozialer Euphorist. Ich gehe davon aus, daß die sozialpolitischen Zielvorstellungen immer nur Verbrämungen sind. Im ganzen Städtebau ist alles, was über Sozialpolitik gesagt worden ist, reine Verbrämung bestimmter, ganz harter Interessen gewesen. Architekten wollen Geld verdienen, Bauträger wollen Geld verdienen und alles, was sie an Sozialem hinzufügen ist nur Verbrämung, damit sie's besser verkaufen können."

  Eine weitere - ähnlich klare - Aussage aus einem anderen Planungszusammenhang: "Man muß eins sagen - das sage ich immer gleich vorweg, damit nur keine Mißverständnisse aufkommen - das Erhalten der vorhandenen Bevölkerung in innerstädtischen Bereichen ist ja eine Träumerei."

Grundsätzlich war in diesem Bereich eine Argumentationsfigur vorzufinden, die in besonders plastischer Form von den letzten beiden Aussagen bestätigt wurde: Indiziert wird das "Absinken" eines Quartiers unter anderem durch sozialstrukturelle Prozesse. Eingegriffen werden soll fast ausschließlich mit baulichen Maßnahmen. Die Wirkungen dieser Maßnahmen liegen wiederum wesentlich im sozialen Bereich (vermittelt über Mieten etc.) - gezielt oder gleichsam als Nebenfolge.

Über Anlässe, Verursachungen und Wirkungen liegen auch dann nur sporadische Informationen vor, wenn ausdrücklich soziale Ziele verfolgt werden: Remigrationsstrategien ebenso wie Gebrauchswertverbesserungen für vorhandene Bewohner (mit dem Ziel der Stabilisierung) beruhen auf Mutmaßungen. Es liegt nahe anzunehmen, daß auch hier "Wissen wie Nicht-Wissen zielgerichtet ist" (MYRDAL). Tatsächlicher Gegenstand der Betrachtung ist - dem Aufgabenfeld der Befragten entsprechend - die baulich-technische (ggf. ökonomische) Struktur der Gebiete.

Dies zeigt sich auch bei einer Betrachtung des intendierten Planungszusammenhangs von Maßnahmen zur Verbesserung des Umfeldes von Altbauwohnungen.

2. <u>Wohnungsumfeldverbesserung im Planungszusammenhang</u>

Daß Wohnungsumfeldverbesserung nicht selbständige Strategie, sondern Maßnahmenbestandteil ist, wurde bereits deutlich: in der Problemsicht der Befragten kann sie daher sehr unterschiedliche konkrete Inhalte haben und sich durchaus verschiedener planungsrechtlicher Instrumente bedienen.

Maßnahmenzuordnung und Instrumentenwahl sind nun keineswegs von den zu lösenden Problemen abhängig. Sie sind auch zu sehen vor dem Aufgabenfeld der Befragten - etwa der Stellung des Amtes/Referates, das mit WUV betraut wurde innerhalb der Gesamtverwaltung, damit der Aufgaben- und Zuständigkeitsverteilung usf.. Zum anderen spielt der konkrete lokalpolitische "Verwertungszusammenhang" der Erneuerungsplanung eine wesentliche Rolle: erwarten Verwaltung und Rat "schnelle, sichtbare Ergebnisse" oder handelt es sich um längerfristig zu realisierende Konzeptionen ... Alle diese Aspekte können im Rahmen einer Befragung wie der von uns durchgeführten wenn überhaupt nur sehr zufällig und bruchstückhaft erfaßt werden.

Das Verhältnis von Wohnungsumfeldverbesserung und Wohnungsmodernisierung läßt sich anhand der erfaßten Konzeptionen in zwei Gruppen trennen:

- Wohnungsumfeldverbesserung als erster Schritt: Einige Gemeinden versuchen mit einzelnen Maßnahmen im Wohnungsumfeld (z.B. der Verkehrsberuhigung einer Straße, der Schaffung einer Grünfläche auf einem gemeindeeigenen Grundstück) Folgemaßnahmen seitens der privaten Hauseigentümer zu initiieren. Dies erscheint insbesondere in jenen Quartieren sinnvoll und notwendig, in denen bislang nur zögernd modernisiert wurde. Mit einer solchen Vorleistung verfolgen die Planer im wesentlichen demonstrative Zwecke. Es soll den Bewohnern (Hausbesitzern und Mietern) verdeutlicht werden, daß ihr Quartier nicht aufgegeben wird, daß vielmehr eine Erhaltung und Stabilisierung beabsichtigt ist. Einige Befragte verwiesen darauf, daß eine solche Vorgehensweise gerade dort von Nutzen sei, wo durch eine lange Planungsphase (z.B. in Gebieten, die ursprünglich grundlegend umstrukturiert werden sollten, dann aber aus verschiedenen Gründen zurückgestellt wurden und nun als erhaltenswert eingestuft sind) die Bewohner verunsichert seien und das Vertrauen in die Stabilität ihres Viertels wieder hergestellt werden müsse; nur so sei auch die Investitionsneigung der Hauseigentümer wiederzubeleben.

Neben dem psychologischen Effekt ließen sich mit diesen ersten Schritten auch reale Gebrauchswertverbesserungen erzielen, indem besonders krasse Störungen oder Defizite beseitigt würden (z.B. Reduzierung von Emissionen). Allerdings sind gerade diese Beeinträchtigungen des Wohnwertes einem unmittelbaren Zugriff kommunaler Planung entzogen.

In gewissem Umfang können jedoch sonstige Verbesserungen des Wohnungsumfeldes, indem sie den Wohnwert des Viertels insgesamt anheben, für einen Übergangszeitraum möglicherweise Mängel in der Wohnung selbst kompensieren.

- Wohnungsumfeldverbesserung als notwendige Ergänzung der Wohnungsmodernisierung: "Modernisierung in der Wohnung selbst muß durch Maßnahmen im Wohnungsumfeld ergänzt werden, wenn der Effekt der Wohnwertverbesserung erreicht werden soll."

Die - wie auch immer geartete - Koppelung von Maßnahmen in den Gebäuden und deren Umfeld stößt jedoch auf Widerstände im derzeitigen System der Modernisierungsförderung:

- Modernisierungsmaßnahmen lassen sich nur in Ausnahmefällen (dann, wenn ein Eigentümer über einen größeren zusammenhängenden Wohnungsbestand verfügt) bündeln. Ansonsten bleiben sie in aller Regel verstreut und städtebaulich wirkungslos. Eine Koordination von Wohnungsmodernisierung und Wohnungsumfeldverbesserung ist in solchen Fällen natürlich nicht möglich.

- Für die Wohnungsumfeldverbesserung fehlt das Geld. Einerseits sind die Wohnungseigentümer weder willens noch in der Lage aus dem Förderungsvolumen Mittel für Maßnahmen auf dem Grundstück abzuzweigen. Andererseits vermögen die Gemeinden nur in Ausnahmefällen, wünschenswerte Maßnahmen aus dem laufenden Etat zu finanzieren.

Ein anderer Restriktionsbereich liegt in der Realität (und Organisation) kommunaler Planung selbst begründet: Soll die von den Planern gewünschte und ökonomisch geboten erscheinende differenzierte Stadterneuerung der kleinen Schritte Wirklichkeit werden, setzt dies - so wurde betont - die Integration der Erneuerungsplanung in eine Stadtentwicklungskonzeption, zumindest aber in ämterübergreifendes Handeln voraus. Damit scheint es jedoch im Argen zu liegen:

- "Wir - so berichtete das Mitglied der Stadtentwicklung einer Kommune - sind keine anmeldende Stelle. Wir können die Leute im Planungsamt (das mit der Planung und Durchführung der wenigen laufenden Sanierungsmaßnahmen federführend betraut ist) nur pieksen und sagen: nehmt Euch weitere Quartiere vor und setzt da gleiche Summen ein oder so etwas; aber wenn die Nein sagen - was sie tun - dann können wir das nicht für die anmelden. Die federführende Dienststelle bewegt das und wenn die nichts bewegt, da wird da auch nichts bewegt."

- Aber auch in der "horizontalen" Koordination gibt es mehr als nur Reibungsverluste: so scheiterte beispielsweise in einem Fall, der von der Sanierungsstelle (Planungsamt) betriebene Versuch, Beratungsstellen für Modernisierung vor Ort einzurichten am hartnäckigen Widerstand des Wohnungsförderungsamtes.

  Daneben existieren die - man kann schon fast sagen üblichen - Auffassungsunterschiede über bestimmte Planungsfragen, deren Austragungsmodus und Ergebnis vornehm verschwiegen wird: "Wir haben große Schwierigkeiten, das mit unseren Verkehrsplanern abzustimmen, denn die vertreten immer noch die Ansicht, daß Städtebau aus dem fließenden Verkehr besteht."

Zusammenfassend: "Eine positive Koordination zwischen den Ämtern findet, wenn überhaupt, nur zufällig statt."

Oder: "Wenn ich Politiker wäre, wüßte ich, was ich zu tun hätte. Da ich aber nur als Teil der Verwaltung agiere, weiß ich, daß mir die Hände gebunden sind."

Es nimmt daher nicht Wunder, daß zwar durchweg alle Befragten Wohnungsumfeldverbesserung als Bestandteil einer umfassend angelegten und auf der Ebene der Stadt(teil)entwicklungsplanung vorbereiteten Erneuerungspolitik ansehen - in der Realität jedoch zufällige und vereinzelte Maßnahmen dominieren. Besonders deutlich wird dies bei der Frage nach der Auswahl der Stadtgebiet, in denen WUV zur Anwendung kommen soll. Es ist in den Antworten zwar die Rede von einem gesamtstädtischen Selektionsprozeß, der unterscheidet nach:

- "ganz miesen Gebieten", in denen nur die Anwendung des Städtebauförderungsgesetzes helfe,

- Gebieten, die vor dem "Abrutschen bewahrt" werden sollen,

- durch negative Tendenzen (Abwanderung) gekennzeichnete Gebiete, in denen "kurzfristige Wirkungen" notwendig und unter anderem mit der Verbesserung des Wohnungsumfeldes realisierbar erscheinen,

- "selbst regenerationsfähigen" Gebieten

etc..

De facto sind jedoch die Wohnungsumfeldmaßnahmen ohne nachvollziehbare Ableitung auf alle Kategorien verteilt - mit einer deutlichen Häufung allerdings: jene Gebiete, wo die "Voraussetzungen am günstigsten sind", wo mit wenig Aufwand viel sichtbares erreicht werden kann, dominieren. Begründung hierzu: "es handelt sich um Pilotprojekte, denen andere folgen sollen".

Hintangestellt sind damit alle Gebiete, die "ganz mies" oder "im Abrutschen" sind und in denen - aus Kapazitäts- und Finanzgründen - das Städtebauförderungsgesetz nicht angewendet (werden) wird ("Da kann das noch 100 Jahre dauern").

Eine solche Praxis kann damit zum weiteren Auseinanderklaffen von "guten" und "schlechten" Altbaugebieten führen.

Damit diese Konsequenzen nicht zu sehr sichtbar werden - so ließe sich mutmaßen - wurden in einem Fall folgende organisatorische Konsequenzen gezogen: "Bei uns wird die

Stadterneuerung aus der Stadtentwicklungsplanung ausgeklammert". So kann die Rechte nicht wissen was die Linke tut: Stadterneuerung bleibt auf wenige Inseln beschränkt und unverbunden zu den auf der gesamtstädtischen Planungsebene angelegten – damit wirkungslosen – Versuchen einer räumlichen und funktionalen Integration.

3. Instrumentarium

Mit welchen Mitteln betreiben die Gemeinden Wohnungsumfeldverbesserung, welche (planungsrechtlichen) Instrumente verwenden sie? Die Antworten auf diesen Fragenkomplex lassen sich in folgende Gruppen bündeln:

a) Städtebauförderungsgesetz zur Lösung investitionsintensiver Aufgaben "Bei Instrumentenanwendung müssen wir unterscheiden: Das Modernisierungsprogramm können wir nur dort anwenden, wo wir im Wohnungsumfeld nichts machen können oder auch nichts machen wollen. Die genannten Maßnahmen der Wohnungsumfeldverbesserung können nur vor dem Hintergrund des StBauFG in Betracht gezogen werden. Sonst haben wir da überhaupt keine Möglichkeit. Die Eigentümer in den Gebieten, in denen wir tätig sind, haben gar nicht die finanzielle Möglichkeit, aus ihren Einnahmen irgendeine Maßnahme im Wohnungsumfeld zu finanzieren. "Manche Sachen, insbesondere die Verlagerung störender Gewerbebetriebe – lassen sich ohne StBauFG nicht machen – dazu haben wir kein Geld."

Die Komplexität der Aufgabe (starke Überbauung, unzumutbare Belichtungs- und Besonnungsverhältnisse, hoher Störungsgrad – Verkehr, Gewerbe – etc.) und eine geringe Investitionsneigung der Haus- und Grundstückseigentümer sind demnach der Hintergrund, vor dem allein die Anwendung des StBauFG und der Rückgriff auf die damit zur Verfügung stehenden finanziellen Mittel eine Erreichung der Planungsziele zu gewährleisten scheint.

b) Bebauungsplan als funktionssicherndes Instrument. "Bebauungspläne sind notwendig, weil nur mit diesem Instrument ein weiteres Vordringen der tertiären Nutzung zu verhindern ist und gleichzeitig relativ differenzierte Nutzungsanweisungen und Gestaltungsvorstellungen festgehalten werden können."

Bebauungspläne erscheinen hier als Abwehrinstrument gegen die Gefährdung der Wohnfunktion innerstädtischer Quartiere. Die Sicherung des Status quo allein kann jedoch noch nicht Wohnungsumfeldverbesserung bedeuten. Die Realisierung der in Bebauungsplänen enthaltenen Zielvorstellungen für z.B. die Gestaltung von Blockinnenbereichen hängt also wesentlich von dem Interesse der Eigentümer an entsprechenden Maßnahmen ab. Da die meisten Befragten nicht auf Gebote (§ 39 BBauG) vertrauen bzw. für deren Anwendung keine politische Grundlage sehen, muß auch hier eine (finnazielle) Förderung der Investitionsneigung privater Eigner hinzutreten; darüber hinaus wurde in den Gemeinden, die Wohnungsumfeldverbesserung in dieser Art verfolgen, der Initiativwirkung öffentlicher Maßnahmen z.B. im Straßenbereich große Bedeutung beigemessen. Der ohnehin gegebene Zwang zur Aushandlung mit den Eigentümern führte denn auch in einigen Fällen – dort, wo Umnutzungsdruck nicht zu erwarten oder Aufwertungsdruck erwünscht war – zu einer grundsätzlichen Ablehnung des Einsatzes von Instrumenten der Bauleitplanung: "Wir brauchen keine B-Pläne, weil wir im Prinzip nichts verändern."

c) Begrenzte Wirksamkeit des Wohnungsmodernisierungsgesetzes. Hinsichtlich der Wirksamkeit des neuen Rechtsinstrumentes (insbesondere § 4 (2)) und der an es gekoppelten Modernisierungsprogramme bei der Realisierung der kommunalen Konzeptionen für die Wohnungsumfeldverbesserung wurden mehrere Bedenken geäußert:

- "Das WoModG sieht zwar Wohnungsumfeldverbesserung vor, doch bei 20.000,- DM förderungsfähiger Gesamtsumme bleibt überhaupt kein Spielraum für solche Maßnahmen." Gerade die Bausubstanz der Gründerzeitgebiete zehren in wohnungs- und gebäudebezogenen Maßnahmen erfahrungsgemäß den förderungsfähigen Gesamtbetrag auf /4/.

- Gerade in den Problemgebieten, die nach Auffassung der Kommunen einen hohen Veränderungsbedarf im Wohnungsumfeld aufweisen, fehlt es den Eigentümern an Eigenkapital, um überhaupt die Förderung in Anspruch nehmen zu können.

- Die auf einzelne Grundstücke/Eigentümer bezogene Förderung ist grundstücksübergreifenden Konzepten nicht förderlich. Hier sehen die Befragten Probleme: So ist "eine Initiative daran gescheitert, daß sich die Eigentümer nicht über das Abreißen von Hofmauern einigen konnten."

Möglichkeiten zur Wohnungsumfeldverbesserung im Kontext des WoModG sehen die Befragten erst dann, wenn etwa - analog zu niederländischen Modellen - gebunden an die Vergabe von Mitteln für die Wohnungsmodernisierung den Gemeinden eine bestimmte Summe je Wohnung zweckgebunden für Maßnahmen im Wohnungsumfeld zur Verfügung gestellt wird. So würden die Gemeinden zur Komplementärfinanzierung angeregt; zugleich bestünde ein finanzieller Rückhalt, wenn der Eigentümer zu Maßnahmen auf seinem Grundstück angeregt werden soll.

Entscheidendes Charakteristikum einer auf größte räumliche Wirkungsbreite abgestellten Wohnungsumfeldverbesserung ist nach Auffassung aller Befragten die Kooperation zwischen planender Verwaltung und Eigentümern (in Ausnahmefällen auch: Mietern). Diese sog. Beratungs- und Überzeugungsplanung erscheint der einzige Weg, ohne administrative Dekrete, die entweder aus lokalpolitischen Gründen gar nicht möglich bzw. aus Gründen einer zügigen Maßnahmenrealisierung nicht wünschenswert sind, die Erneuerungsziele durchzusetzen. "Der Witz ist, wenn die Leute sich einig sind, kostet es nicht viel Geld. Muß man aber die Wohnungsumfeldverbesserungsmaßnahmen per Dekret durchsetzen, wirds teuer." Aus diesem Grunde wurden in verschiedenen Gemeinden Beratungsgruppen installiert, die zunächst im wesentlichen Aufgaben im Rahmen der Wohnungs- und Gebäudemodernisierung wahrnehmen, darüber hinaus aber auch koordinierte Wohnungsumfeldmaßnahmen initiieren sollen /5/.

Zur intensiven Beratung (die allerdings auch wiederum ein koordiniertes Handeln verschiedener Verwaltungsstellen zur Voraussetzung hat; s.o.) treten exemplarische Maßnahmen, die i.d.R. von den Kommunen oder größeren Investoren (in Abstimmung mit der planenden Verwaltung; etwa Gemeinnützige Wohnungsunternehmen) durchgeführt werden und initiierende Wirkung haben sollen. Darüber hinaus wird versucht, über verschiedene Aktionen - wie: Fassadenwettbewerbe, Aktion grüner Hof, gemeinsamen Entrümpelungsmaßnahmen - Initiative zu wecken.

Grundsätzlich wird damit deutlich, daß vor allem das planungsrechtliche Instrumentarium vorhanden ist und de jure zur Steuerung der angezielten Entwicklung ausreichen würde. Insofern wendet sich auch ein Befragter gegen jene, die Unzulänglichkeiten eigener Planung und objektive Restriktionen in anderen Bereichen durch den Verweis auf das ungenügende Instrumentarium zu kaschieren suchen: "Ich habe mich schon immer geärgert, wenn es hieß, daß Städte deswegen kaputtgehen, weil das Instrumentarium nichts taugt."

Ökonomische Restriktionen, die in der Struktur der Wohnungsbauförderung nach Art des WoModG ihren Ausdruck finden, finanzielle Knappheit der Kommunen (die letztlich auf ein Ziel hin betrachtet durch Prioritätensetzung herbeigeführte "künstliche" Knappheiten sind) und politische Widerstände (etwa gegen Gebote) zwingen zu "weichen" Strategien, deren zentrale Voraussetzungen jedoch im Investitionsverhalten der Hauseigentümer liegen.

4. <u>Einzelne Maßnahmen der Wohnungsumfeldverbesserung</u>

Die im Rahmen der Wohnungsumfeldverbesserung zu realisierenden Maßnahmen umfassen ein breites Spektrum, das wir hier sektoral gebündelt und notwendig verkürzt skizzieren.

<u>Fließender und ruhender Verkehr</u>

Die den Stadtzentren vorgelagerten Gründerzeitgebiete sind i.d.R. einem erheblichen Verkehrsaufkommen ausgesetzt. Zu dem von der Wohnbevölkerung verursachten Ziel- und Quellverkehr treten hinzu:

- der city-orientierte Durchgangsverkehr, der zudem meist nicht auf die Haupterschließungsstraßen beschränkt bleibt (Schleichdurchfahrten);
- der durch Produkt- und Beschäftigtentransport für die im Gebiet liegenden Gewerbebetriebe bedingte Verkehr.

Von diesen beiden Komponenten des in den Gebieten anfallenden Verkehrsaufkommens gehen erhebliche Bindungen aus, die die Forderung nach einem möglichst verkehrsberuhigten innerstädtischen Wohngebiet, die in den Zielen der Wohnungsumfeldverbesserung mitschwingt, relativiert. Alle Befragten stimmten darin überein, daß Lagebedingung und Struktur der Gebiete eine durchgreifende Verkehrsberuhigung mit Fußgängerzonen, Spielstraßen u. dgl. nicht oder nur auf Kosten benachbarter Gebiete zuläßt. Die von den einzelnen Kommunen erarbeiteten Erschließungskonzepte sind deshalb pragmatische Versuche, die Verkehrsbelastung herabzusetzen, ohne die Erschließungsfunktion (einschließlich Gütertransport) des Verkehrsnetzes zu gefährden. Fahrverkehrsfreie Bereiche werden nur dort vorgesehen, wo System und Kapazität des vorhandenen Erschließungsnetzes geeignete Voraussetzungen bieten.

Für die innere Erschließung der Gebiete werden zwei im Ansatz unterschiedliche Konzepte verfolgt:

- Eine Neuordnung des Erschließungssystems hier hierarchisiertem Netz und schleifenförmig ausgelegtem Richtungsverkehr in den Wohnstraßen.
- Eine weitgehende Beibehaltung des vorhandenen Erschließungssystems; Einsatz verkehrslenkender Maßnahmen zur Beseitigung von Störungen des Verkehrsflusses und zur gleichmäßigen Verteilung des Ziel- und Quellverkehrs.

Durch das Aufbringen schallhemmender Straßenbeläge sollen schließlich die verbleibenden Fahrgeräusche auf ein erträgliches Maß herabgesetzt werden.

Nachteilige Auswirkungen des gesteigerten Verkehrsaufkommens in den Haupterschließungsstraßen könnten - so ein Gesprächspartner - durch eine Ansiedlung gewerblicher Nutzungen vermieden werden.

Die Unterbringung des ruhenden Verkehrs in den besonders dicht überbauten Gründerzeitgebieten stellt die Kommunen vor erhebliche Probleme. Die Straßen z.T. so zugeparkt, "daß bei Notfällen Rettungswagen nicht mehr durchkommen." Flächenreserven im Blockinnern können nur durch bauliche Eingriffe aktiviert werden. Dabei treten die Stellplatzflächen aber in Nutzungskonkurrenz zu den gleichfalls defizitären Grünflächen.

In Kenntnis dieser sich i.d.R. überlagernden Probleme sprachen sich sämtliche Gesprächspartner für reduzierte Stellplatzforderungen aus.

Als Beispiel zwei Lösungsvarianten:

- "Bei Modernisierungen werden keine neuen Stellplätze gefordert. Allerdings löst sich das Problem der Stellplätze dort, wo Neubaumaßnahmen ein entsprechend hohes Stellplatzangebot in Tiefgaragen etc. geschaffen wird. Diese Stellplätze können auch von den Bewohnern benachbarter Gebäude mitgenutzt werden."
- Bei Abriß und Neubau werden 0,8 Stellplätze je Wohnung angestrebt. Bei Instandsetzung und Modernisierung wird die Forderung auf 0,3 Stellplätze je Wohnung reduziert.

Gewerbliche Nutzungen

Die Einzelhandelsversorgung der Gründerzeitgebiete wird durchweg positiv bewertet. Als besonderer Vorteil der durch vielfältige Kleinbetriebe bestimmten dezentralen Versorgungsstruktur wird die gute Erreichbarkeit der Läden bei hinreichend differenziertem Warenangebot hervorgehoben. Folglich werden in diesem Bereich kaum Veränderungsabsichten geäußert, es sei denn, sie dienen der Existenzsicherung dieser Betriebe.

Weitaus weniger sind i.d.R. flächenextensive produzierende Gewerbebetriebe, Großhandelsbetriebe oder Lager mit z.T. direkt oder indirekt durch sie verursachten Emissionen (Abgase, Lärm durch Produktion und Anlieferung etc.) mit den angestrebten Wohnverhältnissen in Einklang zu bringen. Zudem stehen eine Reihe von Faktoren einer radikalen Lösung dieser störenden Nutzungsmischung im Wege. Als wichtigste wurden von den Befragten genannt:

- Ein Teil der Betriebe (insbesondere kleinere Handwerksbetriebe) trägt unmittelbar Versorgungsfunktionen für die umliegenden Wohnbereiche. Zugleich bieten sie häufig Arbeitsplätze für die in diesen Quartieren wohnende Bevölkerung.
- Gerade die Eigentümer der kleinen Gewerbebetriebe sind auf die vergleichsweise niedrigen Mieten für Gewerbeflächen sowie Arbeitsmöglichkeiten, Geschäftsverbindungen und ggf. Kundenstamm im Gebiet existentiell angewiesen.
- Schließlich besteht Einigkeit darüber, daß die Verlagerung sämtlicher im allgemeinen Wohngebiet nicht zulässigen Betriebsarten /6/ nicht finanzierbar ist. Selbst einzelne Maßnahmen sind i.d.R. nur unter Zuhilfenahme des StBauFG durchzuführen (s.o.).

Die unterschiedlichen Konsequenzen, die in der Planungspraxis vor diesem Hintergrund gezogen werden, lassen sich in den folgenden Gesprächsauszügen ablesen:

- "Was die Auslagerung emittierender Gewerbebetriebe angeht, so werden durchaus flexible Maßstäbe angelegt. In einem Piolot-Block wurde z.B. eine Schlosserei erhalten, die nach üblichen Maßstäben in einem WA-Gebiet nicht zulässig wäre. Die Befragung hatte ergeben, daß die Leute sich überhaupt nicht an dem Lärm, der durch diesen Betrieb entsteht, stören."
- "Wir vertreten heute die Meinung, daß Wohnen und Gewerbe gleichrangig zu bewerten sind. Häufig wird das noch zu Gunsten des Wohnens gesehen (...). Wir haben vor - um hier eine Hilfestellung zu geben - in den nächsten Wochen eine Gesellschaft

zu gründen, die in unmittelbarer Nähe von Erneuerungsgebieten Gewerbehöfe baut, wobei das nichts anderes bedeutet, als alte große Fabrikgebäude (die leerstehen) zu übernehmen, zu modernisieren und zu einer subventionierten Miete an kleinere Gewerbebetriebe aus den Erneuerungsgebieten zu vermieten. Damit können wir den Betrieben, die heute im Blockinnenbereich der Sanierungsgebiete liegen, unter nahezu gleichen Bedingungen (auch Standortbedingungen) in unmittelbarer Nähe einen Ausgleich anbieten und damit das Wohnungsumfeld in entscheidender Weise verbessern."

- "Soweit es sich um störende Betriebe handelt, die nach § 4 BauNVO im Allgemeinen Wohngebiet nicht zugelassen werden können, bedeutet dies zunächst, daß die Betriebe solange Bestandsschutz genießen, wie keine wesentlichen Veränderungen vorgenommen werden (Umbau, Erweiterungen)" /7/.

Öffentliche Versorgungseinrichtungen

Die Ausstattung der Gebiete mit öffentlichen Versorgungseinrichtungen ist nach Auffassung der Befragten verhältnismäßig unausgewogen. Verschiedene Einrichtungen, die - gemessen an der abschätzbaren Bedarfsentwicklung - in ausreichender Zahl vorhanden sind (i.d.R. Schulen) stehen andere gegenüber, die nach Anzahl und Kapazität den jeweiligen kommunalen Mindestanforderungen bei weitem nicht genügen. Zu diesen zählen:

- Einrichtungen für alte Menschen (z.B. Begegnungsstätten);
- Einrichtungen für Kinder (Kindertagesstätten, Kindergarten, Spielplätze);
- Öffentliche Grünflächen und Sportanlagen.

Der Mangel an öffentlichen Grünanlagen ist innerhalb der dicht überbauten Gebiete kaum zu beheben. Ausgleichsfunktionen sollen übernehmen:

- in Gebietsnähe liegende größere Grünbereiche
  "Da eine Deckung des Bedarfs an öffentlichen Grünflächen im Problembereich in Ermangelung geeigneten städtischen Grundbesitzes auch nicht annähernd zu erreichen ist, muß darauf geachtet werden, daß die etwas weiter im Halbkreis um den Stuttgarter Westen gelegenen Waldflächen gut sowohl mit öffentlichen und privaten Verkehrsmitteln als auch zu Fuß zu erreichen sind" /8/.

- kleinteilige Grünflächen im Wohnungsnahbereich
  "Hierbei greift man vorrangig auf kurzfristig verfügbare Flächen zurück und nutzt diese in Grün- und Freiflächen um. Hierbei sind insbesondere solche Flächen angesprochen, die sich in städtischem Eigentum befinden - z.B. die Straßenräume."

Die Ergänzung der Einrichtungen für Alte und Kinder ist in allen Gebieten ohne Schwierigkeiten durchführbar. Bemerkenswert ist in diesem Zusammenhang die in einem Fall verfolgte Absicht, die neuen Versorgungseinrichtungen in kleinen Angebotseinheiten orientiert an der räumlichen Verteilung ihrer Zielgruppen zu erstellen. Die angestrebte dezentrale Versorgungsstruktur eröffnet zugleich die Möglichkeit, Teile der Altbausubstanz (ehemalige Gewerberäume, für Wohnzwecke ungeeignete Teile der Blockrandbebauung) langfristig sinnvoll zu nutzen.

Nutzbare Freifläche im Wohnungsnahbereich

Ohne Zweifel messen alle untersuchten Gemeinden der qualitativen Verbesserung und der

Erweiterung der nutzbaren Freifläche größte Bedeutung bei. das geht sogar so weit, daß Wohnungsumfeldverbesserung mit der Gestaltung und Begrünung der Freiräume identifiziert wird. So fehlt es denn auch nicht an "Ideenskizzen" und "Beispielplanungen" für einzelne Blöcke, mit denen gezeigt werden soll, daß Modernisierung und Wohnungsumfeldverbesserung die Gründerzeitgebiete zu durchaus attraktiven Wohnlagen machen können.

In den Stadtteilentwicklungskonzepten, in denen flächendeckend der Nachweis über die möglichen qualitativen und quantitativen Verbesserungen erbracht wird, muß die Realisierbarkeit solcher Ansätze notwendig differenzierter gesehen werden - zumal dann, wenn die Planer bestimmte Rahmenbedingungen akzeptieren. Konkret bedeutet das beispielsweise,

- daß in Blöcken mit bewohnten Hinterhäusern eine geringere Quote an nutzbarer Freifläche akzeptiert wird, als sonst angestrebt, um den preiswerten Wohnraum zu erhalten oder
- daß in Gebieten mit weniger finanzkräftigen Grundstückseigentümern versucht wird, die Qualität der vorhandenen Freiflächen zunächst allein durch Entrümpelungs- und Aufräumaktionen zu verbessern.

Die aufgewerteten oder neu geschaffenen Flächen sollen vielfältige Nutzungen ermöglichen. Besonders hervorgehoben werden Freizeitaktivitäten der älteren Bewohner und Spielmöglichkeiten für Kleinkinder.

Das Spektrum der von den Kommunen geplanten Maßnahmen umfaßt z.B.:

- In den fahrverkehrsfreien Blockrandbereichen: Begrünung, Sitzplätze, Brunnen, Spielmöglichkeiten.
- Im Blockinnern: Grünflächen mit Spielplätzen und Bereichen für sonstige Freizeitaktivitäten.

Soll die nutzbare Freifläche zusätzlich zu Stellplätzen und gewerblichen Nutzungen im Blockinnern verwirklicht werden, so beinhalten entsprechende Konzepte Nutzungsüberlagerungen (Tiefgarage/Grünfläche; etc.).

Anmerkungen:

/1/ Vgl. MICHAELI, W. u.a.: Erhaltung und Erneuerung überalterter Stadtgebiete in Nordrhein-Westfalen, Dortmund 1977 (ILS-Schriftenreihe Bd. 03.016).

/2/ Alle folgenden Zitate sind - sofern nicht anders angegeben - Auszüge aus Tonbandprotokollen der einzelnen Befragungen, die wir, wie das in solchem Zusammenhang sinnvoll und üblich ist, nicht weiter spezifizieren.

/3/ Dieser Passus entstammt einer ersten Auswertung der Befragung, die Ende 1977 veröffentlicht wurde (vgl. Fußnote 1). Welchen Weg Forschung zur Politik gehen kann, zeigt ein Zitat aus der Antwort der Bundesregierung auf die Große Anfrage zur Städtebaupolitik (Bundestagsdrucksache 8/2085 vom 7.9.78). "Vor dem Hintergrund einer reduzierten Neubautätigkeit in den Stadtzentren setzt sich in den Kommunen zunehmend die Erkenntnis durch, daß sich mit Sanierungsgebieten nach dem Städtebauförderungsgesetz allein der "Problemstau" in den Altbauquartieren nicht auflösen läßt. In dem Maße, wie die Modernisierung der Wohnungen und Gebäude in den Mittelpunkt staatlicher Wohnungspolitik und -förderung rückt, wird von der kommunalen Planungspraxis in der Koordinierung von Modernisierung und Wohnungsumfeldverbesserung eine notwendige Ergänzung zu den auf wenige städtische "Inseln" beschränkten Erneuerungsmöglichkeiten nach dem Städtebauförderungsgesetz gesehen" (S. 10). Diese Aussage der Bundesregierung mündet in die Forderung nach "Maßnahmen mittlerer Intensität". Ob mit denen allerdings die gleichen Ziele angestrebt werden, die unter anderem o.a. Forschungsarbeit zugrunde lagen, steht sehr in Frage.

/4/ Die zwischenzeitlich erfolgte Erhöhung des förderungsfähigen Gesamtbetrages auf 25.000 DM und die Veränderung der Förderungsmodalitäten nach dem Wohnungsmodernisierungs- und Energieeinsparungsgesetz (ModEnG) bedeutet keine Aufhebung dieser Restriktion - die insofern keine ist, als sie nur bei umfassender Standardanhebung wirksam wird.

/5/ Diese Beratungsgruppen müssen aus dem Personalstamm der Verwaltung und Mitarbeitern verschiedener Interessenverbände konstituiert werden. Mit einer Regelung, die im sog. 14-Städte-Programm des Landes Baden-Württemberg (v. 15.7.1977) enthalten ist, könnte eine Verbesserung der Maßnahmenvorbereitung für die Stadterneuerung in kleinen Schritten erreicht werden. Hiernach sind die Betreuung der Eigentümer und Mieter bei der Vorbereitung und Durchführung von Maßnahmen förderungsfähig (TZ 6.2).

/6/ Hier muß angemerkt werden, daß zahlreiche der erfaßten Konzeptionen für gründerzeitliche Stadtquartiere auf die Herstellung des Gebietscharakters eines Allgemeinen Wohngebietes im Sinne der BauNVO abzielten; zum Teil ist diese Absicht schon in verbindliche Bauleitpläne umgesetzt worden.

/7/ Landeshauptstadt München - Baureferat: Gesamtkonzept Haidhausen, München 1976, S. 10.

/8/ Stadt Stuttgart: Städtebaulicher Rahmenplan, Stuttgart-West, Beiträge zur Stadtentwicklung H. 5, Stuttgart o.J.

Andreas Distler
Stadtentwicklungsplanung und Wohnungsumfeldverbesserung

1. Aufgabenstellung

Stadtteilentwicklungsplanung wurde in München zur Aufgabenstellung in einer Zeit, als sich allgemein die Erkenntnis durchsetzte, daß sich das "System Stadt" einer allumfassenden Modellkonstruktion und kommunalpolitischen Steuerung entziehen würde. Es rückte dabei in das allgemeine Bewußtsein, daß sich kleinräumlich kurzfristig die größten Veränderungen in der Stadtentwicklung abzeichnen. Diese Erkenntnis fiel zeitlich mit dem wachsenden lokalpolitischen Interesse der Bürgerschaft zusammen, die stadtteilbezogenen Lösungen für Probleme im Bereich ihrer unmittelbaren Umwelt in den Vordergrund ihrer Initiativen stellte. Mit dieser Entdeckung eines teilräumlichen Stadtteilbewußtseins korrespondierte politisch der Bedeutungszuwachs der Bezirksausschüsse, einer in der Bayerischen Gemeindeordnung geregelten Form von Bezirksparlamenten auf Stadtteilebene.

In den Mittelpunkt einer damit notwendigen teilräumlichen Stadtteilentwicklungsplanung rückten dabei zunächst die Bezirke, die aufgrund ihrer spezifischen Entwicklungsreserven bzw. ihrer schwachen Resistenz gegenüber gesamtstaatlichen Veränderungsprozessen in auffälligster Form Entwicklungskrisen ausgesetzt waren. Es waren dies die gründerzeitlichen, im Krieg wenig zerstörten Wohngebiete am Rande der City, die sich als "Weichstellen" im Stadtorganismus für die Ausdehnung innerstädtischer Funktionen günstig anboten.

Als Folge aus den sich für diese Stadtteile und damit auch für die Gesamtstadt abzeichnenden Krisen etwa auf dem Wohnungsmarkt oder im Bereich stadtgestalterischer Qualität wurde daher Anfang der 70er Jahre in München für diese sog. Innenstadtrandgebiete (Abb. 1) die generelle Zielsetzung einer Erhaltung und Erneuerung der Wohnfunktion formuliert, schwerpunktmäßig operationalisiert in den beiden Maßnahmegruppen

- Erhaltung und Verbesserung der baulich-strukturellen Mängel der Altbauwohnungen und

- Verbesserungen im näheren und weiteren Wohnumfeld.

Nachdem allgemein unterstellt wird, daß Wohnumfeldverbesserung primär kommunalpolitischer Planung und Durchsetzung zugänglich ist, sei hier am Beispiel des Stadtteils Haidhausen der Frage nachgegangen, welche Möglichkeiten eine großstädtische Gemeinde wie München heute hat, auf diesem Wege das Ziel einer Erhaltung der Wohnfunktion zu erreichen. Darüber hinaus sei dargestellt, welche Grenzen hier dem kommunalpolitischen Handlungsspielraum gesteckt sind und mit welchen Auswirkungen zu rechnen ist. Der Stadtteil Haidhausen bietet sich insofern als Beispiel an, als hier seit 1976 mit dem "Gesamtkonzept zur Stadtteilsanierung Haidhausen (GKH)" zum ersten Mal für München eine umfassende Stadtteilentwicklungsplanung vorgelegt wurde.

2. Beschreibung typischer Erscheinungsformen und Veränderungsprozesse des Stadtteils im mittelbaren und unmittelbaren Bezug zum Wohnumfeld

Ausgangspunkte

Die für die Aufgabenstellung typischen Innenstadtrandgebiete weisen bestimmte gemeinsame Merkmale und parallel laufende Veränderungsprozesse auf, deren Ursachen z.T. Ansatzpunkte für wirksames, kommunales Handeln in Richtung der Stadtentwicklungsziele zur Verbesserung des Wohnumfeldes bieten.

Für den Entwurf des Stadtteilentwicklungsplanes für Haidhausen (GKH) im Jahre 1975 war von folgender Situation in diesem Stadtteil auszugehen:

- auf der einen Seite:
  - enge Verflechtung von Wohnungen und Arbeitsplätzen,
  - niedrige Mieten für alte Wohnungen und Gewerbeflächen,
  - ausgeprägte Bindung der Bevölkerung an das Viertel,
  - stadtgestalterische Vielfalt infolge Nutzungsmischung, Kleinteiligkeit des Eigentums und historischer Bausubstanz sowie
  - relativ gute Infrastrukturausstattung;

- auf der anderen Seite jedoch:
  - hoher Anteil alter Menschen an der Gesamtbevölkerung,
  - wachsende Zuwanderung ausländischer Haushalte in die Region,
  - steigende Bodenpreise infolge Nachfrage wirtschaftlich starker Investoren,
  - steigende Mietpreise und Verlust von mietpreisgünstigen Wohnungen,
  - Verdrängung des Kleingewerbes,
  - nicht mehr voll ausgelastete Infrastruktur,
  - negative Auswirkungen des Individualverkehrs.

Soll hier ein Weg gefunden werden, den negativen Veränderungsprozessen in Richtung der stadtentwicklungspolitischen Zielsetzungen entgegenzuwirken, so müssen die entscheidenden entwicklungsbestimmenden Faktoren betrachtet und im Hinblick darauf überprüft werden, welche Wechselwirkungen zwischen ihnen und Maßnahmen zur Wohnumfeldverbesserung anzunehmen sind.

Historische Bestimmungsfaktoren

Es soll bei Betrachtung der einzelnen Entwicklungspotentiale zur Stabilisierung dieses Stadtteils die These aufgestellt werden, daß Stadtteile mit historisch bedingter ausgepräg-

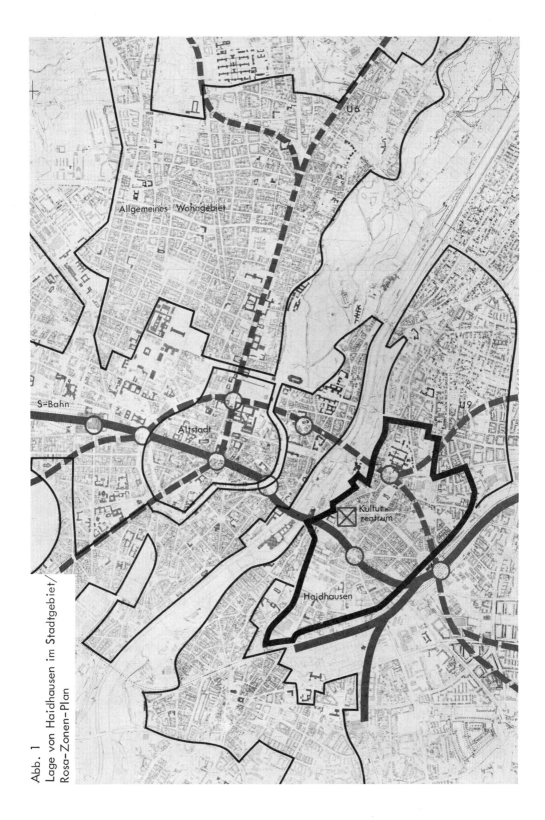

Abb. 1
Lage von Haidhausen im Stadtgebiet/Rosa-Zonen-Plan

ter Eigenständigkeit, Gebietsvielfalt und sozialer Homogenität eine größere Resistenz gegenüber exogenen Veränderungsimpulsen an den Tag legen als Stadtteile mit kurzfristiger Entstehungsgeschichte. Stadtteilbewußtsein, stadtgestalterische und räumliche Identität sind hier Faktoren, die zu einer erhaltungsbestimmten Erneuerung aus sich selbst heraus in diesen historisch gewachseneen Stadtteilen wesentlich beitragen. Haidhausen ist ein Stadtteil dieser Art. Langsam gewachsen um einen alten Dorfkern (Abb. 2) als Wohnort für Arbeiter in München ohne dort Wohnrecht zu erhalten, ist Haidhausen noch heute deutlich im Bewußtsein der dort wohnenden Bevölkerung als eine selbständige Gebietseinheit verankert. Der Widerstand gegenüber gewaltsamer Änderung des Stadtteilcharakters zugunsten der Cityerweiterung ist hier größer als in Stadtteilen mit historisch bedingter geringer homogener Identität.

Für die Frage nach der Wirksamkeit von Maßnahmen zur Wohnumfeldverbesserung kann daher festgestellt werden, daß die Tendenz zur Selbsthilfe der Bewohner hier einen geringeren öffentlichen Impuls benötigt, um negativen Entwicklungsprozessen zu begegnen.

Allerdings bringt die zunehmende Suche identitätsspendender Wohnstandorte (Schlagwort Nostalgiewelle) diesem Stadtteil wiederum neue Gefahren: nicht mehr Wohnnutzung wird jetzt durch tertiäre Nutzung verdrängt wie in Zeiten der großen Wanderungsgewinne, sondern über hochwertige Modernisierung drücken einkommensstarke Nachfrager auf dem Wohnungsmarkt die auf preiswerte Wohnungen angewiesene angestammte Bevölkerung aus dem Stadtteil. Es findet eine Umverteilung der regionalen Standortvorteile zu Lasten einkommensschwacher Haushalte statt.

Lage und Abgrenzung des Problemgebietes, Baustruktur und Wohnmuster

Haidhausen (Stadtbezirk 14, 261 ha, 38 000 Einwohner) liegt in unmittelbar östlicher Nachbarschaft zur Kernstadt (Abb. 3). Der Stadtteil wird im Westen durch die Isar und im Osten durch Ostbahnhof und Bahngelände eindeutig abgegrenzt. Das erkennbare Wachsen um einen alten Dorfkern mit den geplanten Erweiterungen um die Jahrhundertwende gibt Haidhausen noch heute deutlich das Bild einer eigenständigen Gebietseinheit.

Alle S-Bahnlinien der Region und in Zukunft zwei U-Bahnlinien unterfahren diesen Stadtteil. Das Kulturzentrum der Stadt München mit Konzertsaal, Musikkonservatorium, etc. verleiht diesem Stadtteil in Zukunft ein attraktivitätssteigerndes Gewicht im Vergleich zu anderen Stadtbereichen.

Für die Bausubstanz lassen sich im wesentlichen drei Zustandstypen ausmachen (Abb. 2):

- Auffällig für diesen Stadtteil ist das Vorherrschen des 4- bis 5-geschossigen gründerzeitlichen Wohnungsbaus mit der dieser Zeit typischen feingliedrigen Ornamentik in den die geschlossenen Blöcke begrenzenden Randbauten (Abb. 3). Sie sind trotz gutem äußeren Erscheinungsbild meist in schlechtem Zustand und weisen große Ausstattungsmängel in den Wohnungen auf. Die vielen in den Blockinnenbereichen liegenden Gewerbebetriebe sind in baulich mangelhaften Gebäuden untergebracht.

- Im näheren Umkreis des alten Dorfkerns findet man, einzeln oder in Gruppen verstreut, eine Vielzahl 1- bis 2-geschossiger Kleinhäuser (sog. Herbergen), die im 19. Jahrhundert von in München arbeitenden Landbewohnern gebaut wurden (Abb. 4).

- Eine dritte Gruppe bilden schließlich jene vereinzelten, ins Auge fallenden, großformatigen Gebäudegruppen (Abb. 5), die am Rande dieses Stadtteils vor allem als Betriebe des Brauereigewerbes um die Jahrhundertwende oder als vielgeschossige Appart-

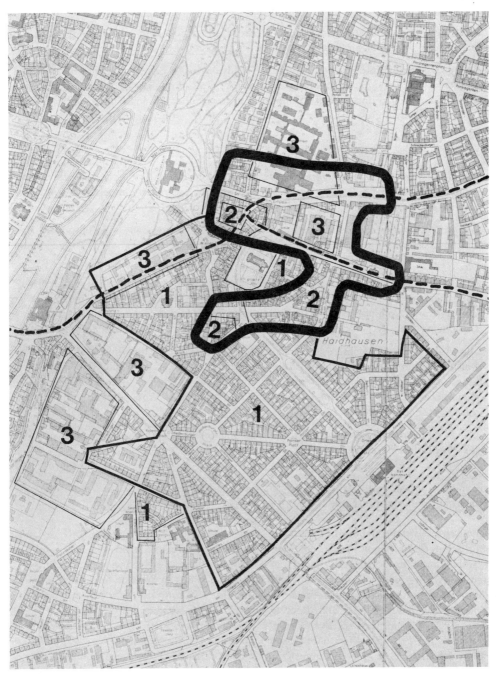

Abb. 2
Historische Entwicklung und Gebäudetypen

■■■ alter Dorfkern
——— Gründerzeit
– – – Hauptstraße nach München

1 gründerzeitliche Bebauung
2 Kleinhäuser (Herbergen)
3 großformatige Gebäudegruppen

menthäuser in der zweiten "Gründerzeit" der 60er und 70er Jahre errichtet wurden.

Stadtgestalterisch dominant sind dabei gründerzeitliche Blockbebauung in unmittelbarem Nebeneinander mit den kleinen schmucklosen Herbergen (Abb. 6).

Das nähere Wohnumfeld auf den privaten Grundstücken ist gekennzeichnet durch einen großen Mangel an wohnungsbezogenen Freiflächen. Gewerbebetriebe, rückwärtige Wohngebäude, Lagerflächen und Asphalt bieten weder Raum für spielende Kinder noch für Bepflanzungen irgendwelcher Art. Weder oberirdische noch unterirdische Stellplätze sind vorhanden.

Das weitere Wohnumfeld ist wie folgt zu charakterisieren:

- Der fließende wie ruhende Verkehr schränkt zunehmend die Brauchbarkeit des Strassenraums für den zu Fuß gehenden Bewohner ein. In den relativ engen Straßen wachsen nur selten Bäume.

- Als große zusammenhängende Grünfläche ist das Isarhanggelände eine besondere Attraktion für diesen Stadtteil, wenngleich der unmittelbar auf bestimmte Altersgruppen bezogene Freiflächenbedarf (Kinderspielplätze, Bolzplätze etc.) kaum gedeckt wird.

- Die Infrastrukturausstattung ist infolge der Bevölkerungsabnahme des letzten Jahrzehnts im Vergleich zum Stadtdurchschnitt gut. Unbefriedigend ist das Angebot an kleinteiligen Geminbedarfseinrichtungen, das der Versorgung für bestimmte soziale Problemgruppen (Ausländer, Alte, Jugendliche) dieses Stadtteils dienen könnte.

- Die kleinteilige, engmaschige Versorgung des Viertels mit Einzelhandels- und Handwerksbetrieben bietet Wohnqualitäten, die andernorts durch zentrale Großbetriebe längst verlorengegangen sind. Auch das vielfältige Angebot an Arbeitsplätzen in unmittelbarer Nähe zu den Wohnungen kann der besonderen Wohnqualität von Haidhausen zugerechnet werden.

- Die z.T. geometrischen Mustern folgende Form des Straßenraums gibt der Gestalt dieses Stadtteils eine ausgeprägte Originalität.

Ökonomische und soziale Bedingungen: Das Wohnumfeld als Ergebnis und Voraussetzung ökonomischer und sozialer Entwicklungen

Haidhausen ist bislang noch ein Standort für Betriebe und Bewohner, die auf billige Gewerbeflächen und billigen Wohnraum angewiesen sind. Der die Produktionskosten und Mieten bestimmende Bodenwert kann dabei so lange niedrig gehalten werden, als keine kostenverursachenden Maßnahmen im Gebäude und im näheren Wohnumfeld durchgeführt werden. Abgeschriebene Gebäudesubstanz und dichte Nutzung der Grundstücksflächen bieten den häufig auf Rendite als Altersversorgung angewiesenen alten Eigentümern eine Bodenrente, die andernorts nur durch hohe Mieten realisierbar ist. Die kürzeren Abschreibungszyklen des Neubausektors analog zum Verbrauch mobiler Konsumgüter haben hier allgemein noch nicht Einzug in die Investitionsüberlegungen der Eigentümer gehalten. Auch das Wohnumfeld wird noch nicht als ein "Verpackungsmaterial" angesehen, das als ein Faktor zur Steigerung der Bodenrente dienen könnte.

Diese ökonomisch und sozial bedingte investive Immobilität dieses alten Stadtviertels wird allerdings in ihrem äußeren Erscheinungsbild vor allem des näheren Wohnumfeldes gegenüber Neubauvierteln als unbefriedigend empfunden und ist Anlaß für das besondere planerische und finanzielle Engagement der Stadt in Haidhausen. Dieses auffällige Abweichen

Abb. 3
Milchstraße/Sedanstraße

Abb. 4
An der Kreppe

Abb. 5
Innere Wiener Straße (Hofbräukeller)

Abb. 6
Preysingstraße (sog. Block 16)

von den Normen für die das Wohnumfeld bestimmenden Faktoren wird als Indiz für die Gefährdung der Entwicklung dieses Stadtteils angesehen, dem im Interesse der gesamtstädtischen Entwicklung begegnet werden soll.

Es ist in Haidhausen zu beobachten, daß trotz der o.g. Bedingungen die Nachfrage nach Grundstücken in den letzten Jahren, auch nach Änderung der Funktionszuweisung MK im alten zu WA im neuen Flächennutzungsplan, beinah unverändert hoch geblieben ist. Dies kann nicht nur darin begründet sein, daß hier eine längst abgeschriebene Bausubstanz und unter ihrem Wert genutzte Freiflächen Neuinvestitionen zulassen. Aus den Werbeprospekten zum Verkauf modernisierter Eigentumswohnungen in Haidhausen wird deutlich, daß diese Investitionen nur rentabel werden, weil hier über bestimmte vorhandene und geplante Faktoren des Wohnumfeldes Lagewerte angeboten werden können, die hohe Anziehungskraft auf das anlagesuchende Privatkapital ausüben. Als vorhandene teilräumliche Positivwerte seien hier nochmals genannt:

- Nähe zur Innenstadt (Fahrzeit S-Bahn 3 - 5 Minuten),
- historische und stadtgestalterische Besonderheit,
- parkartige Grünflächen der Isarhangkante,
- beste Erschließung mit ÖNV,
- ausreichende, den Bedürfnissen einkommensstarker Haushalte entsprechende Infrastrukturausstattung.

Dazu kommen jene Wohnumfeldverbesserungsmaßnahmen, die für diesen Stadtteil geplant sind oder bereits verwirklicht werden, wie z.B.

- Kulturzentrum,
- Verkehrsberuhigung und Verbesserung des Stellplatzangebotes,
- Schaffung von Freiflächen in den Höfen durch Blockentkernung,
- optische Verschönerung des Viertels durch umfangreiche Modernisierungen.

Die ökonomischen und sozialen Auswirkungen sind bereits ablesbar. Rapide steigende Bodenwerte seit 1977 signalisieren eine erhöhte Verkaufsbereitschaft der bis dahin sehr stabilen, alten Eigentümerstruktur. Die dann bezahlten Kaufpreise für Altwohngebäude sind für das hier investierende Privatkapital jedoch nur dann rentabel, wenn die modernisierten Wohnungen zu Preisen angeboten werden, die von der heute dort wohnenden Bevölkerung nicht mehr bezahlt werden können.

3. <u>Ziele der Wohnumfeldverbesserung</u>

Geht man davon aus, daß die räumliche und soziale Entwicklung eines Stadtteils wesentlich durch Maßnahmen im Wohnumfeld beeinflußt werden kann, so stellt sich die Frage, in welche Richtung die öffentliche Hand Veränderungsprozesse im Wohnumfeld zweckmäßigerweise in Gang setzen soll. Dabei ist vorweg festzustellen, daß sich bereits in der Zielrichtung zwischen Staat und Kommune Konflikte auftun, die letztlich von der Gemeinde politisch unmittelbar zu bewältigen sind. Weiter ist davon auszugehen, daß diese Ziele auch nur soweit durchsetzbar sind, als sie nicht mit privaten Investitionsinteressen in Konflikt geraten.

Ziele auf staatlicher Ebene

Zieht man zunächst die das Thema Wohnumfeld berührenden Gesetze und Verordnungen des Bundes und der Länder zur Klärung der Frage heran, welche Ziele die staatlichen Institutionen hier im Auge haben, so kann man die Antwort allenfalls auf den allgemeinen Nenner bringen, daß alle Maßnahmen zur Wohnumfeldverbesserung dem Allgemeinwohl zu dienen haben und zum Ausgleich und zur Verbesserung der örtlich unterschiedlichen Lebensbedingungen beitragen sollen. Eine Diskussion des gesetzlichen Instrumentariums wird allerdings zeigen, wie wenig Handlungsmöglichkeiten diese Gesetze allein den Kommunen an die Hand geben, um vor Ort diese allgemeinen Ziele zu konkretisieren.

Deutlicher wird die Zielsetzung des Staates daher dort, wo dieser unmittelbar fördernd in die örtlichen Entwicklungsprozesse eines Stadtteils wie Haidhausen einzugreifen vermag. Die grundlegende These lautet dabei, daß in zunehmendem Maße die städtebaulich orientierten Subventionsprogramme des Staates vorrangig den Zielen einer gesamtwirtschaftlichen Stabilität unterworfen werden. Folgerichtig liegt der Schwerpunkt staatlicher Förderungspolitik auf der Ankurbelung privater und öffentlicher Bauleistungen.

Städtebaulich im Vordergrund steht damit die umfängliche Förderung von Modernisierungsmaßnahmen über Erweiterung der 7b-Abschreibung bis hin zur Senkung der Kapitalkosten nach dem ModEnG. Dazu kommen Konjunktur- oder Investitionsprogramme, deren Förderungsbestimmungen den Gemeinden wenig Raum lassen, diese Mittel im Sinne eines Ausgleichs unterschiedlicher Lebensbedingungen in ihrem Hoheitsgebiet einzusetzen. Die sozialpolitisch häufig riskanten Folgen einer auf diesem Wege ausgelösten beschleunigten Aufwertung alter Stadtteile geht überwiegend zu Lasten der Gemeinde.

Ziele der Stadt

Die generelle Zielsetzung der Stadt für das Wohnumfeld in Haidhausen besagt, daß Verbesserungen in diesem Bereich zur notwendigen Konsolidierung und Aufwertung dieses Stadtteils beitragen sollen (Stadtentwicklungsplan 1976 und Gesamtkonzept zur Stadtteilsanierung). Wie mehrfach in den Ratsbeschlüssen festgelegt, ist die Stadt München allerdings bemüht, die somit vorgezeichnete Entwicklung von Haidhausen nicht zu Lasten der in diesem Stadtteil wohnenden Bevölkerung zu forcieren. So heißt es etwa im GKH vom 7.7.76, daß ein Ausgleich zwischen den entwicklungspolitischen und sozialpolitischen Zielen gefunden werden müsse.

Dennoch erlauben es gesamtstaatliche Entwicklungen (z.B. regionale Wanderungsbewegungen) und Entscheidungen (z.B. Steuerpolitik für die Gemeinden) der Stadt nicht in vollem Umfang, diesen Ausgleich befriedigend herzustellen. Das verfügbare rechtliche und finanzielle Instrumentarium bietet etwa in Zeiten konjunktureller Aufwärtsbewegung der Stadt keine ausreichenden Handlungsmöglichkeiten, um allzu gravierende Aufwertungsfolgen im Sinne dieses Interessenausgleichs abzufangen.

Veränderungen im Wohnumfeld, initiiert durch die Stadt, haben sich somit notgedrungen auch gesamtstaatlichen Zielen unterzuordnen. Etwas überspitzt könnte man formulieren, daß in Haidhausen das Wohnumfeld auch verbessert wird, um einmal unmittelbar, über Bauleistungen für den Infrastrukturausbau, und zum anderen mittelbar, über die Verbesserung der Lagewerte als Voraussetzung für private Bauinvestitionen, den Sektor Bauwirtschaft im Sinne staatlicher Konjunkturpolitik zu stützen. Dazu erwartet die Stadt unmittelbare fiskalische Gewinne durch eine positive regionale Wanderungsbilanz einkommensstarker Haushalte, wobei die durch eine Verdrängung einkommensschwacher Haushalte ausgelösten social costs zu Lasten der Gemeinde in dieser Rechnung meist unberücksichtigt bleiben.

4. Kommunaler Handlungsspielraum zur Durchsetzung stadtteilsentwicklungspolitischer Ziele im Bereich des Wohnumfeldes

Im 4. Teil dieses Beitrags soll der für die Planungspraxis zentralen Frage nachgegangen werden, welche Handlungsmöglichkeiten eine Stadt wie München hat, um für den Stadtteil Haidhausen die Ziele zur Wohnumfeldverbesserung in die Tat umzusetzen und die dabei ausgelösten Zielkonflikte zu bewältigen. Dabei soll deutlich gemacht werden, daß trotz der auf alte und novellierte Gesetze gerichteten Hoffnungen

- nur ein eng begrenzter Ausschnitt des verfügbaren formellen Instrumentariums zur Anwendung kommen kann,
- die formellen Verfahren in ihrer Dauer eine flexible kommunalpolitische Reaktion auf kurzfristige kleinräumliche Änderungen nicht gestatten und
- die Handhabung des gesetzlichen Instrumentariums nur einen kleinen Teil des kommunalen Entscheidungen ausmacht, die unmittelbar oder mittelbar auf die Entwicklung des Stadtteils einwirken.

Es soll daher in diesem Abschnitt nicht ein vollständiger Katalog des theoretisch Möglichen vorgelegt, sondern gezeigt werden, wo am Beispiel Haidhausen die Schwerpunkte im Handlungsprogramm der Stadt München liegen, um über das Wohnumfeld diesen Stadtteil zu stabilisieren.

Dabei wird zunächst von den gesetzlichen Möglichkeiten und den Planungsinstrumenten ausgegangen. Es folgt eine Darstellung des finanziellen Rahmens, der kommunalpolitischen Einzelinitiativen, der Rolle von Bürgerbeteiligung und Öffentlichkeitsarbeit sowie schließlich ein Hinweis auf die organisatorischen Voraussetzungen.

Gesetzliches Instrumentarium

Die vielfältige Aufspaltung der mit dem Vollzug bestimmter Gesetze verknüpften Zuständigkeite.. in einer arbeitsteiligen Großverwaltung hat zwangsläufig zur Folge, daß die verschiedenen Ressorts den Schwerpunkt ihrer Handlungsinitiativen als nur ausschnitthaft betrachten. Dies schränkt koordiniertes Handeln bereits im Gesetzesrahmen spürbar ein. Es hat bei einer Querschnittsaufgabe wie der Wohnumfeldverbesserung, wo eine Vielzahl von vorsorglichen, initiierenden und aufsichtlichen Verfahren notwendig wären, zur Folge, daß bestimmte im Denken des hier üblicherweise "federführenden" Stadtplaners scheinbar randständiger Gesetze und Verordnungen nur selten koordiniert in Richtung der Entwicklungsziele zum Einsatz kommen. Die nachfolgende ausschnitthafte Aufzählung einzelner Bestimmungen trägt dieser Praxis Rechnung.

Zunächst seien hier einige Regelungen des BBauG herausgegriffen, deren Wirksamkeit im Zusammenhang mit der Sicherung vorhandener Wohnumfeldqualität oder mit der Verbesserung des Wohnumfeldes allgemein erwartet wird:

- Die implizit in § 1 Abs. 6 aufgezählten Ziele einer Bauleitplanung, die scheinbar vorrangig auch einer Verbesserung der Wohn- und Arbeitsbedingungen der in Haidhausen lebenden Bevölkerung dienen, haben angesichts der realen Durchsetzungschancen öffentlicher Interessen gegenüber privatem Nutzungsrecht im Bebauungsplan nur geringe Bedeutung. Dem kann auch die in § 2a neu geregelte Bürgerbeteiligung nicht abhelfen.

- Die im § 13a angebotenen Grundsätze für soziale Maßnahmen und Sozialpläne sind kaum geeignet die etwa bei Verwirklichung eines Bebauungsplans ausgelösten Zielkonflikte einer Gebietsaufwertung befriedigend abzufangen. Der Hinweis auf öffentliche Leistungen erweitert hier im Gegensatz zu den Möglichkeiten des StBauFG den Handlungsspielraum der Gemeinde in keiner Weise.

  Allenfalls das besondere Vorkaufsrecht des § 24a könnte in Verbindung mit § 39h eine Chance bieten, unerwünschte Entwicklungen und Auswirkungen zu verhindern. Voraussetzung wäre allerdings im Falle von Haidhausen, daß die Staar genügend Mittel aufbringen kann, um die hier erzielbaren Verkehrswerte (derzeit etwa zwischen 1000.- und 2.000.- DM/qm) zu bezahlen. Inwieweit die in § 39h Abs. 3 Nr. 3 genannten Ziele, die in einer Satzung quantitativ und qualitativ zu begründen wären, einer gerichtlichen Nachprüfung standhalten können, ist im Einzelfall überdies ungewiß.

- Von den unter §§ 39a ff. genannten Geboten kämen für eine Wohnumfeldverbesserung das Pflanzgebot des § 39b i.V. mit § 9 Abs. 1 Nr. 25 sowie das Abbruchgebot des § 39d in Betracht. Beide Gebote, von denen das zweite ein Übernahmeverlangen des Eigentümers auslösen kann, werden nur insoweit von Wirkung sein, als die Gemeinde willens ist, diese gegen den Widerstand des Eigentümers durchzusetzen. Das politische Risiko gebietet hier naturgemäß weitgehende Zurückhaltung.

- Eine lange, sehr ausführliche Diskussion wurde in München um die Anwendbarkeit des § 44 geführt, wenn es darum ging, die vorhandene Bebauungsdichte zugunsten eines notwendigen Freiflächengebots entschädigungslos zu verringern. Denn es hat sich gezeigt, daß das im § 44 definierte Maß der "zulässigen Nutzung" in Haidhausen dem Freiflächenbedarf in keiner Weise gerecht wird. Eine "Entkernung" zur Schaffung gemeinsam genutzter Grünflächen würde daher nur dann keine Entschädigungspflicht der Stadt auslösen, wenn das Vordergebäude, das ja zusammen mit dem abzubrechenden Rückgebäude das zulässige Maß ausmacht, entfernt und durch einen größeren Neubau ersetzt wird. Dies widerspricht wiederum den im Stadtteilentwicklungsplan des GKH formulierten Zielen der Erhaltung und Modernisierung der Blockrandbebauung.

- Der in §§ 123 ff. geregelten Erschließung kommt bei Maßnahmen im weiteren Wohnumfeld besondere Bedeutung zu. Dabei hat sich allerdings gezeigt, daß hier mit großem Widerstand der Bewohner vor allem innerstädtischer Altbaugebiete zu rechnen ist, wenn wie im BBauG vorgeschrieben, der Erschließungsaufwand den anliegenden Eigentümern angelastet wird. In Haidhausen kann dieses Problem durch Anwendung des StBauFG teilweise umgangen werden, das die Erschließungsmaßnahmen zu den zuschußfähigen Ordnungsmaßnahmen zählt.

Für die Stadtteilentwicklung von Haidhausen ist die Anwendung des Städtebauförderungsgesetzes von vorrangiger Bedeutung. Denn etwa die Hälfte der bebauten Blöcke wurde 1976 förmlich festgelegt. Diese relativ große Gebietsausweisung ging von der Erkenntnis aus, daß alle geplanten Maßnahmen nur im Einvernehmen mit den Betroffenen, insbesondere mit den Eigentümern durchführbar sind.

Für die Anwendung dieses Gesetzes im Wohnumfeld sind folgende Regelungen hervorzuheben:

- Die Vielzahl vorgeschriebener Verfahrensschritte (vorbereitende Untersuchungen, förmliche Festlegung, Genehmigung, Aufstellung B-Plan, Erörterung § 9 StBauFG und § 2a BBauG, Billigung, Auslegung, etc.) erschweren die notwendige Flexibilität gegenüber spontaner Mitwirkungsbereitschaft.

- Der sozialpolitische Aspekt des "Sanierungszwecks" (vgl. §§ 15 Abs. 3 oder 43 Abs. 2) ist im Gesetz nicht präzisiert, so daß das Sanierungsziel dann als erreicht gilt, wenn die baulich technischen Kriterien des B-Plans erfüllt wurden. Dies wird besonders deutlich bei fehlenden Regelungen für gewerbliche Mieter und Arbeitnehmer, die von Abbruchmaßnahmen betroffen sind.

- Die Notwendigkeit eines Bebauungsplanes u.a. als Grundlage für Entschädigungsansprüche zwingt häufig wegen der darin zu berücksichtigenden Standards zu puristischen Lösungen im Bereich der Schaffung von Freiflächen.

- Die in § 23 angesprochenen Entschädigungen i.S. BBauG für eintretende Rechtsverluste (Gebäuderestwert oder Verringerung der Nutzungsziffern) decken sich kaum mit den Wertvorstellungen der Eigentümer. Die Pflicht zur Erhebung von Ausgleichsbeträgen reduziert dann weiter die Chancen der Gemeinde, die Mitwirkungsbereitschaft der Eigentümer zu erzielen.

Andererseits bietet das Förderungsprogramm dieses Gesetzes vielfältige gesetzliche Möglichkeiten, um Maßnahmen zur Verbesserung im näheren und weiteren Wohnumfeld zu verwirklichen. Der Bau von Ersatzwohnungen, die Übernahme von Sozialplanleistungen sowie die Entschädigung für Reduzierung des zulässigen Nutzungsmaßes können u.a. gefördert werden. Auch für Maßnahmen im weiteren Wohnumfeld können unter bestimmten Voraussetzungen Fördermittel eingesetzt werden. Dies gilt beispielsweise für Grunderwerb, Baumaßnahmen oder die Herstellung von Erschließungsanlagen.

Die Bayerische Bauordnung kommt im Fall von Haidhausen im wesentlichen mit zwei Vorschriften ins Spiel.

- Zunächst die Abstandsflächenregelung, die in den Art. 6 und 7 die einzige rechtlich fixierte Norm darstellt, um den Begriff der gesunden Wohnverhältnisse im Bereich der Freiflächen nachprüfbar zu gestalten. Andererseits schränken diese Vorschriften den Standardspielraum nach unten spürbar ein, um etwa gut erhaltene, mietpreisgünstige Wohnbausubstanz auch dann im B-Plan zu erhalten, wenn die Mindestabstände (45 Grad Lichteinfallwinkel) unterschritten werden.

- Der andere das Wohnumfeld betreffende Vorschriftenbereich berührt das Stellplatzangebot in Haidhausen. Hier geht es um die Frage, ob die Stadt von der neuerdings möglichen Regelung Gebrauch macht, auch für die bereits bestehenden Gebäude die Schaffung von Stellplätzen anzuordnen. Demnach müßte z.B. bei modernisierten Wohngebäuden für 3 Wohnungen ein Stellplatz zur Verfügung stehen. Naheliegend wird wahrscheinlich die Stadt gem. Art. 63 die Stellplätze, die in Sanierungsgebieten hinsichtlich ihrer Kosten als Teil der Modernisierungsmaßnahmen gesehen werden können, vorweg unter öffentlichem oder privatem Grund ersatzweise errichten und sie nach Bedarf an die betroffenen Bewohner veräußern. Eine Regelung wird z.Zt. vorbereitet.

Planungsinstrumentarium

Für den Stadtteil Haidhausen kann in Plan und Text von folgenden Planungsebenen ausgegangen werden:

Der 1976 neu verfaßte Stadtentwicklungsplan (SEPl) bringt in Kap. "Polyzentrische Stadtentwicklung" für Haidhausen eine Reihe allgemeiner Zielvorgaben:

- Das vorrangige entwicklungsplanerische Ziel besteht in der Erhaltung der traditionellen Struktur des Stadtviertels. Ein Zuwachs zentraler Funktionen ist nur noch im Sinne einer Angebotsabrundung wünschenswert,
- Ausbau der Infrastruktur entsprechend der besonderen Bevölkerungsstruktur von Haidhausen,
- generelle Verbesserung der Umweltqualität, u.a. durch Verbesserung der Zugänglichkeit zu den Grünanlagen, Begrünung geeigneter Straßen und Plätze,
- weitestmögliche Erhaltung der Wohnbausubstanz mit einer schrittweisen Anpassung an derzeitige Wohnstandards in Abstimmung mit der Belastbarkeit der Bewohner.

Der im Jahr 1965 beschlossene Flächennutzungsplan (FNP) (Abb. 7) hat als typischer "Zielplan" indirekt für Haidhausen erhebliche Auswirkungen gebracht. Drei für den Bereich des Wohnumfeldes bedeutsame Darstellungen sind hier zu nennen:

- MK für diesen Stadtteil, der nach Bestand hauptsächlich MI, WA oder nach neuer BauNutzVO Wb aufweist. Hintergrund war die wachstumsbedingte Absicht, die aus den Nähten platzende Innenstadt über die Isar hinweg in Richtung Ostbahnhof zu erweitern.
- Als erste wesentliche Konsequenz daraus ergab sich die Darstellung "Stadterneuerung", da man davon ausging, daß Kerngebietsnutzung hier nur untergebracht werden kann, wenn die alte Raum- und Baustruktur weitgehend beseitigt wird.
- Eine zweite Konsequenz war die Darstellung eines "großzügigen" Verkehrsausbaus, der diesen Stadtteil u.a. mit einer vielspurigen Tangente erschließen sollte.

Diese weitgehend nicht verwirklichte Planungsabsicht hatte für das Wohnumfeld dennoch ernsthafte Folgen. Im engeren Wohnumfeld wurden in Erwartung zukünftiger tiefgreifender Änderungen kaum die notwendigen Investitionen zur Sicherung der langfristigen Brauchbarkeit der des Wohngebiets unternommen. Für das weitere Wohnumfeld hatte vor allem die geplante Tangente zur Folge, daß eine Schneise innerstädtischen Brachlandes mit leeren Grundstücken und unterlassenen Reinvestitionen dem Stadtteil lange Zeit einen negativen Stempel aufprägte (Abb. 11).

Der als Bindeglied zwischen SEPl und verbindlicher Bauleitplanung angesehene neue FNP von 1978 hat nach gegenwärtiger Planungspraxis für Haidhausen nur noch ergänzende Bedeutung. Weniger "Zielplan" ist er inzwischen vielmehr ein "Realplan", der im wesentlichen Bebauungsplanfestsetzungen in allgemeiner Form vorwegnimmt.

Dies ist die Konsequenz aus dem sog. Staffelbaurecht, das seit dem Jahrhundertanfang bis Ende 1979 für beinah alle Bauflächen in München einen exakt berechenbaren Rechtsanspruch der Nutzungsziffer festgeschrieben hat. Da jeder aus dem FNP abgeleitete B-Plan beim Abweichen von diesem meist sehr hohen zulässigen Baurecht in Richtung Verringerung der Baudichte hohe Entschädigungsansprüche (auch bei Ausschöpfung des § 54 BBauG) ausgelöst hatte, beschränken sich die Ziele eines heute formulierten FNP auf das real

Abb. 7
Flächennutzungsplan 1965

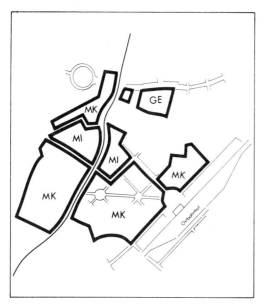

Abb. 8
Flächennutzungsplan 1978

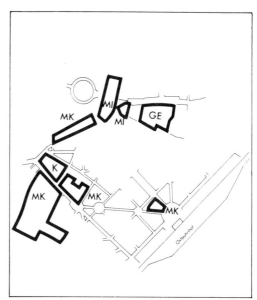

Abb. 9
Maßnahmenplan

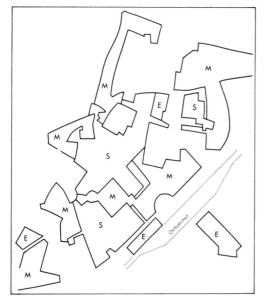

Abb. 10
Ersatzstandorte für Gewerbebetriebe

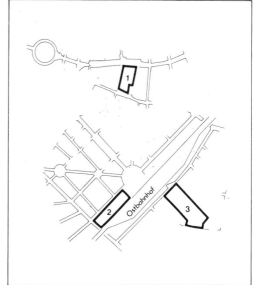

S — Sanierungsgebiet
E — Ersatz- und Ergänzungsgebiet
M — Modernisierungsschwerpunkt

1 — für mietende Kleinbetriebe (Depot)
2 — für Betriebe im Eigentum (Neubebauung)
3 — für Betriebe im Eigentum (Gebäude vorhanden)

Machbare dort, wo keine anderen Instrumentarien, wie das StBauFG, eine finanzielle Basis für die Kosten einer Zielabweichung bieten.

Der Plan hat in seiner 1978 geänderten Form daher zwei unterschiedliche Bereiche. Er ist "Realplan" dort, wo allein das BBauG zur Anwendung kommen kann, und "Zielplan" im Bereich der förmlich festgelegten Sanierungsgebiete (Abb. 8).

Im Rahmen der vorbereitenden Untersuchungen (beschlossen am 17.11.1971) wurde für Haidhausen mit dem GKH ein Stadtteilentwicklungsplan entworfen, der alle kommunaler Planungspraxis zugänglichen Aspekte umfassen sollte. Dieses am 7.7.76 beschlossene Konzept hat drei im Gesetz nicht vorgesehene Planungsebenen zum Gegenstand, die die Lücken zwischen den formellen Planwerken schließen sollen.

- Das Planungskonzept (bestehend aus Nutzungs-, Infrastruktur-, Verkehrs- und Gestaltungskonzept), als räumliche Dimension der Entwicklungsziele, ist zwischen SEPI und FNP einzuordnen, der auf dieser Grundlage geändert wurde.

  Für das Wohnumfeld bedeutsam sind hier die Teilpläne zur Infrastruktur und zum Verkehr (Abb. 13).

- Um den diesen Entwicklungsplänen meist anhaftenden Geruch illusionärer Versprechungen zu nehmen, wurden die teilräumlichen Ziele in das Korsett eines Maßnahmenkonzepts eingepaßt. Hier wird festgelegt, wie mit dem verfügbaren finanziellen und organisatorischen Instrumentarium das Planungskonzept verwirklicht werden könnte. Räumlich werden im sog. Maßnahmenplan (Abb. 9) die den unterschiedlichen öffentlichen Finanzierungsmöglichkeiten entsprechenden Maßnahmebereiche (Sanierungsgebiete, Modernisierungsschwerpunkte, städtischer Haushalt) abgegrenzt.

- Schließlich wurden für die 22 Sanierungsgebiete Neuordnungskonzepte (Abb. 14) entworfen, die in ihrer Aussagekraft als Vorstufe der B-Pläne angesehen werden können. Sie enthalten im Maßstab 1 : 1000 Einzelheiten wie Tiefgaragen, Kinderspielplätze, Baumpflanzungen und Wegeführungen auf den privaten Grundstücken.

Welche wesentlichen Auswirkungen haben diese in der Öffentlichkeit ausführlich diskutierten drei Planwerke für die Verwirklichung von Maßnahmen der Wohnumfeldverbesserung?

- Im geänderten FNP ist die geplante Tangente endgültig herausgenommen. In dieser Zone ist wieder Planungssicherheit hergestellt.

- Verschiedene vorgeschlagene Maßnahmen der Infrastruktur- und Verkehrskonzepte konnten vorzeitig im Rahmen des Konjunkturförderungsprogramms 1975 und des Investitionsprogramms 1977 - 1980 verwirklicht werden. Der stadtteildeckende Untersuchungs- und Planungsumgriff erleichterte die Erfüllung der Förderungsvoraussetzungen.

- Einzelne Maßnahmen der Freiflächengestaltung (z.B. lärmhemmender Straßenbelag) und der Verkehrsberuhigung (Abb. 12) wurden mit städtischen Mitteln auf der Grundlage des GKH bereits durchgeführt.

- Die im Rahmen des StBauFG - Vollzugs anfallenden § 15-Entscheidungen zur langfristigen Sicherung privater Freiflächen können auf der Grundlage der Neuordnungskonzepte vor Rechtsverbindlichkeit von B-Plänen mit großer Genauigkeit gefällt werden.

Für die 22 förmlich festgelegten Sanierungsblöcke in Haidhausen werden Zug um Zug Be-

Abb. 11 Steinstraße (ehem. Tangente 3 Ost)

Abb. 12
Preysingplatz

bauungspläne aufgestellt. Die inzwischen angelaufenen Erörterungen der Entwürfe gem. § 9 StBauFG (bzw. § 2a Abs. 2 BBauG) haben inzwischen direkt in den Konflikt hineingeführt, der sich bei einer durch Bauleitplanung gesteuerten Erneuerung zwischen entwicklungspolitischen Zielen (Schaffung von Freiflächen zur Gebietsaufwertung) und sozialpolitischen Zielen (Erhaltung der angestammten Bevölkerung) auftut. Als Beispiel: Die das engere Wohnumfeld definierenden Normen des Bauordnungsrechts sind im B-Plan einzuhalten. Davon betroffen sind meist Mieter billiger und für ihre Bedürfnisse intakter Wohnungen und Gewerbeflächen, die aufgrund dieser Festsetzungen beseitigt werden müssen. Der Konflikt spitzt sich dann auf die gesamtstädtisch bedeutsame Frage zu, ob zugunsten städtebaulich wünschenswerter Freiflächen billiger, z.Zt. dringend benötigter Wohnraum aus dem Wohnungsmarkt herausgenommen werden kann.

Aus der Erkenntnis heraus, daß Verbesserungen in den Wohnungen und im Wohnumfeld finanziell nicht ausschließlich auf den beschränkten Rahmen des StBauFG abgestützt werden können, wird auch in Haidhausen der Versuch unternommen, über städtebauliche Vorgaben Privatinitiativen und vor allem privates Kapital zur Stadterneuerung anzuregen. Testweise werden daher zunächst für zwei Blöcke in den Modernisierungsschwerpunkten Erneuerungskonzepte erarbeitet, die schwerpunktmäßig Maßnahmen im Wohnumfeld zum Inhalt haben.

Finanzielle Möglichkeiten

Bei der Abschätzung der finanziellen Möglichkeiten für die Durchsetzung von Wohnumfeldverbesserungen ist davon auszugehen, daß

a) Maßnahmen im weiteren Wohnumfeld überwiegend den öffentlichen Händen und

b) Maßnahmen im näheren Wohnumfeld überwiegend den privaten Haushalten, d.h. Eigentümern und Mietern

kostenmäßig anzulasten sind.

Die Finanzierung der Maßnahmen im weiteren Wohnumfeld wie z.B. die Errichtung von Sport- und Freiflächen, von Altenservicezentren oder die Umgestaltung von Straßenflächen erfolgt über den Vermögenshaushalt und über Zuweisungen von Bund und Land. Insbesondere stehen für Haidhausen Zuweisungen zur Verfügung aus

- dem Städtebauförderungsprogramm,
- dem Konjunkturförderungsprogramm 1975,
- dem Investitionsprogramm 1977 - 1980,
- dem Programm "Freizeit und Erholung" des Freistaats Bayern.

Der Aufwand für Erschließungsanlagen i.S. § 127 BBauG wird im Fall des Vollzugs StBauFG mit öffentlichen Mitteln finanziert.

Da somit keine private Kostentragung ausgelöst wird, könnte angenommen werden, daß sich die Ausgaben privater Haushalte (vor allem der Mieter) diesen Maßnahmen gegenüber kostenneutral verhalten würden. Diese Erwartungen haben sich naturgemäß nicht erfüllt.

Denn die durch öffentliche Investitionen verbesserten Lagewerte der privaten Grundstücke können zum einen Eingang in die Wertkategorien des städtischen Mietspiegels bzw. der von den Gerichten zu Rate gezogenen Sachverständigengutachten finden. Ein Wohnge-

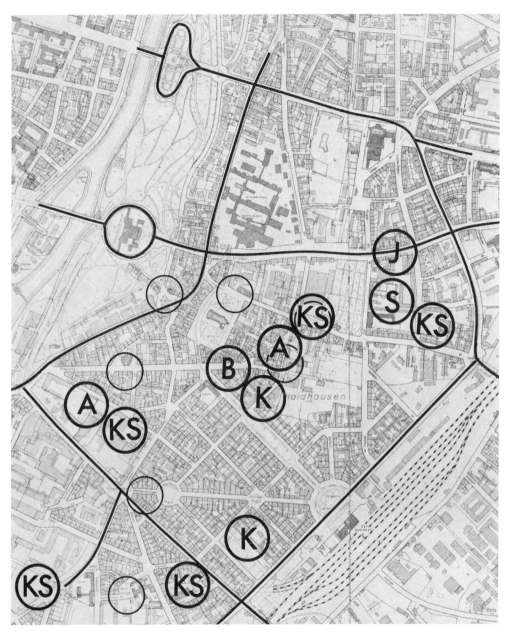

Abb. 13
Infrastrukturkonzept/Verkehrskonzept

J – Jugendfreizeitheim
S – Sportanlage
KS – Kinderspielplatz
A – Altenservicestation
B – Bürgerzentrum
K – Kindergarten

◯ – Verkehrsberuhigung
▬ – Zellenrandstraße

Abb. 14
Neuordnungskonzept für die Blöcke 22, 36, 37, 38, 39, 40

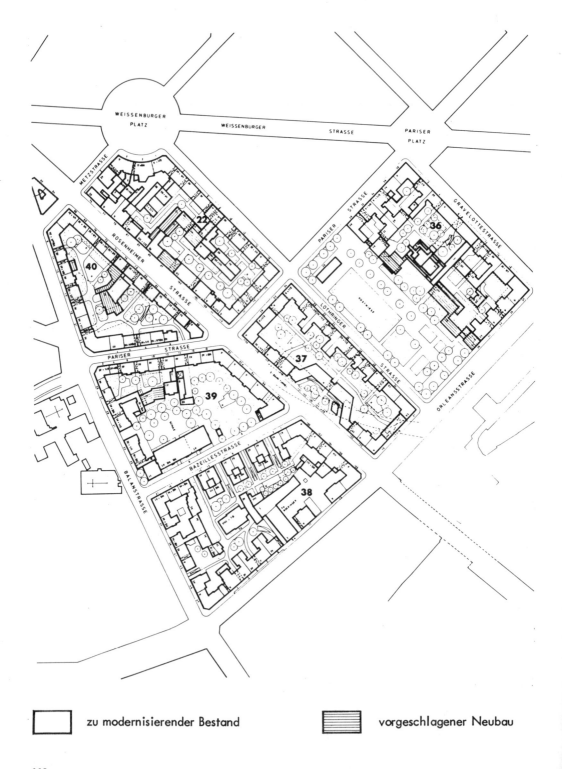

bäude mit vordem "einfacher Wohnlage" kann nun evtl. in eine "mittlere" oder "gute Wohnlage" rücken, so daß ein Mieterhöhungsverlangen als gerechtfertigt anzusehen wäre. Eine mittelbare Auswirkung der verbesserten Lagewerte auf den Wohnungsmarkt geht zum anderen von den dadurch bedingten, steigenden Bodenpreisen aus. Die im StBauFG vorgesehene Möglichkeit einer Wertabschöpfung bleibt insofern unwirksam, als die geforderten Ausgleichsbeträge auf den Nutzer weitergegeben werden könnten.

Eine Limitierung der Verkehrswerte in den Sanierungsgebieten kann erfahrungsgemäß durch entsprechende Zahlungsmodalitäten z.T. unterlaufen werden, außerhalb der Gebiete gelten ohnehin keine Preisbeschränkungen. Die bezahlten Preise für Grundstücke und Gebäude und die erwarteten Gewinne aus dem Immobiliengeschäft können schließlich nur über aufwendige Modernisierung der Mietwohnung und Veräußerung im Eigentum realisiert werden.

Für wohnumfeldverbessernde Maßnahmen im näheren Wohnumfeld, d.h. auf privaten Grundstücken, stehen eine Reihe öffentlicher Förderungsprogramme zur Verfügung, in Haidhausen insbesondere das Städtebauförderungsprogramm.

Zunächst werden Kosten für die Freimachung einer Blockinnenfläche durch Umsetzung von Bewohnern und Betrieben sowie für den Abbruch der Gebäude als Ordnungsmaßnahmen voll bezuschußt. Die Freiflächengestaltung und der Einbau von Tiefgaragen kann als Teil der Modernisierungsmaßnahmen ebenfalls mit Sanierungsförderungsmitteln finanziert werden.

Darüber hinaus gibt es weitere Förderungsmöglichkeiten für Maßnahmen der Wohnumfeldverbesserung, die auch außerhalb der Sanierungsgebiete zur Verfügung stehen, u.a.

- im Rahmen der Modernisierung nach ModEnG oder II. WoBauG (Ergänzungsmaßnahmen),
- nach dem Münchner Modernisierungsprogramm,
- nach dem Münchner Programm zur Hofbegrünung und dem Programm "Freizeit und Erholung".

Privat finanziert werden solche Maßnahmen häufig dann, wenn daraus unmittelbar höhere Gewinnerwartungen abzuleiten sind. Eine modernisierte Altbauwohnung läßt sich besser vermieten oder verkaufen, wenn ein Stellplatz und ein hübscher Ausblick dazu geboten werden können. Die Kosten sind im Preis inbegriffen.

Kommunalpolitische Initiativen

Dient Wohnumfeldverbesserung explizit der Aufwertung eines Stadtteils, so ist es richtig, wenn die Gemeinde über die formellen Verfahren der Bauleitplanung oder die Bereitstellung von Fördermitteln hinaus, Maßnahmen ergreift, die für die Bereitschaft zur privaten Investition im Wohnumfeld eine Signalwirkung geben können.

Als für Haidhausen in diesem Sinne bedeutsam seien folgende politische Initiativen der Stadt München genannt:

- Anfang der 70er Jahre hat der Stadtrat den sog. Rosa-Zonen-Plan beschlossen, der das Ziel zum Inhalt hatte, in den Innenstadtrandgebieten, entgegen der Darstellung im alten FNP, die Wohnnutzung zu erhalten. Jeder auf MK-Nutzung zielende Bauantrag war vom Stadtrat beschlußmäßig zu behandeln. Dieser einer eigentlichen

Rechtsgrundlage entbehrende Plan, der lediglich eine kommunalpolitische Willensäußerung darstellte, hatte in Verbindung mit einer extensiven Anwendung der Zweck-VO zunächst zur Folge, daß der unmittelbare Investitionsdruck tertiärer Nutzung auf die alten Wohngebiete wie Haidhausen spürbar nachließ.

- Weiter unmittelbar von Bedeutung ist, wie oben bereits dargestellt, die Schaffung von Planungssicherheit etwa durch Aufhebung einer Veränderungssperre im Bereich einer geplanten Verkehrsstraße.

- Die Möglichkeit, Freiflächen in den bebauten Blöcken zu gewinnen, wird auch von der Politik der Stadt gegenüber den Gewerbebetrieben abhängen, z.B. ob kosten- und standortgünstige Gewerbeflächen ausgewiesen oder Gewerbehöfe mit billigen Mieten errichtet werden. Am Ostrand von Haidhausen steht seit 1977 ein großes Gewerbegebiet für die Verlagerung von Betrieben zur Verfügung, ein ehemaliges Strassenbahndepot im Stadtteil soll zu einem Handwerkerhof für mietende, von der Sanierung betroffene Kleinbetriebe umgebaut werden (Abb. 10). Auch die Bereitstellung zinsgünstiger Darlehen aus dem Städtebauförderungsprogramm wird in Erwägung gezogen, um die Umzugsbereitschaft der Gewerbebetriebe zu fördern.

- Die ersten Maßnahmen zur Wohnumfeldverbesserung auf privaten Grundstücken wurden von der Stadt in Verbindung mit Modernisierungen oder Neubauten auf eigenem Grund und Boden durchgeführt. Als Demonstrativobjekte sollen sie auch zur Anregung privater Initiativen dienen.

- Eine große Rolle für die Aufwertung eines Stadtteils spielen schließlich städtische Werbeaktionen, die bewirken können, daß ein Stadtteil "ins Gerede kommt". Zunächst die sehr ausführliche öffentliche Erörterung der Sanierungskonzepte, dann verschiedene Stadtteilfeste oder Kulturwochen haben sicher dazu beigetragen, daß Haidhausen in kurzer Zeit ein sehr positives Image gewonnen hat. Vielleicht schon zuviel, wenn man bedenkt, daß angesichts der jüngsten Erfahrungen auf dem Wohnungsmarkt hier die Parole ausgegeben wird: Haidhausen soll kein zweites Schwabing werden!

Öffentlichkeitsarbeit, Bürgerbeteiligung

Aktive Bürgerbeteiligung und Öffentlichkeitsarbeit können dazu beitragen, daß geplante Maßnahmen zur Wohnumfeldverbesserung richtig gewählt oder rechtzeitig korrigiert werden. Vor allem die sehr ausführlichen, mehrstufigen Erörterungen mit Eigentümern und Mietern führen laufend zu einer Korrektur der Standards für das Wohnumfeld. Beispielhaft seien erwähnt:

- Die ursprünglich auf ganze Länge geplante Umwidmung der Weißenburger Straße als Fußgängerzone wurde aufgegeben als erkennbar wurde, daß dies zu Lasten der alteingesessenen, kleinen Einzelhandels und Handwerks gehen würde.

- Die Verfolgung einer reinen Blockentkernung weicht im Laufe des Sanierungsverfahrens immer mehr einem Konzept, das nur in extremen Fällen bauhygienischer Mißstände auf den Abbruch von Wohngebäuden zugunsten großzügiger Freiflächen besteht.

Dennoch darf nicht verkannt werden, daß den Möglichkeiten einer aktiven Bürgerbeteiligung die unterschiedlichen Rechtspositionen von Eigentümern und Mietern nicht aus der Welt schaffen können. Die Erfahrungen belegen deutlich, daß Maßnahmen zur Wohnumfeldverbesserung gegen die Investitionsinteressen und -chancen des privaten Eigentümers kaum durchsetzbar sind. Dagegen ist das faktische Gewicht von Mieterinteressen im Erneuerungsverfahren wesentlich geringer einzuschätzen. Vor allem der gewerbliche Mieter hat nach Rechtslage nur geringe Chancen, daß seine existenziellen Interessen im Sanierungsvollzug voll gewahrt werden können. Daran kann auch die in BBauG und StBauFG geregelte Bürgerbeteiligung nichts ändern.

Organisatorische Probleme

Das verfügbare gesetzliche Instrumentarium würde eine Reihe von Durchsetzungsmöglichkeiten bieten, wenn einheitliches Handeln im Sinne der politischen Zielsetzungen auf allen Entscheidungsebenen gewährleistet wäre. Das heißt, daß die Effizienz öffentlicher Aktivitäten zur Verbesserung des Wohnumfeldes auch wesentlich von den organisatorischen Voraussetzungen einer arbeitsteiligen Großverwaltung abhängt.

Dies betrifft die Verwaltungsgliederung ebenso wie die Transparenz der Zuständigkeiten und Entscheidungen, das Maß der Abkehr von reiner Hoheitsverwaltung ebenso wie die kurzfristige Anpassungsbereitschaft der Verwaltung und schließlich die Koordinierung aller Steuerungsmöglichkeiten in Bezug auf die Zielsetzung der Stadtteilentwicklung. Dabei ist als besonders kritisch hervorzuheben, daß die etwa für das Wohnumfeld verantwortlichen, vielfältigen Zuständigkeiten mit ihren unterschiedlichen politischen Wertvorstellungen naturgemäß die Tendenz aufweisen, sich gegenseitig in ihrer Wirkung aufzuheben. Diese organisatorischen Hemmnisse werden meist nur dann überwunden, wenn eine in sich einigermaßen widerspruchsfreie Zielsetzung einem einheitlichen politischen Willen im Verfahrensvollzug unterworfen werden kann.

Wie stellt sich die Verwaltungsorganisation für das Aufgabengebiet Wohnumfeldverbesserung in Haidhausen dar? Nachdem hier der Einsatz des StBauFG im Vordergrund des Handlungsprogramms steht, sei dies an Hand der Zuständigkeitsregelung für den Vollzug dieses Gesetzes aufgezeigt (Abb. 15):

Dieser Vollzug ist auf vier Referate verteilt, die jeweils von einem berufsmäßigen Stadtrat im Stadtparlament vertreten werden:

a) Baureferat als federführendes Referat: Hier wird die Federführungsfunktion von einer Abteilung der Gruppe Stadtplanung wahrgenommen. In dieser werden die stadtteilbezogenen Sanierungskonzepte und Bebauungspläne entworfen und die Durchführung der Einzelmaßnahmen formell betreut.

Der Gruppe Stadtplanung gleichgestellt ist die Gruppe Bauverwaltung, mit den Abteilungen Rechtsangelegenheiten, zuständig für das Planungsrecht und Verfahrensfragen, und Wohnungsbauförderung, zuständig für Fragen der Finanzierung im Sanierungsvollzug.

b) Kommunalreferat: In diesem Referat liegt die Zuständigkeit für Grunderwerb, für die Durchführung von Ordnungsmaßnahmen, soweit Eigentümer und Gewerbebetriebe davon betroffen sind, alle bodenrechtlichen Verfahren (Vorkaufsrecht, Genehmigung gem. § 15 StBauFG, Enteignung etc.) und die Bewertung von Grundstücken und Gebäuden. Zur internen Koordination der jeweils zuständigen Abteilungen gibt es einen Arbeitskreis.

c) Sozialreferat: Zuständig für die Aufstellung der Grundsätze des Sozialplans und für den Vollzug der Sozialpläne der Wohnungsmieter. Auch hier gibt es zur internen Koordination einen Arbeitskreis.

d) Stadtentwicklungsreferat: Dieses ist zuständig für die Vorauswahl der § 4 - Gebiete

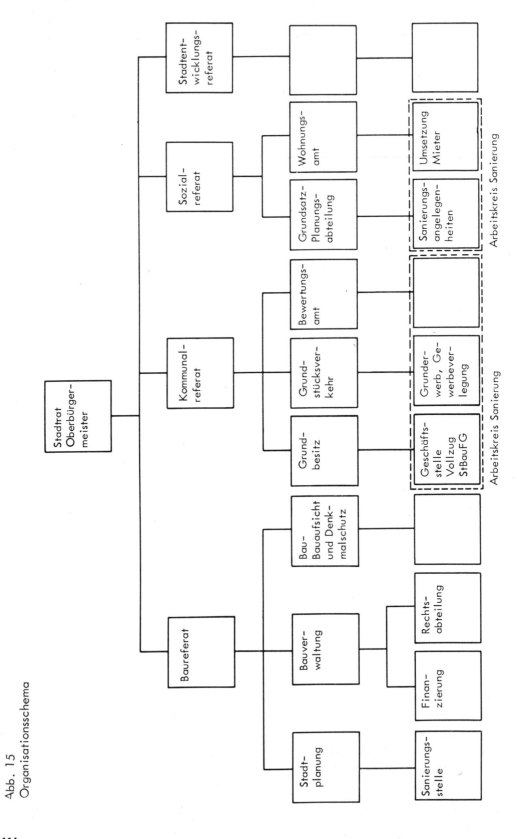

Abb. 15
Organisationsschema

und für den Entwurf der generellen Zielvorstellungen für den betreffenden Stadtteil. Im Sanierungsverfahren spielt das Referat praktisch keine Rolle.

5. Die Veränderungsprozesse im Wohnumfeld und deren kurz- bis mittelfristige Auswirkungen

Abschließend sei der Versuch unternommen, der Frage nachzugehen, welche kurz- bis mittelfristigen Veränderungsprozesse im Wohnumfeld zu erwarten sind und mit welchen Auswirkungen zu rechnen ist. Diesen Überlegungen werden modellhaft zwei denkbare Entwicklungslinien zugrunde gelegt:

Fall A: Die gesamtwirtschaftlich positive Entwicklung hält an. Bruttosozialprodukt und Realeinkommen wachsen stetig. Die Wohnstandortsuche in alten Stadtteilen als Anlagemöglichkeit hält an, die Motorisierung nimmt zu. Der Wohnungsmarkt ist angespannt und die Bodenpreise steigen weiter. Bauleistungen werden zunehmend nachgefragt.

Fall B: Die gesamtwirtschaftliche Entwicklung stagniert bzw. wird nach kurzer Zeit negativ. Die Höhe der Realeinkommen bleibt konstant oder nimmt sogar ab. Die Standortsuche in alten Stadtteilen geht deutlich zurück, die Motorisierung nimmt nur unwesentlich zu. Der Wohnungsmarkt für Haidhausen wird zum Nachfragemarkt, die Bodenpreise sinken im Innerstadtrandgebiet. Bauleistungen werden wieder weniger nachgefragt. Zur Sicherung einer gesamtwirtschaftlichen Stabilität ist der Staat gezwungen, Bauinvestitionen verstärkt zu fördern.

Die öffentlich initiierte und geförderte Wohnumfeldverbesserung verstärkt die tendenzielle Aufwertung des Stadtteils (Fall A)

Für diesen Fall ist die 1978 in Haidhausen zu beobachtende Entwicklung ihrer Tendenz nach fortzuschreiben.

Aufgrund der zunehmenden Aufwertung des Stadtteils durch sichtbare Verbesserung im Wohnumfeld und aufgrund einer Einkommensentwicklung, die im Zusammenwirken mit steuerlichen Präferenzen Anlagemöglichkeiten in attraktiven, innenstadtnahen Wohngebieten nachsucht (Zweitwohnung), steigt die Nachfrage nach Grundstücken in Haidhausen erheblich. Die bezahlten Preise sowie die Gewinnerwartung aus Erlös beim Verkauf modernisierter Eigentumswohnungen führen dazu, daß keine öffentlichen Mittel zur Dämpfung des Mietanstiegs in Anspruch genommen werden.

Erfolge für Politik und Verwaltung sind primär in Maßnahmen der Wohnumfeldverbesserung auf stadteigenen Flächen zu finden, die den Aufwertungstrend weiter beschleunigen. Die traditionell in Haidhausen wohnende Bewohnerstruktur wird erheblich verändert. Die einkommensschwächeren Gruppen wandern in weniger attraktive Altstadtgebiete oder billige, ältere Sozialbausiedlungen an der Stadtperepherie ab. Der Wohnungsmarkt in der Gesamtregion wird für die billige Wohnungen nachfragenden Haushalte weiter eingeengt, da auch der soziale Wohnungsneubau infolge steigender Boden- und Baukosten weiter schrumpft.

Die zunehmende Motorisierung der nach Haidhausen zugezogenen einkommensstarken Haushalte (Zweitwagen) zwingt zu verstärktem Ausbau von Tiefgaragen, die wiederum nur verwirklicht werden können, wenn billige Wohn- und Gewerbeflächen im Hinterhof beseitigt werden.

Die städtebaulichen Mißstände können allerdings beseitigt werden. Das äußere Erscheinungsbild des so erneuerten Stadtteils kann sogar als Erfolg verbucht werden.

Die öffentlich initiierte Wohnumfeldverbesserung wirkt dem tendenziellen Absinken des Stadtteils entgegen (Fall B)

Hier soll von einer Entwicklung ausgegangen werden, wie sie bereits 1974/75 in Haidhausen zu beobachten war. Aufgrund einer gesamtwirtschaftlichen Stagnation, einer nachlassenden Nachfrage nach Altbauten im Innenstadtrandbereich und einem ausreichenden, preisgünstigen Wohnungsangebot in Gebieten mit geringerer Umweltbelastung sinken die in Haidhausen erzielbaren Renditen aus Grund und Boden erheblich. Unterlassene, privat finanzierte Investitionen in Gebäude und Wohnumfeld bewirken erneut eine Abwanderung mittlerer und höherer Einkommensschichten und eine verstärkte Zuwanderung von Haushalten mit niedrigem Einkommen, d.h. der Stadtteil ist möglicherweise erneut im Verhältnis zur Gesamtstadt negativen sozialen Segregationsprozessen ausgesetzt.

Diesem Trend begegnet die Stadt durch eine öffentliche Förderung von Modernisierungs- und Instandsetzungsarbeiten sowie von Verbesserungen im näheren Wohnumfeld. Zur Verringerung des Förderungsvolumens und zur Begrenzung des Mietanstiegs wird ein mittlerer Standard angestrebt, der es u.a. auch dem Kleingewerbe ermöglicht, am alten Standort zu existieren.

Maßnahmen im weiteren Wohnumfeld werden nach Art und Qualität so gewählt, daß für die sozialökonomisch auf diesen oder ähnliche Stadtteile angewiesene Bevölkerung gesunde Wohn- und Arbeitsverhältnisse geschaffen werden. Es spricht einiges dafür, daß diese Erneuerungskonzeption einer notwenigen Aufwertung nach einer kurzen Zeit konjunkturell bedingter Übernachfrage nach Grundstücken und Wohnungen in Haidhausen erneut zum Tragen kommen wird.

Reinhard Sellnow

Verbesserung der Wohnverhältnisse in Nürnberg Gostenhof

Vorbemerkung

Der nachstehende Bericht über den Modernisierungsmodellfall Nürnberg-Gostenhof soll der Versuch eines Praxisberichtes sein. Er kann deshalb weder von einer Situation ausgehen "wie's wäre, wenn's schön wäre", noch in allen Teilbereichen logisch stringente Ableitungen aus einer irgendwie gearteten "reinen Lehre" bieten. Praxis ist im Regelfall auch gleich Kompromiß.

Der Bericht ist insoweit "Praxis", als er den Informations-, Erfahrungs- und Projektstand nach zwei Jahren Bearbeitung in der Stadtverwaltung Nürnberg widerspiegelt. Er ist jedoch in weiten Teilen auch noch "Theorie", da das Projekt z.Z. (Frühjahr 1979) noch am Beginn der Umsetzungsphase steht und sich in der Praxis erst bewähren muß.

Der Verfasser, als Mitglied des Planungsstabes der Stadt Nürnberg (Arbeitsgruppe Nürnberg-Plan/Stab) nur einer unter vielen Mitwirkenden am Gesamtprojekt, hat sich bemüht, den objektiven Projektstand zu beschreiben. Dennoch liegt es in der Natur der Sache, daß auch subjektive Wertungen einfließen und - insbesondere in Hinblick auf noch zu leistende Arbeitsschritte und Gewichtungen, für die noch keine abgestimmte Verwaltungsmeinung oder gar Stadtratsbeschlüsse vorliegen - die vorgetragene Einschätzung oder Meinung nur die des Verfassers ist.

1. Einleitung

Gemäß einem Stadtratsauftrag vom Juli 1976 erarbeitete die Stadtverwaltung interdisziplinär und referatsübergreifend ein "Verfahrenskonzept zur Verbesserung der Wohnverhältnisse" /1/, das dem Ausschuß für Stadtforschung, Stadtentwicklung und Stadterneuerung im Juni 1977 vorgelegt wurde. Es enthielt neben allgemeinen Überlegungen zum Stellenwert von Stadterneuerungsmaßnahmen, zu Ursachen der Verschlechterung der Wohnqualität, zu Zielen, Zielkonflikten, Handlungsspielräumen und zu Lösungsstrategien eine Aufzählung der einsetzbaren Gesetze und Förderungsprogramme sowie von Maßnahmen im Wohnumfeld. Letztlich wurde ein typischer Stadtteil aus der Gründerzeit - Nürnberg-Gostenhof - vorgestellt und kurz analysiert. Der Stadtrat beschloß, in diesem Stadtteil modellhaft eine Verbesserung der Wohnverhältnisse für die ansäsige Bevölkerung - unter weitgehender Vermeidung des Instrumentes der Sanierung nach Städtebauförderungsgesetz - anzustreben. Dies sollte zum einen durch erneuernde Maßnahmen im Wohnumfeld, zum anderen durch Modernisierungen der Bausubstanz erreicht werden.

Nach weiteren vorbereitenden Studien der Verwaltung /2/ wurde die Durchführung des Modellfalles Gostenhof dem Planungsbüro Grub + Partner, München, sowie dem Deutschen Institut für Urbanistik, Abt. Köln, übertragen. Dabei wurde wiederholt die besondere Bedeutung der sozialpolitischen Gesichtspunkte der Stadtteilerneuerung gegenüber den rein städtebaulichen betont.

2. Gostenhof - heute

- Lage: Das Untersuchungsgebiet - ein Arbeiterviertel aus der Gründerzeit in innenstadtnaher Randlage - wird von der Eisenbahnlinie Nürnberg-Fürth, der Fürther Straße (bisher wichtigste Straßenverbindung zwischen Nürnberg und Fürth) sowie der Oberen Kanalstraße und der Feuerleinstraße begrenzt (siehe Lageplan).

- Größe: Ca. 39 ha, mit 31 Baublöcken unterschiedlicher Größe und rd. 5.000 Wohneinheiten.

- Gebäude: 75 % vor 1919 erbaut, ca. 30 % ohne Bad, hoher Anteil von Einzelfeuerungsanlagen. Sehr geringer Leerwohnungsbestand.

- Bevölkerung: Rd. 10.000 Einwohner, 35 % Ausländeranteil (Gesamtstadt 9,6 %), Anteil der ausländischen Kinder 53,9 % (Gesamtstadt 14,0 %), Wanderungsverlust 1970 - 1975 6,4 % (Gesamtstadt 1 %), Wanderungssaldo bei deutscher Bevölkerung -28,6 %, bei Ausländern +22,2 %.

Gostenhof ist ein Mischgebiet mit einer Reihe von kleinen und mittleren Gewerbebetrieben, die oft in Hinterhöfen liegen und von denen teilweise Störungen und Umweltbeeinträchtigungen ausgehen. Die Versorgung mit kleinen Einzelhandelsgeschäften ("Tante Emma") und Gastwirtschaften ist überdurchschnittlich. Erhebliche Belastungen gehen vom fließenden und ruhenden Verkehr aus (Schleichwege, Zufahrt zum Containerbahnhof, Parkplatznot), der dringend einer Neuordnung bedarf.

Wohnbereichsnahe Grünflächen sind nicht vorhanden, wenn man von dem Platz vor der Dreieinigkeitskirche (Veit-Stoß-Platz) absieht, der umzäunt ist und als (umstrittener) Bauspielplatz genutzt wird. Die begrünten Ufer des Pegnitz-Flusses sind - je nach Wohnstandort - 500 m, für die Mehrzahl der Wohnblöcke jedoch ca. 1 km entfernt. Die z.Z. noch vorhandenen Freiflächen nordwestlich der Feuerleinstraße sollen Zug um Zug bebaut werden.

3. Gostenhof - morgen

Projektziele

Das recht allgemein gehaltene Ziel der "Verbesserung der Wohnverhältnisse", das zunächst nur objektorientiert ist, wurde in den Verwaltungsvorlagen durch den Zusatz "für die ansässige Bevölkerung" ergänzt. Durch diese Zielgruppenangabe soll bereits im Grundsatz aufgezeigt werden, "für wen" das Projekt durchgeführt werden soll. Die Gefahr der Verdrängung einkommensschwacher Teile der Bevölkerung durch Modernisierungsmaßnahmen (über Mieterhöhungen) wird durchaus gesehen und diskutiert. Auch über die relativ geringen Einflußmöglichkeiten in dieser Frage ist man sich bewußt. Die wenigen Steuerungsinstrumente sollen mit dieser sozialen Zielsetzung benutzt werden, damit die Qualitätsanhebung der Wohnungen und des Wohnumfeldes möglichst nur im Rahmen noch tragbarer Mieterhöhungen für untere Einkommensschichten erfolgt und andererseits das gestiegene Niveau des Viertels abwanderungsbereite Mittelschichten zum Bleiben veranlaßt.

Bei der Frage, "durch wen" die Verbesserung der Wohnverhältnisse erfolgen soll, wird neben den normalen Investoren (Hauseigentümer für die Gebäudesubstanz und Stadt bzw. Staat für das Wohnumfeld) auch die Gruppe der ansässigen Mieter gesehen. Unter den

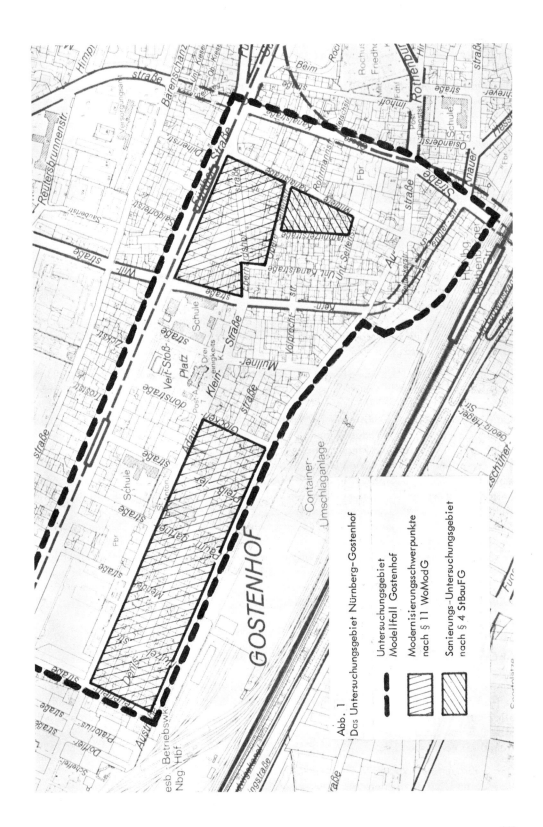

Abb. 1
Das Untersuchungsgebiet Nürnberg-Gostenhof

notwendigen rechtlichen Voraussetzungen (die teilweise noch erarbeitet werden müssen) werden Aktivitäten von Mietern, Selbsthilfegruppen und Baugenossenschaften für wichtig und sinnvoll gehalten. Sie müssen Ermunterung, Beratung und finanzielle Förderung durch die Stadt erhalten, da hiermit eine wesentliche Möglichkeit gegeben ist, Art und Umfang der Stadtteilerneuerung im Interesse der ansässigen Bevölkerung durchzuführen.

Die städtebaulichen Ziele der Stadtteilerneuerung bestehen darin, die baulichen und (im engsten Sinne) Wohnumfeldqualitäten zu verbessern bzw. Mißstände zu beseitigen. Allerdings wird auch der Zusammenhang gesehen, der zwischen einer starken Qualitätsanhebung (= hohe Kosten) und ihren sozialen Folgen (= Überwälzung auf Mieten = z.T. Verdrängung bzw. Veränderung der Struktur der ursprünglichen Bevölkerung) besteht /3/. Von daher werden die städtebaulichen Ziele nicht abstrakt vorgegeben, sondern sollen im Zuge der "offenen Planung" in Zusammenarbeit mit den betroffenen Bürgern festgelegt werden. Bei der Vergabe der städtischen Modernisierungsmittel soll bewußt auf die Festlegung von baulichen Mindeststandards verzichtet werden, des weiteren soll die Vergabe an private Hauseigentümer an die Zustimmung von mindestens 3/4 der Mieter gekoppelt werden. Maßnahmen und Rahmenziele zur öffentlichen Wohnumfeldverbesserung liegen nur in den Bereichen "Verkehrssystem" und "Begrünung Jamnitzer Park" vor. Alle anderen Bereiche sind noch offen (diskutierbar sind die beiden Vorgenannten jedoch noch in ihrer kleinräumigen Ausgestaltung). Auch hier wird u.U. die Gefahr gesehen, durch ein aufwendiges "Herausputzen" des Stadtteils im öffentlichen Bereich, eine Attraktivität zu schaffen, die zu Verdrängungsprozessen führt.

Ein instrumentelles Ziel wird mit dem Modellfall Gostenhof insofern verfolgt, als ausgetestet werden soll, welche Instrumente außerhalb der Sanierung nach dem Städtebauförderungsgesetz wirksam zur Erneuerung alter Stadtteile eingesetzt werden können. Eine Sanierung nach StBauFG hätte zwar finanziell und instrumentell erhebliche Vorteile /4/ für die Gemeinde, kann jedoch von Art und Umfang her nicht die Lösung dieser Probleme bedeuten. Die begrenzten Finanzmittel bei Bund und Land führen zu langen Warteschlangen, bevor überhaupt begonnen werden kann und die Durchführung erstreckt sich dann (abhängig von der Gebietsgröße) oft über weitere 10 - 15 Jahre. Während dieses langen Zeitraums ist wegen Planungsunsicherheit und spekulativer Erwartungen der Hausbesitzer nicht mit privaten Erneuerungsmaßnahmen zu rechnen. Die Sanierung nach StBauFG kann daher für die Problemgebiete der Stadt weder eine flächendeckende noch eine zeitnahe Generallösung sein. Es gilt daher herauszufinden, in welchem Verhältnis "weiche" Instrumente (z.B. infrastrukturelle Vorleistungen, Beratung, finanzielle Anreize) und "härtere" Instrumente (z.B. B-Plan, Gebotskatalog des BBauG § 39 a-h, bis hin zur Sanierung nach StBauFG, zu Art und Umfang der erwünschten privaten Erneuerungsinvestitionen stehen.

Offene Planung

Als wesentlicher Bestandteil des Modellfalles Gostenhof wird die Information, Motivierung und Beteiligung der Öffentlichkeit angesehen. Nur dadurch können bürgernahe Planungen erreicht und Entwicklungen im Stadtteil eingeleitet werden, die von der überwiegenden Mehrzahl der Bevölkerung akzeptiert und mitgetragen werden. Gerade im Hinblick auf die Motivierung privater Investoren, zu denen auch Mieterinitiativen und Selbsthilfegruppen gehören sollen, ist eine offene Planung - die Vertrauen und auch Planungssicherheit verbreiten kann - unabdingbar.

Der Gebrauch des Wortes "Öffentlichkeit" verdeckt ein wesentliches Problem der Beteiligung, nämlich den Unterschied zwischen Planungsinteressenten und Planungsbetroffenen

Unter Planungsinteressenten ist der Teil der Planungsbetroffenen zu verstehen, der sich dadurch heraushebt, daß er seine Interessen erkannt und artikuliert hat, daß er durch Interessenvertretungen organisiert ist und auch eine gewisse Konfliktfähigkeit besitzt. Hierunter sind i.d.R. die Gruppe der Hauseigentümer (ca. 500), der Handel- und Gewerbetreibenden (ca. 200) sowie Vereine, Verbände und Kirchen zu verstehen.

Die überschaubare Größe dieser Gruppen, ihre relative Homogenität, ihre leichte Ansprechbarkeit durch gegebene Organisationsformen (z.B. Grund- und Hausbesitzerverein, Industrie- und Handelskammer, Handwerkskammer) macht die Information und Beteiligung dieser Betroffenen verhältnismäßig einfach. Diese grundsätzliche Feststellung steht nicht im Widerspruch zu der Tatsache, daß es Teile dieser Gruppen gibt (wie z.B. kapitalschwache Einzelhauseigentümer, "Tante Emma"-Ladenbesitzer oder Kleinhandwerker), die uninformiert und passiv sind. Es ist immer noch relativ leicht, diese zahlenmäßig kleinen Teilgruppen durch Beratung und Leitung zu aktivieren.

Erheblich schwerer ist die Beteiligung der Gruppe der Mieter. Sie ist zahlenmäßig sehr groß (ca. 10.000), in der sozialen Zusammensetzung inhomogen (u.a. Rentner, kinderreiche Familien, Ausländer), weniger informiert und kaum organisiert. Diese Gruppe befindet sich gegnüber den erstgenannten sehr im Nachteil, was angesichts der Tatsache, daß sie die Hauptzielgruppe des Projektes darstellt, zu besonderen Anstrengungen Anlaß geben sollte.

Der Vollständigkeit halber muß unter planungsrechtlichen Gesichtspunkten noch die Gruppe "Jedermann" aufgeführt werden, die sich im Rahmen aller öffentlich-rechtlichen Anhörungs- und Bürgerbeteiligungsverfahren zu Wort melden darf. Da der Grad ihrer Betroffenheit von Problemen einer räumlich begrenzten Stadtteilmodernisierung im Regelfall geringer ist als bei den im Gebiet wohnenden, soll auf diese Gruppe in diesem Zusammenhang nicht weiter eingegangen werden, ohne damit die Bedeutung ihrer Beteiligung schmälern zu wollen.

Die Bemühungen um die Gruppen im Gebiet müssen am Problem der Informationsvermittlung ansetzen. Eine Beteiligung am Planungsprozeß wird erst dann sinnvoll, wenn die Beteiligten ein Problembewußtsein haben, die entsprechenden Abhängigkeiten erkennen und ihnen die Konsequenzen sowie die sozialen, materiellen und finanziellen Folgen von Alternativlösungen vertraut sind. Darüber hinaus muß überlegt werden, wie durch Artikulations- und Organisationshilfen die angesprochene Benachteiligung bereits zu Beginn abgebaut werden kann, damit die Voraussetzung für eine echte (weil inhaltliche und nicht nur formale) Bürgerbeteiligung geschaffen werden. Die Kenntnis über Art, Zusammensetzung und Problemlagen der Betroffenen soll zunächst über eine Befragungsaktion im Frühjahr 1979 erreicht werden. Hierzu wird eine repräsentative Haushaltsbefragung sowie Totalbefragungen von Hauseigentümer, Betrieben und Geschäften, Vereinen, Kirchen, politischen und sonstigen Organisationen vorgenommen. Räumlicher Schwerpunkt der Öffentlichkeitsarbeit soll eine "Modernisierungskneipe" sein, die von dem beauftragten freien Planungsbüro im Februar 1979 eröffnet und während des gesamten Stadtteilerneuerungsverfahrens geführt werden soll. Bei normalem Kneipenbetrieb - der die "Schwellenangst" herabsetzen soll - ist beabsichtigt, in diesen Räumen Versammlungen, Vorträge, Ausstellungen, Filmabende, Kleingruppenarbeit (Stadtteilzeitung, Video-Arbeit) usw. durchzuführen. Sowohl in der Kneipe als auch in darüberliegenden Wohnungen soll ein ständiger Mitarbeiterstab des Planungsbüros, des Deutschen Instituts für Urbanistik und der Stadtverwaltung (Gemeinwesenarbeiter, Mitarbeiter des Amtes für Wohnungswesen) für Informationen und Beratungen zur Verfügung stehen.

Neben diesem festen Standort sind natürlich noch eine Reihe "mobiler" Techniken zu entwickeln, um die Bevölkerung auf breiter Basis zu informieren und zu motivieren, aktiv und durch Selbstorganisation die Entwicklung des Stadtteils mitzugestalten. Hier wird ein besonderes Aufgabenfeld der Gemeinwesenarbeit liegen, die im Rahmen des Modellfalles Gostenhof aufgebaut werden soll.

Bereits die Ergebnisse der Bestandsaufnahme und Ist-Analyse des Stadtteils sollen in der "Offenen Planung" vorgestellt und diskutiert werden. Die zu erarbeitenden sektoralen Konzepte (Entwicklung von alternativen Nutzungs- und Ausstattungskonzepten für die Bereiche Wohnen, Arbeiten, Versorgung, soziale Infrastruktur und deren Betrieb, Grün-, Sport- und Freizeitanlagen, Energieversorgung, ruhender und fließender Verkehr, Fußgängerverkehr, etc.) sollen bereits in der Rohfassung den Bewohnern vorgestellt werden, damit auch echte Mitsprache- und Veränderungsmöglichkeiten gegeben sind.

<u>Gebäudemodernisierung</u>

Die Gebäudemodernisierung ist der Teilbereich der Verbesserung der Wohnverhältnisse in Gostenhof, der weitgehend über private Initiativen und Investitionen erfolgen muß. Der Gebäudebestand liegt weitgehend bei privaten Einzelhauseigentümern bzw. Erbengemeinschaften. Wohnungsbaugesellschaften und städtischer Grundbesitz sind in Gostenhof mengenmäßig unbedeutend.

Es stellt sich somit die Frage, welche A n r e i z e geboten werden müssen, damit eine private Investitionstätigkeit wieder einsetzt, die jahrelang sehr gering war und zu der heutigen unbefriedigenden Situation geführt hat. Vorbehaltlich der Ergebnisse einer Totalbefragung der Hauseigentümer kann durch Ortskenntnis vermutet werden, daß die Gründe für fehlende Reinvestitionen hauptsächlich

- finanzielle Schwierigkeiten bei kapitalschwachen Einzeleigentümern,
- organisatorische Schwierigkeiten speziell bei Erbengemeinschaften und älteren Einzeleigentümern,
- Zweifel an der Rentabilität größerer Investitionen bei gegebener Sozialstruktur und schlechtem Wohnumfeld oder auch
- gute bisherige Rentabilität bei Vermietung der schlechten Altbausubstanz an Ausländer

waren.

Die P a l e t t e der Investitionsanreize soll daher folgende direkte und indirekte Maßnahmen umfassen:

- öffentliche W o h n u m f e l d m a ß n a h m e n städtebaulicher und sozialer Art (z.B. Verkehrsberuhigung, Begrünung, Umweltschutz, soziale Infrastruktur, Gemeinwesenarbeit usw.);
- Einrichtung von städtischen B e r a t u n g s d i e n s t e n zur Finanzierung und Organisation von Modernisierungsmaßnahmen; evtl. auch organisatorische Hilfestellung zur Durchführung der Maßnahmen (Koordination und Kooperation von und mit mehreren Investoren);
- f i n a n z i e l l e H i l f e n im Rahmen des Bund-/Länderprogramms (3 anerkannte Modernisierungsschwerpunkte nach dem Modernisierungs- und Energieeinsparungsgesetz - ModEnG);

- Förderung von wesentlichen Um- und Ausbaumaßnahmen in Miet- und Genossenschaftswohnungen mit Mitteln des sozialen Wohnungsbaus nach § 17 II. Wohnungsbaugesetz (II. WoBauG);
- Darlehen und/oder Zuschüsse aus dem kommunalen Modernisierungsprogramm der Stadt Nürnberg;
- Sonderhilfen für spezielle Investitionen wie z.B. Heizungsumstellung oder für Fälle des Denkmalschutzes.

Über diese Anreize hinaus besteht auch die Möglichkeit, zu mehr oder minder schweren Zwangsmaßnahmen zu greifen. Hierzu zählen

- Wohnungsaufsichtsrechtliche Maßnahmen nach dem Wohnungsaufsichtsgesetz (WoAufG);
- der Gebotskatalog des Bundesbaugesetzes, der zum Erlaß eines Bau- und Pflanzgebotes (§ 39 d) oder eines Modernisierungs- oder Instandsetzungsgebotes (§ 39 e) berechtigt;
- das Instrumentarium zur Behebung von Umweltbelastungen (u.a. Bundesimmissionsschutzgesetz - BimschG).

Die Zwangsmaßnahmen werden aus Gründen des notwendigen "Good-will-Klimas", sowie risikobehafteter rechtlicher Folgen (z.B. Übernahmeansprüche, Entschädigungsforderungen) sicherlich nur in Ausnahmefällen Anwendung finden. Um möglichst ohne Zwangsmaßnahmen zu Gebäudemodernisierungen zu kommen und um diese dann in Art und Umfang im Rahmen der Interessen der ansässigen Bevölkerung zu halten, sollen die Voraussetzungen geschaffen werden, daß auch Mieter Gebäudemodernisierungen durchführen können. Damit wäre ein Kreis von Investoren erschlossen, dessen Aktivität das Gebiet stabilisieren könnte, ohne es erheblich umzustrukturieren. Die Schwierigkeiten liegen einerseits darin, daß die Eigentumsverhältnisse eine Mietermodernisierung ohne Zustimmung des Hausbesitzers nicht zulassen und daß andererseits eine Mieterinvestition auch den traditionellen Mieterstatus verändern muß. Hier liegt ein wesentliches Aufgabenfeld der Untersuchungen und Modellvorhaben des Deutschen Instituts für Urbanistik. Für die Fälle, wo beim Hauseigentümer Finanzmangel und organisatorisches Unvermögen (z.B. hohes Alter oder Erbengemeinschaften) zusammenkommen, soll es möglich sein, die Modernisierung durch Mieterinitiativen bzw. Selbsthilfegruppen (hoher Anteil der Eigenleistung) durchzuführen. Dabei sollen die Mieter auch berechtigt sein, kommunale Finanzhilfen in Anspruch zu nehmen. Insbesondere müssen rechtliche Formen gefunden werden, um die Investitionen für den Mieter abzusichern. Auch Eigentumsübergangsmodelle sowie Mietermodernisierungen (evtl. auf Genossenschaftsbasis) sollen entwickelt und erprobt werden. Denkbar ist darüber hinaus, daß die Stadt oder ein anderer Träger mit einem revolvierenden Investitionsfond Häuser erwirbt und - im Rahmen einer Eigentumspolitik für untere und mittlere Einkommensschichten - die Wohnungen zu Selbstkostenpreisen (ca. 20 - 50.000 DM je nach Größe und Ausstattung) den Mietern zum Kauf anbietet. Auf dieser Grundlage ist von den Mietern bzw. Wohnungseigentümern ebenfalls eine Modernisierungsbereitschaft zu erwarten, die sich im Rahmen ihrer Wohnwünsche und Finanzierungsmöglichkeiten hält.

Eine Steuerung der Modernisierungsaktivitäten an der Gebäudesubstanz des Stadtviertels in Hinblick auf Art und Umfang der Investitionen ist nur begrenzt möglich.

Wenn es sich bei den Investitionen um baugenehmigungspflichtige Maßnahmen (Umbau, Nutzungsänderung, Erweiterung, etc.) handelt, kann die Genehmigung des Bauantrages mit Auflagen erteilt werden, die sich an der Zielsetzung für das Modernisierungsgebiet orientieren. Allerdings muß deutlich gesehen werden, daß sich zu harte Auflagen wiederum negativ auf die an sich gewünschte Investitionsbereitschaft auswirken können.

Ein weiteres Steuerungsinstrument ist mit der Aufstellung von Bebauungsplänen gegeben. Abgesehen von dem Block an der Jamnitzer Straße, für den ein rechtskräftiger Bebauungsplan mit dem Ziel einer Grünanlage vorliegt, gibt es keine Bebauungspläne für das Gebiet. Die Stadt beabsichtigt, diesen Zustand zunächst beizubehalten und das Instrument erst beim Auftauchen unerwünschter Entwicklungen einzusetzen. Das Gleiche gilt für die Sicherung eines besonderen Vorkaufsrechts nach § 25 BBauG.

Eine weitere Steuerungsmöglichkeit von Art und Umfang der Investitionen ist über die Vergabe von Finanzmitteln möglich. In geringem Maße gilt dies für die Mittel aus dem Modernisierungs- und Energieeinsparungsgesetz, bei denen das Amt für Wohnungswesen als Bewilligungsstelle unter Knappheitsbedingungen eine Auswahl unter den Antragstellern treffen muß.

Ein grundsätzlich größerer Spielraum ist bei der Vergabe von Darlehen und Zuschüssen aus dem städtischen Modernisierungsprogramm gegeben, bei denen die Vergaberichtlinien von der Stadt selbst festgelegt werden. Wie schon erwähnt, sollen die Mittel der Stadt Nürnberg zum einen auch für Mieter offenstehen, zum anderen ist vorgesehen, daß Eigentümer das Einverständnis von mindestens 75 % ihrer Mieter einholen müssen (der entsprechende Stadtratsbeschluß steht noch aus). Dieser größere Steuerungsspielraum findet seine Wirkungsgrenzen im noch relativ kleinen Finanzrahmen des städtischen Modernisierungsprogramms (z.Z. 1,2 Mio. DM jährlich).

Wohnumfeldmaßnahmen

Als Wohnumfeld wird nachstehend recht pragmatisch die Summe aller fußläufig erreichbaren Einrichtungen und Nutzungsmöglichkeiten außerhalb der Wohngebäude eines Siedlungsbereiches verstanden. Es hat sowohl materielle wie immaterielle Bestandteile und läßt sich räumlich in privates und öffentliches Wohnumfeld teilen.

Das p r i v a t e Wohnumfeld umfaßt alle Hof- und Freiflächen sowie sonstigen Einrichtungen außerhalb der Wohngebäude auf privaten Grundstücken. Verbesserungen in diesem Bereich können folglich nur vom Hauseigentümer selbst, zumindest jedoch nur mit seiner Zustimmung erfolgen. Analog zu den Anreizen, eine private Gebäudemodernisierung durchzuführen, müssen hier Anreize entwickelt werden, das private Wohnumfeld zu verbessern. Die Anreize liegen finanziell in den Förderungsprogrammen von Bund und Land (z.B. § 3, 5 ModEnG) sowie zweitrangig /5/ auch in dem städtischen Modernisierungsprogramm, das die Förderung von privaten Wohnumfeldmaßnahmen selbst dann vorsieht, wenn an der Wohngebäudesubstanz nichts verbessert wird. Die Gewährung von Darlehen oder Zuschüssen an private Hauseigentümer soll auch hier von der Zustimmung von 75 % der Mieter zu dem Vorhaben abhängig gemacht werden. Liegt die Zustimmung des Hauseigentümers vor, können auch Mietergemeinschaften die städtischen Mittel in Anspruch nehmen. Im Rahmen der schon beschriebenen "Offenen Planung" soll der Motivierung und Aktivierung von Hauseigentümern und Mietergemeinschaften für Verbesserungen im privaten Wohnumfeld große Bedeutung eingeräumt werden. Darüber hinaus sollen auch organisatorische Hilfestellungen gegeben werden, um möglichst kurzfristig, mit relativ geringem Aufwand (Neuaufteilung der Hofflächen, Abriß von Mauern, Zäunen und Schuppen, Begrünung, Möblierung, etc.) die Grundstückssituation zu verbessern. Grundstücksbereinigungen größerer Art, wie der Abriß von Garagen, leerstehenden Lagerräumen oder gar Rückgebäuden werfen erheblich größere Finanzierungsprobleme auf, die einzelfallweise gelöst werden müssen. Je größer und teurer die Maßnahme ist, desto mehr gerät sie in

Konflikt mit der sozialpolitischen Zielsetzung des Gesamtprojektes. Sie wirkt sich u.U. erheblich auf die Mieten aus und verknappt im Falle eines Abrisses von Wohngebäuden den im Gebiet vorhandenen preiswerten Wohnungsbestand.

Von der Durchsetzung her gesehen sind verbesserte Maßnahmen im öffentlichen Wohnumfeld leichter erreichbar. Sie sind durch den politischen Willen und finanziellen Handlungsspielraum der Kommune begrenzt. Das sozialpolitische Ziel, keinen Umstrukturierungsprozeß bei der Wohnbevölkerung auszulösen, zwingt zu sorgfältigen Überlegungen, ob nicht durch zu umfangreiche Maßnahmen eine Attraktivitätssteigerung und Imageanhebung bewirkt wird. Diese könnten zu starken Zuwanderungen höherer Einkommensschichten aus anderen Stadtteilen führen und damit Verdrängungsprozesse bei der jetzt ansässigen Bevölkerung auslösen. In Kenntnis dieser Gefahr, deren Eintrittswahrscheinlichkeit sehr unterschiedlich beurteilt wird, sollen daher die möglichen Maßnahmen im öffentlichen Bereich ebenfalls Gegenstand der "Offenen Planung" sein und in Zusammenarbeit mit der ansässigen Bevölkerung festgelegt werden.

Dies ist schon deshalb notwendig, weil auch die öffentlichen Wohnumfeldverbesserungen Aufwendungen darstellen, die u.U. auf die Anlieger umgelegt werden können und damit zu Mietsteigerungen führen.

Die Verwaltung hat daher bewußt kein bis ins letzte Detail ausgefeiltes Konzept von Wohnumfeldmaßnahmen erarbeitet, sondern nach der Feststellung der Defizite in den einzelnen Bereichen lediglich Rahmenkonzepte bzw. Vorschläge zusammengestellt.

Als gewichtigster Teilbereich ist das Konzept zur Verkehrsberuhigung (Verkehrssystem M) anzusehen, zu dem bereits ein Stadtratsbeschluß vorliegt (siehe Übersichtsplan). Grundidee ist die Schaffung von Wohnquartiers-Zellen, die eine Beschränkung des Kfz-Verkehrs auf den Eigenverkehr bewirken. Die Trennstellen zwischen den Quartieren können zu "Wohnstraßen" entwickelt werden, die durch eine Mischung gleichberechtigter Verkehrsarten (Fußgänger-, Fahrrad-, Kfz-, ruhender Verkehr) charakterisiert ist. Ziel ist die Rückgewinnung der sozialen Brauchbarkeit der Straße, Schaffung von Freiraum für die Freizeitgestaltung und von Spiel- und Bewegungsflächen für Kinder, Erhöhung der Sicherheit auf der Straße durch Verringerung der gefahrenen Geschwindigkeiten sowie die Bereitstellung ausreichender Parkflächen. Die kleinräumige Ausgestaltung der Verkehrsberuhigung in den einzelnen Wohnquartieren (versetzte Parkbuchten, Fahrbahnverengungen, partielle Aufpflasterung, Begrünung, Möblierung etc.) soll Gegenstand der "Offenen Planung" sein.

Die bisherige Bestandsaufnahme, die durch die Ergebnisse der repräsentativen Befragung noch zu ergänzen ist, hat erhebliche Defizite im Bereich der sozialen Infrastruktur gezeigt. Diese liegen mit größter Dringlichkeit im Fehlen eines Jugendfreizeitheimes der offenen Tür, eines Stadtteilzentrums (Gemeinschaftshaus) und einer Altenbegegnungsstätte. Weiterhin fehlen gemäß Rahmenplan Kindergärten/Kinderhorte bis 1980 ca. 300 Kindergarten- sowie eine Reihe von Hortplätzen. Außerdem werden eine Sozialstation sowie Freisportanlagen für notwendig erachtet. In einem weiter gefaßten Verständnis von sozialer Infrastruktur wird der Aufbau einer Gemeinwesenarbeit für notwendig gehalten, mit der Anfang 1979 begonnen wird. Sie soll als Hilfe zur Selbsthilfe so verstanden werden, daß sie die ansässige Bevölkerung aktiv in die Lage versetzt, für ihre Interessen einzutreten. Die gegenwärtige personelle und finanzielle Ausstattung kann angesichts der Größe des Projektes nur als erster Schritt angesehen werden.

Auf den Mangel an wohnungsnahen Grünanlagen ist bereits hingewiesen worden. Seit einigen Jahren liegt ein rechtsverbindlicher Bebauungsplan vor, der für den Block Jamnit-

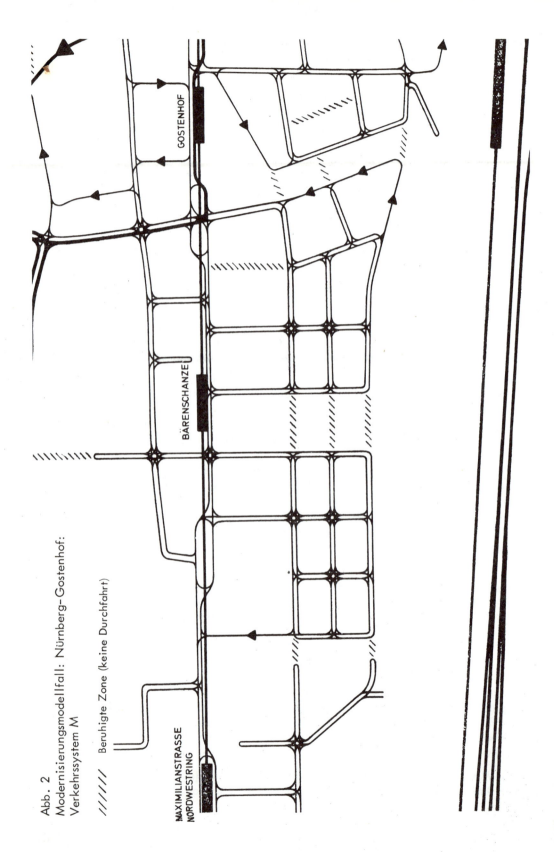

Abb. 2
Modernisierungsmodellfall: Nürnberg-Gostenhof:
Verkehrssystem M

////// Beruhigte Zone (keine Durchfahrt)

zer Straße, Obere Seitenstraße, Mittlere Kanalstraße und Untere Seitenstraße den Abriß und die Errichtung eines Parks vorsieht. Diese Maßnahme soll als bisher einzige im Modellfall Gostenhof im Rahmen einer Sanierung nach StBauFG laufen. Die Stadt hat eine Reihe von Grundstücken bereits aufgekauft und teilweise abgeräumt. Abhängig von den verfügbaren Finanzmitteln soll diese Maßnahme zügig verwirklicht werden. Weitere Begrünungsmaßnahmen sind im Rahmen der Verkehrsberuhigung (Straßengrün bzw. Begrünung aufgelassener Straßen) und in privaten Blockinnenbereichen denkbar.

Die Wirtschaftsstruktur von Gebieten mit gemischten Nutzungen wie im Stadtteil Gostenhof ist stark von kleinen und mittleren Betrieben des Handwerks, des Handels, der Produktion und Bauwirtschaft geprägt, deren wirtschaftliche Entwicklungsprobleme zunehmend deutlicher werden (z.B. Kapitalbeschaffungs- und Investitionsfinanzierungsprobleme, Schwierigkeiten in der Wettbewerbsanpassung und der Erschließung neuer Absatzmärkte, Kooperations- und Zulieferprobleme, Qualifikations- und Innovationsdefizite etc.). Die Unternehmen sind oft auf die geringen Mieten in Hinterhoflagen sowie ihre Gebietsstammkundschaft angewiesen. Zudem sichern sie - zumindest im handwerklichen Bereich - die wohnstandortnahe Versorgung im Stadtteil und stellen in ihrem Rahmen auch wohnstandortnahe Arbeitsplätze. Da eine Verlagerung für viele dieser Betriebe den wirtschaftlichen Ruin bedeuten würde, soll eine Politik der Gewerbebestandssicherung entwickelt werden. Sie soll alle technischen ("in Watte packen") und juristischen (z.B. Duldungsverträge) Möglichkeiten ausloten, die einen Verbleib des Gewerbes im Stadtteil ermöglichen. Hierzu gehört auch die Möglichkeit von Gewerbekonzentrationen in Gewerbeblöcken oder -höfen im Stadtteil selbst.

Unter dem Blickwinkel des Umweltschutzes ist eine Vorgehensweise zu entwickeln, die die Stadtteilerneuerung mit umweltfreundlichen Lösungen verbindet. Dies gilt zum einen für die Luftverschmutzung durch Hausbrand (ca. 70 % Einzelfeuerungsanlagen), der durch eine weitgehende Heizungsumstellung auf Fernwärme begegnet werden könnte. Die technischen Voraussetzungen hierzu (Fernwärmeleitung entlang der Fürther Straße) werden bald erstellt sein, doch ist erneut darauf hinzuweisen, daß derart kostenintensive Maßnahmen einen erheblichen Mietsteigerungseffekt mit sozialen Folgen bewirken. Ähnlich wird es sich mit alternativen Technologien /6/ verhalten, die auf Energieeinsparung ausgerichtet sind. Sie sind bisher kaum bei der Altbauerneuerung größeren Umfanges erprobt und z.Z. noch sehr teuer (geringe Nachfrage), so daß Risiko und hohe Kosten letztlich wieder beim Mieter liegen.

Auch unter den Umweltgesichtspunkten Lärmreduzierung bzw. -bündelung, Abgasereduzierung bzw. -bündelung, Verkehrssicherheit und nicht zuletzt optische Aufwertung von Wohnstraßen ist das "Verkehrssystem M" zu sehen, das für ganz Gostenhof eine Verkehrsberuhigung bringen soll.

Die vorhandene Belastung durch betriebliche Emissionen stellt eine zusätzliche Beeinträchtigung der Wohnverhältnisse dar. Mit dem Ziel der Gewerbebestandssicherung ist der Immissionszustand im wesentlichen durch die Duldungshaltung der alteingesessenen Bevölkerung aufrechtzuerhalten, da das ansässige, emittierende Gewerbe in der Regel unterhalb der heutigen Umweltschutznormen bestandsgeschützt ist. Auflagen oder gar Verlagerungen sind wirtschaftlich von den Betrieben oft nicht oder nur schwer tragbar. Der Umweltschutz gerät damit in einen Zielkonflikt mit der Gewerbebestandssicherung (s.o.), der unter Abwägung aller Gesichtspunkte nur einzelfallweise gelöst werden kann.

4. <u>Offene Fragen</u>

Abschließend sollen noch einige Problemlagen verdeutlicht werden, die vielleicht ansatzweise die Schwierigkeiten und Unvollkommenheiten beleuchten, die in dem beschriebenen Konzept für den Modellfall Nürnberg-Gostenhof stecken.

Ausgehend vom Handlungsspielraum einer Kommune im Hinblick auf die Stadtteilerneuerungsaufgabe muß jederzeit deutlich sein, daß der gewählte Weg der Modernisierung (als Alternative zur Sanierung nach StBauFG) im wesentlichen von der Motivierung und Aktivierung privater Investoren abhängt. An dieser Tatsache müssen sich die kommunalen Instrumente, Programme und Maßnahmen in Art und Umfang ausrichten.

Die Frage, ob eine Verbesserung der Wohnverhältnisse mit den aufgezeigten Mitteln möglich ist, hängt also davon ab, ob die Anreize für private Investoren groß genug sind. Da die Interessen der privaten Investoren jedoch nicht notwendigerweise den Interessen der gesamten Gebietsbevölkerung entsprechen, ist eine schwierige (aus vielen Kompromissen bestehende) Gratwanderung notwendig, wenn die Stadt als Zielgruppe des Projektes die ansässige Bevölkerung sieht. Da die Entscheidungen über Art umd Umfang der Modernisierungsinvestitionen unter privatwirtschaftlichen Renditegesichtspunkten fallen, können sie der sozialpolitischen Zielsetzung des Projektes entgegenstehen, ohne daß die Stadtverwaltung wirkungsvolle Steuerungs- und Kontrollinstrumente hat. Sind die Anreize zu schwach, passiert auf dem privaten Sektor nichts, sind sie zu stark, kann damit eine lawinenartige Bewegung ausgelöst werden, die die Stadtteilstruktur verändert und die Teile der ansässigen Bevölkerung verdrängt.

Auch der oft gehörte Hinweis auf die Wohngeldberechtigung bei stark gestiegenen Mieten kann nicht befriedigen. Zum einen, weil damit nicht automatisch alle zusätzlichen Belastungen bei den Betroffenen aufgefangen werden, zum anderen, weil sich der beabsichtigte volkswirtschaftliche Einkommensumverteilungseffekt tendenziell aufhebt, wenn durch notwendige Modernisierungsmaßnahmen ein sprunghafter Anstieg der Wohngeldberechtigten ausgelöst wird. Darüber hinaus sichert das Wohngeld bei falsch finanzierten Wohnungen einen überhöhten Ertragswert und höhlt zudem den Marktmechanismus des Gebrachtwohnungsmarktes aus.

Eine weitere wichtige Restriktion des Handelns ist die Mittelknappheit. Im Gegensatz zur Sanierung nach StBauFG sind die Bundes- und Landesmittel für Modernisierungsmaßnahmen erheblich geringer und stehen in keinem angemessenen Verhältnis zum Bedarf. Der Problemdruck ist nicht mehr anzuzweifeln. Erkennt man gerade auf Bundes- und Landesebene die Modernisierung überalterter Wohnquartiere politisch nicht als eine der dringlichsten und zentralen Aufgaben der Zukunft an (mit den entsprechenden Haushaltsansätzen), dann geht eine der letzten Chancen verloren, lebenswerte Innenstadtbereiche mit durchmischter Bevölkerungsstruktur zu halten. Unter sozialpolitischen und städtebaulichen Gesichtspunkten sinken diese Wohnviertel zu Sanierungsgebieten ab, die schon heute von Zahl und Umfang her kaum in den Griff zu bekommen sind. Will die Kommune selbst in diesen Prozeß wirksam eingreifen, muß sie erhebliche Eigenmittel aufbringen, die bei der bekannten Finanznot weitgehend nur durch Umverteilung aus anderen Aufgabenbereichen abgezogen werden können.

Der Stadtverwaltung fehlt für die neue Aufgabe der Vorbereitung, Durchführung und Kontrolle von Stadtteilerneuerungsprojekten vielfach das Personal und die organisatorischen Voraussetzungen (referatsübergreifende Aufgabenstellung, Projektmanagementtechniken). Unter Umständen "entgleiten" ihr Teile des Projektes mangels Kapazität und Erfahrung, aber auch wegen der fehlenden Kooperation der betroffenen Ämter und Dienststellen. Die

Rückkoppelung mit den politischen Gremien zur Zielbestimmung und -gewichtung sowie der Bestimmung von Haushaltsansätzen liegt sehr im Argen.

Offen ist ferner, in welcher Weise die Bewohner (Mieter, Eigentümer, Gewerbetreibende) auf das Vorhaben reagieren. Tragen sie das Projekt mit (z.B. im Rahmen der "Offenen Planung") oder empfinden sie es als Bedrohung ihrer Lebenssituation und wehren sich? Wendet sich ihre Motivation und Aktivierung gegen die Verwaltung und ihre Maßnahmen oder bilden sich - insbesondere bei den Mietern - Initiativen und Selbsthilfegruppen, die an der Gestaltung des Stadtteils mitwirken und auch neue Angebote wie z.B. Mietermodernisierungen nutzen wollen? Diese Frage wird wesentlich von der Wirksamkeit der Gemeinwesenarbeit abhängen.

Letztlich bleibt die Frage offen, ob die enormen Anstrengungen des "Modellfalles", der ja nur einen kleinen Teil der notwendigen Stadtteilerneuerung in Nürnberg abdeckt, für andere Gebiete und damit in der Breitenwirkung wiederholbar ist oder ob es ein großes, aber einmaliges Projekt bleibt.

Anmerkungen:

/1/ Stadt Nürnberg, Arbeitsgruppe Nürnberg-Plan (Hrsg.): "Verfahrenskonzept zur Verbesserung der Wohnverhältnisse", Beiträge zum Nürnberg-Plan, Reihe E, Heft 15, Nürnberg 1977.

/2/ "Verbesserung der Wohnverhältnisse Modellfall Gostenhof, Zwischenbericht (Materialsammlung)" Arbeitsgruppe Nürnberg-Plan, November 1977, "Neuplanung der Fürther Straße", Referat für das Bauwesen, 1977.

/3/ Die Mieterhöhungen können dabei sowohl direkt (Umlage der Modernisierungskosten) als auch bei Mieterwechsel erfolgen, wenn die Marktnachfrage durch das verbesserte öffentliche Wohnumfeld eine höhere Miete zuläßt.

/4/ Übernahme von 2/3 der unrentierlichen Kosten durch Bund und Land; befristete Sonderregelungen wie z.B. Genehmigungspflicht aller Grundstücksan- und -verkäufe, Vorkaufsrecht der Gemeinde, besondere Vorschriften über die Enteignung etc..

/5/ Das z.Z. noch geringe Finanzvolumen des städtischen Modernisierungsprogramms (1,2 Mio. DM jährlich) läßt neben den Modernisierungen an der Gebäudesubstanz vermutlich nur wenig Hilfe für private Wohnumfeldmaßnahmen zu. Ein eigenes Finanzierungsprogramm für private Wohnumfeldmaßnahmen (etwa nach dem Beispiel der Stadt München) scheint unabdingbar.

/6/ Quartierbeheizung durch Abfallverbrennung, Methangasproduktion durch organische Abfälle, Sonnenkollektoren, Wärmetauscher, Wärmepumpen usw..

Jörg Tober

Organisation, Konzeption und Handlungsprogramme zur Verbesserung des Wohnumfeldes Wiesbadener Innenstadtquartiere – ein Praxisbericht

1. Beschreibung eines Zustandes

Repräsentative Fassaden, alte Alleen zeugen von vergangener Pracht gründerzeitlicher Stadtbaukunst und vom ehemaligen Wohlstand der Bürger der "Weltkurstadt".

Durch die breiten Alleen tost heute der Autoverkehr, die Seitenstraßen vollgestopft von parkenden Autos, in den Hauseingängen weisen zerbeulte Briefkästen und mehrfach überklebte Namensschilder auf Vernachlässigung des Haus- und Grundeigentums und auf hohe Mobilität der Mieter hin. Die Höfe von hohen Mauern umschlossen, von unverputzten tristen Fassaden gesäumt, asphaltiert, ohne Grün und mit Schildern gepflastert wie "Spielen im Hof verboten" oder "Unnötiger Aufenthalt im Hof verboten". Hinter Fenstern isolierte alte Menschen, die Straßen von lebhaften Ausländern verschiedenster Nationalitäten bevölkert. Gewerbe nistet sich in Wohnungen ein, der Parkplatzbedarf wird im Vorgarten befriedigt (siehe Abb. 1 und 2).

Gespräche mit Bürgern der westlichen Innenstadt im Juli 1978:

Zwei alte Damen:	"Wir trauen uns abends nicht mehr auf die Straße"
Eine Dame mittleren Alters:	"Im Hinterhaus können Sie sich das Einwerfen sparen (Stadtteilinformation). Der Eigentümer hat dort lauter Türken reingestopft. Deutsch wohnen nur noch hier vorne."
Ein junges Ehepaar:	"Unser Kind kann hier nirgends spielen. Wir wohnen hier nur noch, weil die Miete billig ist."
Ein anderes junges Ehepaar:	"Neben uns ist das ganze Haus von Türken bewohnt. Dort herrscht ein unbeschreiblicher Gestank und Krach. Wir ziehen hier weg."

Fazit: Wer sich's leisten kann verläßt das Viertel.

Hohe Mobilität der Bewohner-, hohe Anteile ausländischer Mitbürger, alter Menschen, einkommensschwacher Bürger, Sozialhilfeempfänger-, hohe Jugendkriminalitätsrate und hohe Wahlenthaltung kennzeichnen die soziale Struktur der Innenstadt, die Gefahr läuft, sich zu einem Thetto für Randgruppen zu entwickeln. Einige Zahlen aus der westlichen Innenstadt verdeutlichen diese Tendenz /1/:

- Hohe Mobilität: Die Wegzugquote lag in den Jahren von 1973 bis 1975 bei ca. 20 %, die Gesamtmobilität fast doppelt so hoch. In den vergangenen Jahren hat ein ständiger Austausch junger expandierender Haushalte gegen die Haushalte ausländischer Familien stattgefunden. Von 1974 bis 1977 verliert das Wohnquartier 1261 Deutsche und gewinnt 456 Ausländer hinzu. Die Segregation erhöht sich.

- Hoher Anteil an Einpersonenhaushalten: Im Jahre 1970 betrug der Anteil der Einpersonenhaushalte an allen Haushalten ca. 40 % (städtischer Durchschnitt 32 %). Es sind überwiegend ältere Menschen, vielfach abhängig von Sozialhilfeleistungen.

- Hohe Deliquenzrate bei Jugendlichen: Im Jahre 1977 wurden 21 laufende Jugendgerichtsfälle bezogen auf 1000 Jugendliche im Alter von 14 bis 21 Jahren registriert. Die westliche Innenstadt gehört damit zu den statistischen Bezirken mit der höchsten Deliquenzrate und hat mit einem Absolutwert von 50 laufenden Verfahren die höchste Falldichte im Stadtgebiet.

- Hohe Wahlenthaltung: Bei der Kommunalwahl 1977 weist die westliche Innenstadt mit 40,5 % (städtischer Durchschnitt 29,9 %) die höchste Wahlenthaltungsquote im Stadtgebiet auf. Dies signalisiert den Umschlag des sozialen Problemdrucks in eine "passive Illoyalität", die im Zusammenhang mit der fortgeschrittenen Form der Auflösung des Gemeinwesens in seiner überlieferten Form gesehen werden muß.

Für die nächste Zukunft (bis 1985) ist eine Entwicklung zu erwarten, die zur Verstärkung der vorhandenen Ungleichgewichte führen wird. Die Bevölkerungsprognose weist für das Gebiet eine Abnahme der Unter-20-jährigen bis 1985 aus, die mit ca. 25 % weit über dem durchschnittlichen städtischen Rückgang der Bevölkerung in dieser Altersgruppe liegt. Die Abnahme der Jugendlichen wird einerseits die Überalterung relativ verstärken, andererseits den Anteil ausländischer Kinder und Jugendlicher in dieser Altersgruppe weiterhin ansteigen lassen.

2. Verwaltungsorganisation und Innenstadtpolitik

2.1 Neuordnung der Wiesbadener Stadtentwicklung und deren Auswirkungen auf die Innenstadtpolitik

Der problematischen Entwicklung der Innenstadt wurde lange Zeit keine Aufmerksamkeit geschenkt. Ausweisung und Erschließung neuer Baugebiete beschäftigten die politischen Körperschaften und die Verwaltung. Im Innenstadtbereich wurde Büronutzung und Kaufhausbau gefördert, die Verkehrsadern verbreitert, um den anschwellenden Berufs- und Kundenverkehr verkraften zu können. Weiterer Ausbau von Innenstadtstrassen, Abbruch der Altbausubstanz und Neubebauung, Umwidmung von Wohngebieten in Büroquartiere waren Zielsetzungen des "neuen Wiesbaden" von 1963 /2/. 1972 kam der Umschwung. Die unübersehbare Verödung der Innenstadt hatte Gegenreaktionen bei Bürgern und Politikern hervorgerufen. Erhaltung des historischen Ensembles und Zurückgewinnung der Bewohnbarkeit der Innenstadt waren jetzt die Forderungen. 1973 wurde das Stadtentwicklungsdezernat gebildet, um diese Stadterhaltungspolitik wirksam umzusetzen. Den klassischen Ämtern des Baudezernates wurden jetzt das Amt für Verkehrswesen und das Grünflächenamt zugeordnet, um unter einem politisch verantwortlichen Dezernenten gegensätzliche Zielsetzungen von Fachämtern bereits im Verwaltungsbereich im stadtstrukturerhaltenden Sinne zu entscheiden sowie die zügige Planung und Realisierung - z.B. von Maßnahmen zur Verbesserung des Wohnumfeldes - an denen in aller Regel mehrere Ämter mitwirken, zu gewährleisten.

Abb. 1a

Abb. 2a

Abb. 1b

Abb. 2b

Der Wandel des äußeren Erscheinungsbildes von Bauten und Vorgärten dokumentiert die Veränderung hinter den Fassaden. Ein Haus in der Adolfsallee um 1900 (Abb. 1a). Eine eingegrünte Oase an deren Fenster sich stolzes Bürgertum präsentiert. Das gleiche Gebäude 1979 (Abb. 1b). Vorgarten, Souterrain und Erdgeschoß gewerblich genutzt. Jetzt überwiegend von Ausländern bewohnt. Ein im ursprünglichen Zustand erhaltener Vorgarten in der Adolfsallee (Abb. 2a) und ein "zeitgemäß" genutzter in der Adelheidstraße (Abb. 2b).

Verwaltungsorganisation seit 1973

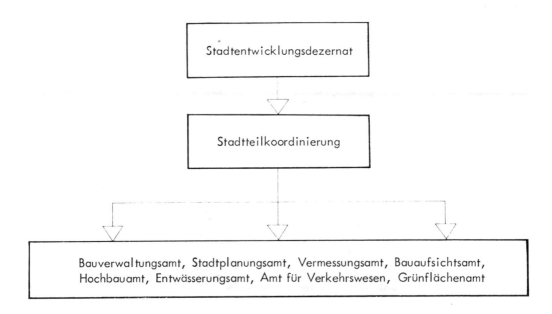

Stadtentwicklungsdezernent wurde mit Stadtrat Jordan ein für die "menschliche Stadt" engagierter SPD-Politiker, der die kontinuierliche Erarbeitung von Stadtteilentwicklungskonzepten, die auf einer umfassenden Bestandsaufnahme der Real- und Sozialstruktur basierten, einleitete.

Zielsetzung für die Bauverwaltung war und ist:

a) Die überwiegende Wohnnutzung der alten innerstädtischen Wohnquartiere und der alten Ortskerne eingegliederter Vororte rechtsverbindlich festzuschreiben und den ungehemmten gewerblichen Entwicklungen einen Riegel vorzuschieben.

b) Das Wohnumfeld so zu verbessern, daß das Wohnen in diesen Bereichen wieder für junge Familien mit Kindern und einkommensstärkere Berufsgruppen attraktiv wird, um einer weiteren einseitigen Entwicklung der Sozial- und Altersstruktur entgegenzuwirken.

Für fast alle Problemgebiete existieren zwischenzeitlich Stadtteilentwicklungspläne, die derzeit in rechtsverbindliche Bebauungspläne umgesetzt werden. Zügig realisierte Fußgängerzonen, Grünanlagen, Spielplätze und Bürgerzentren haben in einigen Bereichen bereits jetzt zu einer erheblichen Steigerung der Lebens- und Wohnqualität geführt.

2.2 Projektkoordinierung - ein Weg zum "Miteinander"

Eine wesentliche Rolle für die Erzielung erster Erfolge spielte eine weitere verwaltungsorganisatorische Maßnahme: die Projektkoordinierung. Während die rechtsverbindliche Sicherung der Wohnnutzung eine zeitlich überschaubare Aufgabe für die Verwaltung darstellt, ist die Wohnumfeldverbesserung für die einzelnen Quartiere aus eigentumsrechtlichen und finanziellen Gesichtspunkten nur langfristig lösbar. Hier müssen Prioritäten gesetzt werden, ständig die verschiedenen Aktivitäten der Verwaltung zielgerecht koordiniert und Maßnahmeerfolgskontrollen durchgeführt werden. Für diese Aufgabe wurden vom Stadtentwicklungsdezernenten ihm direkt verantwortliche Projektleiter für die stadtteilbezogene Koordination des Bauverwaltungshandelns sowohl im Planungs- wie auch im Realisierungsbereich eingesetzt. Abstimmung von Maßnahmen mit anderen Dezernaten, wie z.B. dem Sozialdezernat, Organisation und Durchführung der Bürgerbeteiligung sowie ständige Kontaktpflege mit den Bürgern gehören ebenfalls zu ihren Aufgaben. Für Fachämter und Dezernate ist damit ein für stadtteilbezogene Belange zuständiger Ansprechpartner im Stadtentwicklungsdezernat vorhanden. Für den Bürger gibt es "seinen Stadtteilplaner" der ihm Auskunft geben kann, ihn bei eigenen geplanten Maßnahmen berät, seine Anregungen an Fachämter zügig weiterleitet und ihm bei seinen Anliegen den Weg zu den dafür zuständigen Dienststellen weist.

2.3 Bebauungspläne - ja oder nein?

Bebauungspläne setzen den politischen Willen für die Entwicklung von Teilbereichen der Stadt in rechtsverbindliche Festsetzungen um. Stadterhaltung und Wohnumfeldverbesserung können hier langfristig abgesichert werden. Verwaltung und Bürger haben sich danach zu richten. In dem diesem Lesebuch vorangegangenen Workshop am 13.10.1978 wurde die Frage, ob Bebauungspläne eine Hilfe für die Wohnumfeldverbesserung darstellen können, lebhaft diskutiert.

Stellen wir uns den Alltag des Kollegen X im Bauaufsichtsamt vor: Das Baugesuch des Herrn Müller entspricht der umgebenden Bebauung. Die Einstellplätze sind im Hinterhof nachgewiesen. Dem Baugesuch muß stattgegeben werden. Anders reagiert er, wenn ihm für den Bereich des Müller'schen Grundstückes ein Bebauungsplan vorliegt, der z.B. einen prozentualen Mindestanteil an begrünter Hinterhoffläche pro nicht überbaubarer Grundstücksfläche vorschreibt. Jetzt ist er gehalten, bei seiner Beurteilung die Schaffung dieser Grünfläche zu fordern. Zwei Beispiele aus der Beurteilungspraxis privater Baugesuche durch das Bauaufsichtsamt, bei der ebenfalls die Projektkoordinierung einzuschalten ist, sollen die Wirkung verdeutlichen (siehe Abb. 3 und 4):

- Eine Metallwarenhandlung reicht im Februar 1975 eine Bauvoranfrage ein. Der Hinterhof soll für ein Lager überbaut werden, wobei die Oberkante der Dachdecke dem Hofniveau der dahinter liegenden Grundstücke entspricht. Das Flachdach ist als begrünte Terrasse ohne näher dargestellte Nutzungsmöglichkeit konzipiert. Wir fordern unter Hinweis auf den Bebauungsplan eine intensivere Begrünung des Hofes. Der Bauherr verzichtet darauf auf Anordnung von fünf Lichtkuppeln, vergrößert den Grünanteil, sieht einen Kleinkinderspielplatz und Bänke vor. In diesem Jahr, nach Abschluß der Bauarbeiten wird der Hinterhof dementsprechend umgestaltet und wird danach allen Hausbewohnern zugänglich sein.

- Eine Privatschule stellt im Mai 1976 einen Bauantrag. Ein vorhandener Garagentrakt soll abgebrochen und der Hinterhof als Parkplatz genutzt werden. Unter Hinweis auf den Bebauungsplan wird eine Begrünung des Hofes gefordert. Der Bauherr verzichtet jetzt auf Anlage von drei Parkplätzen und sieht dafür eine Grünanlage vor. Zwischen den verbleibenden Stellplätzen sollen zwei Bäume gepflanzt werden. Die Gebäudemodernisierung ist zwischenzeitlich abgeschlossen, die Umgestaltung des Hin-

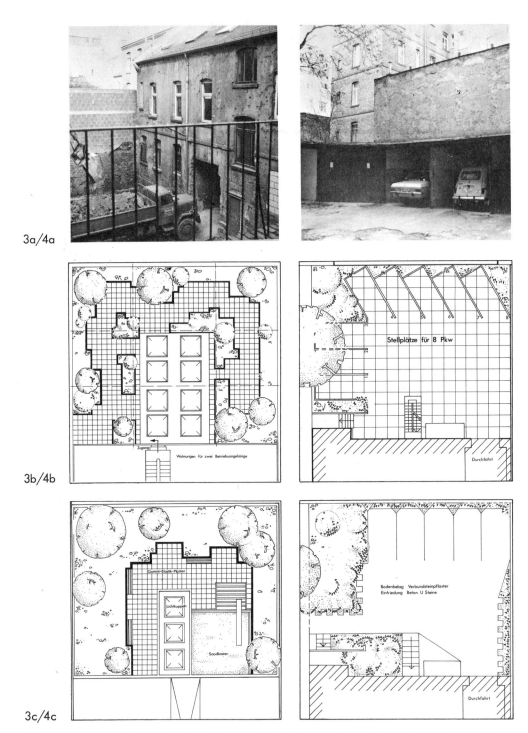

3a/4a

3b/4b

3c/4c

Zustand der Höfe 1979 (Abb. 3a, 4a), von den Bauherren beantragte Freiflächengestaltung (Abb. 3b, 4b) sowie nach Bauberatung geänderte und genehmigte Planung (Abb. 3c, 4c). Hinterhof Metallwarenhandlung (Abb. 3...). Hof Privatschule (Abb. 4...).

terhofes erfolgt in diesem Jahr.

Die Beispiele dokumentieren, daß aufgrund von Bebauungsplanfestsetzungen im Zuge von Bau- oder Modernisierungsmaßnahmen das Wohnumfeld verbessert werden kann. Sie zeigen aber auch die Langwierigkeit solcher auf privater Initiative basierenden Maßnahmen. Bis die Mieter in den Genuß des begrünten Hinterhofes kommen, vergehen drei bis vier Jahre. Dies unterstreicht die Notwendigkeit städtischer Maßnahmen und städtischer Förderungsprogramme zur Hofgestaltung.

Der erste Wiesbadener Bebauungsplan für ein dicht bebautes innerstädtisches Wohnquartier wurde für die südliche Innenstadt am 10. Mai 1976 fertiggestellt. Wohnumfeldverbesserndes Bestandteile seiner Festsetzungen sind:

- Erhaltung vorhandener bzw. Neupflanzung abgestorbener Bäume in allen Alleen.

- Umgestaltung der Adolfsallee und des Grundstückes einer ehemaligen Untersuchungshaftanstalt in öffentliche Grünanlagen.

- Bebauung eines privaten Grundstückes mit einem Bürgerzentrum, das u.a. eine Kindertagesstätte, einen Altenklub und Räume für soziale Dienste beinhalten soll.

- Festsetzung des prozentualen Mindestanteils von gärtnerisch anzulegenden und zu erhaltenden Flächen an den nicht überbaubaren Flächen der Baugrundstücke im allgemeinen Wohngebiet 6/10, im Mischgebiet 4/10, im Kerngebiet 3/10.

- Pflicht zur Erhaltung von Bäumen mit mehr als 40 cm Stammumfang (in 1 Meter Höhe gemessen) und Sträucher über 2 Meter Höhe.

- Falls aus zwingenden Gründen Bäume und Sträucher nicht erhalten werden können: Pflicht zur Ersatzpflanzung, die dem Umweltwert der entfernten Pflanzen entsprechen muß.

- Pflicht zur gärtnerischen Anlage und Unterhaltung aller nicht überbaubaren Flächen im Vorgartenbereich außer den notwendigen Zugängen und Zufahrten.

- Pflicht zur Schaffung von Kinderspielplätzen nach der Satzung über private Kinderspielplätze in der Landeshauptstadt Wiesbaden.

2.3 Entwicklung der Bürgerbeteiligung in Wiesbaden

An der Stadtteilplanung für die südliche Innenstadt wurden die Bürger in "üblicher" Weise beteiligt. Sie durften sich im außerhalb des Quartiers gelegenen Rathaus über die Bestandsaufnahme und die Strukturplanung informieren. In einer Bürgerversammlung, die ebenfalls außerhalb des Bereiches stattfand, konnten sie sich zu den städtischen Planungen für ihren Stadtteil sowie zur Umgestaltung der Adolfsallee äußern und hatten sogar am Vormittag Gelegenheit die Pläne zu betrachten sowie den Projektleiter zu befragen. Ergebnis: eine wenig konstruktive Diskussion, mehr eine Pflichtübung der Verwaltung. Bei der Stadtteilplanung für die westliche Innenstadt wurde dies grundlegend geändert. Nach der Bestandsaufnahme und der Strukturplanung wurden in drei Schulen des Viertels, insgesamt vier Wochen lang, die Arbeitsergebnisse den Bürgern vorgestellt. Der Projektleiter war während dieser Zeit, zu vorher in der Presse und in Flugblättern, bekanntgegebenen Sprechzeiten - auch Samstags - anwesend.

Auszug Wiesbadener Tagblatt vom 16. Juni 1978:

"Jörg Tober, der für die Strukturanalyse verantwortlich zeichnet, der sich um die Koordinierung aller beteiligten Ämter bemüht und der vor allem immer wieder den Kontakt mit Hausbesitzern und Bewohnern sucht, steht wochentags von 17. bis 19.00 Uhr und jeweils samstags während der Ausstellung interessierten Bürgern als Berater zur Seite. Als Fußball-Anhänger räumt er zwar unumwunden ein, "ich habe da ein bißchen gelitten", aber der Verzicht auf spannende Spiele wurde dann doch von "interessierten und aufgeschlossenen Gesprächspartnern" mehr als ausgeglichen."

Danach diskutierten Betroffene, Politiker und Verwaltung in einer dieser Schulen über die weiteren Zielsetzungen der Stadtteilplanung. Die gründliche Vorinformation und die zahlreich geführten Gespräche führten zu einer sehr sachlichen Aussprache.

Auszug Wiesbadener Tagblatt vom 07. Juli 1978:

"Die Bürgerzusammenkunft war vom Stadtentwicklungsamt sorgfältig mit einer umfassenden Erhebung des "Istzustandes" und einer informativen Ausstellung von Fotos mit erläuternden Texten, insbesondere zur geschichtlichen Entwicklung des Westendes, vorbereitet worden.

Der zuständige Stadtplaner Tober führte bereits vor dem Bürgertreff zahlreiche Einzelgespräche mit dem Ziel, Anregungen aufzugreifen.

Dies war das Hauptanliegen des Treffens überhaupt: In einer Vorphase der eigentlichen Planung von den betroffenen Bürgern Wünsche zu hören, Verbesserungsvorschläge entgegenzunehmen etc."

Jetzt, ein halbes Jahr später, werden erste konkrete Planungen mit überwiegend wohnumfeldverbes ernder Wirkung vorgestellt. Der Bürger kann sich über diese Projekte an drei Tagen in der Woche im seit November 1978 eingerichteten Stadtteilbüro, das zentral im Quartier liegt, informieren und hier auch ständig Kontakt mit der Verwaltung aufnehmen. Ende März soll über die Realisierung der Maßnahmen ausgiebig diskutiert werden. Diese Bürgerversammlung findet an einem Samstagnachmittag statt um auch älteren Bürgern, die sich abends unsicher fühlen, die Teilnahme zu ermöglichen.

Auszug Wiesbadener Tagblatt vom 28. November 1978:

"Wiesbadens Stadtplaner wollen sich ab sofort vom Bürger in die Werkstatt schauen lassen. Alle Planungsüberlegungen, die das Westend betreffen, sollen kein Geheimnis sein. Interessierte und betroffene Bürger sollen in der Informationsbeschaffung schneller zum Zuge kommen, als dies den Körper-

Abb. 5a/b

Abb. 6a/b

Abb. 7a/b

Drei Beispiele wo der Dialog zwischen Verwaltung und Bürger zu greifbaren Ergebnissen führte. Typischer Vorgartenparkplatz in der Adolfsallee (Abb. 5a) und benachbarter, umgestalteter Parkplatz mit Bäumen und Sträuchern begrünt (Abb. 5b). Für eine Baulücke in der Albrechtstraße unweit der Adolfsallee, die als Parkplatz genutzt wurde (Abb. 6a). Ein häßliches Vordach in der Adolfsallee wurde beseitigt und durch eine Glaskonstruktion ersetzt die sich in das Ensemble einfügt (Abb. 7b).

schaften möglich ist. Die Idee kam von Gebietssachbearbeiter Jörg Tober vom Stadtentwicklungsdezernat, der bei den Untersuchungen der Strukturen im Westend überaus großes Interesse der Bevölkerung registriert hatte. Stadtentwicklungsdezernent Jörg Jordan ließ sich von der Begeisterung seines Fachmitarbeiters anstecken und sorgte umgehend für eine Begegnungsstätte zwischen Bürger und Verwaltung: Das Stadtteilbüro für das Westend im ehemaligen AOK-Gebäude Blücherstraße 12 ist fortan jeden Montag, Mittwoch und Freitag zwischen 17 und 19 Uhr für alle Bürger offen, die - so Jörg Tober - "nicht erst lange Briefe schreiben wollen"."

Darüber hinaus werden seit einigen Wochen Informationsblätter mit Fragebögen verteilt, in denen wir Eigeninitiativen -z.B. Begrünung von Hinterhöfen - anregen und über spezielle städtische Vorhaben - z.B. Umgestaltung von Plätzen und Straßen - berichten. Die Betroffenen werden dabei nach ihrer Meinung und nach ihren eigenen Vorstellungen befragt.

Auszug Wiesbadener Tagblatt:
Dezember 1978:

"An die Mitbürger im Bereich des Bülowplatzes" erging eine von Stadtrat Jordan unterzeichnete Aufforderung, "Ihre eigenen Vorstellungen über die zukünftige Gestaltung dieses Platzes mitzuteilen". In einem vier Alternativen enthaltenden Fragebogen wird die angesprochene Bevölkerung um Vorschläge gebeten:

Alternative 1: Meiner Meinung nach soll der Bülowplatz bleiben wie er ist.

Alternative 2: Ich bin für eine Umgestaltung mit einem kleinen Plätzchen und Sitzbänken, wobei der Platz mit einer Hecke abgeschirmt sein sollte.

Alternative 3: Bei einer Umgestaltung sollte der Platz nach allen Seiten offen bleiben.

Und schließlich wird den Bürgern Gelegenheit gegeben, in einer Planskizze eigene Vorstellungen einzuzeichnen.

Noch bürgernäher kann eine Verwaltung wahrhaftig nicht sein. Es bleibt zu hoffen, daß sehr viele Bülowplatz-Anlieger von diesem Angebot Gebrauch machen und ihre Vorstellungen entweder im neuen Informationsbüro im ehemaligen AOK-Gebäude oder im Stadtentwicklungsdezernat direkt unterbreiten."

Abb. 8a

Abb. 8b

Auszug aus einem Informationsblatt zur Verbesserung der Hinterhofsituation. Ist Zustand mit Hinweisen zu möglichen Veränderungen (Abb. 8a) und kleines Schaubild wie's dort nachher aussehen könnte (Abb. 8b) soll zum Nachdenken anregen und Umgestaltungen initiieren.

Das Interesse für die Vorhaben im Viertel ist seither spürbar gewachsen und die Verwaltung erhält zahlreiche konkrete Anregungen zu den beabsichtigten städtischen Maßnahmen. Ca. dreizehn Prozent der Bevölkerung des Quartiers sind Ausländer und ihre meist konzentrierte Unterbringung in oft vernachlässigten Gebäuden führt zu zahlreichen Konflikten mit den deutschen Nachbarn. Deshalb wurde in Zusammenarbeit mit dem Ausländerbeirat in der Stadt Wiesbaden für diesen Stadtteil die "Westendkommission" gebildet. Ziel dieser von ausländischen Mitbürgern getragenen Kommission ist es, ihre Landsleute bei Beseitigung der Sprachbarrieren an den Planungen genauso wie die deutschen Bürger zu beteiligen und das gegenseitige Verständnis zu fördern.

Auszug Protokoll Kommission "Westend" vom 31. Januar 1979:

"Als Diskussionsgrundlage für die spätere Arbeit der Kommission wurden verschiedene Probleme angesprochen.

- Im Westend wohnt ein hoher Prozentsatz ausländischer Mitbürger. Man kann davon ausgehen, daß durch die Sanierung im Bergkirchenviertel ein Teil der dort jetzt noch wohnenden ausländischen Mitbürger in das Westend abwandern werden.
- Lokales Ausländerzentrum Westend.
- Ausländer-Hearing im Westend.
- Zuzugsstop für das Westend.
- Die vom Dez. VIII eingeleitete Entwicklungsplanung.
- Zusammenarbeit zwischen Sozial-Ressort und Bau-Ressort.
- Repräsentierung der ausländischen Bevölkerung durch die Kommission.
- Verbesserung des Lebensraumes.
- Verbesserung der Wohnqualität."

Aufgabe der Verwaltung bei der Bürgerbeteiligung ist es, Möglichkeiten aufzuzeigen und Hilfestellung zu leisten mit dem Ziel, den Bürger zu befähigen die Entwicklung seines Lebens- und Wohnbereiches verantwortlich mitzutragen, denn vom Dialog zwischen planender Verwaltung und lokaler Öffentlichkeit hängt die praktische Reichweite und Relevanz der Resultate ab (siehe Abb. 5 - 7). Anstelle der fortschreitenden Auflösung des überlieferten Gemeinwesens, wie es sich in der hohen Wahlenthaltungsquote dokumentiert, müssen neue gemeinschaftliche Bindungen gefördert werden.

Erste Resultate der intensiven Bürgerbeteiligung zeigen sich bereits in der westlichen Innenstadt: ohne, daß ein Bebauungsplan existiert, in dem die Begrünung der Hinterhöfe festgeschrieben ist, werden zur Zeit mit drei Hauseigentümern Hofumgestaltungskonzepte erarbeitet. Ein städtisches Informationsblatt war hier der Auslöser (siehe Abb. 4). Der permanente Dialog zwischen den Bewohnern eines Stadtteils und "ihrem" Stadtteilplaner führt zu Resultaten, die in der "herkömmlichen" Art wohl nicht so schnell zu erreichen gewesen wären.

3. Verbesserung des Wohnumfeldes durch städtische Maßnahmen

3.1 Wiesbadener Konzept der Wohnumfeldverbesserung und dessen drei Ebenen

Zu den Wiesbadener Maßnahmen zählen nicht nur die typischen Projekte wie Schaffung verkehrsberuhigter Zonen, Bau von Grünanlagen etc. sondern vor allem auch sozialplanerische Vorhaben wie Bau von Bürgerzentren mit Räumen für soziale Dienste usw.

Auszug Protokoll Stadtentwicklungsdezernat
vom 08. Juni 1978:

"213 Strukturuntersuchung "Westliche Innenstadt" - Blücherstraße/Elsasser Platz; DB Nr. 209 v. 01.06.78

Nach intensiver Diskussion werden folgende Festlegungen getroffen:

- Das Hochbauamt wird gebeten, für die weiteren Gespräche Ausstellungstafeln zur Verfügung zu stellen.

- Das Amt für Verkehrswesen wird gebeten,
  - eine grundsätzliche Überarbeitung des Plankonzeptes hinsichtlich der bereits vorhandenen technischen Einrichtungen (Fußgängerüberwege, Ampeln, Parkplätze) vorzunehmen;
  - zu untersuchen, ob die als Wohnstraßen dargestellten Straßen (oberer Teil der Gneisenaustraße und Yorkstraße) durch Anpflanzen von Bäumen oder einer Änderung des Regelquerschnittes verbessert werden können;
  - zu prüfen, ob eine Sperrung der Scharnhorststraße und der Roonstraße im Bereich der Blücherschule möglich ist.

  Die Stadtwerke geben hierzu bekannt, daß ab 1979 umfangreiche Leitungssanierungen im gesamten Westendgebiet vorgenommen werden müssen und parallel zu diesen Maßnahmen die Realisierung anderer Projekte möglich wäre. Eine Abstimmung mit dem Amt für Verkehrswesen erfolgt zur gegebenen Zeit.

- Die in dem Konzept vorgeschlagenen Spielplätze sollten realisiert werden.

  Das Grünflächenamt wird deshalb gebeten,
  - in Verbindung mit dem Stadtplanungsamt und dem Amt für Verkehrswesen als Prioritätsstufe 1 ein Nutzungs- und Gestaltungskonzept für den Elsasser Platz auszuarbeiten;
  - mit der gemeinnützigen Wohnungsbaugesellschaft als Grundstückseigentümer eine Planung zur Innengestaltung des Blockes Elsasser Straße/Klarenthaler Straße/Blumenthalstraße auszuarbeiten;
  - eine entscheidungsreife Planung für den Bereich der Firma W. auszuarbeiten. Eine Umsetzung der Firma W. zur Straße X ist vorgesehen, sobald der Bebauungsplan Y rechtskräftig ist;
  - für den Bereich des Bauhofes an der Scharnhorststraße ein Gestaltungskonzept auszuarbeiten.

  Das Amt für Verkehrswesen gibt hierzu bekannt, daß die Magistratsvorlage über die Zentralisierung der Bauhöfe den beteiligten Ämtern demnächst zur Stellungnahme zugeht.

- Das Stadtplanungsamt wird gebeten,
  - in Verbindung mit dem Grünflächenamt einen detaillierten Blockplan für den Bereich Emser Straße - Drudenstraße - Seerosenstraße auszuarbeiten;
  - für den Bereich Blücherstraße - Scharnhorststraße - Goebenstraße einen Blockplan mit Sanierungskonzept auszuarbeiten.
    Dieser Block hat den größten Teil ausländischer Einwohner. Herr X - vom Liegenschaftsamt - teilt hierzu mit, daß für die Sanierung und Integration ausländischer Einwohner seitens der EG beträchtliche Mittel bereitgestellt werden, wobei er als Beispiel auf die Sanierung eines ähnlichen Stadtteils in Berlin verweist.
  - Ebenfalls für den Block Blücherstraße - Gneisenaustraße - Goebenstraße - Scharnhorststraße einen Blockplan zu erstellen.

- Das Stadtplanungsamt schlägt vor, den Block an der Ecke Dotzheimer Str./Kurt-Schumacher-Ring zu schließen, um auf diese Weise einen ruhigen Innenhof zu schaffen. Das Liegenschaftsamt wird gebeten, in der DB am 22.06.1978 über die Liegenschaftsverhältnisse in diesem Bereich zu berichten.

- Das Bauverwaltungsamt wird beauftragt, kurzfristig bei dem Amt für Wohnungs- und Siedlungswesen die Unterlagen hinsichtlich des Einbaues von Schallschutzfenstern anzufordern.
  Das Amt für Verkehrswesen erstellt eine Magistratsvorlage, die in den Sitzungszug September einzubringen ist. Prioritätsstufe I für die Bezuschussung von Schallschutzfenstern erhalten der 1. und 2. Stadt-Ring sowie die Oranien- und Moritzstraße.

- Dezernat VI wird gebeten zu prüfen, welche zusätzlichen Einrichtungen zur Sprachenschulung ausländischer Kinder herangezogen werden können. Dabei ist zu prüfen, ob hier auch die bereits bereitgestellten Geldmittel für die Lehrerfeuerwehr verwendet werden können.

- Das Schulamt wird gebeten, in Verbindung mit den Schulen in verstärktem Maße mit den Eltern ausländischer Kinder Kontakt aufzunehmen und die anstehenden Probleme zu erörtern. Außerdem sollten die Schulhöfe außerhalb der Schulzeiten für die Kinder erschlossen werden (z.B. Leibniz-Schule für über 11-jährige).

- Das Sozialdezernat wird gebeten, in Verbindung mit dem Stadtplanungsamt und dem Liegenschaftsamt für das ehemalige AOK-Gelände (hintere Bebauung ein endgültiges Konzept auszuarbeiten.

- Seitens des Sozialdezernates ist Kontakt mit der Arbeitsvermittlung aufzunehmen und zu versuchen, eine gezielte Förderung der Vergabe von Ausbildungs- und Arbeitsplätzen an Ausländer zu erreichen. Außerdem sollte versucht werden, einen Ausländerbeirat eigens für das Westend zu bilden.
  Ferner ist es erforderlich, in verstärktem Maße Ausländer aus dem Westend an den Vorstellungen der Verwaltung zu interessieren und sie zur Mitarbeit aufzufordern. Dazu gehört auch, daß sich ausländische Eltern mit ihren Kindern der öffentlichen Einrichtungen (Kindergärten, Horte usw.) bedienen.

- Koordinator für alle Arbeiten ist Herr J. Tober, Stadtplanungsamt.
  Eine erneute Erörterung (Zwischenberichte) erfolgt in der Dienstbesprechung am 17.08.1978".

Daneben wird versucht, daß billige Wohnungsangebot, die kleinteilige Einzelhandelsversorgung und die Gewerbestruktur zu erhalten. Flankierende Maßnahmen wie Bürgerbeteiligung, Ausländerintegration, Bildungsplanung und Berufsausbildung sind weitere Schwerpunkte. Mit diesem Maßnahmebündel versuchen wir die Wohnquartiere zu stabilisieren und der für potentielle Sanierungsgebiete typischen Entwicklung entgegenzusteuern. Der sozialstaatliche Eingriff wird zwar nur zu leicht zur Vollstreckung eines Ordnungsprinzips, in dem die aus sozialer Distanz der Planer und Politiker geborenen Vorurteile sich rationalisieren - dennoch liegt ein öffentliches, politisch kontrolliertes Gegensteuern zweifellos im dringenden Interesse der Bewohner sofern es ihre soziale Passivität und ihre politische Apathie nicht verstärkt und die richtigen Ziele verfolgt /3/:

- Erhaltung der Wohnfunktion für die vorhandenen sozialen Bedürfnisse.
- Erhaltung eines Reservoirs innerstädtischer billiger Wohnungen auf Dauer.
- Stabilisierung der technischen und baulichen Gegebenheiten in Relation zum aktuellen Normal-Standard (= zumindest kein weiteres Absinken).
- Erhaltung einer Funktionsmischung - bereinigt um die störendsten Kombinationen - die dem Gebiet die Qualität einer urbanen Zone verleiht mit ihren Vorteilen der Versorgung und Erreichbarkeit bzw. Beweglichkeit sowie der Erwerbsmöglichkeiten für die Bewohner.
- Bereinigen des Wohnumfeldes von Hindernissen für seine Bewohnbarkeit.
- Erweitern der sozialen Aktionsräume, ohne die es keine lokale Öffentlichkeit geben kann.

Die Wohnumfeldverbesserung im Zuständigkeitsbereich der Bauverwaltung wird gleichzeitig auf drei Ebenen betrieben:

- Ebene 1: Rechtsverbindliche Verankerung von Maßnahmen auf privaten und städtischen Grundstücken durch zeichnerische und textliche Festsetzungen im Bebauungsplan. Damit wird eine Rechtsgrundlage geschaffen, die der Bauverwaltung die Durchsetzung von wohnumfeldverbessernden Bestimmungen bei der Beurteilung von Bauvoranfragen und Baugesuchen vorschreibt. Hiermit wird der Grundstein für eine langfristige Qualitätssteigerung gelegt.

- Ebene 2: Durchführung beispielhafter Maßnahmen auf städtischen Grundstücken nach in aller Regel vom Investitionsspielraum diktierten Prioritäten. Hierdurch versuchen wir die größten Wohnumfelddefizite kurzfristig abzubauen, um durch erlebbare Lebensqualitätssteigerungen weiteren Verschlechterungen der Sozial- und Baustruktur entgegenzuwirken.

- Ebene 3: Förderung des Bürgerengagement und privater Investitionen durch umfassende Bürgerbeteiligung, ständige Information, detaillierte Bauberatung und gezielte finanzielle Anreize. Damit beabsichtigen wir, private Eigentümer zu wohnumfeldverbessernden Maßnahmen auf ihren Grundstücken zu motivieren, die wiederum andere (Beispielcharakter) auslösen sollen. Darüber hinaus wollen wir verstärktes Engagement der Bürger für ihren Stadtteil, Knüpfung neuer nachbarschaftlicher Bindungen und Verstärkung des politischen Gewichts der Quartiere erreichen, um über kurzfristige Wohnumfeldeuphorien hinaus ein langfristiges Bemühen um die Regeneration der Stadtteile zu gewährleisten.

Die Ebenen Bebauungsplanung und Bürgerbeteiligung wurden in den Abschnitten 2.3/2.4 ausführlicher dargestellt. Die zweite Ebene der kurzfristigen Durchführung von Maßnahmen auf städtischen Grundstücken soll am Beispiel der südlichen Innenstadt dokumentiert werden. Die Bestandsaufnahme zeigte die Probleme und Defizite des Stadtteils auf, die dessen Bewohnbarkeit (von 1955 bis 1975 verließen 50 % der Bewohner das Quartier) wesentlich einschränkten. Absterbende Straßenbäume, asphaltierte Vorgärten und Hinterhöfe, im Mittel zu 60 % überbaute Grundstücke und eine erhebliche Verkehrsbelastung erzeugen ein schlechtes Stadtteilklima. Zwei kleine Spielplätze und einige Bänke bieten keinen Freiraumersatz für die auf den privaten Grundstücken fehlenden Spielmöglichkeiten und für die mit wenigen Ausnahmen nicht vorhandenen nutzbaren Grünbereiche. Hieraus entwickelte sich ein Konzept zur Verbesserung des Wohnumfeldes (siehe Abb. 9d) das durch den Schutz vorhandenen Grüns und durch ein, durch Hauptfußwege verknüpftes, Netz von neuen Stadtteilparks, Spielbereichen sowie einem Bürgerzentrum die Wohnlichkeit zurückgewinnen will. Aufbauend darauf wurden folgende Schritte unternommen:

- Unverzügliche Sanierung sämtlicher Wiesbadener Alleen mit einem Mittelaufwand von insgesamt DM 3 Millionen. Begonnen 1973; wird in diesem Jahr mit der Sanierung der letzten Allee (Friedrich-Ebert-Allee) abgeschlossen. Damit sollten die für das Stadtklima bedeutungsvollen Straßenbäume erhalten bzw. durch Neupflanzung ergänzt werden, um das Wohnklima nicht weiter zu verschlechtern.

- Umgestaltung der als Beschäftigten- und Kundenparkplatz genutzten Adolfsallee zu einer Grünanlage mit Spielbereichen bei Erhalt von Parkplätzen mit einem Mittelaufwand von DM 3 Millionen. Begonnen 1975. Fertigstellung 1. Bauabschnitt Herbst 1976, 2. Bauabschnitt Herbst 1977 und letzter Bauabschnitt Herbst 1978. Mit dieser Maßnahme konnte im Kern des Stadtteils der notwendigste Bedarf an Grünanlagen und Spielplätzen gedeckt werden.

  - Fehlbestand Grünanlagen:
    vor Umgestaltung der Adolfsallee: 15.771 qm, nach Umgestaltung der Adolfsallee: 8.721 qm.

  - Fehlbestand Spielplätze für 6- bis 11-jährige:
    vor Umgestaltung der Adolfsallee: 6.251 qm, nach Umgestaltung der Adolfsallee: 0 qm (Bedarf überschritten um 2.849 qm).

- Einführung einer anliegerorientierten Verkehrsregelung im Bereich der Adolfsallee und ihrer Seitenstraßen. In Kraft getreten am 20. Dezember 1977. Derzeit eine weitere Einschränkung des Durchfahrtsverkehrs durch Sperrung der einzigen bisher offen gehaltenen Durchfahrtsmöglichkeit in der versuchsweisen Erprobung. Durch weitgehende Verhinderung der Durchfahrt sollen die betreffenden Wohnstraßen verkehrsberu!igt und für die Bewohner sicherer und benutzbarer werden.

- Erwerb eines 1972 für einen Büroneubau vorgesehenen Abbruchgrundstückes um dort ein Bürgerzentrum zu errichten. Mittelaufwand für den Grunderwerb DM 800.000,-. Das Zentrum soll vielfältig bürgerschaftliche Aktivitäten ermöglichen und älteren Menschen sowie Randgruppen Hilfe zur Selbsthilfe anbieten.

Als weitere Maßnahmen sind die Umgestaltung der Schulhöfe zu bespielbaren Freiräumen geplant. Der zuständige Ortsbeirat hat hierfür DM 30.000,- zur Realisierung erster Einrichtungen im Jahre 1979 von der Stadtverordnetenversammlung erbeten und erhalten. Nach der Umgestaltung der Adolfsallee ist der weitere Umbau von Wohnstraßen mit dem Ziel, sie ruhiger, sicherer und benutzbarer für die Anwohner zu gestalten, beabsichtigt.

Typische zum Autoabstellplatz degenerierte Allee um 1973 (Abb. 9a - Friedrich-Ebert-Allee), in erster Euphorie begrünte Allee 1975 (Abb. 9b - Rheinstraße) und mit Fußwegen sowie Parkplätzen ausgestattete Allee 1978 (Abb. 9c - Kaiser-Friedrich-Ring) die dem Wunsch nach Erhalt von Parkraum entgegenkam.

Abb. 9a

Abb. 9b

Abb. 9c

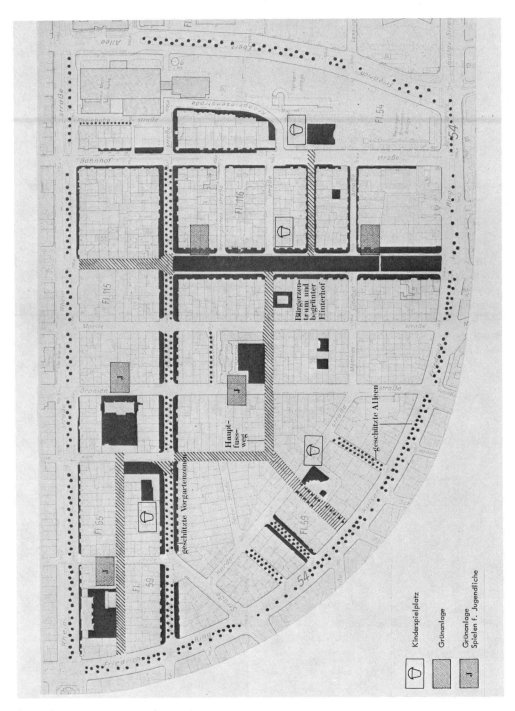

Abb. 9d
Konzept zur Verbesserung des Wohnumfeldes in der südlichen Innenstadt. Vorgärten, Alleen, Grünanlagen, Spielplätze, schrittweise zu begrünende Hinterhöfe und ein Bürgerzentrum sollen die Lebens- und Wohnqualität spürbar verbessern.

3.2 Beschreibung von Einzelmaßnahmen zur Verbesserung des Wohnumfeldes

Baumsanierung /4/

Bäume tragen durch ihre bioklimatischen und stadthygienischen Funktionen wesentlich zum Wohnwert in der Stadt bei. Bäume spenden Sauerstoff, verbrauchen Kohlendioxyd, spenden Schatten und Luftfeuchtigkeit, reduzieren die überhöhten Stadttemperaturen, binden Staub und mildern Lärm. In baumbestandenen Straßen ist es im Sommer bis zu 6° Celsius kühler als in baumlosen Straßen und der Staub wird in baumbestandenen Straßen um ca. 70% gemindert. Durch drastische Umweltveränderungen war der Straßenbaumbestand 1973 von ehemals ca. 13.000 Stück auf 11.800 Bäume zurückgegangen. Es war absehbar, daß sich der Baumbestand weiterhin um mehrere tausend Bäume verringern würde, wenn nicht ganz entschieden durch geeignete Gegenmaßnahmen die ökologischen Grundlagen der Bäume verbessert würden. Im Zeitraum von 1973 bis 1977 mußten aufgrund der Umweltschäden rund 3.000 abgestorbene Straßenbäume beseitigt werden. Im gleichen Zeitraum sind rund 3.200 Bäume gepflanzt worden. Parallel sind umfangreiche Baumsanierungsarbeiten an bedrohten aber noch erhaltenswerten Bäumen erfolgt. Damit konnte die Lebenserwartung vieler Bäume wesentlich verlängert werden. Ausschlaggebend ist hier nicht nur der einmalige finanzielle Sachaufwand des Programms, sondern die Dauerwirkung des gärtnerischen Einsatzes von insgesamt 25 Mitarbeitern in der Baumkolonne, die den Bäumen eine optimale Dauerpflege zukommen lassen und so die Unwirtlichkeit des Standortes ausgleichen können. Die Baumstreifen sind weitgehend vom Parkverkehr befreit worden und teilweise wieder als Fußwege oder als Grünstreifen angelegt worden. Mit zunehmenden Fortschreiten der Baumsanierung verstärkte sich aber auch die Kritik von Anwohnern gegen die damit verbundene Beseitigung von Parkplätzen. Bei den letzten Alleesanierungen wurde deshalb verstärkt wieder Parkmöglichkeiten in den Alleen eingeplant (siehe Abb. 9).

Umgestaltung der Adolfsallee

Die Umgestaltung der Adolfsallee war besonders geeignet, den Bürgern die veränderten Wertvorstellungen einer wohnfreundlichen Stadtteilentwicklung und den Nutzen von wohnumfeldverbessernden Maßnahmen plastisch vor Augen zu führen. 1963 im "neuen Wiesbaden" /2/ war der Adolfsallee im Rahmen des Gesamtverkehrsplanes die Rolle einer sechsspurigen Hauptverkehrsstraße, die in den Kern der Innenstadt führte, zugedacht. Zielgerecht wurde sie zwischenzeitlich von Beschäftigten, Kunden, Innenstadtbesuchern und Anwohnern als Großparkplatz genutzt. 1973 war von der einstmals repräsentativen Allee mit ihren ebenbürtigen Bauten nicht mehr viel übrig. Zahlreiche Wohnungen waren bereits bürogenutzt. Wir registrierten 865 Bewohner und 1.122 Beschäftigte.

Sie erschien bestens geeignet als Demonstrativmaßnahme einen ersten Beitrag zum Abbau des Grün- und Spielplatzdefizites leisten zu können, denn:

- ihre Hauptverkehrsstraßenfunktion war entbehrlich, da inzwischen die, im Abstand von 150 Meter parallel verlaufende, Bahnhofstraße nach ihrem vierspurigen Ausbau diese Funktion übernommen hatte;

- sie liegt zentral in diesem noch überwiegend bewohnten Stadtteil und durchzieht diesen in der Nord-Südachse;

- ihre Dimension von 33 Meter Breite und 490 Meter Länge läßt die Anlage vielfältiger Begegnungsräume, bei Beibehaltung von Anliegerstraßen, zu;

- sie befindet sich im städtischen Besitz und kann daher kurzfristig umgestaltet werden.

Die Idee stieß auf lebhaften Widerstand. Die Fronten gingen quer durch die Bürgerschaft und die politischen Parteien. Die Gewerbetreibenden befürchteten die Gefährdung ihrer Existenz in Folge einer schlechten Anfahrbarkeit ihrer Geschäfte und der Vernichtung des vor ihrer Tür gelegenen Parkraums. Die Bewohner ängstigten sich vor den Folgen wie nächtliche Unsicherheit und Benutzung durch Penner.

Auszug Bürgerbrief
vom 13. Dezember 1974:

"Bekanntlich sind innerstädtische Anlagen stets Gefahrenquellen für Passanten und Anlieger. Der beste Beweis dafür sind die Reisinger-Anlagen, in denen unsere Polizei trotz jahrelangen, massierten Einsätzen, dauernde Übergriffe von lichtscheuen Elementen nicht wirkungsvoll verhindern konnte.
Soll jetzt in der Adolfsallee ein neues Gammler- und Verbrecherzentrum entstehen?
Sollen die Bewohner der dazwischenliegenden Straßen in die Zange genommen werden?
Sollen die Bewohner westlich der Adolfsallee ebenfalls mit Gammlern und Haschdealern konfrontiert werden und nachts nicht mehr vor die Tür gehen können?
Warum eigentlich keine Büros und Gewerbebetriebe in der Adolfsallee? Für Wohnzwecke sind die Etagen in den dort liegenden Häusern für heutige Verhältnisse ungeeignet. Ein Umbau müßte die Mieten zwangsläufig derart in die Höhe treiben, daß sie für den Normalverdienenden unerschwinglich sind. Das Ergebnis wird wohl Massenquartiere für Gastarbeiter sein - siehe Schwalbacher Straße. Sieht so Ihre Vorstellung einer menschlichen Stadt aus?"

Die CDU meinte, man könne sich die Grünzone in der Adolfsallee finanziell nicht leisten.

Auszug Wiesbadener Tagblatt
vom 26. Februar 1975:

"Jetzt sind die Fronten im Parteienstreit um die Zukunft des Planungsgebietes rund um die Adolfsallee schon etwas klarer. Die CDU möchte nicht gegen die Wohnnutzung in diesem Bereich sein, der vom Stadtentwicklungsdezernat gewissermaßen zum Paradebeispiel dafür gemacht werden soll (und zum Teil schon gemacht worden ist), wie man einer langsamen Umnutzung von ehemals völlig intakten Wohnvierteln auch mit den derzeit recht spärlichen gesetzlichen Möglichkeiten entgegenwirken kann. Im Ausschuß für Planung, Verkehr und Bauwesen war man sich im Prinzip sogar fast einig.

Abb. 10a

Abb. 10b

Die Adolfsallee 1973 (Abb. 10a) eine öde zugeparkte Stadtstraße mit absterbendem Baumbestand. Sechs Jahre später (Abb. 10b). Wo einst Kraftfahrzeuge das Bild beherrschten jetzt Rasenflächen, sanierte und neugepflanzte Kastanien, ein Platz mit einem Brunnen zum Plantschen.

Nur fühlt sich die CDU gerade jetzt derart zum Sparen verpflichtet, daß sie sich - wie es Stadtverordnete Barbara Foerster formulierte - eine Umwandlung der Adolfsallee in eine Grünzone zur Zeit nicht leisten könne."

Andere Bürger forderten leiser die Umgestaltung. Die Allee sollte nach ihrer Ansicht wieder das werden, was sie einstmals war - ein begrünter Freiraum, der zum Verweilen einlädt.

Auszug Bürgerbrief vom 28. Dezember 1974:

"Bezugnehmend auf die am 18.12.74 stattgefundene Bürgerversammlung melde ich mich im Auftrag vieler älterer Mitbürger schriftlich zu Wort. In Anbetracht dessen, daß wir, mitunter zwei schwere Weltkriege mitdurchkosten mußten, würden wir es als eine Anerkennungsfreude sehr begrüßen, wenn die geplante Umgestaltung der Adolfsallee zu einer Erholungsstätte verwirklicht werden würde, zumal dann auch die Allee, die sich zweckentfremdet zu einem Blechgewühle verändert hat, ihrem eigentlichen Ruf als Allee wieder zurückversetzt wird was auch dem Kurstadtbild entsprechen würde."

Am 1. April 1976 beschloß die Stadtverordnetenversammlung die Umgestaltung der Adolfsallee. Bereits am 1. September 1976 konnte der erste Bauabschnitt eingeweiht werden.

Auszug Wiesbadener Tagblatt vom 02. September 1976:

"Mit tappsigen Schritten wackelte das kleine Mädchen, gerade der Windelhose entwachsen, quer durch einen Haufen ausgelassen tobender Altersgenossen hindurch über den grünen Rasen. Undenkbar wäre solches vor Jahresfrist gewesen: da fuhren durch die Adolfsallee Autos, Lastwagen und Busse, waren Baumscheiben und Gehwege mit parkenden Fahrzeugen zugestellt. Der Generalverkehrsplan sogar wollte die alte Prachtstraße als Autobahnzubringer ausgebaut wissen: dem schob eine neue Generation von Stadtplanern einen Riegel vor. Gestern mittag wurde von Bundesstädtebauminister Karl Ravens der erste Abschnitt der "Adolfswiese" seiner Bestimmung übergeben, und das fröhliche Volksfest rund um die offizielle Zeremonie bewies, daß Wiesbaden auf dem Weg zur humanen Stadt weitere Pluspunkte gesammelt hat. Jörg Jordan zitierte nicht ohne Grund ein arabisches Sprichwort: "In einer Stadt voller Kinder hat der Teufel seine Macht verloren"."

Zu diesem Zeitpunkt brach die Protestwelle gegen die Umgestaltung der Adolfsallee, die jetzt liebevoll "Adolfswiese" genannt wurde, ab und es häuften sich zustimmende Äußerungen.

Auszug Bürgerbrief vom 29. September 1976:
"Und zum Abschluß des ersten Bauabschnittes möchte ich zum Ausdruck bringen, wie beeindruckt ich bin über die Verwandlung dieser Straße. Ich kann Ihnen zu dieser Lösung nur gratulieren. Sie haben damit für Wiesbadens Zukunft mehr getan, als ich je wagte zu hoffen. Ein Kleinod für diese Stadt wurde geschaffen."

Die nachfolgenden beiden Bauabschnitte wurden ohne größere Diskussion in der Öffentlichkeit und in den städtischen Körperschaften fertiggestellt. Das Beispiel hatte überzeugt. Die wohnumfeldverbessernde Wirkung des Projekts ist vielfältig:

- Inmitten des Wohnbereiches entstand eine für alle Altersgruppen nutzbare Grünanlage mit dem Charakter eines Stadtteiltreffs. Erste "Stadtteilfeste" wurden dort bereits gefeiert.

- Vor den Wohnungen der Anlieger entstand ein optisch ansprechender Grünraum mit sauerstoffspendender Wirkung.

Auch im privaten Investitionsbereich zeigten sich nach Beginn der Arbeiten zur Umgestaltung der Adolfsallee verstärkte Auswirkungen:

- Im Stadtteil wurden und werden zahlreiche Hausfassaden renoviert, Wohnungsmodernisierungen durchgeführt sowie bürogenutzte Wohnungen wieder zu Wohnzwecken umgewidmet.

- Ein seit 10 Jahren leerstehendes Haus in der Adolfsallee fand einen neuen Besitzer und wurde zu repräsentativen Eigentumswohnungen umgebaut.

Folge der wiedergewonnenen Umweltqualität und der Renovierungswelle: trotz Klagen von Anwohnern über "ruhestörende" Kinder und Parkplatzmangel ist eine Steigerung des Interesses, in der Adolfsallee zu wohnen, deutlich registrierbar. Dieses Interesse dürfte sich auch in der Bereitschaft höhere Mieten als bisher dort üblich zu zahlen niederschlagen und könnte langfristig zu einer Umschichtung der Bewohnerstruktur führen. Hier war abzuwägen entweder das Risiko einer "Schokoladenlage" im Bereich der Adolfsallee einzugehen und dafür für die Kinder, Bürger und Alten im Stadtteil einen vielfältig nutzbaren Freiraum zu schaffen oder darauf zu verzichten und damit einem weiteren Niedergang des Viertels tatenlos zuzusehen. Die Entscheidung fiel bewußt für die Verbesserung des Wohnumfeldes wobei aufgezeigt wurde, welche Funktion der Adolgsallee zugedacht war. Zum Beispiel wurden Anliegerproteste gegen die Einrichtung des Spielbereiches im 2. Bauabschnitt, man wollte dort auch eine "Wiese" wie im ersten Teil, unter Hinweis auf die Belange des gesamten Stadtteils zurückgewiesen. Wer heute durch die Adolfsallee geht, sieht dort Bürger und Ausländer aus allen Bereichen des Quartiers verweilen. Dies eben war der planungspolitische Ansatz - in der Enge konzentrierter Baumassen und stark befahrener Verkehrsadern einen kleinen Stadtteilpark zu schaffen, der Kontakte fördert ob beim Spiel, beim Gespräch oder beim Feiern (siehe Abb. 10).

Verkehrsberuhigung und Umgestaltung von Wohnstraßen

Am 09. September 1977 wurden den städtischen Gremien drei alternative Vorschläge für eine Verkehrsführung im Bereich der Adolfsallee und ihrer Nebenstraßen vorgelegt. Zielsetzung dabei war im Längsverkehr durch Einrichtung der Gegenläufigkeit die Durchfahrtsmöglichkeit einzuschränken und damit eine Verkehrsberuhigung zu erreichen. Diese Regelung befindet sich seit dem 20. Dezember 1977 in der Erprobung und hat bei den Betroffenen eine weitgehende Zustimmung gefunden. Seit Dezember 1978 ist zusätzlich die Albrechtstraße in Höhe der Adolfsallee probeweise gesperrt und damit der gesamte Querverkehr über die Adolfsallee hinweg unterbunden. Die Maßnahme stieß bei den Bewohnern auf Beifall, da hiermit die letzte Durchfahrtsmöglichkeit genommen wurde und der Verkehr in den Wohnstraßen weiter abnahm.

Bürgerbrief vom 05. Januar 1979:

"Ich möchte lobend und dankend die neue Verkehrsregelung in der Adolfsallee, speziell Sperrung der Albrechtstraße, anerkennen. Da dieselbe nunmehr vorbildlich zu einer Wohnstraße umgestaltet wurde, unter Pflege der historischen Hausfassaden, war diese Verkehrsänderung eine Notwendigkeit."

Ein kleinerer Teil von gewerblichen Unternehmen und Ärzten aus diesem Bereich meldete Bedenken an. Über die endgültige Schließung wird im März 1979 - noch Verkehrszählungen - mit allen Betroffenen beraten. Nach der Entscheidung über die Sperrung der Albrechtstraße werden für weitere Wohnstraßen in diesem Bereich Umgestaltungskonzepte erarbeitet. Ziel dieser Konzepte ist die Straße als Lebensraum für dieses dicht bebaute Quartier zurückzugewinnen. Neben Parkplätzen für Anwohner sollen dort Tische, Bänke und Spielgeräte aufgestellt und die Straßen intensiv begrünt werden. Im Bereich der westlichen Innenstadt wird noch in diesem Jahr mit der Realisierung eines solchen Konzeptes begonnen.

Projekt Bürgerzentrum

Im gesamten Bereich der südlichen Innenstadt ist kein öffentliches Gebäude vorhanden, das als Zentrum für bürgerschaftliche Aktivitäten zur Stabilisierung und Verstärkung des sozialen Lebens des Gemeinwesens beitragen könnte. 1973 konnte aufgrund einer erlassenen Veränderungssperre ein Büroneubau auf einem mit abbruchreifen Gebäuden bestandenen Baugrundstück verhindert werden. Die weiteren Planungen ergaben, daß dieses Grundstück in der Albrechtstraße 20/22 sich wegen seiner Nähe zur Adolfsallee und seiner Lage im Schnittpunkt zweier Hauptfußgängerachsen als Standort für ein Bürgerzentrum ideal eignen würde. Nach langwierigen Verhandlungen wurde das Areal 1977 erworben. Anstatt einer weiteren gewerblichen Verdichtung soll nun dort ein Zentrum entstehen, das einen Kristallisationspunkt für das Wachstum des kulturellen, sozialen und politischen Lebens im Stadtteil bildet /5/. Durch die Bündelung eines breit gefächerten Angebotes verschiedener sozialer Dienste und Hilfen soll die Lebensfähigkeit und Unabhängigkeit älterer Menschen im Wohngebiet abgestützt und verlängert werden, soll erreicht werden, daß verschiedene Gruppen von Benutzern mit durchaus unterschiedlichen Interessen sich mischen und begegnen können, um die Abkapselung und Leblosigkeit hoch spezialisierter öffentlicher Einrichtungen zu vermeiden. Außerdem sollen die vorhandenen Potentiale der Selbsthilfe innerhalb eines für das Gebiet offenen und durchlässigen Rahmens die angestrebte Verstärkung erfahren.

Im Zentrum sollen entstehen: Kindertagesstätte, Altenklub, Mehrzwecksaal und Gruppenräume, Werkstattraum, Raum für Beratung und einfache ambulante medizinisch - pflegerische Dienste, Raum für Hilfen im Bereich der persönlichen Hygiene (Bad und Fußpflege), Küche und eventuell ein kleiner Münzwaschsalon.

Die gesamte Anlage soll behindertengerecht ausgeführt werden. Das Bürgerzentrum entspricht in seiner Konzeption den im Bergkirchenviertel vorhandenen und dem für die westliche Innenstadt geplanten Zentrum. Für die Planung und den Bau wurden bis heute von der Stadtverordnetenversammlung noch keine Mittel bereitgestellt. Nachdem das Anwesen als "wilde" Parkfläche ein Schattendasein führte, schlugen wir vor, dort bis zum Baubeginn einen weiteren Kinderspielplatz für Jugendliche und ein Gartencafe - in Anlehnung an das im Nachbargebäude vorhandene Cafe - einzurichten. Nach den Beratungen in den städtischen Körperschaften wurde am 18. Mai 1978 die provisorische Umgestaltung in ein Gartencafe und in einen Parkplatz mit 22 Einstellplätzen für Dauermieter beschlossen. Kosten dieser Maßnahme DM 73.000,-.

4. Erste Erfahrungen

Die verwaltungsorganisatorischen Maßnahmen führten zu zielgerechtem Verwaltungshandeln und ermöglichten die kurzfristige Realisierung einer Reihe von wohnumfeldverbessernden Einzelmaßnahmen, die derzeit stetig fortgesetzt werden. Dem besonderen Engagement von Herrn Stadtrat Jordan sowohl im Bereich der ihm unterstehenden Bauverwaltung wie auch bei den Beratungen in den städtischen Körperschaften ist die Überwindung zahlreicher Schwierigkeiten wie des "Zusammenraufens" von Ämtern und der Weckung eines Bewußtseins für die Probleme der Innenstadt bei den städtischen Körperschaften zu verdanken. Wenn heute diese Stadtbaupolitik, in der der Mensch im Vordergrund steht, in der Verwaltung und in allen Parteien unumstritten ist und dadurch Mittel für weitere Verbesserungen der Bewohnbarkeit innerstädtischer Quartiere zur Verfügung gestellt werden, so ist das nicht zuletzt sein Verdienst. Diese Übereinstimmung in den Zielen und der Wille, eine kontinuierliche Realisierung geeigneter Maßnahmen zu gewährleisten, sind wichtige Voraussetzungen für eine erfolgreiche Wohnumfeldverbesserung.

Der ständige Dialog Verwaltung/Bürger zeigt im gestiegenen Interesse an den Problemen des Stadtteils erste Erfolge. Hier ist ein spürbares Wachsen des Engagements für das eigene Viertel unübersehbar. Die bei uns praktizierte Form der Stadtteilplanung und die Einrichtung von Büros in diesen Quartieren scheinen geeignet zu sein, die Bürger aufzurütteln, sich wieder mit ihrem Viertel zu identifizieren, sich mit dessen Entwicklung zu befassen und dazu bereit sein, eigene Leistungen zu erbringen. Diese Eigeninitiativen müssen noch durch geeignete, auf weniger an Rendite interessierte Mieter- und Vermietergruppen zugeschnittene Förderungsprogramme unterstützt werden. Die zweite wichtige Voraussetzung für eine erfolgversprechende Wohnumfeldverbesserungspolitik ist, die städtischen Maßnahmen müssen von vielen Bürgern getragen werden, als spürbare Verbesserung registriert werden können und in der unbürokratisch städtisch oder staatlich geförderten Eigenleistung der Bewohner ihre Fortsetzung finden.

Die Gefahr, daß die zunehmende Verbesserung der Wohn- und Lebensbedingungen in innerstädtischen Bereichen zur Vertreibung von Bewohnern und zu Mietsteigerungen führen kann, darf nicht übersehen werden. Die dritte wichtige Voraussetzung für eine allen Bürgern nützende Wohnumfeldverbesserung ist, daß möglichst viele Viertel durch geeignete Maßnahmen gleichzeitig so aufgewertet werden, daß sich die Bewohnbarkeit der Quartiere angleicht und die Schaffung neuer bevorzugter Lagen vermieden wird - ein Versuch, den wir in Wiesbaden durch ein breitgefächertes Programm für alle Problemgebiete unternehmen. Hierzu wird stärker als bisher die städtische Liegenschaftspolitik eingesetzt werden müssen, um ein im öffentlichen Interesse einzusetzendes Gegenpotential an Häusern und Grundstücken zu besitzen.

Insgesamt läßt sich feststellen, daß der eingeschlagene Weg in wenigen Jahren viel zur Bewohnbarkeit der Innenstadt beigetragen hat. Dies äußert sich wiederum in einem wachsenden Interesse der Bewohner für die Zukunft ihres Stadtteils und für die konkrete Gestaltung ihres Wohn- und Lebensbereiches. Ein Beispiel für neu erwachten Bürgersinn:

Artikel Wiesbadener Tagblatt vom 06. Januar 1977:	"Der im Dezember verstorbene Wiesbadener Heinrich-Johann Becker hat einen Teil seines Vermögens seiner Heimatstadt vermacht, und dies mit der ausdrücklichen Auflage, das Geld zur Unterstützung des "Jordan-Planes Adolfsallee" einzusetzen. Stadtentwicklungsdezernent Jordan versicherte, er werde die aus dem Vermächtnis zu erwartenden 30.000 Mark ganz im Sinne von Heinrich-Johann Becker für die Verschönerung der Adolfsallee verwenden."

Für uns ein Ansporn, diesen Weg kontinuierlich fortzusetzen (siehe Abb. 11).

Abb. 11a/b

Ein Viertel schöpft neue Zuversicht –
Bilder aus der Adolfsallee

Quellen:

/1/ Bevölkerungsentwicklung im Westend. Bearbeiter: Dipl.-Soz. Jürgen Geisler, Planungsgruppe beim Oberbürgermeister, Oktober 1978

/2/ Das neue Wiesbaden, Stadt - Verkehr - Struktur. Bearbeiter: Prof. Ernst May und andere, Planungsbeauftragter der Landeshauptstadt Wiesbaden, 1963

/3/ Thesen zur sozialen Entwicklungsplanung im Stadtteil Westend. Bearbeiter: Dipl.-Soz. Clemens Altschiller, Sozialplaner beim Sozialdezernat, Februar 1979

/4/ Wettbewerb Stadtgestalt und Denkmalschutz im Städtebau - Wiesbadener Alleen in der Innenstadt. Bearbeiter: Dipl.-Ing. Hildebert de la Chevallerie, Leiter des Grünflächenamtes, 1978

/5/ Perspektiven für die Planung sozialer Infrastruktur im Westend - Perspektiven für die weitere Verwendung des ehemaligen AOK-Gebäudes in der Blücherstraße 12/14. Bearbeiter: Dipl.-Soz. Clemens Altschiller, Sozialplaner beim Sozialdezernat. September 1978

Alexander Kretzschmar
Modernisierung außerhalb festgelegter Sanierungsgebiete

Vorbemerkung

Betrachten wir die Bau- und Modernisierungsfähigkeit des Jahres 1972 kommen wir zu folgenden Größenordnungen: Von 660 000 Neubauten sind ca. 600 000 öffentlich gefördert worden. Die Modernisierung außerhalb festgelegter Sanierungsgebiete wird nach der 1 %-Stichprobe von 1972 mit 965 000 "Maßnahmen innerhalb der drei folgenden Jahre" beschrieben. Die Modernisierung in festgelegten Sanierungsgebieten kann wegen fehlender Angaben auf wenige hundert Wohneinheiten nur geschätzt werden.

Bei der Gegenüberstellung der jeweiligen Größenordnungen wird deutlich, daß die Modernisierung außerhalb festgelegter Sanierungsgebiete eine sehr hohe Anzahl von Maßnahmen umfaßt und wahrscheinlich auch weiterhin umfassen wird. Eine detaillierte Betrachtung der Ergebnisse der 1 %-Wohnungsstichprobe von 1972 erscheint daher wünschenswert:

1. Die Ergebnisse der 1 %-Wohnungsstichprobe von 1972

Die folgenden Ausführungen beziehen sich auf Veröffentlichungen des Ministers für Raumordnung, Bauwesen und Städtebau. Im Rahmen der 1 %-Wohnungsstichprobe 1972 wurde gefragt, in welchem Umfange Modernisierungsvorhaben begonnen oder für einen Zeitraum von 3 Jahren geplant waren, und auch nach den Gründen, weshalb ggf. keine Modernisierungsmaßnahmen geplant waren. Insgesamt war für 10 % aller Wohngebäude im April 1972 eine Modernisierung begonnen oder für den Zeitraum der nächsten drei Jahre beabsichtigt. Bei 72 % aller Wohngebäude, und zwar bei 83 % der nach 1948 errichteten und bei 52 % der vor 1901 errichteten Wohngebäude, war eine Modernisierung nach Meinung der Befragten nicht erforderlich. Für die restlichen 18 % aller Wohngebäude, und gerade für die älteren, kam eine Modernisierung aus "finanziellen oder sonstigen Gründen" nicht in Frage.

Dies bedeutet, daß nur zu einem Drittel jene Gebäude, die es nötig haben, verbessert werden, bei zwei Dritteln werden solche Maßnahmen überwiegend aus "finanziellen Gründen" unterlassen. Diese Erkenntnis spricht für die Notwendigkeit zusätzlicher Förderung.

In 962 000 Wohngebäuden waren ein oder auch mehrere Modernisierungsvorhaben beabsichtigt. In 23 % dieser Gebäude sollten neue Einrichtungen eingebaut werden, in 20 % der Wohngebäude waren nur größere Instandsetzungen am Gebäude vorgesehen, in 4 % sollten nur überalterte Einrichtungen ersetzt werden, in 23 % sollten Innenausbau und Erweiterungen vorgenommen werden, bei den übrigen 30 % waren mehrere Vorhaben im bzw. am Gebäude begonnen worden oder geplant. Ein Vergleich dieser Maßnahmen mit den Baualtersklassen der Gebäude macht das besondere Charakteristikum dieser frei zwischen Mieter und Vermieter vereinbarten Verbesserungsmaßnahmen deutlich, die kleinteilige stufenweise Modernisierung:

In bis 1900 errichteten Wohngebäuden sollten die Wohnungen in erster Linie durch Einbau oder Ersatz von Bädern bzw. Duschen und Innentoiletten modernisiert werden; der nachträgliche Einbau einer zentralen Warmwasserversorgung trat weniger häufig auf. Bei den zwischen 1901 und 1948 errichteten Wohngebäuden verschob sich der Schwerpunkt der Modernisierung zum Einbau von Sammelheizungen; daneben spielte der Einbau von Bädern oder Duschen noch eine sehr starke Rolle. Bei den Wohngebäuden aus der Zeit nach 1948 traten alle anderen Modernisierungsarten hinter den Einbau einer Sammelheizung zurück. Hier liegt ein entscheidender Gegensatz zu den Modernisierungen nach StBauFG, die mit durchgreifenden Maßnahmen eine bestimmte Wohnstandardhöhe erreichen müssen.

Die stufenweise Modernisierung bewegt sich im Rahmen der Mietverträge, paßt sich den finanziellen Möglichkeiten von Mietern und Eigentümern an, das Problem der "Umsetzung" von Mietern fällt nicht an.

Obgleich ein Vergleich der Modernisierungsleistungen innerhalb und außerhalb festgelegter Gebiete nach StBauFG aufgrund unterschiedlicher erreichter Wohnstandards nicht ohne weiteres möglich ist, stellt von den Investitionen her, die Modernisierung außerhalb festgelegter Sanierungsgebiete den größeren Faktor dar, und ist für die qualitative Verbesserung des Wohnangebots von höchstem Wert. Allerdings muß an die weiter oben gemachte Aussage zur 1 %-Stichprobe von 1972 erinnert werden, nach der nur ein Drittel aller "notwendigen" Maßnahmen in Angriff genommen werden. Bei rund 1,8 Mio Wohngebäuden sind Verbesserungsmaßnahmen wohl wünschenswert, werden aber aus "finanziellen und anderen Gründen" nicht durchgeführt.

2. Wohnungswirtschaftliche Voraussetzungen

Im folgenden soll auf die "finanziellen und anderen Gründe" hingewiesen werden, und damit auf die wohnungswirtschaftlichen Grundlagen von Modernisierungsinvestitionen allgemein. Als Beispiel dient Bochum, eine Großstadt von unter 500 000 Einwohnern, die in ihrem Preisgefüge etwa im Mittelfeld dieser Größenklasse liegt. Zur Einführung soll der Begriff der "Wohnlage" erläutert werden: Unsere Analyse fast aller bisher erschienenen Mietwerttabellen zeigt, neben manchen regionalen Unterschieden, eine überraschende Übereinstimmung in der Auffassung, was "einfache", "mittlere", "gute" und "sehr gute" Wohnlage ist. Es läßt sich auf dieser Grundlage eine idealtypische Beschreibung von Wohnlagewerten aufstellen (vgl. Tabelle 1).

"Eine graphische Darstellung der gebauten Umwelt" im Sinne der aufgestellten Kategorien zeigt, hier besonders im Verhältnis zu störenden Arbeitsstätten, daß die "einfache" Wohnlage eine stark beeinträchtigte ist, die "gute" Wohnlage eine weitgehend störungsfreie. Die "mittlere" Wohnlage nimmt den interessantesten Rang ein, ihre Beschreibung enthält Begriffe wie "Mindest-Grünflächen" und "zumutbare Immission", Begriffe, die nur im konkreten Fall entschieden werden. Insbesondere wird aber deutlich, wie vielseitig und leistungsstark diese kompromißfähige Kategorie "mittlere Wohnlage" ist (vgl. Abb. 1).

Im RDM-Preisspiegel für 1975 sind drei Lagewertkategorien unterschieden, deren Preise erheblich voneinander abweichen. Diese Preise sind Durchschnittswerte, die sich bei Geschäften ergaben, die im Frühjahr 1975 abgeschlossen wurden. Es handelt sich also um Tendenzangaben (vgl. Tabelle 2). Zum Beispiel Bochum:

Baugrundstücke für Mietwohnhäuser in
einfacher Wohnlage : DM 60,-/qm
mittlerer Wohnlage : DM 80,-/qm
guter Wohnlage : DM 120,-/qm

In der Mietrichttabelle Bochum des gleichen Jahres sind die gleichen Kategorien wiederzufinden, erweitert um eine "sehr gute Wohnlage", die im vorliegenden Zusammenhang

Abb. 1
Idealtypische Darstellung der Wohnlagen

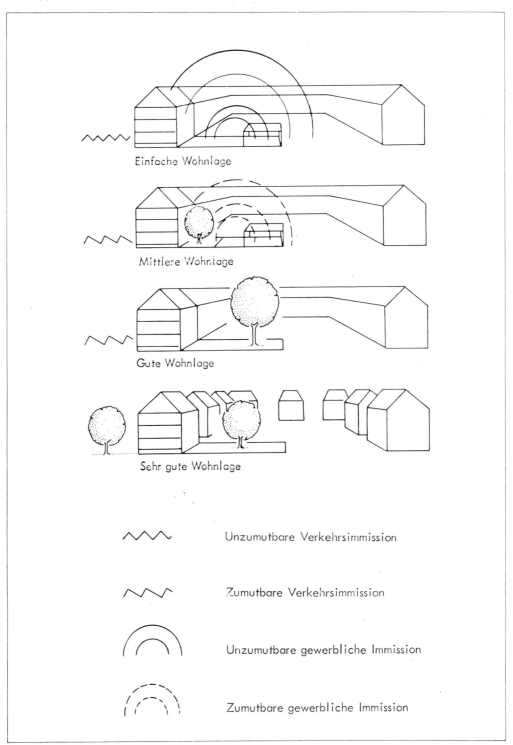

Tabelle 1
Lagewert von Wohnungen

einfache Wohnlage	mittlere Wohnlage	gute Wohnlage	sehr gute Wohnlage
Beeinträchtigung von Belichtung, Belüftung, Besonnung durch Abstände Himmelsrichtung	zumutbare Störung von Belichtung, Belüftung, Besonnung durch Abstände Himmelsrichtung	aufgelockerte Bebauung, auch große Wohnobjekte	aufgelockerte Bebauung, vorwiegend Einzelhäuser
fehlende Freiflächen durch Gewerbenutzung, Abstände	Mindest-, Grün- und Freiflächen ca. 0,2 BGF	ausreichende Grün- und Freiflächen Bepflanzung in Hof und Straße	großzügige Grün- und Freiflächen, Parks, Bepflanzung in Hof und Straße, Bäume
Immissionen durch Verkehr	Immissionen durch Verkehr zumutbar	Keine Immissionen durch Verkehr, vorwiegend Anliegerverkehr	Keine Immissionen durch Verkehr, überwiegend Anliegerverkehr
Immissionen durch Gewerbe	Immissionen durch Gewerbe zumutbar	keine Gewerbeimmissionen	keine Gewerbeimmissionen
mangelhafte Versorgung Infrastruktur täglicher Bedarf	ausreichende Versorgung Infrastruktur täglicher Bedarf	gute Versorgung Infrastruktur täglicher Bedarf	gute Versorgung Infrastruktur täglicher Bedarf
unzureichende Anbindung an das Verkehrsnetz	ausreichende Anbindung an das Verkehrsnetz	gute Anbindung an das Verkehrsnetz	gute Anbindung an das Verkehrsnetz

Quelle: Arbeitsgruppe für Stadtplanung und Kommunalbau 1975

Tabelle 2
RDM-Preisspiegel 1975

I Baugrundstücke für:

	1. freistehende Ein- und Zweifamilienhäuser				2. Mietwohnhäuser		
	einfache Wohnlage DM qm	mittlere Wohnlage DM qm	gute Wohnlage DM qm	exklusive Villen-Wohnlage DM qm	einfache Wohnlage DM qm	mittlere Wohnlage DM qm	gute Wohnlage DM qm
B Großstädte unter 500 000 Einw.							
Duisburg	70	90	150	200	90-130	130-200	200-400
Wuppertal	70	100	150	250	100	150	300
Gelsenkirchen	30-50	50-80	100-120	200-250	50	80	100-150
Bochum	80	120	180		60	80	120
Mannheim	60	75	140	270	100	150	300
Kiel	45	60	100	250	100	160	300
Wiesbaden	30-80	60-120	100-250	300-350	60-80	90-170	200-450
Karlsruhe	40-60	60-80	80-100	120-200	80-90	90-120	120-200
Lübeck	65	75-90	100-120	120-150	60-80	80-100	100-150
Kassel	65	85	100	150	70-80	100-150	150
Augsburg	60	80-100	130-150	160-220	100	160-180	190-250
Münster	130	150	190	200-250	300	350	400
Aachen	90	120	140	180	250	350	450
Mainz	70	100	150-180	200-250	100-150	250	400
Bielefeld	50-80	80-100	100-150	150-200	50-80	100-120	120-200
Oldenburg	20-30	35-75	75-140	120-220	60	130	350
Regensburg	70	100	180	200	80	150	250
Würzburg	80	100	150	190	150	280	400
Saarbrücken	60-80	80-120	150-200	200-300	100-120	200-300	400
Trier	50	70	100	150-200	150-180	230-300	280-350
Friedrichshafen	60	90	140	200	90	120	160
Braunschweig	20	40	100	200	60	120	250
Osnabrück	30	50-90	100-150	120-200	40-70	60-90	120-200
Flensburg	20	35	60		50	70	120

Tabelle 3
Mietrichtwerttabelle für nicht öffentlich geförderte Wohnungen in Bochum

Wohnlage	Wohnungsgröße in qm	Baujahr bis 1918 Ausstattungsklasse			
		A	B	C	D
		DM je qm Wohnfläche			
einfache	bis 40	1,70 1,90	1,90 2,40	2,55 2,75	3,30 3,85
einfache	41 - 60	1,60 1,85	1,85 2,30	2,20 2,55	3,-- 3,40
einfache	61 - 90	1,55 1,75	1,75 2,20	2,10 2,30	2,75 3,20
einfache	über 90	1,45 1,85	1,65 2,10	2,-- 2,20	2,60 3,--
mittlere	bis 40	1,90 2,20	2,20 2,65	2,75 3,--	3,70 4,10
mittlere	41 - 60	1,85 2,10	2,10 2,50	2,55 2,70	3,30 3,70
mittlere	61 - 90	1,75 2,--	2,-- 2,40	2,30 2,50	3,10 3,40
mittlere	über 90	1,65 1,85	1,85 2,30	2,20 2,35	2,90 3,25
gute	bis 40	2,20 2,40	2,40 2,90	2,90 3,30	4,05 4,50
gute	41 - 60	2,10 2,30	2,30 2,80	2,65 3,--	3,70 4,05
gute	61 - 90	2,-- 2,20	2,20 2,65	2,40 2,75	3,40 3,75
gute	über 90	1,85 2,10	2,10 2,45	2,30 2,60	3,25 3,50
sehr gute	bis 40	2,40 2,65	2,65 2,80	3,30 3,60	4,50 4,90
sehr gute	41 - 60	2,30 2,50	2,55 2,90	3,-- 3,20	4,05 4,40
sehr gute	61 - 90	2,20 2,40	2,40 2,75	2,75 3,--	3,75 4,05
sehr gute	über 90	2,10 2,30	2,30 2,65	2,65 2,80	3,50 3,85

Stand 1.12.1975

1919 - 1948			1949 - 1960		1969 - 1969	
Ausstattungsklasse						
B	C	D	C	D	C	D
DM je qm Wohnfläche						
2,20	2,65	3,80	4,05	4,80	4,30	5,60
2,40	2,90	4,05	4,40	5,30	5,10	6,30
2,10	2,40	3,40	3,60	4,30	4,--	5,15
2,30	2,65	3,60	4,--	4,80	4,50	5,80
2,--	2,20	3,15	3,35	4,--	3,70	4,75
2,20	2,40	3,35	3,70	4,40	4,20	5,35
1,90	2,10	3,--	3,20	3,80	3,45	4,45
2,10	2,30	3,20	3,45	4,20	4,--	5,15
2,40	2,90	4,05	4,40	5,30	4,80	6,10
2,70	3,15	4,30	4,75	5,70	5,40	6,80
2,30	2,65	3,60	4,--	4,80	4,30	5,45
2,50	2,85	3,90	4,30	5,15	4,90	6,15
2,20	2,40	3,35	3,70	4,40	4,--	5,05
2,40	2,65	3,55	4,--	4,75	4,50	5,65
2,10	2,30	3,20	3,45	4,20	3,80	4,80
2,30	2,45	3,35	3,60	4,50	4,30	5,40
2,70	3,15	4,30	4,80	5,70	5,40	6,85
2,90	3,35	4,65	5,15	6,30	5,80	7,35
2,50	2,85	3,90	4,30	5,15	4,90	6,15
2,80	3,05	4,20	4,60	5,70	5,25	6,55
2,40	2,65	3,55	4,--	4,75	4,50	5,65
2,65	2,85	3,90	4,30	5,25	4,85	6,10
2,30	2,45	3,35	3,80	4,50	4,50	5,40
2,45	2,70	3,70	4,10	5,--	4,55	5,80
2,90	3,40	4,65	5,15	6,30	5,65	7,25
3,25	3,65	5,10	5,60	6,95	6,30	8,20
2,75	3,05	4,20	4,60	5,70	5,05	6,55
3,10	3,30	4,60	5,--	6,25	5,65	7,35
2,65	2,85	3,90	4,50	5,25	4,70	6,10
2,95	3,05	4,30	4,60	5,80	5,20	6,85
2,50	2,70	3,70	4,10	5,--	4,45	5,80
2,80	2,90	4,10	4,30	5,40	5,05	6,50

Tabelle 4
Entwicklung der "vergleichbaren Mieten" im Verbesserungsfall in Prozent des einfachsten Angebots

Wohnlage	Wohnungsgröße in qm	Baujahr bis 1918 Ausstattungsklasse				Baujahr 1919-1948 Ausstattungsklasse				Baujahr 1949-1960 Ausstattungsklasse			Baujahr 1961-1969 Ausstattungsklasse	
		A	B	C	D	B	C	D		C	D		C	D
einfache	bis 40	100	119	147	197	100	121	171		100	120		100	127
	41 - 60	100	120	138	186	100	115	159		100	120		100	129
	61 - 90	100	120	133	180	100	110	155		100	119		100	128
	über 90	100	121	135	181	100	110	155		100	120		100	129
mittlere	bis 40	114	135	160	217	111	132	182		108	130		109	137
	41 - 60	114	133	152	209	109	125	170		109	131		108	136
	61 - 90	114	133	145	200	110	120	164		109	130		108	135
	über 90	113	134	146	198	110	119	164		109	131		109	137
gute	bis 40	128	147	172	237	122	141	195		118	142		119	151
	41 - 60	129	148	164	225	120	134	184		117	143		119	149
	61 - 90	127	145	156	217	120	131	177		118	142		118	149
	über 90	127	147	158	153	119	129	176		119	143		119	150
sehr gute	bis 40	140	151	192	261	134	153	212		127	157		127	164
	41 - 60	139	158	180	245	133	144	200		126	157		126	164
	61 - 90	139	156	174	236	133	140	195		126	157		125	164
	über 90	142	160	176	237	133	140	195		126	156		128	165

A = nicht abgeschlossen, Ofenheizung, ohne Bad, WC im Treppenhaus
B = abgeschlossen, Ofenheizung, ohne Bad, WC in der Wohnung
C = abgeschlossen, Ofenheizung, ohne Bad/WC oder mit Heizung ohne Bad
D = mit Heizung, mit Bad/WC

Quelle: ASK-Auswertung der Mietrichtwerttabelle Bochum für nicht öffentlich geförderte Wohnungen nach dem Stand vom 1.12.1975

nicht berücksichtigt werden muß (vgl. Tabelle 3).

Zur besseren Erkenntlichkeit der Mietpreis-Differenzen wurde die Tabelle 3 umgerechnet in von Hundert des einfachsten Angebots, an diesen Zahlen läßt sich die Differenz zur billigsten Miete in Prozent ablesen (vgl. Tabelle 4).

Wichtigste Erkenntnis aus diesem Vergleich: Eine gute Wohnungsausstattung wirkt sich wesentlich stärker auf die Mieten aus, als eine bessere Wohnlage. Das heißt auch, daß Wohnumfeldverbesserungen im Sinne eines Anhebens aus der "einfachen" Wohnlage in die "mittlere" für die Mieten zumutbar sein werden.

Abb. 2
Beispiel Bochum: Verhältnis der durchschnittlichen Verkaufspreise bebauter Grundstücke zu den Ertragswerten.

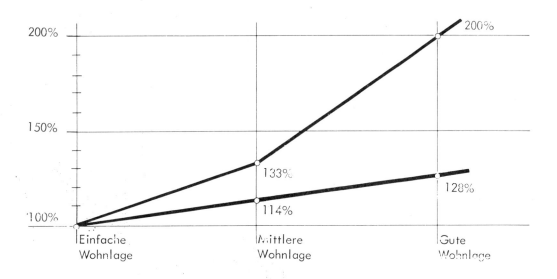

Bodenwerte nach RDM-Preisspiegel 1975

Mieten nach Mietrichtwerttabelle 1975

Die wichtigste Korrelation zwischen Mieten und Grundstückspreisen in Kurven dargestellt, zeigt deutlich die wachsende Attraktivität der Grundstücke mit besserer Wohnlage (vgl. Abb. 2). Da die Nachfrage für Grundstücke "mittlerer" und "guter" Wohnlage höher ist als bei "einfacher" Wohnlage, bilden sich höhere Preise. Eine Verbesserung des Wohnumfeldes bedeutet für den Eigentümer eine Erhöhung seiner Chancen am Markt, sowie eine höhere Beleihbarkeit. Die Mieten steigen entsprechend, jedoch relativ geringer. (Umgekehrte Verhältnisse, wie teilweise in München oder Hamburg sind nicht signifikant.)

3. Lageabhängige Restriktionen

Den bisher aufgeführten Zusammenhängen zufolge müßte jeder Eigentümer seine Investition in eine Lagewertverbesserung und Modernisierung seines Vermietungsobjektes lenken. Warum dies jedoch generell nicht geschieht, hat seine Ursache in den Restriktionen, mit denen sich die verschiedenen Nutzer in einem Baublock gegenseitig belasten.

Restriktionen im Blockinneren: Die Blockinnenflächen können nicht grundsätzlich als potentielle Freiflächen betrachtet werden, die nur verwirklicht zu werden brauchen, um gute Wohnlagen für den Gesamtblock zu erreichen. In vielen Fällen liegen hier Wohnungen und Einrichtungen, die eine Entkernung nicht rechtfertigen (vgl. Abb. 3).

Restriktionen im Blockrand: Gegenseitige (nachbarschaftliche) Restriktionen entstehen in erster Linie aus der unterschiedlichen Nutzung, sowohl nach der Art, wie auch nach Maß der im engen Blockverband liegenden Parzellen. Es ist durchaus nicht notwendig - schon aufgrund der Größe der meisten Baublöcke - das Blockinnere zu entkernen um Verbesserungen im Wohnumfeld herbeizuführen, es genügt, Parzellengruppen in ihrem nachbarschaftlichen Verband zu verbessern, um die Lagewertverbesserung zu erhalten (vgl. Abb. 4).

Wertminderung des Wohnens: Die aus den Restriktionen im Blockinnern und dem Blockrand resultierenden gegenseitigen Störungen führen zu Wertminderungen von Wohnlagen. Diese Wertminderungen müssen unterschieden werden in die sog. "eigene Wertminderung" - hier ist der Besitzer selber Verursacher des Mißstandes für den Wohnbereich, und "Fremde Wertminderung" - hier sind es die Nachbarn, die durch Störung und Verschattung die Wohnlagewerte mindern.

Eigene und fremde Wertminderung sollen im weiteren am Beispiel eines idealtypischen Blocks aus wohnungswirtschaftlicher Betrachtung heraus beschrieben und erläutert werden, um hieraus sowohl die Erenntnis von Mängeln aus ihrer Ursache, als auch einen Ansatz zur Verbesserung des Wohnumfeldes auf ein zusätzliches Fundament zu stellen (vgl. Abb. 6 u. 7).

4. Zusammenfassende Thesen

- Erkenntnis der Mängelbereiche: Die Gebäude- und Wohnungszählung von 1968 (GWZ 68) reicht nur für eine grobe Vorannahme hin, da in den vergangenen Jahren - die 1 % Wohnungsstichprobe von 1972 beweist es - erheblich modernisiert wurde. Wichtig erscheint, jene Gebäude herauszufinden, die modernisiert werden, d.h. Gebäude, in die von Zeit zu Zeit mit entsprechenden "Entlastungszeiten" von den Eigentümern investiert wurde, daß die Maßnahmen kleinteilig und zeitlich gestreckt vorgenommen werden, und erst in Zukunft einen befriedigenden Wohnstandard ergeben.
  Als Ergänzung zur GWZ 68 können diese Gebäude herausgefunden werden durch Prüfung eingegangener Bauanträge für anzeigen- und genehmigungspflichtige Vorhaben, durch Anfrage bei den Antragskarteien der Energieträger. Hierdurch wird auch erkennbar, welche Gebäude "stagnieren", also in ihrer Substanz seit langem nicht mehr, oder überhaupt noch nicht, verbessert wurden.

- Flankierende Maßnahmen - Blockkonzept: Es besteht ein Funktionszusammenhang zwischen Miethöhe und Qualität des Umfeldes (Lagewert). In vielen Fällen werden erst verbessernde Maßnahmen im Wohnumfeld eine Modernisierungsinvestition in ein Gebäude wirtschaftlich erscheinen lassen, dies gilt insbesondere für Gebäude in einfacher Wohnlage. Flankierende Maßnahmen können auch Teilabriß, Verkehrsberuhigung und Betriebsverlagerung umfassen, um ein Blockkonzept zu erfüllen.

- Modernisierung von Gebäuden: Werden für einen Eingriff zur Verbesserung (Vertrag zur Abwendung eines Modernisierungsgebotes nach § 39 c BBauG) die Schlüsselgrundstücke, die fremde und eigene Wertminderung verursachen, flächendeckend ausgewählt, kann in den jeweiligen Baublocks auch ein nachbarschaftlicher Effekt erzielt und ein Beispiel gegeben werden. Die Investition in die Gebrauchswertverbesserung der Wohnungen sollte nicht höher sein, als es die Mieter für notwendig halten, wenn soziale Probleme vermieden werden sollen. Die Diskussion um die Unterscheidung von notwendigen und nützlichen Modernisierungsmaßnahmen muß hier einen wichtigen Beitrag liefern.

- Förderung: Im Gegensatz zu den flächengebundenen Förderungen (Modernisierungsschwerpunkt nach ModEnG, Sanierungsgebiet nach StBauFG) sind für die Verwirklichung eines Block-Konzeptes alle Förderungsarten notwendig, da die Gebäude im Blockverband nur teilweise Förderung, und diese in unterschiedlichen Höhen, benötigen. Insbesonders muß die städtebauliche Einzelmaßnahme nach Städtebauförderungsgesetz als leistungsfähigstes Instrument für die Schlüsselgrundstücke im Blockkonzept zur Verfügung stehen.

Abb. 3
Restriktionen im Blockinnern

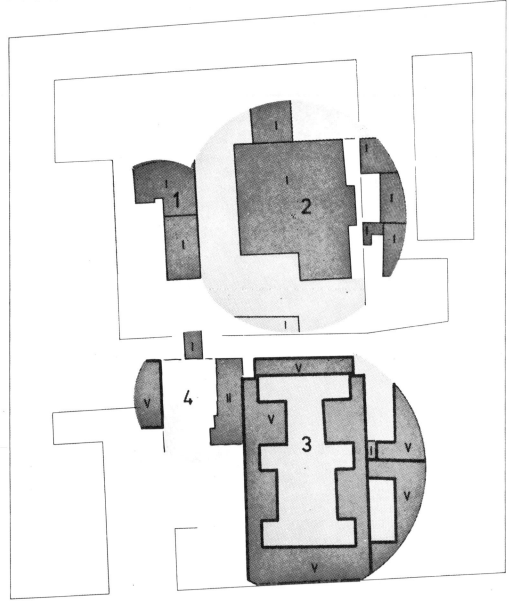

Das Blockinnere kann nicht grundsätzlich als Freifläche aufgefaßt werden. In vielen Fällen liegen hier Einrichtungen, die "Entkernung" nicht rechtfertigen.

Aus diesem Beispiel:
1. Graphischer Betrieb ohne Emission
2. Großer Einzelhandel, Störungen zumutbar
3. Alte Wohnanlage vom Landeskonservator als erhaltenswert bezeichnet
4. Kohlenhändler, sollte ausgesiedelt werden

Abb. 4
Restriktionen im Blockrand

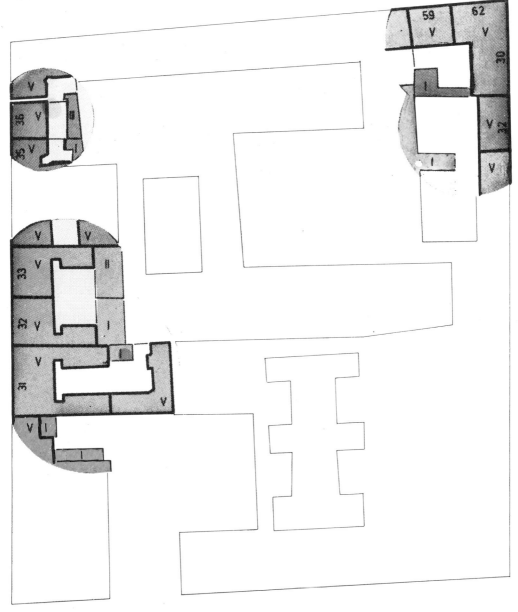

Wie anhand von Einzelbeispielen dargestellt, kann im Blockrand ein Wechselspiel zwischen zu hoher und störender Nutzung einerseits, und angemessener störungsfreier Nutzung andererseits bestehen, das die Entwicklung von Qualitäten für das Wohnen verhindert.

Abb. 5
Der Sonderfall: Gute Wohnlage

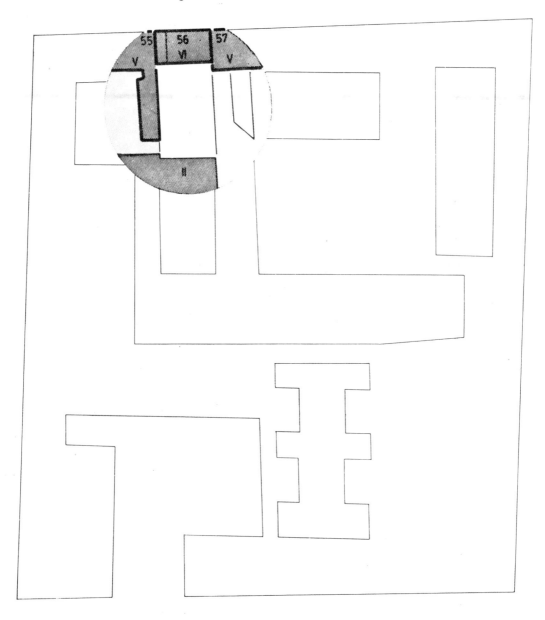

Das Haus Nr. 56 ist ein guter Neubau, mit einer hervorragenden Gartenanlage, gute Wohnlage.
Aber, durch seine Lage in einem ansonsten weniger guten Baublock muß er sog. Image-Einbußen hinnehmen, die sich im Verkehrswert dieses Grundstückes konkret niederschlagen.
Daraus folgt, daß eine Gebietsverbesserung immer von schon besseren Gebieten in Richtung der weniger guten verlaufen muß, damit nachbarschaftliche Effekte mitwirken können.

Abb. 6
Eigene Wertminderung

Beispiel 1:
Wohnhaus, 5 Geschosse. Ausstattung: Ohne Bad und Heizung, WC teilweise im Treppenhaus. Quadratmetergrundmiete DM 1,80. Monatliche Bruttomieteinnahmen: 676 x 1,80 = DM 1.216. Ohne alle hauswirtschaftliche Berechnung wird auf einen Blick deutlich, daß Instandhaltung und Modernisierung vom Eigentümer nicht geleistet werden kann. Auch ein Verkauf stellt für den Eigentümer keine Lösung dar, da selbst bei einem Verkaufspreis zum zehnfachen Jahresbruttomietertrag, sein Einkommen unter die Hälfte sinkt. Eine Investition zur Verbesserung des Lagewertes - Abriß des 3.g - Betriebsgebäudes und Anlage eines Gartens - ist ihm nicht möglich.

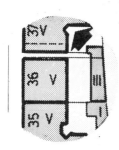

Beispiel 2:
2 Wohngebäude, 5 Geschosse. Vermietbare Fläche: qm 2.460. Quadratmetergrundmiete: DM 2,10. Monatliche Bruttomieteinnahmen: 2.460 x 2,10 = DM 5.166. Ausstattung: Der Eigentümer hat stufenweise alle Wohnungen mit WC und Dusche ausgestattet. Mehr zu investieren scheint nicht sinnvoll, weil die städtebauliche Situation bei den vorliegenden Belichtungsmängeln das Gebäude in einfacher Wohnlage beläßt und die langfristige Vermietbarkeit bei höherer Miete durch weitere Mod. Investitionen bei gleicher Wohnlage nicht gegleicher Wohnlage nicht gegeben ist.

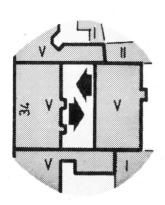

Beispiel 3:
Wohnhaus und Gewerbegebäude, 5 Geschosse. Vermietbare Flächen: Wo - Ge: 2.240 - 1.064 qm. Quadratmetergrundmieten: Wo - Ge: 1,90 - 5,20 DM. Monatliche Bruttomieteinnahmen: Wohnen: DM 4.256, Gewerbe: DM 6.171. Da die gewerblichen Flächen Haupteinnahmequelle sind, werden Umfeldverbesserungen auf Kosten gewerblicher Nutzung ausgeschlossen. Ausstattung: Alle Wohnungen mit WC, kein Bad, keine Heizung. Aufgrund des geringen Lagewertes für die Wohnungen lassen sich durchgreifende Modernisierungs-Maßnahmen nicht über die Mieten amortisieren.

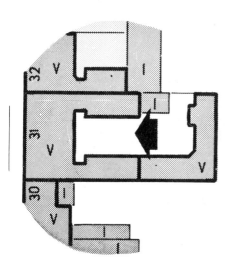

Abb. 7
Fremde Wertminderung

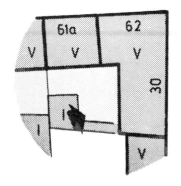

Beispiel 1:
Die Eigentümer der Häuser Nr. 61a, 62/30 könnten durch Herrichten ihrer Gartenfläche und Abbruch alter, unbenutzter Schuppen durchaus eine "mittlere Wohnlage" anbieten. Ihr Nachbar im Südwesten verschattet ihre Grundstücke jedoch so stark, daß eine entsprechende Investition als unrentabel betrachtet werden muß.

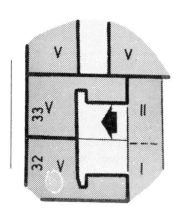

Beispiel 2:
Das zweigeschossige Gewerbegebäude jenseits der Grundstücksgrenze beeinträchtigt durch Emission die Wohnungen des Hauses Nr. 33. Obgleich trotz der geringen Ausdehnung des Grundstücks "mittlere Wohnlage" zu verwirklichen wäre, verhindert die gewerbliche Emission des Gebäudes an der Grundstücksgrenze und seine Höhe (Verschattung) Interesse an der Freifläche.

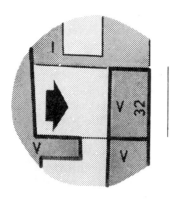

Beispiel 3:
Bei dem abgebildeten Haus Nr. 32 handelt es sich um einen Neubau, der auf seinem Grundstück die "gute Wohnlage" verwirklicht. Die Nachbarbebauung beeinträchtigt durch Verschattung und häßlichen Ausblick (24 m hoher Brandgiebel) dieses Grundstück so sehr, daß es in der Kategorie "mittlere Wohnlage" eingestuft werden muß.

Karl-Heinz Fiebig

Betriebe im Wohnumfeld – kleine und mittlere Betriebe in der Stadter-neuerung – Probleme, Entwicklungen, Programme

1. Problem: Wohnumfeldverbesserung und Betriebe

Die Erneuerung der älteren Stadtteile und Stadtquartiere der Städte wirft nicht nur vielfältige Probleme im Wohnungsbereich auf, sondern wirkt auch nachhaltig auf die Gewerbestruktur der Städte ein. Die Innenstadtrandgebiete sind ebenso traditioneller Standort der kleinen und mittleren Betriebe von Handel, Dienstleistungen, Handwerk und auch produzierendem Gewerbe, wie sie schon immer zentralgelegene Wohngebiete waren. Die Stadterneuerung zieht neben den heute diskutierten wirtschaftsstrukturellen Problemen dieser mittelständischen Betriebe zusätzliche, standortbedingte Probleme nach sich.

Primäres Ziel der Stadterneuerung ist die Verbesserung der Wohnqualität der älteren Stadtgebiete. Das bleibt auch zukünftig in erster Linie ein Problem der Verbesserung der Wohnungen und der Wohngebäude. Allerdings kann die Erneuerung nicht allein auf die Wohngebäude beschränkt bleiben, sondern muß die Verbesserung der Wohnumgebung und der Wohnquartiere mit umfassen. Für die Verbindung von "Wohnumfeldverbesserungen" und "Quartiersrevitalisierungen" mit der Erneuerung der Wohnungssubstanz werden gewichtige wohnungswirtschaftliche, sozialpolitische und stadtfunktionelle Gründe angeführt

- Die Absetzbarkeit von erneuerten Wohnungen und die Amortisation von Erneuerungs-investitionen wird - jedenfalls auf längere Sicht - von der Verbesserung der Lagegunst, d.h. der gestiegenen Qualität der Wohnumgebung und des Quartiers abhängig gesehen.

- Die Stabilisierung der Sozialstruktur der Bewohner älterer Stadtquartiere wird mit der Anpassung der Ausstattung der Wohnumgebung und des Quartiers an veränderte Bedürfnisse und Anforderungen in Beziehung gesetzt. Diese Anforderungen dürften sowohl von der heutigen Bevölkerung der Althausquartiere als auch von mittelständischen Zielgruppen der Stadterneuerungspolitik gestellt werden.

- Nicht zuletzt sind stadtfunktionelle bzw. "städtebauliche Mißstände" aufgeführte Argumente für die Wohnumfeldverbesserungs-Maßnahmen. Das sind im engeren Sinne zu hohe bauliche Dichte, unzureichende Belüftung und Besonnung aufgrund verschachtelter Gebäudestellung, ungenutzte Baulichkeiten etc. (Maßnahmenstichwörter: "Entrümpelung", "Entkernung"). Im weiteren Sinne gehören fehlende Spielplätze, Grünanlagen und Sozialeinrichtungen, die Verkehrsbelastungen, PKW-Abstellplatzprobleme und Betriebsemissionen zu diesen Mißständen (Maßnahmenstichwörter: "Verkehrsberuhigung", "Hofbegrünung", "Betriebsverlagerungen").

Die Maßnahmen, die für die Wohnumfeldverbesserung ergriffen werden können, lassen sich im Prinzip den drei Bereichen zuordnen:

- Beseitigung baulicher Mißstände und ungenutzter Baulichkeiten zur Gewinnung von Grundstücksflächen,

- Ergänzung "fehlender" Ausstattung an öffentlicher Infrastruktur und bei privaten Wohnergänzungseinrichtungen, sowohl im öffentlichen Raum als auch auf privaten Hofbereichen,

- Verminderung besonders gravierender Umweltbelastungen und Störungen durch Verkehrs-, Gewerbe- und Hausbrandemissionen.

Die vorliegenden gesetzlichen Förderungsbestimmungen für Maßnahmen der Wohnumfeldverbesserung sowie ergänzende staatliche und kommunale Programme ergeben allerdings - gemessen an dieser Problemliste - ein äußerst heterogenes, jeweils auf Teilbereiche bezogenes Bild. Entscheidend dafür ist, daß die Förderungs- und Programmrichtlinien für die Wohnumfeldverbesserung durch das öffentliche Finanzierungs- bzw. Finanzzuweisungssystem bestimmt sind und von staatlicher Seite bisher ein definitiver Unterschied zwischen Städtebauförderung, wie sie in Sanierungsgebieten nach Städtebauförderungsgesetz anwendbar ist, und Wohnumfeldförderung, wie sie aufgrund des Wohnungsmodernisierungsgesetzes möglich ist, gemacht wird.

Umfaßt die Städtebauförderung nach StBauFG weitgehend alle Maßnahmen der engeren und weiteren Wohnumfeldverbesserung (einschließlich betrieblicher Maßnahmen), die heute im Gespräch sind, so enthält das Modernisierungsgesetz einen ganz engen Förderkatalog (ModEnG, § 4 Abs. 2 "Bauliche Maßnahmen, die die allgemeinen Wohnverhältnisse verbessern, sind insbesondere die Anlagen und der Ausbau von nicht öffentlichen Gemeinschaftsanlagen wie Kinderspielplätzen, Grünanlagen, Stellplätzen und anderen Verkehrsanlagen"). Der Städtetag forderte demzufolge seit 1977 eine Ergänzung des Wohnungsmodernisierungsgesetzes zur Förderung von städtebaulich bedingten Wohnumfeldmaßnahmen und benennt als Maßnahmenkatalog:

- die Herstellung von öffentlichen Grünanlagen und Kinderspielplätzen,
- Immissionsschutzanlagen,
- die Änderung und Ergänzung von Erschließungsanlagen und
- die Beseitigung von Bausubstanz, die zu ungesunden Wohnverhältnissen beiträgt.

In einzelnen Städten sind zwischenzeitlich Anstrengungen gemacht worden, Modernisierungsvorhaben durch gleichlaufende Wohnumfeldverbesserungen zu unterstützen. Grundlage dafür sind verschiedene kommunale Förderungsprogramme, wie z.B. in Hamburg ("Stadtteilentwicklungsprogramm", "Stadterneuerung in kleinen Schritten", "Programm zur Verkehrsberuhigung in bedrängten Wohngebieten"; die beiden ersten Programme dienen u. a. zur Realisierung des Konzepts "Entkernung und Begrünung von Hinterhöfen in Altbaugebieten" und schließen die Verlagerung von Betrieben mit ein) /1/, in München ("Sonderprogramm zur Förderung der Innenhofbegrünung), in Frankfurt (Förderung von Grünanlagen und Kleinkinderspielplätzen") und in Berlin ("Hofprogramm", "Entkernungsprogramm" als Bestandteil eines Landesmodernisierungsprogramms, spätestens ab 1980/81 vorgesehen, entsprechend den Modernisierungs- und Instandsetzungsrichtlinien 1977 ff) /2/.

Sofern das städtische Gewerbe in die Stadterneuerungsdiskussion mit einbezogen wird, dominieren noch Verdrängungs- bzw. Verlagerungsüberlegungen. Erste Ansätze eines Zielwandels sind jedoch erkennbar. Wesentlich dürften die Zielsetzungen und die Behandlung von "Betrieben im Wohnumfeld" von den Möglichkeiten der Städtebauförderung mitbeeinflußt werden. Für die Modernisierungspraxis gilt, daß Gebiete mit gewerblicher Mischnutzung möglichst nicht als Modernisierungsschwerpunkte festgelegt werden; für die Sanierungspraxis gehören weniger intensive Mischlagen zu den Aufgabenfeldern in fast jeder Stadt - geprägt wird diese Praxis allerdings noch weitgehend durch Entmischungs- und Verlagerungsvorgänge.

Bieten das Städtebauförderungsgesetz und ergänzende Programme, wie z.B. das Zukunfts-

Impressionen zum Wohnumfeld in Mischgebieten aus Berlin

investitionsprogramm, umfassende Möglichkeiten, Wohnumfeldverbesserungen in Sanierungsgebieten auch dann vorzunehmen, wenn Betriebe im Wohnumfeld vorkommen, so leistet die staatliche Modernisierungsförderung das nicht. Für diese konkrete Problemlage sind in einigen Städten ergänzende Gewerbeförderungsprogramme entwickelt worden bzw. ins Gespräch gekommen, mit denen modernisierungsbedingten Auswirkungen auf Gewerbebetriebe begegnet werden kann (z.B. in Hamburg, Stuttgart, Frankfurt, vgl. Pkt. 3.3).

Die Entwicklung von Gewerbeförderungs-Programmen für Stadterneuerungsmaßnahmen ohne Einsatz des StBauFG nahm ihren Ausgangspunkt - analog zur Sanierungspraxis - bei der Störung der Wohnsituation durch emittierende Betriebe und der damit beeinträchtigten Lagegunst. Hinzu kam das Motiv, daß Freiflächen besonders in den Hof- und Blockinnenbereichen in vielen Fällen nur durch die Verlagerung von Betrieben bzw. den Abbruch von Gewerbegebäuden zu gewinnen sind. Inzwischen tritt in einigen Städten an die Stelle einer einhelligen "Entmischungsideologie" allmählich eine differenziertere Sicht der Gewerbeprobleme und der damit zusammenhängenden Wohnumfeldverbesserungen. Dafür sind allgemein wirtschafts- und arbeitsmarktpolitische Gründe als auch spezielle Versorgungsgründe verantwortlich, d.h. daß zumindest Nahversorgungsbetriebe zur Verbesserung der Lagegunst erneuerter Wohnquartiere beitragen sollen. In ersten Ansätzen sind kommunale Programme zur Sicherung und Weiterentwicklung des Gewerbebestandes am traditionellen Standort in Entwicklung.

Unter den Gesichtspunkten der Stadterneuerung und der kommunalen Wirtschaftsförderung werden hauptsächlich zwei Zielsetzungen verfolgt:

- Die Erhaltung und Verbesserung der Nahversorgung in erneuerten Stadtquartieren, wobei Betriebe des Einzelhandels, spezielle Dienstleistungen und das sog. Ladenhandwerk im Vordergrund stehen.

- Der Ausgleich bzw. die Minderung nachteiliger Auswirkungen von Erneuerungsmaßnahmen bei Betrieben; dies erstreckt sich besonders auf die Verlagerungen und Entschädigungen von Handwerks- und produzierenden Gewerbebetrieben.

2. Entwicklung kleiner und mittlerer Betriebe in "Mischgebieten"

Der Ausbau der städtebaulichen Förderung des Gewerbes über den Anwendungsbereich des StBauFG hinaus auf Modernisierungszonen und andere Gebiete mit Stadterneuerungsaktivitäten scheint grundsätzlich notwendig und kann nicht nur auf Einzelfälle begrenzt gesehen werden. Weite Teile der innenstadtnahen Althausgebiete sind - mit den Kategorien der Baunutzungsverordnung betrachtet - keine reinen Wohngebiete, sondern überwiegend gemischt genutzte Gebiete.

Stellen zur Zeit noch die Fälle der Modernisierung und Wohnumfeldverbesserung die Ausnahme dar, bei denen Betriebe in den Blockrändern bzw. Innenbereichen liegen, so ist mit fortschreitender Modernisierungs- und Sanierungstätigkeit absehbar, daß diese Fälle zunehmen und zu einer besonderen Fallgruppe der Stadterneuerung werden. Die "Mischgebiete" (i.S. aller gemischt genutzten Gebiete) der Städte stellen besonders für Modernisierungsaktivitäten, aber auch für kleinteilige Neubautätigkeiten (z.B. kommunale "Baulückenprogramme"!), also in Gebieten, in denen keine durchgreifende, städtebauliche Erneuerung wie in Sanierungsgebieten nach StBauFG beabsichtigt ist, besondere planungsrechtliche und förderungspolitische Anforderungen. Die entwicklungspolitischen Zielsetzungen für diese Erneuerungsgebiete werden insbesondere bei der Wohnumfeldverbesserung zwischen Zielen der Wohn- und Lagewertverbesserung und wirtschaftspolitischen Zielen der "Gewerbe-Bestandssicherung" /3/ vermittelt werden müssen. Von Bedeutung für die Zielbestimmung werden besonders sein

- die Beurteilung des "Wohnwerts" gemischt genutzter Gebiete durch die Wohnbevölkerung,
- die Standortvor- und -nachteile dieser Gebiete für die Betriebe,
- die durch den wirtschaftlichen Strukturwandel bewirkten Veränderungen im "Betriebsbesatz" dieser Gebiete.

2.1 Beurteilung von Betrieben in "Mischgebieten"

In den wenigen heute vorliegenden Untersuchungen, die Auskunft über die Beurteilung von "Mischgebieten" durch die Wohnbevölkerung geben, müssen zwei Sachverhalte voneinander unterschieden werden

- Zum einen tritt eine allgemeine Beurteilung dieser Gebiete, im Sinne einer Imagebeurteilung, hervor, die sich aber nicht nur auf das Vorhandensein von Betrieben im Wohnumfeld bezieht. In der weitgehend negativen Einstellung zu "Mischgebieten" sind die Abwanderungsmotive einkommensstärkerer Bevölkerungsgruppen an den Stadtrand bzw. ins städtische Umland zusammengefaßt /4/. Diese allgemeine Beurteilung muß darum in ihrer Bedeutung für die "Bestandsbevölkerung" und die schon abgewanderte Bevölkerung unterschiedlich gesehen werden. Bewohner aus Gebieten, die mehr den Charakter reiner Wohngebiete haben, haben im allgemeinen auch eine negative Einstellung zur Nutzungsmischung von Wohnen und Gewerbe im Vergleich zu Bewohnern in Gebieten mit bestehender Nutzungsmischung /5/.

- Zum anderen werden speziell die Umweltbelastungen durch Betriebe hervorgehoben. Die stark gemischt genutzten Gebiete sind kleinräumig - auch bei Einhaltung gewerbeaufsichtsrechtlicher Auflagen - durch gewerbliche Immissionen belastet ("verbleibende Restbelastung"). Diese im engeren Raum auftretende Immissionsbelastungen der Wohnnutzung durch Betriebe können als entscheidender Faktor für die Einschätzung der Wohnqualität - im Verhältnis zum Gewerbe - gelten. Differenziert muß werden zwischen der Bedeutung gewerblicher gegenüber Verkehrs-Immissionen und hinsichtlich der Beurteilung durch verschiedene Bevölkerungsgruppen.

Nur die Hälfte der Bewohner von "Mischgebieten" beurteilen diese Wohnlage als ruhige Wohnlage; bei der Belästigung durch Immissionen rangieren die Belästigungen durch Verkehrslärm für 23 % der Bewohner an erster Stelle, die Beeinträchtigung des Wohnens durch gewerbliche Gerüche und Gase benannten 10 % der Bewohner, durch gewerblichen Lärm 4,4 % /6/.

Die in neueren Befragungen der Bewohner gemischter Gebiete festgestellte größere Bereitschaft, Störungen und Beeinträchtigungen des Wohnens durch gewerbliche Immissionen zu dulden, hängt in starkem Maße mit der traditionellen Verflechtung zwischen Wohn- und Arbeitsstätten zusammen /7/. Diese Aussage läßt sich durch die Erfahrungen der Gewerbeaufsichtsämter mit dem Beschwerdeverhalten der Wohnbevölkerung vervollständigen, wonach es weniger die ansässige "Bestandsbevölkerung", sondern vielmehr Wohnungseigentümer und neu hinzuziehende Bewohner sind, die sich über Belästigungen beschweren /8/. (Relativierend muß allerdings das unterschiedliche Artikulationsvermögen einzelner Bevölkerungsgruppen beachtet werden.)

Eine Beurteilung der "Versorgung" als Faktor der Wohnwerteinschätzung läßt sich mittelbar aus Befragungsergebnissen ableiten. Der Einzelhandel der täglichen Bedarfsdeckung sowie einzelne Dienstleistungen haben für den Hauptteil der Bevölkerung einen sehr hohen Stellenwert /9/. Spezifisch auf einzelne Branchen und Betriebsarten bezogene Befragungen in Verbindung mit Vor- und Nachteilsabwägungen (z.B. Störungen durch Lieferverkehr) liegen nicht vor.

2.2 Entwicklung der Standortbedingungen für Betriebe

Die traditionellen Verflechtungen gerade der kleinen und mittleren Betriebe von Handel, Dienstleistungen, Handwerk und produzierendem Gewerbe mit den innenstadtnahen Althausgebieten sowie deren Bevölkerung sind vielfältiger Natur. Selbst nach einem stetigen Verlust an Betrieben und Arbeitsplätzen durch Stillegung, Veränderung und Abwanderung sind die innenstadtnahen Gebiete auch heute noch ein bedeutender "Wirtschaftsstandort". Allein der Arbeitsplatzanteil des Handwerks und des produzierenden Gewerbes dieser Gebiete macht im Durchschnitt 30 - 40 % aus; in "Industriestädten" liegt er heute noch bei Anteilen bis zu 80 % /10/.

Die wesentlichsten Verflechtungen zwischen Betrieben und Gebieten erstrecken sich auf die Standortfaktoren:

- Absatz- und Beschaffungsmarkt
- Arbeitsmarkt
- Flächen- und Mietpreisverhältnisse
- Verkehrserschließung
- Emissions- bzw. Immissionsverhältnisse

<u>Absatz- und Beschaffungsmarkt, Agglomerationsvorteile</u>: Das gewerbliche Standortgefüge und die Nähe zur City bedingen enge absatz- und beschaffungswirtschaftliche Verflechtungen und stellen für alle Betriebe einen Faktor gegenseitiger Bindung an den innerstädtischen Standort dar (sog. "komplementäre Existenzbindung") /11/. Zu über 50 % beanspruchen Handwerks- und produzierende Gewerbebetriebe den ebenfalls in innerstädtischen Gebieten angesiedelten Großhandel für die Beschaffung von Rohstoffen und Arbeitsmaterialien /12/. Ist auch beim Handwerk eine Bedeutungszunahme des gesamtstädtischen und regionalen Absatzmarktes festzustellen, so liegt doch der Schwerpunkt der gewerblichen Kunden /13/ zu ca. 60 % in der Innenstadt, insbesondere der City. Die kleinen und mittleren Handwerks- und Gewerbebetriebe sind untereinander sowie gegenüber den ansässigen Industriebetrieben, dem Tertiärgewerbe und öffentlichen Auftraggebern in enge Produktionsketten und Zulieferbeziehungen eingebunden /14/. Für das stark versorgungsorientierte Handwerk stellen die in der Innenstadt Beschäftigten zusätzlich zur Wohnbevölkerung die Basiskundschaft für Reparatur- und Wartungsdienstleistungen dar.

Diese enge absatzwirtschaftliche Verflechtung der Klein- und Mittelbetriebe mit dem innerstädtischen Standort bedingt eine hohe Distanzempfindlichkeit.

Die Kleinbetriebe der Nahversorgung (Laden- und Dienstleistungshandwerk) sind insbesondere abhängig von Veränderungen in Menge und Struktur des Kaufkraftpotentials ihres Einzugsbereichs. Bevölkerungsverlust und soziale Umstrukturierung machen Anpassungsleistungen erforderlich (Veränderungen des Sortiment- und Dienstleistungsangebots) bzw. können zu Betriebsaufgaben führen. Handwerks- und Gewerbebetriebe mit hohem gewerblichen

Kundenanteil reagieren empfindlich auf den Wegzug von Betrieben und den Verlust der räumlichen Nähe der Absatzbeziehungen.

Arbeitsmarkt: Die Betriebe des produzierenden Gewerbes einschließlich des Handwerks beziehen z.T. über 50 % ihrer Beschäftigten aus dem Stadtteil /15/. Die gerade bei Klein- und Mittelbetrieben des produzierenden Sektors im Vergleich zu Großbetrieben stärker ausgeprägte Arbeitskraforientierung in der Standortwahl /16/ bewirkt für diese Betriebe bei einmal erworbenem Beschäftigtenstamm eine erhebliche Bindung an den Standort. Bei der relativ hohen Nachfrage nach Auszubildenden und qualifizierten Arbeitskräften können die Klein- und Mittelbetriebe in der Konkurrenz gegenüber industriellen Großbetrieben mit dem Angebot wohnungsnaher Arbeitsplätze andere Nachteile ihres Arbeitsplatzangebots wie z.B. fehlende Aufstiegs- und Fortbildungsmöglichkeiten ausgleichen /17/.

Für die Angwiesen eit der kleineren und mittleren Arbeitsstätten auf Teilzeit-, Aushilfs- und Saisonarbeitskräfte (u.a. wegen der gegenüber Großbetrieben vergleichsweise schwankenden Auftragslage) steht in den innerstädtischen Gebieten ein entsprechender Teilarbeitsmarkt zur Verfügung: Ausländische Arbeiter, Studenten, Frauen als Teilzeit- und Aushilfsarbeitskräfte und mit niedrigem Lohnniveau. Als ein weiterer Faktor der Standortgebundenheit gerade bei Kleinst- und Kleinbetrieben kommt in diesem Zusammenhang in Betracht, daß sich bei fast der Hälfte der Betriebe Wohnung und Betrieb im gleichen Gebiet befinden /18/.

Gewerbeflächen: Das produzierende Gewerbe beansprucht von der gewerblich genutzten Fläche der Innenstadt relativ den höchsten Flächenanteil; die durchschnittliche Betriebsflächenquote (qm/Beschäftigte) liegt erheblich höher als bei Handel-, Dienstleistungs- und Verwaltungsbranchen. Bei den Klein- und Mittelbetrieben aus Gewerbe und Handwerk erreicht die betriebliche Nutzfläche im Durchschnitt 100 - 500 qm. Diese Werte schwanken branchenweise erheblich (z.B. Kfz-Handwerk zwischen 180 qm und 1,4 ha) bzw. liegen im Durchschnitt höher (z.B. metallverarbeitendes Handwerk hat im Durchschnitt 600 qm Betriebsfläche) /19/. Industriebetriebe beanspruchen mehrere ha große Areale. Trotz der anhaltenden Tendenz zur Organisation der Produktion in einer Ebene dehnt sich bei immerhin noch ca. 25 % der Klein- und Mittelbetriebe die gewerbliche Nutzfläche auf ein oder mehrere Geschosse aus.

Verbunden mit dem günstigen Mietpreis bei Gewerbeflächen (zwischen 2,- bis 4,- DM/qm) stellt das differenzierte Gewerbeflächenangebot der Innenstadtgebiete für die überwiegende Zahl der Klein- und Mittelbetriebe - ca. 75 % arbeiten in angemieteten Räumen - eine wesentliche Existenzbedingung dar /20/. Dieser Standortvorteil verbunden mit der Abhängigkeit von innerstädtischen Absatz- und Arbeitsmarktverflechtungen überwiegt für viele Betriebe gegenüber Standortnachteilen wie unzureichenden Verkehrsverhältnissen oder nicht optimalen Raumabmessungen und -anordnungen /21/. Das Flächenangebot bzw. die fehlende Erweiterungsmöglichkeit war und ist mit Abstand das Hauptmotiv für den Weg- bzw. Umzug der Betriebe und steht bei der Auflistung von Nachteilen des bestehenden Standorts bei Bestandsbetrieben ebenfalls an erster Stelle /22/.

Gewerblicher Verkehr: Nach den Verlagerungsmotiven bzw. der Beurteilung des jetzigen Standorts in der Innenstadt befragte Betriebe nennen an zweiter Stelle, nach den fehlenden Erweiterungsmöglichkeiten, ungenügende Verkehrsverhältnisse und Parkmöglichkeiten für Kunden und Beschäftigte. Obwohl der Anteil der Beschäftigten, die ihre Arbeitsstätte zu Fuß erreichen, gerade im mittelständischen Unternehmensbereich noch erheblich hoch ist, erfordert die intensive Zunahme der Motorisierung der Beschäftigten, der Betriebe /23/ und Kunden privaten (Hoffläche) und öffentlichen Verkehrsraum, der angesichts der allgemeinen Überlastung des Stadtverkehrs durch den City-Pendlerverkehr und der Beschränkungen des gründerzeitlich zugeschnittenen Straßensystems der innerstädtischen Gebiete nicht zur Verfügung steht bzw. nur durch verkehrliche Neuordnung zu schaffen ist.

<u>Immissionen:</u> Mit der Tendenz zu geräuscharmen Verfahren und Produktionsmitteln (Kleben, Schrauben statt Nieten und Schweißen, Aufzüge, Kunststoffmaterialien) und der Zunahme störungsarmer Beschäftigungen (Verwaltung, Service, Lagerhaltung, Verkauf) ist die Verträglichkeit von Wohnen und Gewerbe vergrößert worden. Der Anteil der Betriebe, der durch Emissionsschutzauflagen zur Verlagerung gezwungen war, ist sehr gering /24/. Anders stellt sich der Faktor Immissionen für die verbleibenden Bestandsbetriebe dar. Diese Betriebe, für die ein Ausweichen an höher belastbare Standorte nicht in Frage kommt, sind in ihren Entwicklungsmöglichkeiten und ihrer Konkurrenzfähigkeit /25/ durch Nachbarbeschwerden und Schwierigkeiten mit den Behörden wegen Immissionsfragen weit häufiger eingeschränkt und behindert. Einige Branchen sind von Immissionsschutzproblemen besonders stark betroffen /26/.

Ein Anwachsen der gewerblichen Emissionen ist nicht festzustellen, allenfalls im Bereich des betriebsbezogenen Lade- und Anlieferverkehrs.

2.3 Veränderungen des Betriebsbestandes in den inneren Stadtgebieten

Die mittelfristige Entwicklung und besonders der Strukturwandel im Handel und der gewerblichen Wirtschaft der Städte haben den Bestand an Betrieben und Arbeitsplätzen in den innerstädtischen "Mischgebieten" dezimiert. Begleitet war der Prozeß der Betriebsaufgaben, Betriebszusammenschlüsse, Erweiterungen etc. auch stets von "Betriebswanderungen" und z.T. auch von Neugründungen. Betriebe verlagerten sich sowohl innerhalb der Innenstadtbezirke, innerhalb der Stadtgebiete als auch ins Umland, ebenso auch in andere Wirtschaftsräume. Ein Großteil der Verlagerungen wurde von den Betrieben selbsttätig durchgeführt, ein anderer Teil waren "geförderte Verlagerungen" infolge von Stadterneuerungs- bzw. Städtebau-Maßnahmen, die bisher überwiegend mit Städtebauförderungsmitteln nach StBauFG bzw. aus den Etats anderer Fachressorts unterstützt wurden.

Über den wirtschaftlichen Strukturwandel der kleinen und mittleren Betriebe in den Städten /27/, speziell in den innenstadtnahen Gebieten sind bisher nur wenige Untersuchungen angestellt worden. Branchenstrukturelle Analysenergebnisse liegen für ausschnitthafte Teilgebiete vor, überwiegend Gebietsteile in denen vorbereitende Untersuchungen nach § 4 StBauFG durchgeführt wurden und für besondere Standortbereiche /28/. Eine Gesamtbeurteilung der wirtschaftlichen Situation der innerstädtischen "Mittelstandsbetriebe" ist damit nicht möglich. Am aufschlußreichsten für eine gebietsbezogene Betrachtung sind die in vielen Städten durchgeführten Sondererhebungen ("Betriebsbefragungen", "Arbeitsstättenerhebungen" etc. (vgl. Anmerkung 10), in denen besonders die Erkundung der Verlagerungsabsichten bzw. Bereitschaft Auskunft über wahrscheinliche Veränderungen des "Betriebsbesatzes" geben können.

Neben den betriebsbezogenen Sondererhebungen sind in einigen Städten "städtebaulich" motivierte Untersuchungen angefertigt worden, die auf das hier im Mittelpunkt stehende Problem eingehen, nämlich den "Verlagerungsbedarf" bei Gewerbebetrieben aufgrund städtebaulicher Zielsetzungen zur Verbesserung der Wohnverhältnisse zu ermitteln. Zum einen wird in diesen Untersuchungen die Verträglichkeit störender Gewerbe- und Industriebetriebe, zum anderen der Verlagerungsbedarf infolge Sanierungs- und Modernisierungsvorhaben überprüft. Erste Untersuchungen der Nahversorgungsfunktion und der Standortbindung bestimmter Branchen und Betriebe sind in einigen Städten angefertigt worden /29/.

Der mit Betriebsbefragungen bzw. Verträglichkeitsuntersuchungen ermittelte Verlagerungsbedarf ist in den Innenstadtbereichen beim produzierenden Gewerbe besonders hoch. In einzelnen Stadtteilen ergibt sich nicht selten eine Verlagerungsbereitschaft bei 40 % der Betriebe (im Durchschnitt zwischen 10 und 20 %) /30/. Der Flächenengpaß bei Erweiterungsabsichten war und ist mit Abstand das Hauptmotiv für den Wegzug bzw. Umzug der Betriebe sowohl aus Handwerk, Industrie wie produzierendem Gewerbe; nachrangig werden vor allem genannt: unzureichende Verkehrsverhältnisse, keine bzw. eingeschränkte Parkmöglichkeiten, überalterte Betriebsgebäude, Kündigung von Miet- und Pachtverträgen und – allerdings sehr selten – Immissionsschutzgründe. Diese Verlagerungsbereitschaft und entsprechende Flächeanforderungen der Betriebe geben allerdings nur bedingt das tatsächliche Verlagerungspotential wieder und sind nicht unhinterfragt als Anforderung an die kommunale Vorhaltung von Gewerbe- und Industrieflächen zu übersetzen.

Die betrieblichen Entwicklungen, die zu einem Flächenmehrbedarf führen, der am bisherigen Standort angeblich nicht zu decken ist, sind äußerst unterschiedlich: allgemeine wirtschaftliche Expansion, Mehrbedarf an Produktions-, Lager-, Verwaltungs- oder Verkehrsflächen etc. Diese Verlagerungsmotive lassen in unterschiedlichem Maße Alternativen zur gänzlichen Verlagerung zu:

- Teilverlagerung des Lagers, der Büro- und Verwaltungsfunktion

- Geschoßnutzung für Büro und Verwaltung

- zwischen- oder überbetriebliche Lösung des Verkehrs- und Parkflächenproblems.

Die unter dem Gesichtspunkt der baurechtlichen und immissionsschutzrechtlichen Verträglichkeit von einigen Kommunen durchgeführten "Standortbeurteilungen" führen wegen des normativen und typisierenden Ansatzes in der Beurteilung des Störgrades einzelner Betriebe (Orientierung an der BauNVO, Abstandsliste NW) in den innerstädtischen Mischlagen zu Aussagen, die nicht pauschal in Verlagerungsbedarf übersetzt werden können /31/. Derartige Untersuchungsansätze sind allenfalls geeignet, als grobstrukturierte Voruntersuchungen besonders problematische Mischungsverhältnisse und potentielle Immissionshäufungen zu lokalisieren.

Ein weiterer Faktor zur Bestimmung des Verlagerungsbedarfs sind die im Rahmen von Stadterneuerungs- und Sanierungskonzepten projektierten Betriebsverlagerungen. Für die Bestimmung des Verlagerungsbedarfs im Rahmen der Stadterneuerung ist die Definition der Verträglichkeit zwischen Wohnen und Gewerbe (bauliche Dichte, Immissionen) entscheidend. In die Auswahl der Stadterneuerungsgebiete und Maßnahmen gegenüber Gewerbebetrieben fließen die notwendigen Einschätzungen zur Standortbindung der Betriebe, zur Gewöhnung und Duldung der Betriebe durch die betroffene Bevölkerung, zu dem Möglichkeiten der Beseitigung und Einschränkung der Belästigung am Standort, nur bedingt ein /32/. Für die kommunale Sanierungspraxis läßt sich eine ähnliche Vorgehensweise bei der Ermittlung des Verlagerungsbedarfs feststellen, wie sie bei der Stadterneuerung durch Wohnungsmodernisierung und Wohnumfeldverbesserung dominierend ist. Besonders problematische Gemengelagen von Wohnen und Gewerbe bleiben wegen der "unverhältnismäßig hohen Kosten" /33/ aus den Sanierungsgebieten ausgespart.

Die Struktur des Verlagerungsgeschehens läßt sich nach den Gesichtspunkten kommunaler und betrieblicher Verlagerungsaktivität sowie planerischer und ökonomischer Verdrängung gewerblicher Nutzungen gliedern in:

- <u>Verlagerung aufgrund betrieblicher Entscheidungen</u>: (betriebliche Expansion, Unzufriedenheit mit dem Standort); der Verlagerungsbedarf kann dabei nur von investitionsstarken Betrieben auch eigenständig realisiert werden; zurück bleibt ein nicht realisierbarer Verlagerungsbedarf bei wirtschaftlich schwächeren Betrieben, die Risiko und Kosten allein nicht tragen können.

- <u>Verlagerung und Umsetzung in der Folge von Modernisierung</u> und Verbesserung der Wohnqualität durch öffentliche Maßnahmen.

- <u>Verlagerungen und Umsetzungen im Rahmen von Sanierungen</u> nach StBauFG.

- <u>Verdrängung</u> bzw. Selektion in anpassungsfähige und <u>unfähige Betriebe in der Folge einer Lageaufwertung</u> des Standorts durch tertiären Umnutzungsdruck /34/ bzw. durch Stadterneuerungsmaßnahmen in der Umgebung.

Die Auswertung aktueller Betriebsbefragungen und die Ergebnisse von Untersuchungen einzelner Quartiere (Voruntersuchung zur Vorbereitung von Sanierungen, Stadterneuerungsmaßnahmen, Stadtteilentwicklungsprobleme) läßt sich für die Frage der Struktur und Entwicklung der langfristig am Standort bzw. in der Innenstadt verbleibenden Gewerbebetriebe folgendermaßne zusammenfassen: Es ist ein ganzes Faktorenbündel von Standortbedingungen, das insbesondere Kleinst-, Klein- und Mittelbetriebe aus Handwerk, Handel, Dienstleistungen und produzierendem Gewerbe nachhaltig an die Standorte der Innenstadt bindet; die wesentlichsten Standortfaktoren sind die räumliche Nähe und Abhängigkeit von privaten und gewerblichen Absatzmarkt, die Nähe zum spezifischen innerstädtischen Arbeitsmarkt und vor allem das niedrige Mietniveau der Gewerbeflächen.

Die Existenz- und Entwicklungsmöglichkeiten eines großen Teils dieser kleingewerblichen Struktur sind durch das Zusammentreffen der relativen wirtschaftlichen Schwäche dieser Betriebe mit Veränderungen der für sie wesentlichen Standortbedingungen des Quartiers bzw. der Innenstadt eingeschränkt und bedroht /35/. Der hohe Anteil der Betriebsaufgaben im Bereich der Kleinst- und Kleinbetriebe belegt einen anhaltenden Prozeß der Selektion zwischen Betrieben, die in der Lage sind, branchen- und wirtschaftsstrukturelle Entwicklungen sowie Veränderungen und Verschlechterungen der innerstädtischen Standortbedingungen aufzufangen und Betrieben, die diese Anpassungsleistungen nicht mitvollziehen können.

Entwicklungen, wie die Verringerung und Umstrukturierung der Bevölkerung sowie die Überlastung durch den Individualverkehr, die die innerstädtischen Mischlagen insgesamt betreffen, sind in ihren Auswirkungen auf die standortgebundenen Betriebe (Verringerung und Umstrukturierung des Kaufkraftpotentials, Verlust von Arbeitskräften, Behinderung des gewerblichen Kunden, Beschäftigten- und Lieferverkehrs) besonders gravierend, da die Ausweichmöglichkeiten wegen der Abhängigkeit vom jetzigen bzw. innerstädtischen Standort und den Kosten einer Umsetzung im Quartier sehr eingeschränkt sind.

3. <u>Wohnumfeldverbesserung und städtebauliche Förderung von Betrieben</u>

3.1 <u>Zur Entwicklung von Stadterneuerungs- und Wirtschaftsförderungspolitik</u>

In vielen Städten sind ca. seit Mitte der 70er Jahre Grundsatzbeschlüsse zur aktiven Erneuerung der inneren Stadtgebiete gefaßt worden. Von den planenden Verwaltungen ist die Umsetzung dieser Beschlüsse zwar äußerst unterschiedlich angegangen worden, doch lassen sich heute vor allem zwei Planungsvorgänge bezeichnen, mit denen die Probleme der Erneuerung analysiert und Problemlösungen entwickelt worden sind.

- Zum einen wurden größere Sanierungsplanungen angefangen bzw. weiterentwickelt, zusätzlich Strukturuntersuchungen zur Modernisierungsfähigkeit der Altbausubstanz und zum Einsatz von Modernisierungsförderungsmitteln ("Modernisierungsschwerpunkte") angefertigt.

- Zum anderen wurde - teilweise gleichlaufend, größtenteils mit zeitlicher Verzögerung - die Arbeit an Stadtteilentwicklungsplänen für die inneren Stadtbezirke aufgenommen. Als eine wesentliche Aufgabe der Stadtteilentwicklungsplanung hat sich die Entwicklung von Zielsetzungen für die örtliche Wirtschaft im Verhältnis zum Ziel der Verbesserung der Wohnverhältnisse herausgestellt. Sind diese Zielaussagen z.B. in den zeitlich forgeschrittensten Planungen /36/ als Ansprüche der Wohnbevölkerung und der örtlichen Wirtschaft auch "ausgeglichen", so ist die Integration der Steuerungs- und Förderungsinstrumente (Sanierung, Modernisierung, Neubau) in den wenigsten Planungsvorgängen bisher gleistet.

In wirtschaftspolitischer Hinsicht waren die Folgen der Rezession 1974/75 erneuter Anlaß für die Städte, die Bemühungen um die städtische Wirtschaft zu intensivieren. Die Bedeutung des Gewerbes und der Industrie für die Städte wurde hervorgehoben /37/.

Nur in wenigen Städten liefen die Beschlüsse zur Erneuerung der Innenstadtbereiche von Anfang an mit den Überlegungen zur Entwicklung und Förderung der Wirtschaft, speziell der mittelständischen Wirtschaft, zeitlich synchron /38/. Dieser Zusammenhang stellte sich erst in der wirtschaftspolitischen Debatte der jüngsten Zeit deutlicher heraus. Aufschluß über das stadtentwicklungsbedeutsame Verhalten der Betriebe brachten vor allem besondere Betriebsbefragungen, die erste Erklärungen für den Prozeß der "Stadtflucht" der Betriebe und die Verlagerungsvorgänge - besonders aus den Innenstadtbereichen - brachten.

Die Ausweitung der staatlichen Wirtschaftsförderung in den letzten Jahren, darin eingeschlossen die "Mittelstandsförderung", und vor allem die Ausweitung der für die Wirtschaft einsetzbaren Städtebauförderung haben die Stadterneuerung mit der Wirtschaftsförderung enger zusammengeschlossen /39/.

Zusätzlich hat der praktische Vollzug von Stadterneuerungsmaßnahmen gerade in den Erneuerungsgebieten, in denen keine Maßnahmen mit Einsatz des Städtebauförderungsgesetzes geplant sind, die Entwicklungsprobleme der kleinen und mittleren Betriebe und die besonderen Förderungsanforderungen aufgedeckt /40/.

Zu diesem Zeitpunkt wurden diese Betriebsprobleme noch ausschließlich unter dem Aspekt der Verlagerung gesehen. Erst jetzt schlagen sich Überlegungen und Erkenntnisse aus der "Stadtteilplanung" und "Stadterneuerung" zur Nahversorgungsfunktion und Standortbindung von Betrieben auch in Planungskonzeptionen und der Entwicklung von Förderprogrammen nieder (vgl. die folgenden Ausführungen unter Pkt. 3.3 ff).

3.2 Zur Dominanz der Förderungspolitik in der Stadterneuerung

In der Stadterneuerungsdiksussion dominieren seit jeher die förderungspolitischen Gesichtspunkte. Mit der Schwerpunktverlagerung des Erneuerungsgeschehens von der Sanierung auf die Modernisierung hat sich diese Tendenz verstärkt. In der Förderungspolitik hat sich der Aspekt der Anreizung privater Investitionstätigkeit durch öffentliche Unterstützungsangebote in den Vordergrund geschoben. Die Wohnumfeldförderung ist dabei den öffentlichen Anreizangeboten zuzurechnen.

Die kommunale Planung ("raumbezogene Planung") und der Einsatz des planungsrechlichen Instrumentariums ist diesem förderungspolitischen "Liberalismus" angepaßt worden. Das "harte" planungsrechtliche Instrumentarium soll weitgehend ersetzt werden durch Zielaussagen und politische Absichtserklärungen in Stadtteilentwicklungs- und Programmplänen, durch räumlich festgelegte Förderungsaussagen, durch Entwicklungs- und Bebauungsvorschläge, durch Beratungs- und Verhandlungsangebote und soll nur zum Einsatz kommen, wenn ein Ausgleich privater Interessensetzungsverfahren nach dem Bundesbaugesetz (BBauG) erreicht werden kann /41/.

Die mit der Novellierung des BBauG und der Baunutzungsverordnung (BauNVO) gegebenen, erweiterten Möglichkeiten zur Sicherung von Bestandsbetrieben in Gemengelagen, zum Schutz der Wohnnutzung vor Beeinträchtigungen durch störendes Gewerbe und zur Ordnung größerer innerstädtischer Gewerbeflächen dürften baurechtspolitisch ähnlich gehandhabt werden /42/.

Bei der Dominanz des förderungspolitischen Instrumentariums in der Stadterneuerung stellt sich immerhin die Frage, ob die Förderung von Betrieben in Erneuerungsgebieten stärker eine Sache der Wirtschaftsförderung oder der Städtebauförderung sein muß. Nur in geringem Maße sind den staatlichen Wirtschaftsförderungsprogrammen spezielle Teilprogramme angefügt worden, die auf Betriebe in Sanierungs- und Entwicklungsgebieten (nach StBauFG) zugeschnitten sind /43/.

Der überwiegende Teil an Förderungsmaßnahmen für Betriebe, die städtebaulich bedingt und den "Standort" der Betriebe betreffen, sind der Städtebauförderung - auch ressortmässig - zugeordnet. Ausgangspunkt für die Zuordnung ist die städtebauliche Veranlassung von Veränderungen, die auf die Betriebe einwirken. Hauptgesichtspunkt für die Anwendung der Städtebauförderung für Betriebe ist der Veränderungszwang bei den unmittelbaren "Standortfaktoren", wie Grundstücke, Erschließung, Gebäude und z.T. Umweltschutzvorkehrungen. Im Grenzbereich der Städtebauförderung liegen die Entschädigung für aufgegebene Betriebsanlagen und entgangene Geschäftsumsätze und der Ausgleich sozialer Härten. In neueren Untersuchungen wird eine weitgehende Auffassung vertreten /44/.

3.3 Tendenzen in der städtebaulichen Förderung von Betrieben

Wegen der vorrangigen Bedeutung, die die förderungspolitischen Aspekte in der Stadterneuerung haben, sollen hier die planungsrechtlichen Probleme und Probleme der Planungsverfahren nicht weiter behandelt werden /45/; die anschließenden Ausführungen konzentrieren sich auf neuere Entwicklungen in der städtebaulichen Förderung /46/.

Wohnumfeldverbesserungen sind sowohl in der Form der Verlagerung von Betrieben aus den Wohngebäuden (bei Geschoßnutzung!), den Hofbereichen als auch aus der "Block"-Nachbarschaft möglich. Jedoch kann ebenso die Modernisierung von Betriebsgebäuden, die Beseitigung von Störungen etc. zu einer Wohnumfeldverbesserung beitragen. Bei den vielfältigen, räumlichen Nutzungsstrukturen, wie sie in den städtischen "Mischgebieten" vorkommen, und den unterschiedlichsten Standortbedürfnissen der Branchen und Betriebe kann die Verlagerung nur ein Maßnahmenkomplex sein, wenn auch ein quantitativ noch recht umfangreicher. Demzufolge sollen die Ausführungen zur "städtebaulichen Förderung" von Betrieben sowohl

- die Verlagerung,
- die Nutzung von Gewerbegrundstücken,

- die Errichtung besonderer "Gewerbehöfe",
- den Bau bzw. die Modernisierung von Gewerbegebäuden,
- die Errichtung von Umweltschutzanlagen,

mit erfassen.

Förderungsprobleme bei Verlagerungen

Grundsätzlich kann das StBauFG (§ 44) zur Spitzenfinanzierung der gesamten Kosten von Verlagerungen herangezogen werden, sofern der zu fördernde Betrieb sanierungsbetroffen ist. Das setzt weiterhin voraus, daß die Betriebe andere staatliche Finanzierungshilfen, also im echten Sinne Wirtschaftsförderungsmittel, in Anspruch nehmen können. Das können z.B. sein:

- Mittelstandkreditprogramme des Bundes und der Länder,
- Mittel der Gemeinschaftsaufgabe zur Verbesserung der regionalen Wirtschaftsstruktur,
- ergänzende Programme der Länder zur regionalen Wirtschaftsförderung,
- ERP-Standortprogramme,
- MI-Programm der Kreditanstalt für Wiederaufbau etc. /47/.

Wenn auch ein umfangreiches Angebot an Finanzierungshilfen besteht, ergeben sich doch für die kleinen und mittleren Betriebe in den innenstadtnahen Gebieten der Städte einige grundsätzliche Probleme, diese Mittel in Anspruch zu nehmen.

Ein Teil der genannten Programme ist auf bestimmte Fördergebiete zugeschnitten, zu denen die größeren Städte größtenteils nicht gehören. Einige andere Programme setzen ebenso wie die Anwendung des § 44 StBauFG die Feststellung der Verlagerungswürdigkeit voraus, d.h. die Feststellung eines ausreichenden Ertragswertes. In neuesten betriebswirtschaftlichen Untersuchungen wird argumentiert, bei der Ertragswertfeststellung nicht nur die Überschüsse der zurückliegenden Jahre, sondern die Ertragsmöglichkeiten am neuen Standort in die Bewertung mit einzubeziehen ("Sozialbilanz") /48/. In der gleichen Untersuchung wird verdeutlicht, daß die genannten Wirtschaftsförderungsprogramme, auch wenn sie speziell auf die Unterstützung von Verlagerungen bezogen sind, entweder ein zu geringes Förderungsvolumen haben (nur bis ca. 10 % der Investitionskosten) oder zu hohe Zinsbelastungen u.ä.. Das heißt, daß erhebliche Eigenmittel von den Betrieben aufgebracht werden müssen die aus Investitionsrücklagen und aus den Entschädigungsleistungen nach § 23 StBauFG i.V. mit §§ 93 - 96 BBauG aufgebracht werden müssen. Da der betriebliche Zweck einer Verlagerung darin besteht, nach der Umsiedlung größere Flächen zur Verfügung zu haben, neue, d.h. teurere Produktionsgebäude zu erstellen, Ersatzinvestitionen für alte Anlagen vorzunehmen, zusätzliche Umweltschutzanlagen einzubauen, entsteht das Problem, daß die darin enthaltenen Zusatzinvestitionen überwiegend nicht über StBauFG § 44 abgedeckt werden können. Hier muß der Betrieb entweder die Mittel selbst aufbringen oder zusätzliche, öffentliche Förderungen einsetzen können (vgl. Abschnitt "Förderungsprobleme bei Gewerbeflächen")

In Zahlen ausgedrückt bedeutet das, daß heute im Durchschnitt den öffentlichen Mitteln für Entschädigung von 25 % betriebliche Neuinvestitionen von 75 % gegenüberstehen /49/. Diese Förderungsverhältnisse bzw. Investitionsanforderungen bestimmen heute den Rahmen, in dem nur wenige Betriebe die städtebaulich wünschenswerte Verlagerung mitvollziehen können. Überlegungen zur Modifikation der Wirtschaftsförderungshilfen sind im Gange bzw. teilweise schon einsetzbar (z.B. nach dem Immissionsschutzförderungsprogramm NW eine Bezuschussung der Verlagerungskosten anstelle der am alten Standort notwendig gewordenen Immissionsschutz-Maßnahmen; gleichfalls werden die jährlichen Etats zur Spitzenfinanzierung nach StBauFG § 44 aufgestockt u.a.).

Kommt es nun bei sanierungsbetroffenen Betrieben zu der Feststellung, daß der Betrieb nicht verlagerungswürdig ist, weil er langfristig nich mehr existenzfähig wäre, können Entschädigungen zur Einstellung der Altanlage nach § 23 StBauFG i.V. mit §§ 95, 96 BBauG geleistet werden, zusätzlich kann ein Härteausgleich nach § 85 StBauFG gewährt werden. Dies betrifft sowohl Inhaber als auch Mieter von Betriebsstätten. Die Entschädigung von Mietern erstreckt sich auf die Kosten der Verlagerung der Betriebsanlagen bzw. auf den Anlagenwert und ggf. auf die Herrichtung der neuen, gleichwertigen Betriebsstätten (§ 30 StBauFG i.V. §§ 93 ff BBauG), sofern langfristige Miet- und Pachtverträge bestehen. Bei kurzfristigen Miet- und Pachtverträgen ist eine Einzelfallprüfung notwendig (BGH-Urteil vom 17. Nov. 1971, in NJW 1972, S. 528).

In Hamburg wird z.Z. eine Erweiterung der Billigkeitsleistungen für Gewerbemieter erprobt (auf der Grundlage des § 85 StBauFG i.V. §§ 122a und b BBauG), die davon ausgeht, daß ein Förderungsfall dann eintrifft, wenn ein Mieter mit einem kurzfristigen Vertrag mit einem längeren Verbleib in dem Mietobjekt rechnen konnte ("Vertrauensschutz") und er die Nachteile der Räumung mit eigenen Mitteln nicht abwenden kann ("besondere Härte") /50/.

Auf ein weiteres, grundsätzliches Problem bei der Verlagerung von Betrieben geht die gleiche Hamburger Richtlinie ein, in dem sie die "Fördergebiete" über die förmlich festgelegten Sanierungsgebiete ausdehnt auf

- Bebauungsplangebiete
- Gebiete mit vorbereitenden Untersuchungen nach § 4 StBauFG
- und Gebiete, in denen Maßnahmen der Stadtteilentwicklung durchgeführt werden.

In Bezug auf Sanierungsgebiete hat KNIPP auf das gleiche strukturelle Problem aufmerksam gemacht /51/. § 44 ist zwar grundsätzlich darauf angelegt, daß nur sanierungsbetroffene Betriebe förderungsfähig sind und ggf. aus dem Gebiet verlagert werden können bzw. eingestellt und entschädigt, daß aber gerade die Zuführung neuer Wirtschaftskraft, d.h. neuer Betriebe und Betriebsstandorte bzw. Flächen aus der Konstruktion herausfällt. Es führt ersatzweise den § 39 Abs. 1 StBauFG an, mit dem das doch eigentlich gewollte Sanierungsziel dennoch erreicht werden könne.

Diese Problematik hat Berücksichtigung in den Vergaberichtlinien des Programms für Zukunftsinvestitionen in NW gefunden /52/, nachdem eine Förderung außerhalb förmlich festgelegter Sanierungsgebiete (§ 5 StBauFG), Ersatz- und Ergänzungsgebiete (§ 11 StBauFG) unter der Voraussetzung möglich ist, daß "das einzelne Vorhaben in einem unmittelbaren Zusammenhang mit städtebaulichen Sanierungs- und Entwicklungsmaßnahmen steht und zur Erreichung der Sanierungs- und Entwicklungsziele erforderlich ist".

Der Grundgedanke, die Förderung von Verlagerungsaufwendungen außerhalb von Sanierungsgebieten - also auf Gebiete aller weiteren Modernisierungsprogramme - auszudehnen, ist bisher in den oben angesprochenen Richtlinien Hamburgs /53/ und in Programmvorhaben Stuttgarts /54/ aufgenommen worden, gleichfalls in NW /55/ z.B. zur Verbesserung der Wohnumgebung in Modernisierungsschwerpunkten i.S. von § 11 Abs. 3 WoModG.

Förderungsprobleme bei Gewerbeflächen

Probleme mit Gewerbeflächen treten bei Maßnahmen der Wohnumfeldverbesserung auf im Zusammenhang mit den notwendigen Flächenangeboten für die Verlagerung von Betrieben auf quartiersnahe bzw. randstädtische Standorte, d.h. häufig mit der Aufbereitung brachliegender, innenstadtnaher Industrieflächen für verlagerte Klein- und Mittelbetriebe.

Das StBauFG (§ 11) wird für die Ausweisung von Ersatz- und Ergänzungsgebieten für gewerbliche Nutzungen in den Städten angewandt. Da die Ausweisung dieser Gebiete auch außerhalb der förmlich festgelegten Sanierungsgebiete erfolgen kann, ist sowohl die Verlagerung störender Betriebe auf randstädtische Standorte als auch die Umsetzung im Quartier möglich. Von dieser Möglichkeit wird - zumindest nach Informationen aus NW - von den Kommunen nur zurückhaltend Gebrauch gemacht. Neben dieser Ausweisung, die von der Auslagerung einzelner Betriebe aus dem überwiegend vom Wohnen genutzten Sanierungsgebiet ausgeht, sind auch Ausweisungen von Industrie- und Gewerbeflächen vorgenommen worden, um zumeist Großbetriebe verlagern zu können (§ 1 StBauFG) (städtebauliche Sanierungsmaßnahme), wobei sowohl städtebauliche, Umweltschutz- als auch betriebliche Gründe gelten.

Die spezielle Form der Punktsanierung als "Blockentkernung" hat in jüngster Zeit durch besondere ministeriale Anweisung an die Regierungspräsidien erhöhte Priorität erhalten. Einer speziellen Form der Punktsanierung, die in NW zunehmend häufiger angewandt wird, hat das OVG Münster in einem denkwürdigen Urteil widersprochen, indem es die Satzungsaufhebung beschlossen hat für ein Sanierungsgebiet, das nur das Betriebsgelände umfaßte und nicht mehr die anschließende Wohnbebauung. Die Verwendung der freiwerdenden Fläche im Sinne der Sanierungsziele war allerdings nicht in die Beurteilung einbezogen!

An den zwei entscheidenden Problemen mit gewerblichen Flächen ist - besonders in NW - die Gewerbeflächenförderung des Landes ausgebaut worden /56/.

a) Bei den infolge von Verlagerungen der Gemeinde entstehenden unrentierlichen und nicht abwälzbaren Kosten für die Entschädigung der bisherigen Betriebsgrundstücke und Betriebsgebäude (für die Verlagerungskosten), und die notwendigen Ordnungsmaßnahmen werden bis zu 75 % der Gesamtkosten bezuschußt, in begründeten Ausnahmefällen bis zu 85 %.

b) Die Aufbereitung ungeordneter und aufgelassener Gewerbeflächen wird nach Ausweisung als Sanierungsmaßnahme (StBauFG §§ 1 und 3) in ähnlicher Höhe bezuschußt. Dabei sind der Grund- und Gebäudeerwerb, die Baureifmachung, die Herrichtung, Erschließung und notwendigen Zwischenfinanzierungen mit inbegriffen.

Mit diesem Förderpaket ist ein Großteil des für die Kommunen im Zuge von Sanierungsmaßnahmen entstehenden, unrentierlichen Kostenanteils abtragbar.

In einzelnen Städten werden ähnliche Überlegungen angestellt, wie vor allem innenstadtnahe Flächen, die von Industrie- und größeren Gewerbebetrieben aufgelassen wurden, für die Umsetzung ortsgebundener, aber expandierender Gewerbe- und Handwerksbetriebe gefördert werden können. Nach ersten Kosten-Nutzen-Berechnungen werden "die verlorenen städtischen Zuschüsse, die durch die Übernahme der erhöhten Kosten, die einem Betrieb im Vergleich zu einer Standortnahme in einem neuen Gewerbegebiet entstehen (...), bei der (...) Übernahme der Freilegungskosten innerhalb einer mittelfristigen Betrachtung (5-Jahres-Zeitraum) durch die Realsteuereinnahmen gedeckt" /57/. Mit diesem Förderungsansatz wird eins der grundsätzlichen Probleme bei der Erneuerung innenstadtnaher Gewerbegebiete angegangen. Probleme ergeben sich allerdings dann, wenn Betriebe innerhalb des Stadtgebiets an den Stadtrand verlagert werden sollen und ihnen keine neugeordneten Altflächen angeboten werden können, sondern neuerschlossene, von der Stadt deshalb zu subventionierende Flächen, weil evtl. die Entschädigung des Betriebes für sein altes Grundstück für den Erwerb des neuen Grundstücks nicht ausreicht (grösserer Flächenbedarf; bei gewerblichen Mietern ist das in jedem Falle ein Förderungsproblem).

Die staatliche Bezuschussung ist in NW nur im Falle der Ausweisung von brachliegenden oder nicht funktionsgerecht genutzten Industrie- und Gewerbeflächen als Sanierungsgebiete möglich. Der Erwerb von Vorratsgelände wird nicht gefördert. Ein Großteil der in den Städten vorhandenen nicht erschlossenen, sondern nur planerisch gesicherten "Vorratsflächen" (- ehemals für Neuansiedlungen gedacht! -) kann unter diesen Umständen nicht für den umfassenden Umsiedlungsbedarf mobilisiert werden bzw. nur soweit eigene Mittel reichen. Der im Zukunftsinvestitionsprogramm erweiterte Förderungsrahmen für Betriebsverlagerungen, wonach auch Investitionskosten der Gemeinden zur Ausweisung eines neuen Standorts förderungsfähig sind, kann dann ebenso nicht weiterhelfen, wenn die genannten Bedingungen zu eng gefaßt werden; zumal mit dem Programm nur laufende Vorhaben gefördert werden sollen.

Förderungsprobleme bei "Gewerbehöfen"

Unmittelbar im Zusammenhang mit der sanierungsbedingten Verlagerung von Betrieben steht in den Städten die Diskussion bzw. Realisierung von "Gewerbehöfen" in öffentlicher bzw. gemeinnütziger Trägerschaft; so in Berlin, Wuppertal, Hamburg, Köln, München etc..

Gewerbehöfe in diesem Sinne sind aufgekaufte, instandgesetzte und modernisierte Fabrikgebäude, z.T. auch Neubauten in Modulbauweise. Teilflächen in den modernisierten Gebäuden werden kleinen und mittleren Gewerbebetrieben zu einem relativ niedrigen Mietzins angeboten. Dieser liegt in der Regel höher als am alten Standort, aber niedriger als in Neubauten (in Berlin bei ca. 4,- DM/qm, in Hamburg bei ca. 7,- DM/qm, in Wuppertal bei ca. 2,- DM/qm) /58/. Die insofern erhöhte Miete ist auf eine verbesserte Ausstattungsqualität des Gewerbehofs zurückzuführen.

Die Gewerbehofflächen werden sanierungsbetroffenen Gewerbemietern angeboten zur Umsetzung im Quartier oder in Quartiersnähe zwecks Aufrechterhaltung der Kunden-, Liefer- und Arbeitskräftebeziehungen. Hamburg hat den Kreis der berechtigten Klein- und Mittelbetriebe erweitert auf alle Betriebe, die von Stadterneuerungsmaßnahmen betroffen sind, wie z.B. bei "Blockentkernungen", Wohnumfeldverbesserungen u.a.. In Berlin ist der Kreis auf ansiedlungswillige Betriebe ausgedehnt.

Die Finanzierung der Gewerbehöfe wird unterschiedlich gestaltet. Die Investitionsförderungsprogramme (ERP, Berlin FG etc.) können nicht in Anspruch genommen werden, weil die Träger nur als Vermieter auftreten und nicht als "Betriebseigentümer". Somit stehen für die Finanzierung Kapitalmarktmittel bzw. kommunale Haushaltsmittel und Städtebauförderungsmittel zur Verfügung. Überwiegend wird mit Kapitalmarkt- bzw. Haushaltsmitteln finanziert; bei einer größeren Zahl von Gewerbehöfen können Erwerb und Modernisierung von Objekten aus den Mieteinnahmen bestritten werden. Städtebauförderungsmittel können aufgrund der §§ 44 und 43 miteinbezogen werden, sofern die umgesetzten Betriebe sanierungsbetroffen sind. Das "Programm für Zukunftsinvestitionen" bezieht die Errichtung von Gewerbehöfen mit ein, ebenfalls in Bezug auf Betriebsverlagerungen und der Spitzenfinanzierung nach § 44 StBauFG.

Da der Ausgangsgedanke bei der Errichtung der Gewerbehöfe die billigen Mieten sind, die nicht allzu hoch über den ehemaligen Mieten der sanierungsbetroffenen Umsetzbetriebe liegen sollen, gehört zu den Maßnahmen für räumungsbetroffene Mieter die Mietbezuschussung im Rahmen des Härteausgleichs. Wird eine billige Miete durch die Förderung von Gewerbehöfen erreicht, schließt das i.d.R. weitere Mietbezuschussungen aus /59/. Der "soziale" bzw. subventionierte Gewerbebau, wie er in Hamburg und in anderen Städten genannt wird, legt eine betriebsindividuelle Mietsubventionierung für eine befristete Anlaufphase (Degressionsstufen nach dem 3., 5. und 7. Jahr) des aufgrund von Stadterneuerungsmaßnahmen umgesetzten Betriebes zugrunde /60/.

3.3 Förderungsprobleme bei Gewerbegebäuden und bei Gewerbeumfeldmaßnahmen

Gewerbegebäude können in Sanierungs- und Entwicklungsgebieten unter Zugrundelegung der §§ 39, 43 und 44 StBauFG mitfinanziert werden. Berechtigte sind nur Betriebsinhaber. Gewerbeneubauten setzen zur Inanspruchnahme von Städtebauförderungsmitteln erhebliche Eigenmittel und Kreditwürdigkeit zur Erlangung von Investitionsdarlehen (z.B. ERP-Programme u.a. Investitionsförderungsprogramme) voraus. Angesichts der Schwierigkeiten und dem zögernden Fortgang gewerblicher Baumaßnahmen in Sanierungsgebieten sind zusätzliche, städtebauliche Darlehensprogramme für Hochbaumaßnahmen aufgelegt worden /61/.

Die Förderung der Instandsetzung und Modernisierung von Betriebsgebäuden nach § 43 StBauFG /62/ ist infolge von zwei Rechtsakten der Kommune möglich. Sie kann auch für Gewerbegebäude ein Modernisierungs- und Instandsetzungsgebot nach § 39e BBauG aussprechen bzw. einen Modernisierungsvertrag mit dem Eigentümer nach § 43 (3) StBauFG abschließen. Die "Allgemeine Verwaltungsvorschrift über den Einsatz von Förderungsmitteln nach StBauFG (StBauFVwV) 1975" und der Referentenentwurf von 1977 zur Änderung dieser Vorschrift nennt, unter Nummer 21 "Modernisierung", explizit auch gewerblich genutzte und zu verbessernde Gebäude. Erstere zählt dazu beispielhaft eine Liste von Modernisierungsmaßnahmen auf, die auch auf Gewerbegebäude übertragbar sind. Förderbar sind dabei nur die Kosten, die der Eigentümer nicht aus eigenen oder fremden Mitteln finanzieren kann (unrentierliche Kosten) unter Berücksichtigung der Erträge aus ortsüblicher Miete vergleichbarer, modernisierter Mietobjekte.

Eine Spitzenfinanzierung nach § 44 StBauFG kann dann in Anspruch genommen werden, wenn der Betrieb durch die Sanierung derart beeinträchtigt wird, daß eine wesentliche Änderung baulicher Anlagen erforderlich wird. Darunter können sowohl Instandsetzungen, Modernisierungen als auch Um- bzw. Aufbauten verstanden werden. Ob als sanierungsbedingte Beeinträchtigung neben dem Aussprechen von Modernisierungsgeboten auch Bauordnungs- und immissionsschutzrechtliche Auflagen in Bezug auf das Sanierungsziel gelten können, wird noch zu prüfen sein.

Eine Anwendung des § 85 StBauFG zur Abwendung von Härten bei den gewerblichen Mietern in zu modernisierenden Betriebsgebäuden und damit eine befristete Mietsubventionierung auch im Falle von Modernisierungen durch die Eigentümer wird für rechtlich tragfähig gehalten /64/. Nach § 85 (2) Nr. 6 sind zweimalige Umzugskosten, wie sie evtl. im Zuge von Modernisierungen auftreten können, einschließlich der eingetretenen Vermögensnachteile erstattungsfähig, auch wenn kein Rechtsanspruch nach §§ 30 (27, 28, 29) besteht: "Eine Finanzierung von Modernisierungsmaßnahmen durch den Mieter oder Pächter (auch in besonderen Härtefällen) läßt § 85 nicht zu" /64/.

In den innerstädtischen Mischlagen ist ein Großteil der Betriebe (bis zu ca. 75 %) Mieter bzw. Pächter von Gewerbeflächen. Neben der Absatz- und Zuliefernähe sind vor allem die relativ geringen Mietpreise für viele Kleinbetriebe ausschalggebend für eine rentierliche Betriebsführung. Selbst die Umsetzung in Gewerbehöfe rührt - auch bei einsetzender, befristeter Mietsubventionierung - an dieser Mietempfindlichkeit. Ebenso wurden und werden von den betrieblichen Mietern Anlageinvestitionen (sowohl Bauten als auch Verkehrs- und Umweltschutzanlagen) vorgenommen (die zwar im Umsetzfalle nach Billigkeitsgesichtspunkten entschädigt werden können /65/, aber in erster Linie zu einer "Mischung" der Eigentumsteile führen, die für die Entwicklung innerstädtischer Gewerbelagen charakteristisch und notwendig ist. Aus ähnlichen Überlegungen hat Hamburg einen Diskussionsentwurf für ein Förderungsprogramm zur "Mietermodernisierung" von Gewerbetreibenden erstellt /66/ mit den Zielen

- Erhalt und Förderung wohn- und stadtteilbezogener Betriebsstandorte für nicht störende, standortgebundene Betriebe, die
    - das stadtteilbezogene Arbeits- und Ausbildungsplatzangebot fördern,
    - der Versorgung der im Gebiet lebenden Bevölkerung dienen.

- Verbesserung der Verträglichkeit von "Wohnen" und Arbeitsplätzen in dicht bebauten Mischlagen durch
    - sinnvolle Nutzungsordnungen
    - bauliche Modernisierung der Betriebsstätte
    - Ordnungs- und Rationalisierungsmaßnahmen im Betriebsablauf
    - Verringerung der Umweltbelastung durch bauliche Veränderungen (aktive und/oder passive Umweltschutzmaßnahmen im Betrieb).

Da die Förderungsmöglichkeiten gemäß §§ 43 und 44 StBauFG letztlich nur von Eigentümern beansprucht werden können und über die förmlich festgelegten Sanierungsgebiete hinaus nicht anwendbar für die Stadterneuerung insgesamt sind, schlägt Hamburg dieses kommunale "Gewerbemodernisierungsprogramm" besonders für das Kleingewerbe und Gewerbemieter vor. Förderungsfähig sollen bauliche Modernisierungsmaßnahmen werden, wie Verbesserung der Arbeitsbedingungen, der Umweltverträglichkeit, wie damit zusammenhängende, betriebliche Rationalisierungsmaßnahmen (i.S. des § 43 StBauFG) durch Zuschüsse bis zu einer Höchstgrenze von 50 % der Kosten der baulichen Maßnahme (Höchstbetrag 60 % der Neubaukosten für vergleichbaren Gewerberaum). In Sanierungsgebieten können darüber hinaus den Betrieben zur Spitzenfinanzierung Mittel nach §§ 44 und 85 StBauFG gewährt werden.

Förderungsprobleme bei Umweltschutzanlagen

Zur Förderung der Kosten von betrieblichen Immissionsschutzmaßnahmen haben einige Länder spezielle "Immissionsschutzförderungsprogramme" eingerichtet /67/. Sie zielen schwerpunktmäßig auf Maßnahmen zur Reinhaltung der Luft, zum Schutz vor Lärm und Erschütterungen und zur Abfallbeseitigung. Das NW-Programm kennt noch als besondere Regelung die alternativ zur Anlageninvestition einzusetzende Verlagerungsunterstützung (vgl. Abschnitt "Förderungsprobleme bei Verlagerungen").

Als besonders charakteristisch in Bezug auf die hier angesprochenen kleinen und mittleren

Betriebe sind die Antragsergebnisse der Gewerbeaufsicht des Landes NW zu werten /68/. Danach

- führen die hohen Investitionskosten für Umweltschutzanlagen gerade bei diesen Betrieben zu Finanzierungsschwierigkeiten;
- erhöht sich die Zahl der Fälle, bei denen eine Anordnung nachträglich vorzunehmender Immissionsschutzmaßnahmen wirtschaftlich nicht vertretbar ist, d.h. vom Betrieb nicht zu tragen war;
- erhöhte sich die Finanzierungshilfe je gefördertem Fall.

Diese wirtschaftlichen Schwierigkeiten bei kleineren Betrieben sind demzufolge der Ansatzpunkt in einigen Städten, ergänzende Immissionsschutzförderungsprogramme zu diskutieren. Während die Förderung der Kosten des Einbaues lärmdämmender Fenster in Wohngebäuden an lärmbelasteten Straßen in einigen Städten bereits zu kommunalen Programmen geführt hat /69/, stecken betriebsbezogene Förderprogramme für aktive und/oder passive Umweltschutzmaßnahmen erst in den Anfängen. Sie wenden sich an wenig kapitalkräftige, störende, aber standort- bzw. nahversorgungsabhängige Betriebe und speziell auch an gewerbliche Mieter /70/.

4. Zusammenfassende Bemerkungen

Die vorangegangenen Ausführungen belegten, daß sich für die Stadterneuerung mit dem erheblichen Potential an kleinen und mittleren Betrieben in den inneren Stadtgebieten eine zusätzliche Aufgabe bei der Verbesserung der Wohnverhältnisse und der Zustände in den alten Stadtquartieren stellt.

Der enge Zusammenhang zwischen dem Wohnen und den Betrieben in alten Stadtquartieren wurde hier aufgezeigt, weil nicht davon ausgegangen werden kann, daß der wirtschaftliche Strukturwandel die Probleme mit Betrieben in Mischgebieten "von selbst löst" (d.h. wirtschaftskräftige Betriebe wandern ab, wirtschaftsschwache geben über kurz oder lang auf!??), sondern weil davon ausgegangen werden muß, daß eine aktive Verbesserung der Wohnverhältnisse auch eine aktive Unterstützung der Verbesserung der Standortverhältnisse der Betriebe dieser Gebiete verlangt - gleich ob durch unterstützte Verlagerungen oder durch Betriebsmodernisierungen am Standort.

Fraglich ist in der heutigen Stadterneuerungspolitik eher, welche Bedeutung der "Wohnumfeldverbesserungs"-Strategie beigemessen werden kann und in welchem Umfang sie in den inneren Stadtgebieten angewendet wird. Wird die "Wohnumfeldverbesserung" nicht von vornherein auf hervorragende Lagen in den Althausquartieren begrenzt (d.h. Lagen mit bestehender hoher Erschließungsgunst, traditioneller "guter Adresse", vorhandener Ausstattung mit Grünanlagen und Kultureinrichtungen etc.) und stark auf mittelständische Zielgruppen zugeschnitten, sondern als allgemeine Strategie der Verbesserung der Wohnverhältnisse angesehen, so ergeben sich damit natürlich auch weitergehende Anforderungen an die Erneuerungsplanung und die Förderungspolitik. Die Sanierungsplanung und der Einsatz des StBauFG wird wie bisher auf eng begrenzte Gebiete mit gravierenden funktionellen und städtebaulichen Mängeln beschränkt bleiben. Sanierungsbedingte Probleme von Betrieben werden in diesem begrenzten Umfang lösbar sein; das Förderungsspektrum wird neben den Verlagerungsunterstützungen zukünftig verstärkt Modernisierungsleistungen mit umfassen müssen. Überprüfenswert scheint auch der strategische Ansatzpunkt der "Punktsanierung", bei der größere, gewerblich-industrielle Betriebskomplexe im Mittelpunkt der Sanierungsmaßnahme stehen; worüber die größten Erfahrungen z.Z. in NW vorliegen.

Schwieriger wird sich fraglos die Berücksichtigung von Betrieben bei Erneuerungsmaßnahmen ohne Einsatz des StBauFG gestalten lassen. Soll jedoch die "Wohnumfeldverbesserung" eine langfristige Strategie zur Verbesserung der Wohnverhältnisse in den gesamten innenstadtnahen Gebieten darstellen, sind ergänzende, betriebsbezogene Planungen und Programme unerläßlich, wie sie bereits in der Hamburgischen Stadterneuerung praktiziert und in anderen Städten diskutiert werden. Nicht nur aus der Sicht der Betriebe sind die einseitigen Programme der Verlagerung um Programme zur Standortsicherung zu ergänzen. Stadterneuerung muß auch die Sicherung der Nahversorgung mit Produkten, Dienstleistungen - und wohnortnahen Arbeitsplätzen (!?) - gewährleisten.

Anmerkungen:

/1/ POHLANDT, E.: Stadterneuerung in Hamburg, Bericht aus der Praxis (Probleme und Programme). Vortragsmanuskript, Institut für Städtebau Berlin. Berlin 1978.

/2/ SCHMEISSER, M./SCHÖNHERR, M.: Modernisierung und städtebauliche Strukturverbesserung, außerhalb von Sanierungsgebieten, in: Sonderheft Berliner Bauwirtschaft, Berlin 1978. Stadt Frankfurt am Main: Stadtneubau und Modernisierung in Frankfurt am Main - Acht Thesen - 1977. Stadtentwicklungsreferat München: Stadterneuerung unter dem Gesichtspunkt Bevölkerungsverlust - Stadterneuerung als Maßnahme gegen die Stadtflucht aus Münchener Sicht unter besonderer Berücksichtigung der rechtlichen Möglichkeiten und Schranken. München 1977.

/3/ Vgl. Arbeitshilfe 4, Räumliche Entwicklungsplanung. Heft 4 "Gewerbe-Bestandssicherung", Difu, in Vorbereitung.

/4/ Vgl. z.B. Landeshauptstadt Hannover: Wanderungsentscheidungen und Wohnqualität im Großraum Hannover, Schriftenreihe zur Stadtentwicklungsplanung, Hannover 1976. BALDERMANN/HECKING/KNAUS: Wanderungsmotive und Stadtstruktur im Großraum Stuttgart. Stuttgart 1976

/5/ Vgl. Prognos AG: Qualitativer und quantitativer Wohnungsbedarf und Wanderungen in der Freien und Hansestadt Hamburg, Wohnwertanalyse und Analyse der Wanderungsströme, 2. Zwischenbericht. Basel 1975.

/6/ Ergebnisse der 1 %-Wohnungsstichprobe 1972, Fachserie E, Statistisches Bundesamt Wiesbaden, Heft 7. Stuttgart/Mainz 1976.

/7/ Unveröffentlichte Befragungsergebnisse von Bewohnern in Hamburg-Ottensen, Köln-Severinsviertel und Köln-Kalk (nach Auskunft der HWK Hamburg, des Gewerbeaufsichtsamtes und des Stadterneuerungsamtes Köln).

/8/ Nach Auskunft der Gewerbeaufsichtsämter Köln und Hamburg.

/9/ Vgl. Prognos AG: Qualitativer und quantitativer Wohnungsbedarf ..., a.a.O., S. 67 ff.

/10/ Vgl. Arbeitsstättenerhebung Großraum Hannover, 1976; Betriebsbefragung des Stadtentwicklungsreferats München, in: Fortschreibung des Stadtentwicklungsplans München 1976; Betriebsbefragung Stuttgart 1975/76, in: Stat. Informationsdienst. Heft 1/1976, Stuttgart 1976; Betriebsbefragung der IHK Dortmund 1976; Stadt Göttingen, Beiträge zur Stadtentwicklung, Heft 1 und 2, Untersuchung der Handwerks-, Gewerbe- und Industriebetriebe im Raum Göttingen, Göttingen 1975; vgl. auch: FIEBIG, K.-H./KAMMERTÖNS, M., Daten zur Entwicklung kleiner und mittlerer Betriebe in Bund, Ländern und Städten (Materialsammlung), Deutsches Institut für Urbanistik, Berlin 1979.

/11/ Vgl. WIEGAND: Funktionsmischung. Niederteuffen, 1973, S. 136 ff

/12/ GLEBE: Das Handwerk in Düsseldorf-Oberbilk. Düsseldorf 1976. Inst. f. Geografie und Wirtschaftsgeografie: Das Industriegebiet Wandsbek-NO. Hamburg 1975.

/13/ Nach WIEGAND, a.a.O. ist es insbesondere das Baugewerbe, das Holz- und Metallverarbeitende Handwerk, das zwischen 60 und 70 % von gewerblichen und öffentlichen Auftraggebern abhängig ist.

/14/ Vgl. GLEBE, a.a.O., S. 39

/15/ GLEBE, a.a.O.; Sanierungsvoruntersuchung Wuppertal-Elberfeld-NO, in: Stand und Problematik der Stadtsanierung, Politik und Planung 2. Aachen 1975; Institut für Geografie und Wirtschaftsgeografie: Das Industriegebiet Wandsbek-NO. Hamburg 1975.

/16/ WIEGAND, a.a.O., S. 140

/17/ Ebenda, S. 55.

/18/ Ebenda, S. 32.

/19/ GLEBE, a.a.O., S. 35

/20/ Ergebnisse von Gesprächen bei den Handwerkskammern Köln, Hamburg.

/21/ GLEBE, a.a.O., S. 31 ff.

/22/ Vgl. die Anmerkung 10, bezeichnete Betriebsbefragungen.

/23/ Der allgemeine Trend beim Handwerk und Kleingewerbe zur Abnahme der Produktion am Standort und der Zunahme der Lagerhaltung und Dienstleistung erhöht in der Tendenz ebenfalls das betriebliche Verkehrsaufkommen (vgl. GLEBE, a.a.O., S. 27).

/24/ Vgl. Betriebsbefragung Stuttgart, Hannover; nach Betriebsbefragungen in Hannover und Stuttgart liegt dieser Anteil bei 1 % an der Summe aller Verlagerungen.

/25/ Die in aller Regel in Mischlagen höheren Aufwendungen für Störbeseitigung bzw. -verminderung verursachen zusätzlich zu den einmaligen Investitionskosten höhere Betriebskosten (vgl. WIEGAND, a.a.O., S. 36 ff).

/26/ Nach einer Befragung der Handwerkskammer Köln bei 17.000 Handwerksbetrieben hatten ca. 17 % der Betriebe Schwierigkeiten mit der Nachbarschaft bzw. den Behörden wegen Immissionsfragen, bei belästigungsstarken Branchen wie z.B. Tischlereien und Kfz-Betrieben erreicht der Wert 47 %. (Quelle: Gespräch bei der Handwerkskammer, Befragung noch nicht veröffentlicht); die Münchner Betriebsbefragung ermittelte bei 32 % der befragten Betriebe vor allem in der Innenstadt eine Unzufriedenheit mit dem Standort wegen Immissionsschutzauflagen.

/27/ Vgl. Der Senator für Wirtschaft Berlin: Kleine und mittlere Unternehmen in Berlin, Bericht einer Projektgruppe. Berlin 1977

/28/ Vgl. CRONJÄGER/JACOBY/MARTIN/PÄCHTER: Tendenzen der Gewerbeentwicklung in SO 36 Berlin-Kreuzberg. Berlin 1977; HAFNER/KAMMERTÖNS/STÜRMANN: Standortgebundenheit von Gewerbebetrieben und Stadterneuerung in Berlin, Untersuchung zur Betroffenheit von Gewerbebetrieben bei einer Stadterneuerung anhand eines Gebiets in Berlin-Kreuzberg. Berlin 1976; SCHNELL, M./KUTSCHE, B.: Die Industrie in Ottensen, Geogr. Oberseminar der Universität Hamburg, 1969/70.

/29/ Landeshauptstadt Stuttgart: Arbeitsplatz Stuttgart 1990, Beiträge zur Stadtentwicklung 14, Stuttgart 1978; Handwerksbefragung der Handwerkskammer Köln, 1977.

/30/ Vgl. Arbeitsstättenerhebungen Nürnberg, Stuttgart, Hannover, Wandsbek-NO, Hamburg-Ottensen, Düsseldorf-Oberbild etc.

/31/ Nach einer entsprechenden Untersuchung in Wuppertal wurde für 80 % der Betriebe Unverträglichkeit mit dem jetzigen Standort ermittelt. Planco Consulting: Bestandsaufnahme und Bewertung gewerblich genutzter Flächen in Wuppertal, Essen 1977. Vgl. auch: Planungsgrundlagen zum F-Plan Aachen. Aachen 1977.

/32/ Vgl. z.B. die Begründung zur Festsetzung besonderer Wohngebiete im F-Plan von Köln; F-Plan-Entwurf Köln, 1978

/33/ Gesamtkonzept Sanierung München-Haidhausen. München 1977.

/34/ Vgl. v. ROHR, H.-O.: Die Tertiärisierung city-naher Gewerbegebiete, Verdrängung sekundärer Funktionen aus der inneren Stadt Hamburgs. Bonn 1972.

/35/ Vgl. RATZ, W.: Gewerbebestandssicherung im Rahmen der Stadtentwicklung am Beispiel des Kernbereichs Stuttgart. Stuttgart 1978 (unveröffentlichtes Manuskript).

/36/ Baubehörde der Freien und Hansestadt Hamburg: Leitgedanken für Stadtteile der inneren Stadt in Hamburg. Hamburg 1977.

/37/ Vgl. Deutscher Städtetag: Die Städte in der Wirtschaftspolitik - Grundsätze kommunaler Wirtschaftsförderung. Köln 1976.

/38/ Hamburgs Zukunft sichern. Regierungserklärung von Bürgermeister KLOSE. in: Hamburger Dokumente 1.75. Hamburg 1975.

/39/ KNIPP, H.-J.: Städtebauliche Sanierung im Zeichen der Wirtschaftsförderung? in: Bauhandbuch 1977. Berlin; BECKER, P./RINGEL, G.: Regionale Strukturpolitik und Gewerbeflächenförderung in Nordrhein-Westfalen. Köln 1976.

/40/ Vgl. Baubehörde der Freien und Hansestadt Hamburg: BSE, Strukturdaten zum subventionierten Gewerbebau. Hamburg 1976. (Allein in der westlichen Innenstadt Hamburgs und in Altona wären ca. 900 Betriebe (Industrie und Handwerk) aufgrund der Stadterneuerung zu verlagern und sind verlagerungsfähig (Bestand, 1976: 6.200 Industrie- und Handwerksbetriebe).

/41/ Vgl. Stadtneubau und Modernisierung Frankfurt, a.a.O.; ADRIAN, H., Strukturpläne in Frankfurt. In: Politik und Planung 2. Aachen 1975.

/42/ Vgl. STICH, R.: Städtebaurechtliches Instrumentarium zur Bewältigung von Immissionskonflikten. In: Stadtbauwelt 57, 1978.

/43/ Vgl. z.B. Mittelstandskreditprogramme (Existenzgrundlagen des Mittelstandes u.a. in neugeordneten Stadtteilen, in Sanierungsgebieten; Errichtung bzw. Einrichtung gewerblicher Betriebe und Verlagerung aus z.B. Sanierungsgebieten), ERP-Sondervermögen, ERP-Standortprogramme (Erwerb, Errichtung und Erweiterung von Betrieben u.a. in neugeordneten Stadtteilen und Gewerbegebieten), M-I-Programm der Kreditanstalt für Wiederaufbau (Betriebsverlagerungen aus Gründen der Städte- und Verkehrssanierung sowie des Immissionsschutzes).

/44/ Vgl. HAGEDORN: Einsatz von Städtebauförderungsmitteln nach § 44 Städtebauförderungsgesetz, Forschungsauftrag des BMBau.

/45/ Vgl. Arbeitshilfe "Gewerbe-Bestandssicherung", Difu ..., a.a.O.

/46/ Die Ausführungen zu diesem Teil basieren auf einem Vortragsmanuskript des Autors "Gewerbe-Bestandssicherung und Modernisierung", 112. Kurs "Stadterneuerung - Finanzierung und Durchführung" des Instituts für Städtebau Berlin, 1978

/47/ Vgl. Sondernummer 1978 der Zeitschrift für das Gesamte Kreditwesen.

/48/ HAGEDORN: Einsatz von Städtebauförderungsmitteln, a.a.O.

/49/ NEINHAUS, T.: Die bodenpolitische Steuerung privater Investitionen aus industriewirtschaftlicher Sicht, unveröffentl. Vortragsmanuskript, Universität Dortmund, 1978.

/50/ Freie und Hansestadt Hamburg: Billigkeitsleistungen bei der Räumung gewerblicher Mietobjekte im öffentlichen Interesse. Hamburg 1978.

/51/ KNIPP, H.-J., Städtebauliche Sanierung im Zeichen der Wirtschaftsförderung? In: Bauhandbuch 1977, Berlin.

/52/ Vgl. RdErl. d. IM vom 15. April 1977

/53/ Billigkeitsleistungen ..., a.a.O.

/54/ Landeshauptstadt Stuttgart: Arbeitsplatz Stuttgart 1990, Band 2 Maßnahmen, Beiträge zur Stadtentwicklung 14. Stuttgart 1978, S. 106.

/55/ Rd.Erl. des IM vom 23.3.1971 (SMBL. NW. 2313) und v. 2.8.1974 (MBl. NW) II S. 1267).

/56/ BECKER/RINGEL: Gewerbeflächenförderung in Nordrhein-Westfalen, a.a.O.

/57/ Landeshauptstadt Stuttgart: Arbeitsplatz Stuttgart 1990, Band 2 - Maßnahmen. Beiträge zur Stadtentwicklung 14. Stuttgart 1978, S. 106.

/58/ HERMANNS, H.: Sozialer Gewerbebau in Sanierungsgebieten. Mitteilung der IHK Köln Nr. 2, 1978.

/59/ HABERMANN, G.: Betrieb und Sanierung. In: Bauhandbuch 1975, Berlin.

/60/ Subventionierter Gewerbebau im Zusammenhang mit Maßnahmen der Stadterneuerung, Bürgerschaftsdrucksache der Freien und Hansestadt Hamburg 8/2164, 1976.

/61/ Darlehensprogramm zur Förderung von gewerblichen Investitionen in Sanierungsgebieten. Staatsanzeiger für Baden-Württemberg Nr. 49 vom 21.6.1978, S. 4.

/62/ HAGEDORN: Untersuchung von Gewerbemodernisierungen nach § 43 StBauFG, Forschungsauftrag des BMBau.

/63/ Freie und Hansestadt Hamburg, Baubehörde: BSE, Förderung von Modernisierungsmaßnahmen durch gewerbliche Mieter in Stadterneuerungsgebieten (Entwurf). Hamburg 1978.

/64/ Ebenda.

/65/ Vgl. Freie und Hansestadt Hamburg: Billigkeitsleistungen ..., a.a.O.

/66/ Freie und Hansestadt Hamburg, Baubehörde: BSE, Förderung von Modernisierungsmaßnahmen ..., a.a.O.

/67/ Immissionsschutzförderungsprogramm NW, GemRdErl. MAGS, MWMV und MF v. 10.1.1974; in Bayern: Bayerisches Staatsministerium für Landesentwicklung und Umweltfragen, Bekanntmachung im Amtsblatt v. 8.2.1974, Nr. 3480-1/3-406; in Baden-Württemberg: Sonderprogramm zur Finanzierung von Umweltschutzmaßnahmen, Bekanntmachung des MWMV vom 11.4.1978.

/68/ Vgl. Jahresbericht 1977 der Gewerbeaufsicht des Landes NW MAGS. Düsseldorf 1978.

/69/ Förderungsprogramm der Stadt Frankfurt a.M. für die Gewährung von Darlehen und Zuschüssen zum Einbau lärmdämmender Fenster. Frankfurt a.M. 1977.

/70/ Landeshauptstadt Stuttgart: Arbeitsplatz Stuttgart 1990, a.a.O., S. 93; Freie und Hansestadt Hamburg: Förderung von Modernisierungsmaßnahmen ..., a.a.O.

Urs Kohlbrenner
Grüne Sanierung im steinernen Berlin

Der folgende Aufsatz befaßt sich mit einem Teilaspekt der Stadterneuerung. Es geht um die Möglichkeiten der Verbesserung des Wohnumfeldes, insbesondere des Freiflächenangebotes in den dichten Berliner Altbauwohngebieten.

Dabei stehen die Möglichkeiten im Vordergrund, die sich unter weitgehender Erhaltung der vorhandenen Substanz realisieren lassen. Nicht die Möglichkeiten, die etwa durch eine Erneuerung im Sinne des Städtebauförderungsgesetzes möglich sind, sondern diejenigen, die durch private Eigentümer mit oder ohne Förderung nach dem Wohnungsmodernisierungsgesetz und durch die Mieter realisiert werden können, sollen dargestellt werden.

Im ersten Teil wird kurz auf die Probleme von Wohnungsbaupolitik und Städtebau in Berlin eingegangen und die Aufgaben und Ziele einer Erneuerungsstrategie außerhalb der Sanierungsgebiete umrissen. Damit wird aufgezeigt, wie die Maßnahmen der "grünen Sanierung" in eine künftige Modernisierungspolitik eingebettet sind.

Im zweiten Teil wird dann als zentrale Maßnahme der grünen Sanierung, an einem Beispiel, die Verbesserung des Freiflächenangebotes auf privaten Grundstücken dargestellt.

1. <u>Aspekte der Stadtentwicklung - ihre Auswirkungen auf Wohnungsbaupolitik</u>

Drei Aspekte sind derzeit bestimmend für die langfristige Stadtentwicklungspolitik /1/:

- der prognostizierte Bevölkerungsrückgang,
- die Stagnation bzw. Verlangsmung des Wirtschaftswachstums,
- die gestiegenen bzw. veränderten Ansprüche der Bevölkerung an ihre räumliche Umwelt

Im Bereich der Wohnungsbaupolitik wird aufgrund der o.a. Aspekte eine Verlagerung vom Neubau hin zu der Verbesserung des bestehenden Wohnungsangebotes durch differenzierte Modernisierungsmaßnahmen notwendig.

"Angesichts eines sich abzeichnenden erheblichen Wohnungsleerstandes infolge des Einwohnerrückgangs sowie eines anhaltend hohen Bestandes verbesserungsbedürftiger Wohnungen und Wohngebiete, wird auch außerhalb der Sanierungsgebiete die Modernisierung im Zusammenhang mit Maßnahmen zur städtebaulichen Strukturverbesserung zunehmend zu einer zentralen Aufgabe bei der nachhaltigen Sicherung der Attraktivität der Innenstadt /2/."

Ein Bild über den Umfang der erforderlichen Modernisierungsmaßnahmen geben die nachstehenden Zahlen. In Berlin sind ca. 600 000 Wohnungen, d.h. 46 % des gesamten Wohnungsbestandes vor 1945 fertiggestellt, 440 000, d.h. 41 % sogar vor 1919. Diese 440 000 Wohnungen liegen überwiegend in der Innenstadt. Sie weisen neben den wohnungsbezogenen Mängeln hinsichtlich Sanitärausstattung, Wohnungszuschnitt und Instandhaltung aufgrund der dichten Bebauung meist zusätzlich erhebliche städtebauliche Mängel (Freiflächendefizit, Umweltbelastungen, Infrastruktur), zum Teil auch soziale Probleme auf.

Der Bestand der modernisierungsfähigen, vor 1919 erbauten Wohnungen wird auf rund 270 000 Wohnungen geschätzt /3/. Neben der wohnungsbezogenen Verbesserung werden in aller Regel auch städtebauliche Maßnahmen erforderlich sein, um die Wohnqualität in diesen Altbaugebieten nachhaltig zu verbessern. Die Dringlichkeit, diese Aufgabe anzugehen, ergibt sich vor allem aus dem durch den prognostizierten Bevölkerungsrückgang zu erwartenden erheblichen Leerwohnungsbestand.

"Mit diesem Leerstand wird sich erstmalig in Berlin eine Situation einstellen, die zunehmend die Wohnungswahl nach Wohnwert, Lagewert und Miethöhe ermöglicht. Dies wird bei weiterhin hoher Einwohnermobilität (rund 20 % der Ew. wechseln jährlich ihren Wohnsitz) schrittweise zu einer räumlichen Umverteilung großer Bevölkerungsteile führen. Vermietungsschwierigkeiten und dauerhafter Leerstand drohen vor allem den Substandardwohnungen in den innerstädtischen Gebieten mit städtebaulichen Mängeln, teilweise jedoch auch den teureren Wohnungen in unattraktiven Lagen. Hiermit kommt in bestimmten innerstädtischen Wohngebieten ein Segregations-, Entleerungs- und Verslumungsprozeß in Gang, der die Funktionsfähigkeit dieser Gebiete gefährdet und sich negativ auf das Image der ganzen Stadt auswirken kann, wenn nicht umgehend Gegenmaßnahmen eingeleitet werden /4/."

Um diesem Prozeß entgegenzuwirken, wurden die Ziele der Stadtentwicklung beim Senator für Bau- und Wohnungswesen im Hinblick auf diese Entwicklung abgestimmt. Vorrangiges Ziel ist die Verbesserung der Wohnqualität in der Innenstadt, insbesondere durch erhebliche Intensivierung der Modernisierung und Instandsetzung unter Schwerpunktverlagerung auf die innerstädtischen Problemgebiete, die auch ohne das umfassende Instrument des Städtebauförderungsgesetzes mit geringerem finanziellen, organisatorischen und zeitlichen Aufwand verbessert und stabilisiert werden können (Sanierungsprophylaxe).

Grundlage für die Entwicklung einer entsprechenden Modernisierungsstrategie ist das Konzept der städtebaulichen Blockmodernisierung /5/.

Abweichungen hinsichtlich der Kosten entstehen im wesentlichen durch unterschiedlichen Instandsetzungs- und Modernisierungsaufwand. Hingegen bewegen sich die Kosten für städtebauliche Maßnahmen in einem relativ engen und vergleichsweise bescheidenen Rahmen. Wie in den vorgenommenen Untersuchungen aufgezeigt wurde, bewirken gerade diese eine erhebliche Verbesserung der Wohnqualität /6/.

2. Zum Problem der fehlenden Freiflächen

Das enorme Defizit in den dicht bebauten älteren Wohngebieten an wohnungsnahen Freiflächen wird beispielhaft deutlich an der Karte über die Spielplatzversorgung. Der Versorgungsgrad betrug 1973 lediglich 40 % auf öffentlichen Flächen und ganze 6 % auf Wohnungsgrundstücken /8/.

In dieser Zahl drücken sich die Folgen der Berliner Stadtplanung und Baugesetzgebung des letzten Jahrhunderts heute noch drastisch aus.

Die Baupolizeiverordnung von 1853 und der Fluchtlinienplan von Hobrecht ermöglichten den Bau der Berliner Mietskaserne. In der Baupolizeiverordnung wurde als Mindestabmessung eine Hofgröße von 17 x 17 Fuß (ca. 5,60 x 5,60 m) gefordert. Im Prinzip galt diese Bestimmung, wenngleich die Anforderungen an Hofgrößen u.ä. verbessert wurden bis 1925 /9/.

Hinzu kommt, daß die so entstandenen Abstandsflächen meist auf reine Nutzungsfunktion für das Wohnen beschränkt wurden: Hoftoiletten, Abstellplatz für Mülltonnen, Teppichklopfstange, oftmals, besonders in gemischt genutzten Gebieten, Lagerplatz für die Gewerbebetriebe oder Läden. Die Hausordnung tat ein übriges: "Das Spielen in Hof und Treppenhaus ist verboten." Diese Regelung, der heute wenig Verständnis entgegengebracht wird, obwohl sie nach wie vor in Kraft ist, ist aber angesichts der Belegdichte in Berlin noch zu Beginn unseres Jahrhunderts für diese Zeit verständlicher. So wohnten kurz vor dem 1. Weltkrieg durchschnittlich 78 Menschen in jedem Haus, und die meisten dieser Kasernen waren gartenlos. Rund 600 000 Großberliner wohnten in Wohnungen, in denen jedes Zimmer mit mehr als 4 Personen besetzt war /10/. Gleichzeitig fehlten für eine halbe Million Kinder die Spielplätze. Was blieb, war entweder ein kahler Hof oder in den besten Fällen ein liebevoll gepflegtes und sorgfältig eingezäuntes Ziergrün, eine Situation, an der sich trotz veränderter Nutzungsanforderung bis heute nichts wesentliches geändert hat.

Auch die Freiflächen auf öffentlichen Grundstücken waren nie ausreichend. Der HOBRECHT-Plan wies keine Flächen für Gemeinbedarfseinrichtungen und Erholungsflächen aus. Er beschränkte sich auf "Stern- und Schmuckplätze". HEGEMANN nannte diese Plätze "als Plätze zu groß und als Park zu klein und als Spielplatz nicht organisiert" /11/. Gespielt wurde demnach - wenn überhaupt - auf der Straße /12/. Der Straße als öffentlichem Raum kam bis zum Beginn der Industrialisierung eine wesentliche Kommunikationsfunktion zu. Ihre Entwicklung ist seitdem gekennzeichnet durch eine Zunahme der Transportfunktion und eine Reduktion der sozialen Funktion /13/. In diesem Prozeß ist eine der wesentlichen Ursachen dafür zu sehen, daß trotz zunehmender intensiverer Nutzung der Grundstücke und einer Vervielfachung des Verkehrsaufkommens das vorhandene Straßennetz in seiner räumlichen Dimensionierung bis heute ausreicht /14/.

Dabei soll nicht außer acht gelassen werden, daß die Störungen durch den Straßenverkehr (Lärm, Staub, Gestank) diese Funktionsverarmung beschleunigten. Das vorläufige Ende dieser Entwicklung ist dadurch gekennzeichnet, daß die Straße fast alle sozialen Aufgaben verloren hat und sich ihre Funktion im wesentlichen auf die einer technischen Fortbewegungsbahn und Abstellfläche für Kraftfahrzeuge beschränkt /15/. Damit hat die Straße nicht nur wesentliche Funktionsverluste erlitten, es werden auf ihr auch die Mehrheit der Bevölkerung benachteiligt, die sich ohne Auto fortbewegen /16/. Der Verlust an öffentlichem Straßenraum macht überdies die Ausweisung von Ersatzflächen für die Bewohner notwendig und führt tendenziell zu höheren Flächenansprüchen in der Wohnung und auf privaten und halbprivaten Flächen.

Zusammenfassend:

- Das Freiflächenangebot auf privaten Grundstücken ist äußerst knapp bemessen. Die ohnehin geringen Freiflächen sind z.T. durch tradierte Nutzungen belastet. Zunehmend besteht die Gefahr, daß diese Flächen zur Anlage von Stellplätzen verwendet werden. Eine Tradition, den Hof als Fläche für Spiel, Erholung und Kontakte zu nutzen, besteht kaum.

- Wohnungsnahe Grünflächen fehlen in weiten Teilen der Innenstadt; die vorhandenen Flächen sind deshalb oft übergenutzt und in ihrer Qualität und ihrem Bestand dadurch eingeschränkt bzw. gefährdet.

- Der Straßenraum hat seine Funktion als öffentlicher Raum weitgehend verloren zugunsten der Transportfunktion. Der Aneignung dieses Raumes stehen neben der generellen Problematik der Verkehrsberuhigung und hygienischer Probleme /17/ der fortschreitende Prozeß des Rückzuges der Bewohner in die Privatsphäre entgegen.

Demzufolge kann und muß das Schwergewicht der Verbesserung des Freiflächenangebotes zumindest kurzfristig, durch Maßnahmen auf privaten Grundstücken erfolgen. Jedoch sind unter qualitativen wie auch quantitativen Gesichtspunkten Maßnahmen im Straßenraum und öffentlichen Flächen notwendig. Während die Möglichkeiten der Verbesserung des Angebots an öffentlichen Freiflächen und Vorstellungen über Maßnahmen der Verkehrsberuhigung zur Revitalisierung des Straßenraumes vorliegen /18/, gibt es kaum Unterlagen über die Möglichkeiten der Verbesserung des Freiflächenangebotes auf Berliner Altbaugrundstücken. Selbst eine grobe Bestandsaufnahme fehlt meines Wissens /19/.

Deshalb sollen hier die Vorstellungen zur Verbesserung des privaten und halbprivaten Freiraums i.R. des Konzepts zur städtebaulichen Blockmodernisierung erläutert werden. Sie sind als Anregung und Aufforderung zu verstehen.

3. Das "Hofprogramm"

Zur Zeit bestehen erst bescheidene Anreize, Verbesserungen des Freiflächenangebots im Blockinnern vorzunehmen, außerdem gibt es kaum Vorstellungen darüber, wie diese realisiert werden könnten und welche Möglichkeiten der Hofgestaltung überhaupt bestehen. Auf diesen Aspekt der grünen Sanierung soll näher eingegangen werden.

Am Beispiel eines Blockteils (Abb. 1) werden die möglichen Veränderungen im Bereich des Freiraums in zwei Stufen aufgezeigt. Die erste Stufe entspricht in etwa den Maßnahmen, die bei der Mini- und Midi-Modernisierung durchführbar sind, die zweite Stufe entspricht in etwa der Maxi-Modernisierung.

Zu den Hofmaßnahmen zählen:

a) Maßnahmen der Mini-Modernisierung

- Entrümpelung der Hofflächen durch Abriß von störenden Schuppen, Mauern und Zäunen;

- Ausgleich von Niveauunterschieden durch Treppen, Böschungen, Rampen;

- Anlage von Grün- und Spielflächen für Kinder und Erwachsene, insbesondere auch für Alte.

b) Maßnahmen der Midi-Modernisierung (Abb. 2)

- Umnutzung ungenügend belichteter Erdgeschoßwohnungen, z.B. hofseitig für hauswirtschaftliche Nutzung (Mülltonnenraum, Abstellraum), im Einzelfall als grundstücksbezogene Zusatzeinrichtung zur Kompensation fehlender und unzureichend nutzbarer Wohnflächen (Abb. 4.1);

- Schaffung von Durchgängen, ggf. von überdachten Freiflächen, im Erdgeschoß von Seitenflügeln (Abb. 4.2);

- Beginn von Modernisierung und Instandsetzung der Gebäude, im Eckgrundstück Erhaltung und Instandsetzung der Fassade aus Mitteln des Landeskonservators.

Abb. 1
Bestand

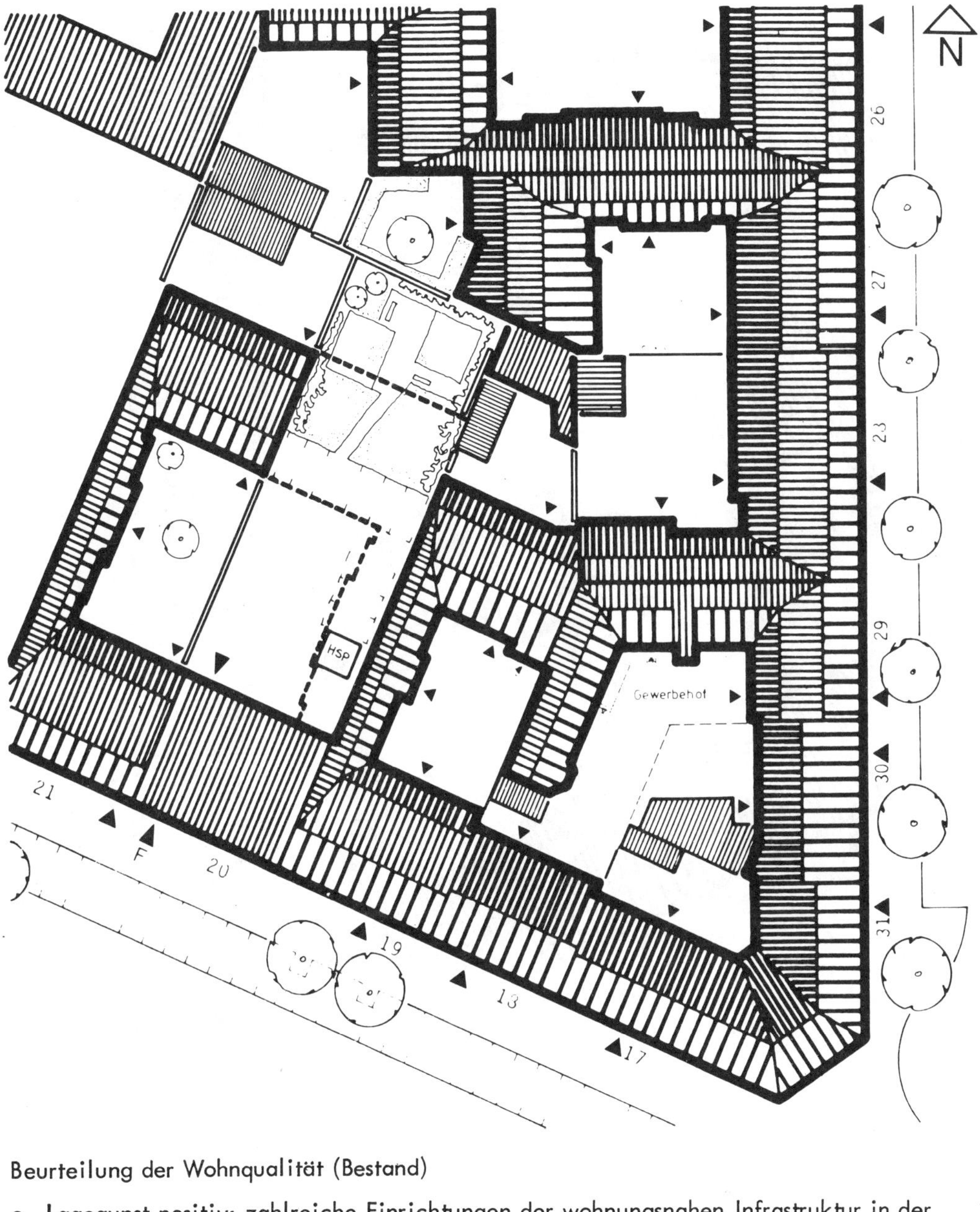

Beurteilung der Wohnqualität (Bestand)

- **Lagegunst positiv:** zahlreiche Einrichtungen der wohnungsnahen Infrastruktur in der Nähe, Anbindung an den ÖPNV gut, Einkaufszentrum Turmstr. ca. 700 m entfernt
- **geringe,** zur Erholung schlecht nutzbare Freiflächen im Blockinneren, kaum Grünflächen im Nahbereich
- **mehrere** Wohnungen in den Hintergebäuden sind verschattet
- **mäßiger** bis schlechter Pflegezustand der Altbausubstanz
- **ein Gewerbebetrieb** mit Umzugstendenz nutzt einen Seitenflügel
- **unterschiedliche,** vielfach unzureichende Wohnungsausstattung

Abb. 2
Hofmaßnahmen

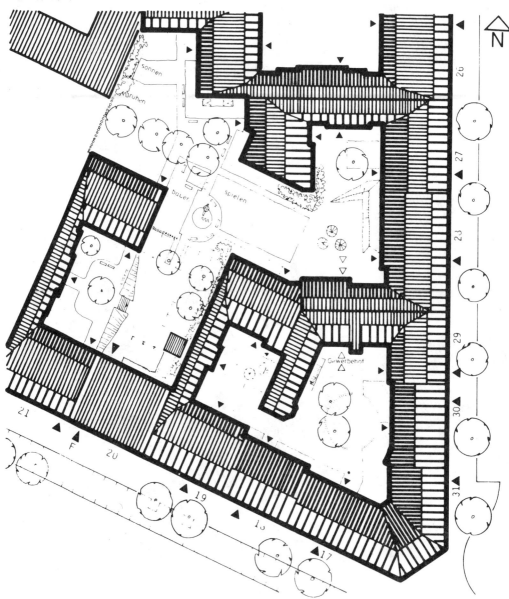

Grunddaten

- Grundstücksflächen 6890 m²
- BGF 18220 m²
- GFZ 2,64
- GRZ 0,57
- Freiflächen-Faktor 0,16

- Anz. Einwohner [+] 383
- Anz. Wohnungen [+] 219

- WE ohne Bad u. WC [+] 55 %
- WE ohne Bad o. WC [+] 23 %
- WE mit Ofenheizg. [+] 96 %
- WE mit = 3 Räumen [+] 82 %

[+] Stand: 1968

Abb. 3
Ergänzende und weiterführende Maßnahmen

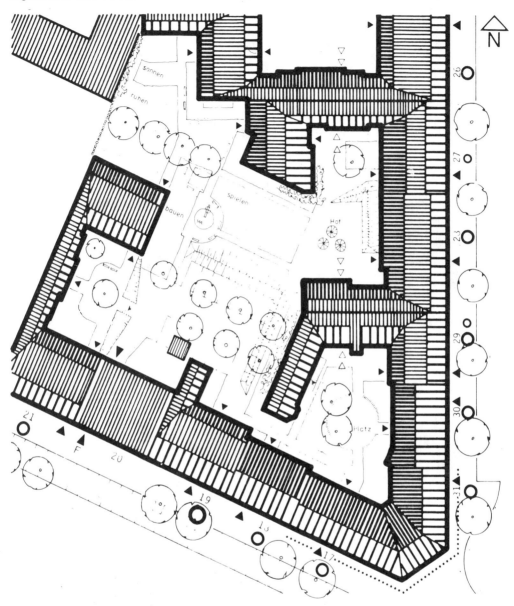

○ Mini-Mod.: geringe Modernisierung, geringe Instandsetzung, Entrümpelung und Anlage von Freiflächen
○ Midi-Mod.: mittlere Modernisierung, teilweise Änderung im Grundriß, durchschnittliche Instandsetzung, städtebauliche Maßnahmen mit Freiflächenverbesserung
○ Maxi-Mod.: durchgreifende Modernisierung, erhebliche Instandsetzung, umfangreiche städtebauliche Maßnahmen

Quelle: Planergemeinschaft Dubach/Kohlbrenner, Berlin

Abb. 4.0
Die Ausgangsbedingungen: extrem hohe bauliche Dichte und fehlende Freiflächen

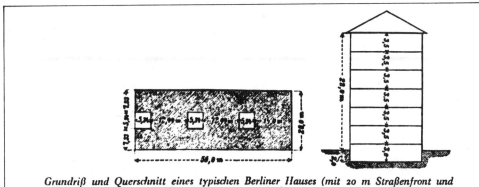

Grundriß und Querschnitt eines typischen Berliner Hauses (mit 20 m Straßenfront und 3 Höfen von je 5,34 m im Quadrat), wie es nach der von 1853 bis 1887 geltenden, vom preußischen Staat verfaßten Berliner Bauordnung gebaut wurde. In sieben bewohnbaren Geschossen konnten (bei 1,5 bis 3 Personen in jedem Zimmer von 15 bis 30 qm und ohne Belegung der Küchen) 325 bis 650 Menschen untergebracht werden. Die beiden 56 m langen Seitenwände sind natürlich fensterlose Brandmauern. (In der Ackerstraße 132 wohnten lange über 1000 Menschen.)

Quelle: HEGEMANN, W.: Das steinerne Berlin, S. 213

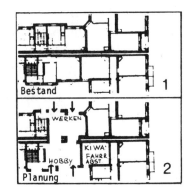

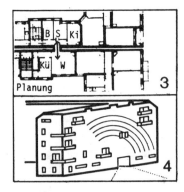

Abb. 4.1 - 4.4
Darauf abgestimmte Hofmaßnahmen

Quelle:
Planergemeinschaft Dubach/Kohlbrenner, Berlin

Als ergänzende und weiterführende Maßnahmen werden vorgeschlagen:

c) Maßnahmen der Maxi-Modernisierung (Abb. 3)

- Abriß nicht modernisierungsfähiger und fortschreitend leerstehender Gebäudeteile im Blockinneren zur Vermehrung und Verbesserung des privaten Freiflächenangebots sowie zum Abbau negativer Auswirkungen auf benachbarte Wohnungen (z.B. Haus Nr. 19);
- Modernisierung unzureichend ausgestatteter Wohnungen;
- im Einzelfall Zusammenlegung von Wohnungen zur Gewährleistung der notwendigen Besonnung, Verbesserung des Angebots an größeren Wohnungen (Abb. 4.3);
- nach Leerstand: Umnutzung der Gewerbeflächen im Seitenflügel Haus Nr. 19 für besondere Wohnformen;
- Brandwände: Verbesserung des Wohnwertes und des Erscheinungsbildes durch Einbau von Fenstern, Balkons einschließlich Wärmedämmung, ggf. Bepflanzung (Abb. 4.4).

Gerade die Hofmaßnahmen zeigen, daß durch geringe Eingriffe und mit bescheidenem Kostenaufwand eine erhebliche Verbesserung des Freiflächenangebots möglich ist. Wesentliche Voraussetzung dafür ist allerdings die Bereitschaft, störende Schuppen abzureißen und das Freiflächenkonzept grundstücksübergreifend anzulegen. Die Realisierung setzt also eine Einigung mehrerer Eigentümer voraus. Die einzelnen Maßnahmen könnten z.T. auch in Selbsthilfe durch die Mieter erfolgen. Zumindest sollten sie an der Umgestaltung aktiv mitwirken können - schließlich geht es ja um den von ihnen genutzten Freiraum. Hofmaßnahmen sollen nicht von professionellen Gestaltern am grünen Tisch entworfen werden.

Die Gefahr, daß an den Bedürfnissen der Bewohner vorbeigestaltet wird, ist zu groß. Statt des Spielgrüns entstünde möglicherweise Zierbeton. Die Aufgabe des Architekten ist in diesem Zusammenhang vorwiegend beratender Art: den Benutzern Anregungen zu geben und Vor- und Nachteile der Vorschläge in fachlicher Hinsicht zu erläutern sowie Hilfestellung bei der Durchführung zu bieten, sofern die Maßnahmen in Selbsthilfe durchgeführt werden. Konflikte zwischen einzelnen Bewohnern und ihren unterschiedlichen Interessen werden bei einem solchen Verfahren nicht zu vermeiden sein; sie auszutragen und zu einer Einigung zu gelangen, ist aber eine notwendige Voraussetzung, wenn die Freiflächen von den Bewohnern angenommen werden sollen.

4. Rechtliche und förderungstechnische Möglichkeiten

Nach § 10 Abs. 4 der Bauordnung Berlin kann die nachträgliche Anlage von Spielplätzen auf Grundstücken gefordert werden, sofern mindestens zehn Kinder auf einem Grundstück wohnen. Die Mindestgröße für den Spielplatz beträgt nach der Novelle zur Bauordnung Berlin 40 qm.

Sind Modernisierungs- und Instandsetzungsmaßnahmen beabsichtigt und ist die Inanspruchnahme von Förderungsmitteln nach den Modernisierungs- und Instandsetzungsrichtlinien 1977 (- ModInstRL 77 -) /20/ beabsichtigt, sind u.a. auch städtebauliche Mindestanforderungen einzuhalten

Beim Einsatz von Bundes-/Landesmitteln genügt ein Vorhaben den gestellten Mindestan-

Bild 1: Diesen "gammligen Schuppen" wollen die Bewohner zu einem Spielhäuschen umbauen - eine nachahmenswerte Idee.

Bild 2: Beispiel von einem sanierungsreifen Berliner Hof: etwas Ziergrün, günstigsten Falles, sonst Zäune, Mauern, Schuppen, Gerümpel ...

Bild 3 und 4: Beispiel für ein von den Mietern in Eigenhilfe durchgeführtes Hofprogramm auf einem Grundstück

forderungen, wenn u.a.

- auf dem Grundstück eine zusammenhängend nutzbare Freifläche von mindestens 30 qm für die Anlage von Spiel- und Freiflächen vorhanden ist oder im Zusammenhang mit der Modernisierungsförderung geschaffen wird;
- ein Spielplatz gemäß § 10 der Bauordnung für Berlin vorhanden ist oder gefordert werden kann und angeregt wird.

Die erforderliche Freifläche kann auch durch grundstücksübergreifende Maßnahmen geschaffen werden; sie darf auch mehreren Grundstücken gemeinschaftlich dienen. Sind mehr als drei Grundstücke an der Maßnahme beteiligt, ist die geforderte Mindestfreifläche je weiteres Grundstück um 150 qm zu erhöhen. In allen genannten Fällen sind die öffentlich-rechtlichen Verpflichtungen der Grundstückseigentümer durch Eintragung einer entsprechenden Baulast im Baulastenverzeichnis beim Bezirksamt - Abt. Bauwesen, Bau- und Wohnungsaufsichtsamt - zur Sicherung nachzuweisen.

Beim Einsatz von Landesmitteln genügt ein Vorhaben den gestellten Mindestanforderungen in der Regel nur dann, wenn u.a.

- auf dem Grundstück eine zusammenhängend nutzbare Freifläche von mehr als 10 v. H. der Bruttogeschoßfläche der Wohnungen, mindestens 350 qm, für die Anlage von Spiel- und Freiflächen vorhanden ist oder im Zusammenhang mit der Modernisierungsförderung geschaffen wird; ein Richtwert von 15 v.H. der Bruttogeschoßfläche der Wohnungen ist anzustreben und wird bevorzugt gefördert;
- neben der Anlage eines vorhandenen oder anzulegenden Spielplatzes gemäß § 10 der Bauordnung für Berlin zusätzliche Freizeit- und Bewegungsflächen vorhanden sind oder geschaffen werden.

Außerdem können Maßnahmen zur städtebaulichen Verbesserung beim Einsatz von Landesmitteln gefördert werden. Dazu rechnen Ordnungsmaßnahmen, insbesondere der Abbruch nicht modernisierungsfähiger Wohnungen in Hintergebäuden oder Seitenflügeln, und Kosten, die durch einen notwendigen Wohnungswechsel und durch die Abgeltung von Nachteilen Betroffener entstehen, wenn damit eine Steigerung des Wohnwertes erhaltenswerter Wohnungen für einen voraussehbaren Zeitraum erreicht werden kann. Mit dieser Regelung können also städtebauliche Maßnahmen, wie sie im Plan mit den ergänzenden und weiterführenden Maßnahmen beschrieben worden sind, gefördert werden. Es sei an dieser Stelle noch darauf hingewiesen, daß, sofern mehrere Eigentümer bereit sind, eine Modernisierungsmaßnahme gemeinsam durchzuführen, zum einen ihr Vorhaben bevorzugt gefördert wird, zum anderen aber auch Erleichterungen hinsichtlich der notwendigen zu schaffenden Freiflächen geschaffen werden. Bedauerlich ist, daß im Rahmen der Förderung z.Z. noch keine Möglichkeit besteht, ausschließlich Hofmaßnahmen oder städtebauliche Verbesserungen durchzuführen, und daß die Anlage von Stellplätzen in Höfen gefördert wird. Außerdem sind Arbeiten einschließlich Materialkosten, die in Selbsthilfe ausgeführt werden sollen, nicht förderungsfähig. Allerdings besteht natürlich die Möglichkeit, die Maßnahmen in Selbsthilfe nach Absprache mit dem Eigentümer durchzuführen, es muß von seiten der Mieter dann aber sichergestellt sein, daß keine Mieterhöhung aufgrund der dadurch erfolgten Wohnwertverbesserung erfolgt. Hoffentlich werden diese Barrieren in naher Zukunft abgebaut und damit die Möglichkeiten, das steinerne Berlin in den Blockinnenräumen zu durchgrünen. Die Verbesserung des Freiflächenangebots im Blockinnern bedeutet ja nicht nur eine Verbesserung der Wohnqualität, sie stellt auch einen ersten Schritt für die weitere ebenso dringend erforderliche städtebauliche, gebäude- und wohnungsbezogene Instandsetzung und Modernisierung dar.

Anmerkungen:

/1/ Vgl. hierzu z.B.:
RISTOCK, H.: Der Senator für Bau- und Wohnungswesen. HARRY RISTOCK informiert über Wohnungsbaupolitik 1976.
Schlußbericht der 1. Enquete-Kommission - 7. Wahlperiode - Drucksache des Abgeordnetenhauses von Berlin 7/1171. 1978.
Bericht über die Leitlinien für die Stadtentwicklung, Abgeordnetenhaus von Berlin, Drucksache 7/1131, 1978.

/2/ SCHMEISSER, M./SCHÖNHERR, M.: Modernisierung und städtebauliche Strukturverbesserungen außerhalb von Sanierungsgebieten, in: Sonderheft Berliner Bauwirtschaft, März 1978, S. 37.

/3/ Nach dieser Schätzung müssen in 20 000 Wohnungen Sammelheizung, Bad und WC, in 80 000 Wohnungen Sammelheizung und Bad und in 170 000 Wohnungen Sammelheizung eingebaut werden. SCHMEISSER/SCHÖNHERR, a.a.O., S. 37.

/4/ SCHMEISSER/SCHÖNHERR, a.a.O., S. 38/39.

/5/ Städtebauliche Blockmodernisierung SBM I und II, Gutachten im Auftrage des Senators für Bau- und Wohnungswesen 1975 und 1976, masch. verv. auszugsweise publiziert in: Bauwelt, Heft 11, 1978.

/6/ DUBACH, H./KOHLBRENNER, U., Grundlagen und Entscheidungshilfen für die Erneuerung von Berliner Wohnblöcken, in: Bauwelt, Heft 11, 1978, S. 382 ff.

/7/ Der Senator für Bau- und Wohnungswesen, II aA, 1978.

/8/ Diesen Prozentangaben liegt die Forderung nach 2,0 qm Nettofläche je Einwohner zugrunde, d.h. 1,0 qm je Einwohner auf öffentlichen Flächen und 1,0 qm je Einwohner auf Wohngrundstücken. Für die Erreichbarkeit der öffentlichen Spielplätze wurde eine Wegentfernung von max. 500 m zugrunde gelegt.
Der Senator für Bau- und Wohnungswesen in Zusammenarbeit mit dem Senator für Jugend und Sport, Spielplatzentwicklungsplan für Berlin, Teil I (SpEP I), o. Dat., S. 3.

/9/ MONKE, F., Einflüsse der Baugesetze und Bauordnungen auf das Wohnhaus in Berlin, in: Berlin und seine Bauten, Bd. IV A, Berlin 1970, S. 58.

/10/ HEGEMANN, W., Das steinerne Berlin, Lugano 1930, Neuauflage Ullstein, Bauweltfundamente 3, 1963, S. 19.

/11/ HEGEMANN, W., zitiert nach SpEP I, a.a.O., S. 5.

/12/ Bis 1890 gestattete die Fabrikgesetzgebung für 12- bis 14jährige eine 6stündige, für 14- bis 16jährige eine 10- bis 11stündige Arbeitszeit. Erst 1891 erfolgte eine Arbeitszeitbeschränkung für Frauen und Jugendliche und das Verbot der Arbeit von Kindern uner 13 Jahren (Gewerbeordnungsnovelle vom 1. Juni 1891).
Vgl. LANGE, A., Berlin zur Zeit Bebels und Bismarcks, Dietz-Verlag Berlin 1976, S. 474, 664.

/13/ Die Entwicklung der Straße ist wesentlich bestimmt durch die Entwicklung der Produktionsweise und den dadurch bedingten baulichen und sozialen Verhältnissen auf den Straßen. Vgl. KOKKELINK, G./MENKE, R., Die Straße und ihre sozialgeschichtliche Entwicklung, in: Stadtbauwelt, Heft 43, 1977, S. 12 ff.

/14/ Ein Beispiel für die zunehmend intensivere Nutzung der Grundstücke und die Veränderung der Nutzungsstruktur in einem Berliner Baublock findet sich in: FASSBINDER, H., Berliner Arbeiterviertel 1800 - 1918, VSA Berlin (West), 1975, Abb. 33 - 35.

/15/ Die Straße, a.a.O., S. 16.

/16/ In Berlin besitzen ca. 1/4 aller Bewohner Autos (vgl. zu diesem Problem auch MENKE, R., Verkehrsplanung für wen? in: Stadtbauwelt, Heft 53, 1977, S. 19 ff.

/17/ In Berlin gibt es 93 000 Hunde. Ihre Verdauungsprodukte - 150 bis 200 g pro Hund - also 16 bis 18 Tonnen täglich, liegen im Straßenraum und müssen beseitigt werden. Damit ist der Bürgersteig selbst für Fußgänger in seiner Funktion beeinträchtigt. Daß Kinder und Erwachsene mehr Freizeit auf dem Bürgersteig verbringen sollen, ist unter diesen Voraussetzungen schwer vorstellbar.

/18/ Vgl. Verkehrsentwicklungsplanung Berlin, Bericht 1977, Materialien Bd 2, Der Senat von Berlin 1978.

/19/ Berlin und seine Bauten, Teil XI, Gartenwesen, enthält ganze 2 1/2 Seiten über Mietergärten in Siedlungen der 20er Jahre.
Berlin und seine Bauten, Teil XI, Berlin 1972, S. 215 ff.

/20/ Richtlinien über die Förderung der Modernisierung und Instandsetzung von Wohngebäuden in Berlin (Modernisierungs- und Instandsetzungsrichtlinien 1977 - ModInstRL 77 -).

Dorothee Obermaier

Soziale Bedingungen der Nutzung des Wohnungsumfeldes

1. Wohnungsumfeldverbesserung für wen?

Verkehrsberuhigung und Erweiterung der nutzbaren Freiflächen sind in der derzeitigen Diskussion und Praxis der Wohnungsumfeldverbesserung beinahe zum Synonym und zum Allheilmittel derselben geworden. Dabei wird vor allem die Erweiterung der nutzbaren Freiflächen - mit der wir uns hier primär befassen wollen - als geeignetes Mittel zur Erreichung äußerst unterschiedlicher Ziele betrachtet:

- Sie soll dazu beitragen, innerstädtische Wohngebiete für die abgewanderten - meist einkommensstarken - Bevölkerungsgruppen wieder attraktiv zu machen, indem die - als eine Ursache der Abwanderung eingeschätzte Qualität der Randgebiete, nämlich das "Grün" schlechthin - eben wieder in der Innenstadt angeboten wird: Versuch der Quadratur des Kreises gemäß der vielzitierten Tucholsky'schen Utopie: vorne Ku'damm, hinten das Meer.

- Sie soll ferner als kommunale Vorleistung private Investitionsbereitschaft für wohnungsbezogene Verbesserungsmaßnahmen initiieren, womit insgesamt die Anhebung der Wohnqualität des Quartiers erreicht werden soll. Entsprechend des Zusammenhangs von Modernisierung und Wohnungsumfeldverbesserung, Wohnwertsteigerung des Gebietes und der damit verbundenen Mietsteigerung für den betreffenden Wohnraum ist auch dies als Maßnahme zu betrachten, die wieder auf einkommensstärkere als die derzeitigen Bewohner zielt.

Die im Zusammenhang mit Maßnahmen der Wohnungsumfeldverbesserung zur Diskussion stehenden Stadtgebiete sind in erster Linie Altbaugebiete mit hoher Bebauungsdichte, erheblichem Instandsetzungs- und Modernisierungsbedarf und einem unterdurchschnittlichen Anteil an Grün- und Freiflächen, die daher auch zum Bezugspunkt der Überlegungen genommen werden.

- Die in solchen Gebieten ansässige Bevölkerung setzt sich im allgemeinen vorwiegend aus Arbeiter- und Angestelltenfamilien mit geringem Einkommen sowie den aus diesen Schichten stammenden Ein- oder Zweipersonen-Rentnerhaushalten zusammen.

- Der durch den hohen Anteil von Rentnern bedingten relativen sozialen Überalterung, die als typisch für solche Gebiete angesehen wird, steht eine relative soziale "Jugendlichkeit" durch kinderreiche Ausländerfamilien gegenüber. Während also unter dem Aspekt der ökonomischen Lage weitgehende Homogenität der Gebietsbevölkerung - geringe Einkommen bei allen Gruppen - konstatiert werden kann, ist unter demographischen Kriterien die Polarisierung in einen großen Anteil relativ alter deutscher und einen relativ junger ausländischer Bevölkerung festzuhalten.

- Die aus niedrigem Einkommen resultierende geringe Mietzahlungsfähigkeit verweist diese Sozialgruppen auf billigen Wohnraum, der sich eben gerade in den hier zur Diskussion stehenden Gebieten befindet und seinerseits als Resultat der gebietsspezifischen Nachteile, wie schlechter baulicher Verhältnisse, starker Umweltbelastung und erheblicher Unterversorgung mit Grün- und Freiflächen, angesehen werden kann.

- Geringes Einkommen verhindert aber zusätzlich eine individuelle Kompensation dieser

Mängel in Form verstärkter täglicher oder wöchentlicher Ausflüge in Naherholungsgebiete oder durch Fortzug in weniger belastete und besser versorgte Wohngebiete.

In den derzeit für Maßnahmen der Wohnungsumfeldverbesserung zur Diskussion stehenden Gebieten sind folglich Personengruppen ansässig, die aufgrund enger ökonomischer Restriktionen über geringe Verhaltensspielräume hinsichtlich des Wohnungswechsels und der Kompensation gebietstypischer Mängel verfügen und die - in stärkerem Maße als andere Sozialgruppen - daher auf eben diese Gebiete angewiesen sind.

Maßnahmen der Wohnungsumfeldverbesserung, die den Tauschwert der betreffenden Gebiete und damit auch die zu zahlenden Mieten für die Wohnungen selbst anheben, können - oder sollen sogar - Verdrängungsprozesse in Form des "sozialen Schichtwechsels" initiieren, und stellen somit für die derzeitigen Bewohner keinerlei "Verbesserung" ihres "Umfeldes" dar. Diese Verbesserungsmaßnahmen können daher nicht unabhängig von der Frage "für wen" diskutiert und beurteilt werden und diese Frage verlangt eine eindeutige Entscheidung.

In den folgenden Betrachtungen soll daher nicht über die Chancen der Neubelegung eines Stadtgebietes mit einkommensstarken Bevölkerungsgruppen nach erfolgter Umfeldverbesserung spekuliert, sollen Verbesserungen nicht am Kriterium der Erhöhung des Tauschwertes beurteilt werden. Vielmehr wird davon ausgegangen, daß Stadtteilentwicklungsplanung in erster Linie auf die bedürfnisgerechte Wohnversorgung - Wohnung und Wohnungsumfeld - der ansässigen und "angewiesenen" Bevölkerung zielen, das heißt am Kriterium der Gebrauchswertverbesserung für seine derzeitigen Bewohner beurteilt werden muß.

Angesichts nun der schlechten Versorgungslage stark überbauter Althausgebiete mit Grün- und Freiflächen erstaunt es nicht, daß der Erweiterung dieser Flächen als Maßnahme der Umfeldverbesserung Priorität eingeräumt wird und daß sich diese Forderung auf breiten Konsensus bei allen "Betroffenen" stützen kann. "Betroffene" von Planungsmaßnahmen sind aber - allen egalisierenden Theorien zum Trotz - verschiedene Kategorien von Personen, nämlich jene, die mit umgangssprachlicher Undifferenziertheit gemeinhin als die "Betroffenen" gekennzeichnet werden, nämlich die Benutzer.

Betroffen sind aber auch - wiewohl in anderer Weise - die Planer. Die Handlungsrelevanz des Zieles der Erweiterung und Bereitstellung der nutzbaren Freifläche für die beiden Personengruppen ist verschieden, aber von sinnhafter Komplementarität: die Planer haben qua Funktion und Auftrag das Ziel in Realität umzusetzen, d.h. diese Freiflächen zu schaffen und bereitzustellen. Die Benutzer hingegen haben diese Flächen zu benutzen!

Etwas anspruchsvoller ausgedrückt läßt sich sagen, daß sich die Handlungsrelevanz der Planer im weitesten Sinne auf Maßnahmen in Form der "Einrichtung von Gelegenheiten" richtet. Während das Handlungsinteresse der Nutzer in der Befriedigung von Verhaltensbedürfnissen begründet liegt.

Angesichts der räumlichen Restriktionen innerstädtischer Wohngebiete stellen sich für den Planer zwei Probleme: zunächst die Frage, wie er diese Flächen erweitern und bereitstellen kann, ferner, welche Art von Freiflächen notwendig sind, welchen Priorität beizumessen ist.

Sofern nicht nur einzelne wenige Altbauinseln mit Hilfe des StBauFG "gründlich" verbessert, sondern Verbesserungsmaßnahmen mit größerer Breitenwirkung angestrebt werden sollen, wird sich der Planer zunächst an der physischen Struktur und räumlichen Organisation des entsprechenden Stadtgebietes orientieren, innerhalb deren Grenzen Flächen zur Bereitstellung von Grünzonen nur verfügbar sind.

So geben im wesentlichen zufällig unbebaute Grundstücke oder solche, die durch "vertretbaren" Abriß eines Altbaus frei werden können, sowie die zufällige Kooperationsbereitschaft einzelner Hauseigentümer die Handlungsspielräume für konkrete Maßnahmen der Planer vor. Die Lokalisierung von Freiflächen geschieht also auf der Basis relativ willkürlich vorhandener oder entstandener Verfügungsräume und erweist sich somit als abhängige Variable der vorgegebenen städtebaulichen Struktur eines Gebietes. Die "Bedürfnisgerechtigkeit" der auf diese Weise bereitgestellten Freiräume im Hinblick auf das Nutzungsverhalten der Bewohner ist damit jedoch noch nicht gewährleistet.

So kann eine - in bester Absicht - angebotene Fläche in vieler Hinsicht an den Verhaltensbedürfnissen der Bewohner vorbeigehen: sie kann beispielsweise an der "falschen" Seite des Blockes liegen - an der Seite, wo keine Kleinkinder wohnen - sie kann in ihrer physischen Struktur und Ausstattung "falsch" ausgelegt sein, die "falschen" Aktivitätsbedürfnisse am richtigen Ort befriedigen oder von "falschen" Nutzern dominiert werden, um nur einige Beispiele zu nennen. Der konkrete Gebrauchswert einer Einrichtung für seine Benutzer entscheidet sich häufig gerade an solchen "Details", deren Bedeutung für den an größeren Dimensionen orientierten Planer nicht immer erkannt wird.

Angesichts der Schwierigkeiten und gebietsimmanenten Restriktionen, denen sich der Planer bei der Bereitstellung erweiterter Freiflächen konfrontiert sieht - auf die an anderer Stelle dieses Bandes eingegangen wird - mag ihm eine derart differenzierte Betrachtungsweise kleinteiliger Probleme unter dem Aspekt der konkreten Bedürfnisgerechtigkeit möglicherweise peripher, wenn nicht sogar zynisch erscheinen.

Gerade diese "Details" jedoch bestimmen letztlich, ob Maßnahmen dem Kriterium der "Benutzerfreundlichkeit" und "Bedürfnisgerechtigkeit" der Planung gerecht werden.

Auf seiten der Nutzer - die im allgemeinen und nicht zuletzt als Folge geringer Partizipationsmöglichkeiten am Planungsprozeß die Schwierigkeiten der Planer bei der Bereitstellung der Flächen nicht sehen - für den Benutzer also stellt sich ausschließlich die Frage, ob die Planungsmaßnahmen - hier die Erweiterung von Freiflächen - tatsächlich die Befriedigung seiner speziellen Verhaltensbedürfnisse ermöglichen: die faktische Bedürfnisgerechtigkeit entscheidet über die Verhaltensrelevanz und die "Annahme" eines derartigen Angebotes.

Dies gilt zumindest für einen Bereich, der - relativer - Wahlfreiheit in der Benutzung unterliegt. Während Wohnung und Arbeitsplatz weitgehend so und dort angenommen werden müssen, wie sie vorgefunden werden - zumal unter den harten ökonomischen Restriktionen der hier betrachteten Sozialgruppen - gilt dies für das Aufsuchen und Benutzen von Freiflächen, deren Aktivitätsangebote eher dem "Freizeitbereich" zuzuordnen sind, nicht in entsprechender Schärfe. Der existentielle Druck der Befriedigung von Freiraumaktivitäten und -bedürfnissen ist zumindest geringer, wenn auch davon ausgegangen werden muß, daß Nutzungsverzicht auf längere Sicht gesehen Verhaltensdefizite zur Folge hat, daß ferner der Kompensation solcher Bedürfnisse enge Grenzen gesetzt sind. Der langen Rede kurzer Sinn: soll also nicht nur der Form Genüge getan werden, indem "einfach" Freiflächen erweitert werden - irgendwo und zugunsten irgendeiner "freiraumspezifischen Aktivität" - so muß berücksichtigt werden, daß sich die Sinnhaftigkeit der Bereitstellung und Erweiterung nutzbarer Freiflächen im Rahmen der Verbesserung des Wohnungsumfeldes nach deren tatsächlicher Benutzbarkeit und Gebrauchsfähigkeit durch die anvisierten Personen- und Sozialgruppen gemißt.

Die Forderung nach Maßnahmeempfindlichkeit kann nur auf der Basis der Disaggregation der "Benutzerpopulation" erfüllt werden, indem unterschiedliche allgemeine und spezifische Faktoren der Bedürfnisgerechtigkeit, die den tatsächlichen Gebrauchswert bestimmt, genauer herausgearbeitet werden.

Im folgenden sollen nun – aus soziologischer Sicht – einige Bedingungen dargestellt werden, die als notwendige Voraussetzungen für die prinzipielle Benutzbarkeit von Freiflächen im Wohnungsumfeld betrachtet werden müssen.

2. Einflußmöglichkeiten des Planers auf das Nutzungsverhalten

Wenn nun im Vorhergehenden gesagt wurde, daß Freiflächen nicht "einfach irgendwie und irgendwo" erweitert werden sollen, so sollte das weder die desavouieren, die die mühsame Aufgabe der Bereitstellung von Freiflächen auszuführen haben, noch sollte damit gesagt werden, daß der Planer Verhaltensbedürfnisse von Betroffenen unberücksichtigt läßt. Der Anspruch der "Versorgung der Bevölkerung mit ...", der Selbstverständnis und Auftrag des Planers jedenfalls definitorisch begründet, impliziert, wenn auch häufig unausgesprochene, Vorstellungen über Bedürfnislagen der zu versorgenden Bevölkerung.

Die Umsetzung solcher, meist hochaggregierter Bedürfnis- und Bedarfsvorstellungen in konkrete Handlungsmaßnahmen, die der spezifischen Bedürfniskonstellation der betroffenen Personen und Gruppen, die versorgt werden sollen, auch tatsächlich gerecht wird, ist jedoch nicht ohne weiteres möglich. Abgesehen von technisch-organisatorischen Problemen, die auftreten, liegt eine wesentliche Schwierigkeit in der Tatsache begründet, daß keine unmittelbare Beziehung im Sinne eines Kausalzusammenhangs zwischen materieller Raumstruktur und dem Nutzerverhalten besteht. Vielmehr ist diese Beziehung über eine Reihe von Faktoren vermittelt, die mit den Möglichkeiten physischer Planung nur unvollständig oder überhaupt nicht zu beeinflussen sind.

Analytisch läßt sich das Beziehungsschema von Planer und Benutzer, oder weniger personalisiert, von räumlicher Planung und Verhalten anhand der von FRIEDRICHS (1977) vorgenommenen Dimensionsanalyse darstellen: es wird davon ausgegangen, daß "das Ziel der Planung auf gewünschte Aktivitäten von Personen" auf einer gegebenen Fläche ausgerichtet ist, die "Maßnahmen auf Nutzungen und Gelegenheiten" (a.a.O., S. 96). Die innerhalb der Handlungsmöglichkeiten der Planung liegende Dimension ist die Ebene der physischen Gestaltung im weitesten Sinne. Mit dem Angebot von Gelegenheiten kann der Planer – idealtypisch gesehen – festlegen
- welche Aktivitätsmöglichkeiten
- an welchem Ort und
- in welcher Form

angeboten werden.

Dabei stehen – analytisch gefaßt – hinter der Art des Aktivitätsangebotes Annahmen über Verhaltensbedürfnisse von Personen, hinter der Lokalisation eines Angebotes Annahmen über Erreichbarkeit, d.h. über Zeithaushalt und Mobilitätsmöglichkeiten, hinter der Ausstattung Annahmen über die Art und Weise der Umsetzung von Verhaltensbedürfnissen: die solchen Gelegenheiten zugrundeliegenden Annahmen über das Verhalten von Personen, über Verhaltenswünsche und deren Befriedigung, stellen den angestrebten Verknüpfungspunkt von Planer und Nutzer dar. In diesem Zusammenhang ist folglich zu fragen, inwieweit die Grundannahmen der Planung hinsichtlich des Verhaltens der Nutzer realistisch und richtig insofern sind, als sie die tatsächlichen Verhaltensbedürfnisse von Personen treffen.

Der Zusammenhang von Planung und Nutzer ist also vermittelt über die Beziehung von Gelegenheiten und Aktivitäten einerseits und über die Beziehung von Personen und Aktivitäten andererseits. Während somit der Planer durch die Bereitstellung oder Nichtbereitstellung eines Angebotes Einfluß auf die Befriedigungsmöglichkeiten von Verhaltensbedürfnissen ausübt, bleibt hingegen die Genese von Verhaltensbedürfnissen, also die Beziehung von Aktivitäten und Personen seinen Handlungsmöglichkeiten weitgehend entzogen: Die je spezifische Konstellation individueller und gruppenspezifischer Aktivitäts- und Verhaltensbedürfniss resultiert aus der Organisation gesellschaftlichen Zusammenlebens und unterliegt in ihrer Genese und Fortentwicklung im wesentlichen der Eigengesetzlichkeit sozialen Handelns. In dieser Hinsicht sind Bedürfnisse und Aktivitäten von der physischen Beschaffenheit und Qualität des Raumes unabhängig. Die Konstellation der Bedürfnisse bestimmt aber darüber, ob ein Angebot, eine Gelegenheit überhaupt verhaltensrelevant ist und nachgefragt wird, sie bestimmt damit innerhalb noch näher zu bezeichnender Grenzen darüber, ob und wie eine Gelegenheit benutzt wird, ob die faktische Benutzung mit den intendierten kongruent ist oder nicht.

Die in ihrer Entstehung weitgehend sozialen Variablen unterworfenen Bedürfnisse sind in ihren Befriedigungsmöglichkeiten jedoch nicht "raumindifferent", da die Umsetzung von Verhaltensbedürfnissen an räumliche Möglichkeiten und Bedingungen gebunden ist: sie sind auf das Vorhandensein geeigneter Gelegenheiten angewiesen und von deren Verteilung im Raum abhängig. Die Möglichkeit zur Ausführung bestimmter Aktivitäten ist somit durch die objektive Stadtstruktur, ihre materielle Ausstattung und die räumliche Verteilung von Einrichtungen bestimmt. Die konkrete Benutzung von Gelegenheiten jedoch erfolgt selektiv: in Orientierung an eigenen Verhaltensbedürfnissen und -möglichkeiten erfolgt eine Auswahl der Gelegenheiten, die eine möglichst optimale Kombination aller jeweils relevanten Verhaltensbedürfnisse darstellen. Der Zusammenhang von Bedürfnisgerechtigkeit und Benutzung gilt für verschiedene Verhaltensbereiche in unterschiedlichem Maße, kann jedoch als wesentlich für die Benutzung von Freiflächen insofern betrachtet werden, als diese weitgehender Wahlfreiheit unterliegt. Entscheidet also die Bedürfnisgerechtigkeit einer Gelegenheit über deren Benutzung, so muß es im Interesse der Planung liegen, die verhaltenswirksamen Bedürfnisse und Restriktionen auf seiten des Nutzers in den von ihr beeinflußten Verhaltensbereichen zu kennen: dies erfordert die Analyse der Aktivitätsbedürfnisse der verschiedenen Nutzergruppen im Wohnungsumfeld, die der Restriktionen, denen sie in zeitlicher und räumlicher Hinsicht unterliegen, und endlich die Analyse der je bevorzugten Art und Weise der Bedürfnisbefriedigung.

3. Bevölkerungsstruktur und Anforderungen an das Wohnungsumfeld

Betont man den Aspekt der Gebrauchsfähigkeit eines Planungsangebotes - hier einer Maßnahme zur Verbesserung des Wohnungsumfeldes -, so ist damit die Frage nach den konkreten - nicht abstrakten - Nutzern und ihren Bedürfnissen angesprochen. Wir haben dies Problem zunächst zugunsten der derzeit in einem Wohngebiet ansässigen Bevölkerung, nicht zugunsten einer noch in das Gebiet zu lockenden Bewohnerschaft, entschieden.

Die zweite Begrenzung der Problemstellung ergibt sich aus dem Objektbereich selbst: nicht die Wohnung, sondern ihr materielles räumliches "Umfeld" steht zur Diskussion. Also auch nicht, welche Aktivitäten in der Wohnung möglich sein sollten oder faktisch sind, sondern die Frage nach Aktivitäten, die a u c h und die n u r im Wohnungsumfeld möglich sind und sein sollten.

> "Offensichtlich geht es nicht darum, Einrichtungen für bestimmte Freizeitaktivitäten kollektiv im Wohnquartier bereitzustellen, weil sie sich der Individualhaushalt nicht kaufen kann (Schwimmbad, Sporthalle), denn wie bereits zu beobachten ist, versucht

jeder Haushalt, der es sich leisten kann, diese Einrichtungen selbst zu kaufen oder auf private Substitute auszuweichen (Swimmingpool, Sauna, Fitnessraum). Damit werden die öffentlichen Freizeiteinrichtungen denjenigen überlassen, die sich das nicht leisten können. Dies verleiht den öffentlichen Einrichtungen ein negatives Image. Die Herstellung von öffentlichen Freizeitqualitäten im Wohnquartier, die nicht in die Privatsphäre transponierbar sind, erscheint daher zumindest ebenso wichtig wie die Bereitstellung von Infrastruktur" (LENZ-ROMEISS u.a., 1977).

Dabei ist allerdings die normative Frage, welche an sich eher wohnungsbezogenen Aktivitäten auch im Wohnungsumfeld möglich sein sollten, nicht analytisch auf abstrakter Ebene zu beantworten. Wie am Beispiel von Bergarbeitersiedlungen im Ruhrgebiet deutlich wird, unterliegt die Möglichkeit und Bereitschaft, private oder wohnungsbezogene Tätigkeiten auch außerhalb der Wohnung zu verrichten, im wesentlichen den sozialgruppenspezifischen Lebensgewohnheiten. Eine generelle Übertragung auf Gebiete mit anderen sozialen Strukturen und Lebensgewohnheiten der Bewohner ist somit nicht möglich.

Verhältnismäßig eindeutig sind dem Wohnungsumfeld aber Aktivitäten zuzuordnen, die auf keinen Fall in der Wohnung ausgeführt werden können. Dies sind einmal jene, die man als "allgemein freiraumspezifische" (GABRECHT, D./MATTHES, U., 1975) bezeichnen kann: Aktivitäten, die ökologische Funktionen für den Organismus erfüllen, die in Zusammenhang mit Sport- und Bewegungsfunktionen stehen, die gärtnerische Funktionen erfüllen. Sie können im wesentlichen nicht in überbauten Räumen oder Gebäuden ausgeführt werden und sind daher, wenn entsprechende Gelegenheiten im Wohnungsumfeld fehlen, nicht durch die Verlagerung in Räume zu kompensieren. Ein Trockenfahrrad in Form eines "Trimm-Gerätes" im Badezimmer mag zwar der Bewegungsfunktion gerecht werden, nicht aber dem Bedürfnis nach frischer Luft.

Dem Wohnungsumfeld sind ferner noch jene Aktivitäten zuzuordnen, deren Qualitäten auf ihrer "öffentlichen" oder kollektiven Ausführung mit oder in Anwesenheit anderer oder fremder Personen basieren und die deshalb nicht in den Privatraum Wohnung transponierbar sind. So weisen Straßenfeste, die in den vergangenen Jahren sich in vielen Wohnvierteln "eingebürgert" haben, eine prinzipiell andere Qualität auf, als dies vergleichbare gemeinsame Feiern in "Kommunikationszentren" oder private Feste in der Wohnung haben könnten. Erstere bieten die Möglichkeit, mal vorbeizuschauen, zuzusehen, punktuell mitzumachen, ohne sich gleich explizit zuordnen zu müssen, also eine gewisse Unverbindlichkeit, die durch Eintrittskarte, Türsteher, Sitzplatz an langen Tischen u.ä. im Kommunikationszentrum eher verhindert wird, oder sie erhalten ihre Qualität aus der Bereitschaft einiger Quartiersbewohner, gemeinsam etwas ihren konkreten Bedürfnissen gemäßes zu organisieren.

Da die allgemein freiraumspezifischen Aktivitäten im weitesten Sinne Grundbedürfnisse der physischen und psychischen Produktion und Erholung betreffen, kann man davon ausgehen, daß entsprechende Aktivitätsmöglichkeiten von allen Alters- und Sozialgruppen gleichermaßen - wenn auch in unterschiedlicher Quantität - nachgefragt werden. Eine gewisse Mindestausstattung für Freiraumaktivitäten, die sich allerdings nicht unbedingt mit vorgegebenen Planungsnormen decken muß, sollte daher in jedem Wohnungsumfeld vorhanden sein.

Dieses quantitative Problem läßt sich jedoch von seiner qualitativen Dimension nicht ablösen. Der Verweis auf eine mögliche Unterschreitung quantitativer Planungsnormen für die Freiraumausstattung geschieht unter der Annahme, daß spezifische und qualitativ besser geeignete Räume häufig sinnvoller sind und weniger Verhaltensdefizite bei der konkreten Nutzergruppe bewirken, auch wenn unter dem Strich weniger Quadratmeter addiert sind. Bedeutsam ist daher weniger, wieviele Aktivitätsmöglichkeiten und entsprechende Gelegenheiten im Wohnungsumfeld vorhanden sind - auch wenn es hier nach unten Beschränkungen gibt -, sondern welche Art von Gelegenheiten angeboten werden.

Dies führt zunächst zu der Überlegung, welche Sozialgruppen in ihren Aktivitäten besonders auf das Wohnquartier angewiesen sind, und welche speziellen Bedürfnisse sie dort einbringen. In erster Linie sind das die bereits angesprochenen ökonomisch schwachen Sozialgruppen, die Angebotsdefizite individuell weder durch Fortzug in weniger defizitäre Gebiete noch durch tägliche/wöchentliche Mobilität kompensieren können. Darüber hinaus sind dies aber auch die Personen, die den größten Teil des Tages innerhalb des Wohngebietes und in der Nähe der Wohnung verbringen.

Der Begriff der Tagbevölkerung von PALOTAS (1970, S. 150), der "die im Werktagsdurchschnitt am Tage regelmäßig anwesende Bevölkerung", nämlich "die Wohnbevölkerung minus Auspendler plus Einpendler aus anderen Gebieten" umfaßt, müßte in diesem Zusammenhang auf sein erstes Kriterium eingegrenzt werden. Die Wohnbevölkerung minus Auspendler setzt sich im wesentlichen aus allen nicht berufstätigen Personen zusammen: Hausfrauen, Jugendlichen, die noch die Schule besuchen, Kindern und alten Menschen. Sie stellen die Gruppe derer, die während des Tages Anforderungen an das Wohngebiet haben, während die berufstätigen Männer, Frauen und Jugendlichen im allgemeinen erst nachmittags bzw. am frühen Abend auf dieser Bühne sichtbar werden. Da sie - unabhängig von ihrer räumlichen und möglicherweise ökonomisch vergleichbaren Situation - äußerst unterschiedlichen sozialen und demographischen Gruppen zugeordnet werden müssen, ist anzunehmen, daß sie entsprechend den damit verbundenen Bedürfnissen und Notwendigkeiten auch unterschiedliche, womöglich zusätzliche Anforderungen an das Wohnungsumfeld stellen.

Zu denken ist hier beispielsweise an das unterschiedliche Bewegungsbedürfnis von Kindern und alten Menschen, ihren sattsam bekannten Konflikt hinsichtlich der Lautstärke auf wohnungsnahen Freiflächen, an die Notwendigkeit der Beaufsichtigung von Kleinkindern durch die Mütter, an das Bedürfnis, sich möglichst unkontrolliert bewegen und verhalten zu können bei den Jugendlichen usf. Während beispielsweise Planer und Eltern im allgemeinen die Ansicht vertreten, daß Jugendliche nicht "auf die Straße" gehören, erfreut sich das Herumstehen an Straßenecken bei ihnen selbst häufig größter Beliebtheit und enthält eine Qualität, die nicht immer durch ein Jugendzentrum kompensierbar ist. Die Reihe der Beispiele ließe sich beliebig verlängern. Doch bereits hiermit sollte deutlich geworden sein, daß hier wesentliche sozial- und altersspezifische Verhaltenswünsche und Nutzungsanforderungen an die Einrichtungen des Wohnungsumfeldes gestellt werden, die vor allem auf qualitativer Ebene differieren.

Geht man also von einem Zusammenhang zwischen sozio-ökonomischen und demographischen Merkmalen der Bevölkerung und ihren Bedürfnissen und Aktivitäten aus, so ist zu fragen, inwieweit aus solchen Zusammenhängen Aussagen über die Art des notwendigen Aktivitätsangebots, seine Lokalisierung, Zuordnung und Ausstattung ableitbar sind.

Tatsächlich ist die Erhebung und Analyse sozialstruktureller und demographischer Variablen auch der erste Schritt, der zur Grundlegung von Planungen unternommen wird, oder zumindest zum Standardprogramm gehören sollte.

In den für unsere Fragestellung relevanten Untersuchungen über das "Freizeitverhalten außer Haus" (BUTLER, v., 1977) werden im allgemeinen sozialstrukturelle und demographische Kriterien mit verschiedenen Aktivitätstypen korreliert, wodurch man Aussagen über die Art von Personen, die die eine oder andere Art von Aktivitäten betreibt, den Prozentsatz der Personen und den Prozentsatz der Aktivität selbst erhält.

Beispielsweise:

> "An der Spitze aller Freizeitaktivitäten außer Haus steht das Spazierengehen: 90 % der Bevölkerung gehen mehr oder weniger häufig spazieren" (a.a.O., S. 7).

Oder:

> "Bei den meisten Aktivitäten sind die Männer in der Mehrzahl, Ausnahmen bilden von den untersuchten Verhaltensweisen das Spazierengehen, das Wandern und kulturelle Veranstaltungen. Ältere Menschen sind vor allem bei Gartenarbeiten und beim Spazierengehen überrepräsentiert, ebenso Volksschulabsolventen ..." (a.a.O., S. 7.

Oder:

> "Sehr dicht beieinander liegen die Anteilsziffern, wenn man nach "Arbeitern" einerseits, "Beamten, Angestellten" andererseits gruppiert: In etwa, wenn auch geschwächt, wiederholen sich die bereits bei "Volksschülern" und "Abiturienten" registrierten Unterschiede" (hinsichtlich: spazierengehen, Gartenarbeit und Freizeitwohnen, eig. Anmerkung) (a.a.O., S. 9).

Die Einschätzung der Aussagefähigkeit solcher Daten ist aber bei den hier zitierten Verfassern widersprüchlich; so wird einerseits behauptet:

> "Hinter den Zahlen zur Verbreitung der Freizeitaktivitäten verbirgt sich eine Reihe soziodemographischer, geographischer und anderer Einflußfaktoren, deren Kenntnis eine differenzierte Bewertung einzelner Freizeitverhaltensweisen erlaubt" (a.a.O., S. 6).

Während einige Seiten weiter sich aus diesen Daten nur noch "ungefähre Größenordnungen für die Bedeutung einzelner Freizeitaktivitäten ableiten (lassen)" (a.a.O., S. 9).

Im Hinblick auf unsere Behauptung, daß nicht die Quantität, also die "ungefähre Größenordnung", sondern die Qualität eines Angebotes in Bezug auf seine Art, spezifische Lage, Zuordnung und Ausstattung über seinen konkreten Gebrauchswert entscheidet, wird schnell deutlich, daß mit diesen Aussagen für einen so kleinteiligen Planungsbereich, wie ihn das Wohnungsumfeld darstellt, relativ wenig anzufangen ist.

Das Problem wird auch von den zitierten Autoren gesehen und als Mangel der verfügbaren empirischen Basis genannt:

> "Freizeit ist zwar Ausgangspunkt und Inhalt der ausgewerteten Untersuchungen, das eigentlich planerische und organisatorische Problem, nämlich die Konzentration der Freizeitaktivitäten auf bestimmte Zeitbereiche und bestimmte Räume wird weitgehend außer Acht gelassen" (a.a.O., S. 24).

Im einzelnen fehlen Aussagen zur

> "Vielfalt und Intensität, des Freizeitverhaltens, Angaben zu der Frage, wieviele Freizeitaktivitäten in welcher Kombination und wie lange von einer Person ausgeübt werden" (a.a.O., S. 24).

Es fehlen "die Fragen nach raumrelevanten Faktoren" und nach dem Zeitpunkt, an dem Aktivitäten ausgeübt werden:

> "Ob diese oder jene Freizeitaktivität am Dienstagabend, am Sonntagmittag oder im Urlaub zu Hause wie lange ausgeübt wird, kann von entscheidender Bedeutung für die Beurteilung des Freizeitverhaltens sein" (a.a.O.).

Ein weiteres Problem wurde in der Untersuchung deutlich, das besonders wichtig erscheint:

> "Je besser Freizeitaktivitäten abgrenzbar und auch allgemein als freizeittypische Verhaltensweisen anerkannt werden, desto umfangreicher sind empirische Erhebungen" (a.a.O., S. 23).

> "Spontane, beiläufige und "stille" Freizeitverbringungsarten sind im empirischen Material kaum registriert" (a.a.O., S. 14).

Im Gegensatz zum Wochenendausflug ins Grüne mit der Familie oder speziellen Unternehmungen, wie Schwimmen gehen, die Ausrüstung und Aufwand bedeuten, kann man davon ausgehen, daß gerade im Wohnungsumfeld ein wesentlicher Teil der anfallenden Freiraum- und Freizeitaktivitäten den "spontanen und beiläufigen" zuzuordnen ist. Die Qualität wohnungsumfeldbezogener Aktivitäten ist gerade dadurch gekennzeichnet, daß eben dieser explizite Aufwand nicht nötig sein sollte, nicht zuletzt deshalb, weil er im Tagesablauf vieler betroffener Personengruppen gar nicht untergebracht werden kann.

Von besonderem Interesse sind daher in diesem Zusammenhang die Fragen, in welchen kleinen Zeiteinheiten, zu welchen Stunden, oder besser Minuten des Tages welche Aktivitäten möglich wären, welche nicht nur "fußläufig" erreichbaren Orte zur Verfügung stehen, sondern Orte, die man "im Hauskittel" aufzusuchen bereit ist: das berühmte "Pantoffelgrün"; und welche "beiläufigen" Aktivitäten sich hierzu anbieten und möglich sind. Am bereits beinahe sozialromantisierten Beispiel der Zechensiedlungen im Ruhrgebiet läßt sich verdeutlichen, daß gerade dies die Faktoren sind, die wohnungsnahe Freiflächen attraktiv machen, die ihren Gebrauchswert begründen.

Konstituiert aber eben diese kleinteilige Verknüpfung von Aktivitäten und Räumen den Gebrauchswert wohnungsnaher Freiflächen, so hilft in diesem Punkt die "umfangreiche empirische Freizeitverhaltensforschung" nicht weiter, denn sie

> "beschränkt sich ... darauf zu registrieren, wie und mit welchen Tätigkeiten die Menschen ihre Freizeit verbringen - meist sogar ohne das soziale Umfeld, in dem eine bestimmte Tätigkeitsstruktur in Erscheinung tritt, näher zu charakterisieren. Zusammenhänge und Abhängigkeiten zwischen Freizeitverhalten und bestimmten Gegebenheiten in Siedlung und Raum werden nicht transparent" (a.a.O., S. 6).

Der Datenberg, der über das "Freizeitverhalten außer Haus" zusammengetragen ist, erlaubt zudem - abgesehen von bereits genannten anderen Mängeln - noch nicht einmal generalisierbare Aussagen über Bestand und Entwicklung der angesprochenen Verhaltensweisen, denn, so wird konstatiert,

> "die Ergebnisse der Erhebungen sind untereinander kaum vergleichbar" und "der empirischen Freizeitverhaltensforschung ist es daher nur beschränkt möglich, der Raumordnungspolitik wirksame Hilfestellung zu geben" (a.a.O., S. 6).

Inwieweit nun die erhobenen Daten generalisierbar und für die großräumige Ebene der Raumordnungspolitik verwertbar sind, braucht in diesem Zusammenhang nicht weiter zu interessieren. Zu fragen ist hingegen nach der Brauchbarkeit des methodischen Instrumentariums der großangelegten empirischen Forschung als Grundlage für kleinräumige Maßnahmen im Wohnungsumfeld.

Die zutage geförderten und in mehrerer Hinsicht unbrauchbaren Daten sind weniger Ausdruck des mangelnden Praxisbewußtseins der Sozialwissenschaftler als vielmehr in der Erhebungsmethode und den Bedingungen ihrer Anwendung selbst begründet.

Kommerzialisierte Forschung in mit Computern und Datenbanken ausgestatteten Instituten muß sich aus Gründen ihrer eigenen Existenzfähigkeit auf routinierbare Forschungsabläufe und quantifizierbare Aussagen stützen. Mit diesen Methoden sind aber bestenfalls kategoriale Zuordnungen in Form von Korrelationen von Aktivitäten, Räumen und Personen möglich, wobei zudem im allgemeinen landläufige und stereotype Kategorien verwandt werden, die in manchen Fällen für den betrachteten Objektbereich zu grobkörnig und unscharf sind, und in ihrer Folge zu entsprechend stereotypen Aussagen für die Planung führen.

Die Korrelation von Aktivitäten und sozialstrukturellen und demographischen Kriterien läßt nicht mehr als einen groben Überblick über das Spektrum möglicher Aktivitätswünsche und eventuell konträrer Bedürfniskonstellationen der gesamten Bewohnerschaft eines Gebietes zu. Ausgeblendet bleiben dabei aber notwendigerweise die konkreten Verknüpfungen von Personen/Aktivitäten und den Orten, an denen sie diese ausführen: d.h. die spezifische Umsetzung von Aktivitätsbedürfnissen in einem gegebenen Raum sowie diese Verknüpfungen konstituierenden Prozesse, denen individuelle Rationalität in der Organisation der Raumnutzung zugrunde liegt.

Unberücksichtigt bleiben ferner die schwer zu kategorisierenden Merkmale, wie beiläufige Aktivitäten, subkulturelle Verhaltensbedürfnisse und "undefinierte" Räume und Nischen. Die zu einer kleinteiligen Maßnahmenplanung notwendigen Aussagen über die Beziehung von Aktivitätswünschen, Personen und den konkreten Orten, an denen, der. Bedingungen, unter denen sie stattfinden, Aussagen, aus denen sich erst Art, Quantität und Lokalisierung der Einrichtungen ableiten ließe, sind auf dieser Basis nicht möglich. Der zwischen Einkaufen und Kochen stattfindende vormittägliche Schwatz von zwei möglicherweise verschiedenen Alters- und Sozialgruppen angehörenden Hausfrauen bei den an der Grundstücksgrenze zweier Wohnblocks plazierten Mülltonnen läßt sich mit den vorhandenen Erhebungsmerkmalen und -techniken weder kategorisieren noch quantifizieren, abgesehen davon, wie sinnvoll Quantifizierung hier wäre.

Möglicherweise begründen aber gerade die beiläufigen und in undefinierten Räumen stattfindenden Aktivitäten, die meist unausgesprochenen Variablen, gerade den Gebrauchswert wohnungsnaher Freiflächen.

Sinnvoller als der große Rundumschlag quantifizierender Empirie erscheinen daher qualitative Studien "vor Ort", die sich "weicherer" Erhebungsmethoden bedienen: Einzelfallstudien auf der Basis intensiver Analysen eines durchaus "typischen" Baublocks mit seiner spezifischen baulichen und sozialen Struktur und den konkreten Verhaltensabläufen seiner Bewohner in vorhandenen Räumen können letztlich genauere und generalisierbarere Ergebnisse bringen, die den in allen Bereichen intensiveren Erhebungsaufwand rechtfertigen würden.

4. Individuelle Restriktionen in der Benutzung von Freiräumen

Ausgehend von der Annahme, daß Personen bei der Ausführung ihrer Aktivitätswünsche Restriktionen unterliegen, die sie nur bedingt modifizieren können, sollen im folgenden primär die zeitlichen Restriktionen, deren Auswirkungen auf die Benutzung von Einrichtungen und ihre Konsequenzen für die Lokalisierung von Gelegenheiten behandelt werden.

Die Frage nach der "Erreichbarkeit der Gelegenheiten des Wohnungsumfeldes für wen" läßt sich daher ganz pragmatisch mit der räumlichen Eingrenzung auf die Quartiersbevölkerung beantworten: der räumliche Bezugspunkt der Wohnungsumfeldverbesserung ist notwendig die Wohnung, der soziale Bezugspunkt die ansässige Wohnbevölkerung.

Geht man nun davon aus, daß die Erweiterung von Freiflächen als Wohnungsumfeldmaßnahme vornehmlich auf die Versorgung mit - analog der Kategorisierung von Infrastruktureinrichtungen - Einrichtungen zum "täglichen Freiraum-Bedarf" zielt, ist zunächst die Frage zu beantworten, wer der angesprochenen Bevölkerung wann Zeit und Möglichkeit hat, ein vorhandenes Freiraumangebot zu benutzen. Hier soll also unabhängig von den individuellen Bedürfnissen und Wünschen hinsichtlich der Nutzung von Freiräumen nach den objektiven Restriktionen gefragt werden, die die Realisierungschancen etwaiger Bedürfnisse einengen. Es geht um eine Analyse der - individuellen oder gruppenspezifischen - Lebensorganisation auf der Mikroebene unter dem Aspekt der je verfügbaren Zeit, dem Zeitbudget und der damit verbundenen Möglichkeit räumlicher Mobilität: dem Aktionsraum.

Es wurde bereits erwähnt, daß jedes einzelne Mitglied einer gebietsspezifischen Wohnbevölkerung entsprechend seiner objektiven Lage hinsichtlich demographischer und sozialer Situation bestimmten Verhaltensanforderungen und -möglichkeiten unterliegt, die nicht beliebig veränderbar sind.

Als wesentliche Determinante gesellschaftlicher Funktionszuweisungen werden die soziale Stellung und die daraus abgeleiteten Rollen wirksam: die Position des Haushaltsvorstandes impliziert beispielsweise im allgemeinen die Rolle des Ernährers, des Ehemanns, Familienvaters, des Kollegen im Betrieb etc.; die Position der Ehefrau impliziert die Rolle der Hausfrau, Mutter, oder berufstätigen Frau, um nur einige Beispiele zu nennen. All diese Rollen beinhalten funktionale Anforderungen, die gesellschaftlich zugeschrieben sind und nur innerhalb eines relativ engen Verhaltensspielraums bewältigt werden müssen. Sie alle sind in ihrer Ausführung an eine bestimmte Zeit und Dauer gebunden, die zu verschiedenen, wenn auch kategorial spezifischen Tagesabläufen und Tätigkeitsmustern führen.

Exemplarisch für nicht berufstätige Ehefrauen und Mütter kann ein solcher Tagesablauf etwa folgendermaßen aussehen: Aufstehen und die Familie mit Frühstück versorgen, den Ehemann verabschieden, die Kinder aus dem Haus bringen, Wohnung aufräumen, Betten machen. Einkaufen gehen. Mittagessen für die von der Schule heimkehrenden Kinder kochen, abspülen. Dann kommt vermutlich eine Tagesphase, die relativ disponibel ist: in dieser Zeit können das Spazierengehen mit den Kindern, vielleicht "Freizeitaktivitäten" oder kleinere Hausarbeiten fallen. Bei der Rückkehr des Ehemanns, spätestens aber zur Vorbereitung des Abendessens, rufen wieder Pflichten, die erfüllt werden müssen.

> "Neben dem Umfang der anfallenden Tätigkeiten und dem erforderlichen Zeitaufwand dafür, liegt das zentrale Problem in der Zeitstruktur, d.h. der chronologischen Abfolge von Pflichttätigkeiten, die sich aus den Fixpunkten des Tagesablaufs ergeben. Diese Fixpunkte werden durch Konventionen und ihre Festschreibung in der Zeitstruktur von Kindergärten, Schulen und Berufsleben des Ehemannes vorgegeben. Der normale Alltag der Hausfrau ist hauptsächlich von diesen zeitgebundenen Pflichttätigkeiten, die sich über den ganzen Tag verteilen und nicht verschiebbar sind, geprägt" (FESTER/KRAFT/WEGENER, 1978, S. 20).

Analysiert man diesen nur hypothetischen Tagesablauf unter dem hier relevanten Kriterium, wann zeitliche Lücken für außerhäusliche Aktivitäten zur Verfügung stehen, so läßt sich dies im wesentlichen auf zwei Zeitblöcke reduzieren: vormittags in Anbindung an mögliche Einkaufsgänge und am mittleren Nachmittag, d.h. im Zeitraum zwischen der Beendigung des Mittagessens einschließlich des Abspülens und der Rückkehr des Ehemanns; im Anschluß daran ergibt sich möglicherweise noch ein verfügbarer Zeitraum für gemeinsame Aktivitäten.

Während des übrigen Tages ist jedoch weitgehend die Anwesenheit der Hausfrau für notwendige Verrichtungen und Arbeiten im Haus gefordert, während dessen sich keine zusammenhängenden disponiblen Zeitblöcke mehr ergeben, die den Aufwand zu außerhäuslichen Aktivitäten rechtfertigen könnten.

In ihrer empirischen Studie über "Die Hausfrau in ihrer städtischen Umwelt" (1969) kamen HEIDEMANN und STAPF zu folgenden Ergebnissen: das Zeitbudget der Hausfrau wird zu

74 % mit sog. hausfraulichen Tätigkeiten ausgefüllt, wovon 82 % innerhalb der Wohnung stattfinden. 26 % der verfügbaren Zeit fallen nach dieser Untersuchung in die Kategorie "Freizeit", davon werden wieder 64 % innerhalb, 36 % außerhalb der Wohnung verbracht. Ein signifikanter Unterschied bei der verfügbaren außerhäuslichen Freizeit ergibt sich zwischen Hausfrauen mit und ohne Kleinkinder: während Hausfrauen ohne Kleinkinder im Durchschnitt 2,73 Stunden außer Hauses verbringen, ist dies Frauen mit Kleinkindern nur 1,18 Stunden durchschnittlich möglich.

Um genaueren Aufschluß über Dispositionszeiten für außerhäusliche Aktivitäten zu erhalten, genügt es nicht - wie am o.g. Beispiel gezeigt werden sollte, die Tagessumme "freier Zeit" zu erheben, vielmehr müssen Dauer, Zeitpunkt und ihre Verteilung über den gesamten Tag analysiert werden.

Ausgehend von positionalen Verhaltensanforderungen lassen sich für andere Personengruppen andere, aber innerhalb der Gruppe vermutlich weitgehend homogene Tagesabläufe und Zeiteinteilungen darstellen, nicht zuletzt deshalb, als sie in ihren Aktivitäten an externe Faktoren wie Schulzeit, Arbeitszeit und Ladenöffnungszeiten gebunden sind.

Daher erscheint der Vorschlag von KUTTER (1973, S. 75) eine betroffene Population in "verhaltenshomogene Gruppen" gemessen "nach den Merkmalen individueller Tätigkeitsmuster" zu kategorisieren, sinnvoll. Unter dem Aspekt der Benutzbarkeit von Freiflächen wäre hier einmal zu erheben, wieviel Zeit eine Personengruppe innerhalb ihres spezifischen Zeitbudgets für Freiraumaktivitäten zur Verfügung hat und zum zweiten, wie diese Zeit über den Tag verteilt liegt, welche Zeitblöcke sich bilden lassen.

Während der erste Wert nur einen groben Anhaltspunkt für den allgemeinen Bedarf an außerhäuslichen Aktivitätsmöglichkeiten abgibt, erscheint der zweite deshalb wichtiger, weil er Aussagen über die verfügbaren Zeiteinheiten und ihre Einbindung in andere Aktivitäten ermöglicht, d.h. zwei Faktoren angibt, die sowohl Nutzungsdauer wie auch Distanzempfindlichkeit wesentlich bestimmen.

> "Werden neben Häufigkeit und Dauer zusätzlich die Anfangszeiten der Tätigkeiten berücksichtigt, so wird es möglich, für beliebige Zeitintervalle eines Tages "Tätigkeiten-Indizes" der jeweils betrachteten Gruppen anzugeben: Sie bezeichnen den Anteil der Personen, die im betrachteten Zeitintervall die bezeichneten Tätigkeiten außerhalb der Wohnung wahrnehmen. Das Histogramm der stündlichen Werte des Tätigkeiten-Index kann als "Tätigkeitenprofil" bezeichnet werden" (KUTTER, 1973, S. 73).

Die verschiedenen Rollen, die eine Person innehat, zu deren Ausführung sie an bestimmte Zeiten, aufgrund räumlicher Funktionstrennung auch an bestimmte Orte gebunden ist, führt dazu, daß Nutzerkategorien im allgemeinen auf der Basis der Segmentalisierung von Personen in diese Rollen konzipiert werden: aus dem Blickwinkel der Planung tritt der Benutzer einer Einrichtung auf als Einkaufender, Pendler, Schulkind, Berufstätiger, Verkehrsteilnehmer etc. Die oben vorgeschlagene Kategorisierung in Aktivitätstypen macht hiervon keine Ausnahme: auch hier sind Personen in funktionalisierte Tätigkeiten gesplittete Nachfrager bestimmter Einrichtungen.

Aus der Sicht der individuellen Lebensorganisation - die hier bevorzugt betrachtet wird - stellt sich jedoch primär das Problem der Integration unterschiedlicher Rollenanforderungen: ihre Integration in den zeitlich-räumlichen Ablauf einer gegebenen Verhaltenseinheit, z.B. eines Tages.

HÄGERSTRAND zitiert in diesem Zusammenhang einen Studenten, der das vorliegende Problem auf den kurzen und treffenden Nenner gebracht hat:

> "We regard the population as made up of "dividuals" instead of "individuals" "
> (HÄGERSTRAND, 1970, S. 9).

Die Individualität, hier im Sinne der Unteilbarkeit einer Person verwendet, impliziert aber, daß die Verhaltensanforderungen in einen individuell sinnvollen und organisierbaren Ablauf, räumlich wie zeitlich, gebracht werden müssen.

> "Sometimes, of course, an individual plays several roles at the same moment. But more often the roles exclude each other. They have to be carried out withhin a given duration, at given times and places, and in conjunction with given groups of other individuals and pieces of equipment. They have to be lined up in nonpermutable sequences" (HÄGERSTRAND, 1970, S. 10).

Bevor ich uf die räumlichen Implikationen dieses Problems eingehe, sei hier zuvor an den Teil des Zitates angeknüpft, der sich auf die Verbindung bestimmter Aktivitäten mit anderen Personen bezieht: während im größeren Stadtgebiet eher mit dem inidviduellen Auftreten einzelner Personen gerechnet werden kann, ist eigentlich gerade das Wohnungsumfeld der räumliche Bereich, in dem andere Prämissen den Überlegungen zugrunde gelegt werden müßten. Gehen wir vom Bezugspunkt der Wohnung aus, so ist sie gerade der - und weitgehend der einzige - Ort, an dem z.B. die Familie als Gruppe auftritt: trotz unterschiedlicher Tagesabläufe wird innerhalb der Wohnung ein - nicht geringer - Teil des Tages gemeinsam verbracht. Die verschiedenen Aktivitäten müssen daher nicht nur individuell in den Ablauf eines Tages eingepaßt werden, sondern zusätzlich mit den Aktivitätsanforderungen und Zeiteinteilungen weiterer Personen, beispielsweise Familienmitgliedern, abgestimmt werden. Daraus resultiert ein zusätzliches Koordinationsproblem raum-zeitlicher Tätigkeiten. Alle wohnungsbezogenen Maßnahmen - und damit auch die wohnungsumfeldbezogenen - sollten daher das Problem der gruppenmäßigen Organisation - sei es die Familie oder eine andere Gruppe - von Aktivitäten und die Tatsache, daß diese im Wohnungsumfeld als Aktivitäteneinheit auftreten wollen können, mitdenken.

Da nun

> "die Bindung der Personen an Tätigkeiten gleichbedeutend ist mit einer Bindung an tätigkeitenspezifische Gelegenheiten, die zudem in der Regel an bestimmten Plätzen einer Stadt bereitgestellt werden" (KUTTER, 1973, S. 75)

resultiert daraus, was in weitgehender definitorischer Übereinstimmung als Aktionsraum bezeichnet wird. Während Aktionsräume im wesentlichen die räumliche Reichweite der Aktivitäten, d.h. die innerhalb einer raum-zeitlichen Grenze punktuell aufgesuchten Gelegenheiten abbilden, interessiert hier zunächst ein anderer Aspekt. Grundlage der Überlegung bildet auch hier die Tatsache, daß

> "an individual, bound to his home base, can participate only in bundles which have both ends inside his daily prism and which are so located in space that he has time to move from the end of one to the beginning of the following one" (HÄGERSTRAND, 1970, S. 15),

daß also alle täglich anfallenden Aktivitäten innerhalb der zeitlich-räumlichen Dimension eines Tages untergebracht werden müssen.

In Orientierung an individuelle Verhaltensrationalität unter der Bedingung begrenzter Zeit- und Mobilitätsressourcen ist anzunehmen, daß versucht wird, eine raum-zeitliche Minimierung von Aufwand zu betreiben: also versucht wird, verschiedene Tätigkeiten zu Tätigkeitsabläufen zu bündeln, räumlich gesehen, zu bestimmten Routen, in deren Verlauf die notwendigen Einrichtungen aufgesucht werden.

Anhand einfacher Beispiele aus dem Aktionsfeld der Hausfrau läßt sich dies illustrieren: im Zuge des Ausleerens des Mülleimers im Hof wird der Briefkasten aufgesucht, um die Post zu holen; der Rückweg vom Kindergarten, wo das Kind abgegeben wurde, wird so geführt, daß verschiedene Geschäfte für Einkäufe aufgesucht werden können etc. Dies als Beispiel für individuelle Aktivitäten- und Wegebündel.

Unter dem Gesichtspunkt individueller Verhaltensrestriktionen hinsichtlich der Benutzung von Gelegenheiten bleibt noch ein weiterer Faktor zu berücksichtigen, der sich zwar letztlich auch in der Dimensionierung des Aktionsraumes niederschlägt, jedoch eine eigene bedeutsame Variable im Verhalten verschiedener Personengruppen darstellt, nämlich die physische Konstitution.

Zwar beeinflussen physische Faktoren und Notwendigkeiten prinzipiell alle Personen in ihrem räumlichen Verhalten, besonders dann, wenn man - wie im Falle des Wohnungsumfeldes - fußläufige Erreichbarkeit zugrundelegt -, sind für verschiedene Personengruppen aber bedeutsamer als beispielsweise die positionale Stellung und ihre funktionalen Anforderungen, wenn auch von diesen letztlich nicht zu trennen.

HÄGERSTRAND (1970, S. 12) bezeichnet diese Faktoren als "capability constraints" und definiert sie als:

> "those which limit the activities of the individual because of his biological construction and/or the tools he can command".

Einschränkend auf die verfügbare Zeit innerhalb des Tagesablaufs - und damit auch auf die Möglichkeiten der Ausführung von Freiraumaktivitäten - aller Personengruppen wirkt sich zunächst die Befriedigung rein physiologischer Bedürfnisse, wie Essen und Schlafen, aus. Diese schlagen relativ stärker zu Buche bei Personen, denen aufgrund positional-funktionaler Anforderungen wenig "Freizeit" oder Reproduktionszeit zur Verfügung steht.

Der Faktor der verfügbaren "Freizeit" ist jedoch weniger relevant für Personengruppen, die noch nicht oder nicht mehr in Ausbildung oder Beruf integriert sind und daher auch keine Zeitprobleme im Sinne der Dualität von Arbeitszeit und Freizeit haben: nämlich für alte Menschen und Kinder.

Die wahrscheinlich durchschlagendere Verhaltensrestriktion resultiert bei ihnen aus den begrenzten physischen (und psychischen) Mobilitätsmöglichkeiten: so kann beispielsweise eine "leicht erreichbare" Freifläche im Wohnungsumfeld dann subjektiv schwer erreichbar werden, wenn sie mit Treppensteigen oder dem Überqueren einer verkehrsreichen Straße verbunden ist. Mag auch die Gewichtung der beiden Faktoren für Kinder und alte Menschen unterschiedlich sein, der Effekt solcher Barrieren ist jedoch der gleiche: im Zweifelsfalle wird auf die Benutzung einer Gelegenheit verzichtet.

Zusammenfassend läßt sich festhalten, daß einmal die rein zeitlichen Restriktionen, die sich aus individuell oder gruppenzentriert zu organisierenden Tagesabläufen ergeben, zum anderen die physischen und psychischen Restriktionen, die bei bestimmten - eher nach demographischen Kriterien zu klassifizierenden - Personengruppen auftreten, wesentliche Verhaltensdeterminanten für die Benutzung von Gelegenheiten unter dem Aspekt ihrer Erreichbarkeit darstellen, auf deren Entstehung und Existenz der Planer keinen Einfluß ausüben kann. Dennoch müssen sie ihm als Verhaltensrestriktionen bekannt und bewußt sein und in der Konzeption seiner Maßnahmen hinsichtlich der Standorte von Gelegenheiten berücksichtigt werden: denn wenn er diese Faktoren auch in ihrer Entstehung nicht verhindern kann, so hat er doch die Möglichkeit, sie mit Hilfe bestimmter Planungsmaßnahmen in gewisser Weise zu erleichtern oder zu kompensieren, Angebote dennoch in ihrer Lokalisation "nutzergerecht" zu gestalten.

5. Soziale Raumkategorien und Verhaltensnormen

Vergegenwärtigt man noch einmal das zur Analyse von räumlicher Planung und Nutzerverhalten eingeführte Beziehungsschema, gemäß dem der Planer durch Vorgaben von "Nutzungen und Gelegenheiten" auf "gewünschte Aktivitäten von Personen" zielt, so stellt sich nun die Frage, ob und inwieweit er mit den Mitteln physischer Planung auf das Verhalten der Benutzer Einfluß nehmen kann und inwieweit diese planerischen Vorgaben den Verhaltensbedürfnissen der Personen gerecht werden.

Neben der Zuweisung von Funktionen und der Lokalisation bestimmter Gelegenheiten unterliegt den Handlungsmöglichkeiten des Planers auch weitgehend deren physisch-materielle Ausgestaltung: entsprechend unserer analytischen Differenzierung der Verhaltensdimensionen wird durch die Anlage und Ausstattung einer Gelegenheit darüber bestimmt, wie ein Aktivitätsbedürfnis umgesetzt werden kann oder soll.

Dabei interessiert sich der Planer in erster Linie dafür, ob die Dimensionierung und Ausstattung einer Gelegenheit auch "funktional" auf die intendierte Aktivität abgestimmt ist, d.h. ob das, was getan werden soll, auch getan werden kann. So ermöglicht beispielsweise das Vorhandensein von Sitzgelegenheiten - wenn auch nicht ausschließlich - das Sitzen, ihre Anordnung bedingt die Verteilung der Personen im Raum etc.

Eine Gelegenheit ist somit zunächst ein Verhaltensangebot, eine Möglichkeit, bestimmte Aktivitäten auszuführen. Das Angebot von Stühlen kann zum Sitzen benutzt werden, man kann sich aber auch auf die Stühle stellen oder sie beseite räumen und den Raum anderweitig benutzen. Oder eine Wiese, die mit einem Fußballtor ausgestattet ist, kann von ihrer physischen Struktur her zum Fußballspielen, aber ebenso zum Sitzen oder zu anderen Ballspielen benutzt werden. Die rein materielle Beschaffenheit einer Gelegenheit legt im allgemeinen nicht definitiv ihre Benutzung auf die vorgesehene Aktivität fest, sondern läßt innerhalb gewisser Grenzen alternative Gebrauchsmöglichkeiten zu.

Eine "funktionsgerechte" oder "angemessene" Benutzung von physischen Objekten - auch Räumen - resultiert folglich nicht naturwüchsig aus dem Sosein des Objektes selbst.

> "Alle Genialität eines Architekten oder Designers" (und dies gilt auch für den Städteplaner, eig. Anmerkung) "macht eine Form noch nicht funktional (...), wenn sie sich nicht auf vorhandene Codierungsprozesse stützt. Ein lustiges aber schlagendes Beispiel wird von Koenig in Zusammenhang mit Häusern erwähnt, welche von Cassa del Mezzogiorno für die Landbevölkerung gebaut wurden. Die Einheimischen verfügten auf einmal über moderne Häuser mit Bad und Toilette, waren aber gewohnt, ihre körperlichen Bedürfnisse auf den Feldern zu verrichten, und unvorbereitet auf die mysteriöse Neuerung in Form von Klosettbecken, benutzten sie die Klosetts als Spülbecken für Oliven; sie spannten ein Netz aus, auf das die Oliven gelegt wurden, zogen die Wasserspülung und wuschen so ihr Gemüse. Nun gibt es niemanden, der nicht einsähe, wie perfekt die Form eines normalen Beckens zu seiner Funktion paßt, welche sie suggeriert und nahelegt, so sehr, daß man versucht ist, einen recht tiefen ästhetischen und operativen Zusammenhang zwischen der Form und der Funktion zu erkennen. Aber die Form bezeichnet die Funktion nur auf der Basis eines Systems von erworbenen Erwartungen und Gewohnheiten ..." (Eco, 1971, S. 29 f.).

Dies Beispiel muß nun jeden Funktionalismustheoretiker und -praktiker zutiefst verunsichern, kennzeichnet jedoch in deutlicher Weise den Tatbestand, der bei der Benutzung von Gelegenheiten und Räumen erklärungsbedürftig ist: nicht die im Sinne der Funktionalität "abweichende" Benutzung von Objekten ist erstaunlich, sondern vielmehr ihre "funktionsgerechte", weil nicht im Objekt selbst begründet.

Eine weitere, wenn auch, wie zu zeigen wird, immer noch nicht hinreichende Voraussetzung funktionsgerechter Benutzung ist daher die Kenntnis der Funktion und Bedeutung des Objektes und dessen kompetente Handhabung. Man muß wissen, was man mit einem Objekt, was man auf einer Fläche tun kann und muß in der physischen und psychischen Lage sein, es auch auszuführen. Diese Kenntnisse und Fertigkeiten werden im wesentlichen im Kontext gesellschaftlicher Sozialisation vermittelt und begründen zumindest die prinzipielle Kompetenz zur adäquaten Handhabung von Objekten.

Dennoch reichen auch sie zur Erklärung der angemessenen Benutzung von Objekten und Räumen noch nicht aus: auch wenn bekannt ist, wie etwas gehandhabt wird, bedeutet das noch nicht, daß es auch so gehandhabt wird. Auch wenn jemand weiß, wozu ein Stuhl da ist und wie man sich draufsetzt, kann er ihn dennoch benutzen, um sich draufzustellen!

Die weitere Variable, über die die Kongruenz der intendierten mit der faktischen Benutzung vermittelt ist, stellt die gesellschaftliche Übereinkunft über den spezifischen Gebrauch dar: es existieren gesellschaftliche Vorstellungen über die angemessene Benutzung von Objekten und Räumen, über das angemessene Verhalten der Benutzer. Auf seinen Stuhl kann nicht nur gesessen werden, es soll gesessen werden, Fußballspielen kann nicht nur auf dem Fußballplatz stattfinden, es soll dort und nicht anderswo - stattfinden, und zwar in der vorgesehenen Weise.

Die Benutzung von Gelegenheiten enthält somit eine normative Komponente, die über die physische Beschaffenheit einer Gelegenheit hinaus die intendierte Benutzung absichert. Die physische Ausprägung einer Gelegenheit bildet nur den "Kern räumlicher Tatsächlichkeit" (BAHRDT 1974), seine angemessene Benutzung ist im Rahmen gesellschaftlicher Interpretationsschemata definiert, leitet sich aus gesellschaftlichen Normen ab.

> "Der Kern räumlicher Tatsächlichkeit ... läßt sich nicht beliebig interpretieren. Genau genommen gibt es, je nach kulturellen Gegebenheiten nur eine begrenzte Zahl möglicher Interpretationsschemata für Räume" (BAHRD, 1974, S. 38).

Gelegenheiten stellen daher "Raum-Verhaltenseinheiten" oder behavior-settings (BARKER, 1968) dar, also Räume, denen bestimmte feststehende Verhaltenserwartungen zugeordnet sind. Über die Kontrolle der Verhaltensnormen vermittelt sich letztlich die Kongruenz der intendierten mit der faktischen Raumnutzung.

Gehen wir nun zurück zu unserer Ausgangsthese, daß durch die Anlage und physische Ausstattung einer Gelegenheit darüber bestimmt wird, ob und wie Verhaltensbedürfnisse umgesetzt werden: Nicht durch die physische Ausstattung qua materieller Struktur, sondern über ihre Verknüpfung mit gesellschaftlich sanktionierten Verhaltensnormen vermittelt sich die Beziehung von Raum und Verhalten. Sie bildet den Zusammenhang von Gelegenheiten und Aktivitäten, an dem sich der Planer orientiert und die seine Intentionen über das mit bestimmten Gelegenheiten verbundene Verhalten begründen. Durch die Festsetzung von Gelegenheiten wird der Raum auch in seiner sozialen Dimension definiert und die physische Umwelt als geplanter Raum ist daher nicht verhaltensneutral:

> "Sozialgeographischer Raum ... ist ein institutionell verregelter Raum, ..., dessen Organisation sich stets auf der Basis von Modellen, Normen, Anschauungen und Werten vollzieht" (CHOMBART DE LAUWE, 1977, S. 3).

Die Vorstellungen darüber, welche Verhaltensweisen oder auch Verhaltensstile in einem so oder anders ausgestatteten Raum als adäquat gelten, werden vom Planer nicht erfunden, sondern basieren auf gesellschaflichen Übereinkünften oder Konventionen und weisen einen gewissen Grad an Verbindlichkeit auf. Sie gründen somit in einem Bereich auf den der Planer keinen direkten Zugriff hat und den er auf physischer Ebene nur indirekt über die dargestellte Vermittlung beeinflussen kann.

Dieser Zusammenhang läßt sich am Beispiel der vielberufenen Kommunikation im öffentlichen Raum verdeutlichen. Entsprechend den hier zugrunde gelegten Beschreibungskategorien zielt der Planer mit dem Mittel physischer Planung: dem Angebot einer Gelegenheit "öffentlicher Raum" u.a. auf die Aktivität "Kommunikation". Also: der Raum ist da, nun kommuniziert mal schön! Gerade in diesem Fall bleibt jedoch häufig die Erfahrung nicht aus, daß die Benutzer in splendid isolation auf den bereitgestellten Bänken, möglichst weit von etwaigen Mitbenutzern entfernt sitzen, ihre Nase zudem angelegentlich in eine Zeitung stecken und - obwohl im schönsten öffentlichen Raum - nicht daran denken zu kommunizieren! Oder: vielleicht sogar daran denken, es jedoch nicht tun! Im schlimmsten Fall bleibt der Raum sogar menschenleer und völlig ungenutzt.

Woran liegt's?

Die erste Überlegung, die angestellt werden muß, ist die Frage, ob überhaupt ein Bedürfnis an Kommunikation in öffentlichen Situationen vorhanden ist und inwieweit die gesellschaftlichen Verhaltensnormen ein Verhaltensrepertoire für solche Situationen bereitstellen. Die Frage also, ob ein öffentlicher Raum wirklich der Ort sein kann und soll, an dem private Kommunikation zwischen Fremden stattfindet, oder ob hiermit nicht der Versuch gemacht wird, das Spezifikum öffentlicher Situationen, die Flüchtigkeit von Interaktionen und die formalisierten Kontakte zugunsten "privater" Verhaltensstile aufzulösen?

Die beklagte "Anonymität" der Städte ist ja nicht nur ein Effekt der Anzahl der hier versammelten Menschen, sondern eine mit der Verstädterung einhergehende Art und Struktur sozialer Beziehungen, die allein durch die Bereitstellung einer Kommunikationseinrichtung noch nicht aufhebbar ist. Unterschiedliche Lebenswelten, soziale Orientierungen und Beziehungen, die zunächst nur auf abstrakte Gemeinsamkeiten rekurrieren können, lassen sich nicht ohne weiteres in öffentliche Kommunikation umsetzen. Solange eine öffentliche Situation keine Sujets anbietet, die als gemeinsamer oder bilateraler Bezugspunkt begriffen werden können und darüber hinaus keine konkreten Anlässe zur Interaktion vorhanden sind, wird sich eine solche Kommunikation im allgemeinen nicht einstellen (vergl. OBERMAIER, 1976). Erst eine irgendwie geartete gemeinsame Betroffenheit bildet die Voraussetzung zur Interaktion und Kommunikation zwischen fremden Personen.

Der Planer muß daher bei einer entsprechenden Maßnahme die sozialen Voraussetzungen, auf die er sich stützen kann, kennen und muß wissen, inwieweit diese die von ihm intendierten Aktivitäten überhaupt ermöglichen und tragen, inwieweit seine Vorstellungen über das Verhalten der Nutzer in bestimmten Räumen überhaupt realistisch sind unter dem Gesichtspunkt gesellschaftlicher Verhaltensnormen. Mit Planung lassen sich durch die Art der Gelegenheiten und ihrer Ausgestaltung bestimmte Verhaltenserwarten vorgeben. Die tatsächliche Benutzung des Raumes hängt jedoch wesentlich davon ab, inwieweit gesellschaftliche Verhaltensnormen "getroffen" werden und - im Vorgriff auf späteres - inwieweit diese wieder tatsächliche Verhaltensbedürfnisse unterschiedlicher Nutzer repräsentieren.

Legt man folglich behavior-settings, also die Zuordnung sozialer Verhaltenserwarten zu bestimmten räumlichen Situationen und Gelegenheiten zugrunde, so folgt daraus zum einen, daß gemäß diesen unterschiedlichen Verhaltensnormen differenzierte Räume angeboten werden müssen und daß verschiedene Kategorien von Räumen sich nicht beliebig gegenseitig substituieren können. Das bedeutet, daß bestimmte Aktivitäten, die als "private" normiert sind, nicht ohne weiteres in öffentliche Räume verlagert und dort angeboten werden können.

Ebensowenig lassen sich Verhaltensweisen, die öffentliche Situationen zur Voraussetzung haben, in privaten Situationen und Räumen ansiedeln, ohne ihre spezifische Qualität zu verlieren - wenn auch hier die Grenzen weniger scharf sind.

Aufgrund dieser Überlegungen ist auch zu überprüfen, ob und inwieweit die in Zusammenhang mit Wohnung und Wohnungsumfeld diskutierte These der Kompensation vertretbar ist: bei der Kompensationsthese wird davon ausgegangen, daß sich bestimmte Defizite der Wohnung durch Anbieten entsprechender Einrichtungen im Wohnungsumfeld kompensieren lassen, oder, daß Defizite, die aus dem Fehlen privater Freiflächen entstehen, durch Funktionen öffentlicher Parks etc. aufgenommen werden können.

Unter derzeit gültigen Nutzungsbestimmungen (vergl. hierzu die verschiedenen Vorschriften zur Öffentlichen Ordnung für Parks und dergleichen) und Verhaltensnormen erscheint dies jedoch nicht möglich, wenngleich auch hier Beispiele anzuführen sind, wo sich besonders mutige Sozialgruppen über diese Verhaltensnormen hinwegsetzen. Dennoch bleibt gültig, was in Zusammenhang mit einer Untersuchung über "Freizeit in unseren Wohngebieten" konstatiert wird (LENZ-ROMEISS u.a., 1977, S. 20).

> "Freizeitangebote im Wohnbereich außerhalb der Wohnung haben halböffentlichen bzw. öffentlichen Charakter. Sobald der Einzelne seine Wohnung verläßt, ist er potentiell Teilnehmer von Öffentlichkeit und den entsprechenden Normen und Kontrollen unterworfen."

Hiermit sollen nun nicht Überlegungn hinsichtlich der Kompensationsmöglichkeit verschiedener Funktionen oder Räume abqualifiziert werden, zumal in Anbetracht begrenzter Möglichkeiten der Verbesserung der Wohnung selbst und der Freiraumressourcen gerade in dicht bebauten Innenstadtgebieten nach - wenn auch suboptimalen, aber zumindest machbaren - Lösungen gesucht werden muß. Denn wenn die Lebens- und Wohnverhältnisse der hier angesprochenen Bevölkerungsgruppen verbessert werden sollen, so bietet sich zu allererst das direkte Wohnungsumfeld an, zum einen aus Gründen der geringen Mobilitätschancen dieser Personengruppen, zum anderen unter dem Aspekt der Verbesserung der alltäglichen Lebensbedingungen.

Wofür gerade wegen der Bedeutung des Wohnungsumfeldes plädiert wird, ist hier besonders auf wirklich gebrauchswertverbessernde Maßnahmen zu achten: darauf, welche Aktivitäten in welchen Räumen möglich sind. Möglich aber nicht allein aus dem Blickwinkel, welche Aktivitäten diese oder jene Fläche aufzunehmen geeignet ist, sondern aus der Sicht von Verhaltensnormen, die von den Nutzern, sei es in Übereinstimmung mit gesamtgesellschaftlichen Vorstellungen oder auf der Basis von gruppenspezifischen Normen akzeptiert sind und somit deren Handlungsgrundlage bilden. Da beispielsweise Arbeiter über andere Verhaltensnormen bei der Benutzung öffentlicher Räume verfügen als Mittelschichtangehörige, und diese auch anders, häufig als kollektive oder halböffentliche Räume benutzen, können in dieser Frage keine allgemeingültigen Aussagen gemacht werden. Daher gilt es, jeweils konkrete Planungssituationen unter dem Aspekt zu analysieren, welche Aktivitäten und Räume tatsächlich kompensierbar oder substituierbar sind. Erst wenn der Planer über genaue Kenntnisse der mit bestimmten räumlichen Situationen verbundenen Verhaltensnormen bei unterschiedlichen Sozialgruppen verfügt, kann er den Ablauf sozialer Prozesse sinnvoll räumlich organisieren. Eine diesen Verhaltensstandards gegenüber sperrige oder mißverständliche Organisation von Räumen wird zumindest Verhaltensunsicherheit, wenn nicht sogar Nutzungsverzicht seitens der auf die Weise "Beplanten" zur Folge haben.

6. Aneignung als Motivation der Benutzung von Gelegenheiten

Wir waren davon ausgegangen, daß der Planer zunächst auf der Basis mehr oder weniger genauer und realistischer Kenntnisse der Verhaltensbedürfnisse von Bewohnern in einem Gebiet Gelegenheiten anbietet, die deren Aktivitätswünsche repräsentieren. Wobei hier nur eine relativ grobe Kategorisierung von Aktivitätsbedürfnissen (spazierengehen, Sport etc.) möglich ist und diese entsprechenden Räumen zugeordnet werden.

Bedürfnisgerechte Planung würde dementsprechend aus der Sicht des Planers dann vorliegen, wenn die angebotenen Gelegenheiten genutzt werden und so genutzt werden, wie es von ihm intendiert war, also wenn Kongruenz von Verhaltensangebot und Verhalten vorliegt. Weiterhin wurde festgestellt, daß der Planer auf das konkrete Verhalten jedoch mit den Mitteln physischer Planung nur bedingten Einfluß ausüben kann, daß dies vielmehr nur vermittelt vorgegeben werden kann. In Anlehnung an gesellschaftliche Verhaltensnormen wird das Angebot konzipiert und über sie vermittelt sich der Ausforderungscharakter eines Angebotes, dem von den Benutzern mehr oder weniger gefolgt wird. Mit der Verknüpfung von Räumen und gesellschaftlich vorgegebenen Verhaltenserwartungen gibt der Planer durch die Auslegung und Ausstattung des Raumes damit auch gleichzeitig vor, wie die durch ein bestimmtes Angebot abzudeckenden Verhaltensbedürfnisse umgesetzt werden sollen und können.

An diesem Punkt jedoch spätestens enden seine Handlungsmöglichkeiten. Er kann bestimmte Einrichtungen bereitstellen, die die vermeintlichen oder tatsächlichen Verhaltensbedürfnisse der Nutzer repräsentieren. Werden diese aber, obwohl vorhanden und an Bedürfnissen orientiert, dennoch nicht genutzt, so sind sie eben - aus welchen Gründen auch immer - von den Leuten "nicht angenommen" worden.

Es stellt sich also an dieser Stelle die Frage, welche weiteren Faktoren wirksam werden, die die Gebrauchsfähigkeit von Gelegenheiten bedingen, auf welcher Ebene sie angesiedelt sind und ob und wie man sie möglicherweise beeinflussen bzw. ihnen Rechnung tragen kann.

> "Längst ist noch nicht allgemein bekannt, daß zum Freizeitangebot auch Qualitäten der (gebauten) Umwelt gehören, die sich nicht durch spezielle Räume oder als Infrastruktur definieren lassen. Dies liegt nicht nur daran, daß sich das Bewußtsein von der Bedeutung der Gestalt gebauter Umwelt allgemein für die Freizeit der Bewohner erst langsam entfaltet, sondern auch daran, daß gerade diese Qualitäten schwer faßbar, kaum quantifizierbar und nur im Detail erfahrbar sind, somit sich einer Verallgemeinerung oder Normierung - etwa in Gesetzen, Verordnungen - weitgehend entziehen" (LENZ-ROMEISS u.a., 1977, S. 18).

Diese Ausführungen, die sich im wesentlichen nur auf die qualitativen Dimensionen der physischen Gestaltung beziehen, sind noch Dimensionen zuzufügen, die sich auf soziale Tatbestände beziehen, die jenseits zu ermittelnder Aktivitätswünsche und -bedürfnisse liegen.

Wie bereits angedeutet wurde, ist die physische Umwelt nicht allein kraft ihres materiellen Soseins verhaltensrelevant, sondern als über soziale Handlungszusammenhänge vermittelter und interpretierter Raum, der in das Verhalten von Personen im Rahmen eines sozialen Kontextes Eingang findet. Außerdem sind ein Großteil der Umweltsituationen soziale Situationen, in denen verschiedene Menschen anwesend sind und sich gegenüber Personen und Objekten verhalten: individuelles Verhalten gerät somit zusätzlich in Abhängigkeit von der situationsspezifischen Interaktion, vom Verhalten anderer Personen und unterliegt Einflüssen, die sich bestärkend oder modifizierend auf das eigene Verhalten auswirken und die quasi eine zweite Realität von Gelegenheiten darstellen.

Ist damit die Frage angesprochen, welche Rolle eigentlich die "soziale Mitwelt" (KRUSE, 1975) bei der Aktualisierung von Verhaltensbedürfnissen spielt, bleibt noch die Überlegung, welche Vorstellungen der Benutzer einer Gelegenheit eigentlich bei der Umnutzung seiner Verhaltensbedürfnisse verfolgt, d.h., wie er sie aktualisieren möchte. Ist der Benutzer eine Person, die ein von verschiedenen Spezialisten vorgegebenes und nach allen verfügbaren Regeln der Kunst "maßgeschneidertes" Verhaltens- und Aktivitätsangebot einfach nur benutzen, d.h. so wie es ist, konsumieren möchte? Oder verbindet er mit der Benutzung auch Ziele und Dimensionen der Selbstrealisierung, der aktiven Auseinandersetzung mit seinen Bedürfnissen und seiner Umwelt?

In dieser Frage erscheint es sinnvoll und realistisch, den Benutzer als Person zu konzipieren, die intentional handelt und sich in einer aktiven Rolle gegenüber ihrer Umwelt verhalten, als Person, die sich die physische und soziale Umwelt "aneignen" möchte.

Aneignung impliziert die Möglichkeit des Benutzens, greift jedoch über sie hinaus und bedeutet zunächst im weitesten Sinne:

> "the act or process of taking something one's own."

und

> "the appropriative character of human activity is reflected in all modes of activity, in perception, orientation and acting" (GRAUMANN, 1976, S. 118).

Der Begriff der Aneignung wurde von Marx zunächst in anthropologischer Bedeutung als Ausdruck für die Beziehung des Menschen zur Natur (GRAUMANN a.a.O.) verwandt, und meint die aktive Auseinandersetzung des Menschen mit der Natur, in deren Bearbeitung er sich als individuelles und gesellschaftliches Wesen objektiviert, durch die er erst sein Mensch-sein begründet. Durch Ausschöpfen und Anwenden aller seiner Fähigkeiten eignet er sich die Natur an, indem er sie formt.

Später wird er als psychologischer Begriff von Vygotski, einem russischen Psychologen, auf das individuelle Lernen und die Internalisation gesellschaftlicher Bedeutungen bezogen:

> "... in and by the process of appropriation the individual "reproduces" historically formed human abilities and functions, and as such produces or generates himself" (GRAUMANN, 1976, S. 118).

Aneignung enthält gegenüber der "Benutzung" eine produktive und kreative Komponente, nämlich die aktive Anwendung instrumenteller, kognitiver und emotionaler Fähigkeiten, die zum "Begreifen" natürlicher und sozialer Umwelt eingesetzt werden.

Versucht man nun den Begriff der Aneignung für den Prozeß des Verhaltens gegenüber der räumlichen Umwelt zu präzisieren, so ist auch hier die aktive und formende Komponente herauszustellen.

> "... not objects, but objective meanings, not things, but modes of relating to them, are appropriated. ... the mere having of something in possession or as property would not actualize any potentials and, thus, may be considered a kind of zero (or empty) appropriation.
> In general, whether and how space is appropriated by relevant activities depends only

partly on its physical charakteristics, however well they may have been designed. The kind of appropriation is largely due to the level of actualization which the individual potentialities in question have already attained" (GRAUMANN, 1976, S. 120).

In der derzeit beinahe bereits inflatorischen Verwendung des Begriffes der Aneignung für unterschiedliche Facetten der menschlichen Auseinandersetzung mit seiner physischen und sozialen Umwelt werden seine Inhalte unterschiedlich gewichtet (vergl. KOROSEC-SERFATY, 1976), gemeinsam ist ihnen aber der Aspekt des aktiven Handelns des Einzelnen in seiner Umwelt. Aneignung bedeutet kognitive und faktische Inbesitznahme von Umwelt, die "Verwandlung der Außenwelt in Umwelt" (BAHRDT, 1974) oder der Umwelt in "Lebenswelt (KRUSE, 1975) und beinhaltet, sie zu nutzen und den eigenen Bedürfnissen entsprechend zu formen.

Was nun Aneignung im Hinblick auf die räumliche Umwelt bedeuten kann, wird am operationalsten von CHOMBART DE LAUWE (1977, S. 6) in der folgenden Definition formuliert: Aneignung des Raumes ist das

"Resultat der Möglichkeiten, sich im Raum frei bewegen, sich entspannen, ihn besitzen zu können, etwas empfinden, bewundern, träumen, etwas kennenlernen, etwas den eigenen Wünschen, Ansprüchen, Erwartungen und konkreten Vorstellungen gemäßes tun und hervorbringen zu können".

Legt man diese Auffassung von den Handlungsbedürfnissen des Menschen in seiner räumlichen und sozialen Umwelt zugrunde, so wird deutlich, daß hier Dimensionen angesprochen sind, "die sich nicht durch spezielle Räume oder Infrastruktur definieren lassen", sondern über die rein materielle Befriedigung von Bedürfnissen hinausweisen. Aus der Perspektive des "Nutzers" einer Gelegenheit, sei es eine Einrichtung im Wohnungsumfeld oder anderswo, wird diese folglich nicht allein als materiell-funktionales Angebot zur Ausführung bestimmter Aktivitäten angesehen.

Sie ist immer zugleich Produkt und Ort sozialen Handelns: aus erstem ergibt sich, daß sie gesellschaftlichen Normierungen und Regelungen des Verhaltens im Hinblick auf die Art und Weise ihrer Benutzung unterliegt, aus dem zweiten Aspekt folgt - für alle Räume außerhalb der eigenen Wohnung -, daß sich faktisch oder potentiell andere Personen im gleichen Raum aufhalten, zu denen irgendwie geartete Beziehungen aufgenommen werden müssen. Dabei ist nicht in erster Linie an die verbale Kommunikation mit Jedermann zu denken, sondern auch der Versuch, die Existenz anderer anwesender Personen zu ignorieren, stellt eine Dimension der sozialen Beziehung zu ihnen dar.

Geht man daher von dem Wunsch nach der Aneignung der Umwelt aus, so kann sich dieser nur auf die genannten Bereiche beziehen: Der Wunsch nach bedürfnisorientiertem Handeln und Selbstbestimmung gilt sowohl hinsichtlich der Aktivität, die jemand ausführen möchte, als auch der Art und Weise, wie er das tun will und - last not least - in Anwesenheit oder mit welchen Personen dies geschehen soll.

Erst wenn in diesen drei Dimensionen die individuellen Vorstellungen abgedeckt sind, wird eine Gelegenheit als bedürfnisgerecht interpretiert werden.

Unter der Fragestellung der Benutzung von Gelegenheiten bedeutet dies, daß ein Angebot durchaus in seiner physischen Beschaffenheit den Aktivitätsbedürfnissen einer Person genügen mag, dennoch aber nicht benutzt wird, weil die mit dem Angebot verbundenen Verhaltensnormen - d.h. die Art, wie die Aktivität ausgeführt werden soll - nicht ihren Verhaltenswünschen entsprechen, oder weil die anderen anwesenden Benutzer nicht die Art von Personen darstellen, mit denen die gemeinsame Anwesenheit in einer sozialen Situation gewünscht wird.

Die Hervorhebung dieser sozialen Verhaltensbedürfnisse von Individuen erscheint notwendig, da sie bei der Analyse von Nutzungsdefiziten durch die Planung bisher nicht benügend berücksichtigt wurden. Die bisher im wesentlichen auf die Funktionalität der physischen Dimension einer Einrichtung bezogene Analyse liegt insofern nahe, als - wie bereits dargestellt - diese die Ebene ist, auf die der Planer direkt Einfluß nehmen kann. Dennoch wird damit aber nicht die Gesamtheit der handlungsrelevanten Faktoren bei der Benutzung von Gelegenheiten erfaßt.

Darüber hinaus sind auch die anderen Ebenen, auf denen Diskrepanzen von Verhaltensbedürfnissen und Verhaltensangeboten entstehen können, nicht zu vernachlässigen. Gelegenheiten, die in verschiedener Hinsicht optimal, jedoch spezifischen Personen nicht zugänglich sind, oder Raumangebote, in denen Nutzungsansprüche konkurrieren - beispielsweise in öffentlichen Parks, der zu Ruhe und Erholung von einer, zu lautstarkem Feiern von einer anderen Gruppe genutzt wird -, geben Anlaß für die Diskrepanz von Verhaltensbedürfnissen einzelner Nutzergruppen mit den Verhaltensmöglichkeiten in der Umwelt und haben entsprechende Defizite bei den hiervon betroffenen Personen zur Folge.

In dem Maße nun, in dem in der Umwelt bestimmte Bedürfnisse berücksichtigt sind und andere nicht, geraten die Aneignungsmöglichkeiten der Umwelt für verschiedene Personengruppen und auf verschiedenen Ebenen unterschiedlich. Analysiert man beispielsweise die Vorschriften hinsichtlich der Erhaltung der öffentlichen Ordnung in Parks, so bleibt als einzig akzeptierte Verhaltensmöglichkeit das sittsame Auf- und Abgehen auf den vorgesehenen Gehwegen, ebenso sittsames Sitzen auf den Bänken, leise Unterhaltung mit dem Begleiter oder Nachbarn und Kontemplation der Umgebung. Dies bedeutet aber die Einengung von Verhaltensmöglichkeiten auf den typischen Sonntagsnachmittagsspaziergänger mittleren Alters. Alle anderen Aktions- und Verhaltensbedürfnisse, beispielsweise von Kindern und Jugendlichen, werden entweder in spezielle Spielghettos verwiesen oder überhaupt ignoriert. Finden sie dennoch statt, weil sich diese Gruppen einfach über die Regelungen hinwegsetzen, müssen sie mit Sanktionen rechnen.

Vergleichbares gilt für Hausordnungen und andere institutionelle Regelungen, die im allgemeinen nicht auf die Verhaltensbedürfnisse der betroffenen Nutzer zugeschnitten sind, sondern nach den Rationalitätskriterien der Eigentümer oder der insitutionellen Einheit, die solche Einrichtungen betreibt.

In dem Maße nun, in dem die physische Umwelt flächendeckend "verplant" und in lauter "verregelte Räume" (CHOMBART DE LAUWE, 1977) parzelliert wird, reduzieren sich die Bereiche, in denen noch individuelle oder gruppenspezifische Selbstbestimmung hinsichtlich der gewünschten Aktivitäten, der Art und Weise ihrer Ausführung und der Auswahl der bevorzugten sozialen Umwelt möglich ist. Ein kommerzialisierter Freizeitpark etwa reduziert die Verhaltensmöglichkeiten der Benutzer weitgehend auf konsumierbare Aktivitäten, die auch in der Art ihrer Ausführung fremdbestimmt sind.

Für unsere Ausgangsfrage nach den Kriterien der Benutzbarkeit von Freiräumen im Wohnungsumfeld läßt sich als Antwort die Hypothese ableiten, daß die Motivation zur Benutzung einer Gelegenheit in diesem Bereich, der weitgehend der Freiwilligkeit unterliegt, umso geringer ist, je mehr Widerstand sie den Aneignungsbedürfnissen der Individuen auf den verschiedenen verhaltensrelevanten Ebenen bietet, daß entsprechend diesen Restriktionen der Gebrauchswert solcher Einrichtungen sinkt.

7. "Umfunktionierungen" von Gelegenheiten

Sind nun die Aneignungsmöglichkeiten in verschiedenen Gelegenheiten und für verschiedene Personen unterschiedlich, so impliziert dies die Diskrepanz von Verhaltensangebot und Verhaltensbedürfnis für die Personen, die ihre Aneignungswünsche nicht umsetzen können. Aus dem Blickwinkel der Planung als Anbieter von Gelegenheiten stellt sich die Frage, welche Konsequenzen aus dieser Diskrepanz für die Benutzung des Angebotes resultieren. Vom Standpunkt des von Defiziten betroffenen Individuums aus stellt sich die Frage, welche Verhaltensmöglichkeiten ihm als Reaktion auf die Diskrepanz mit einer vorgegebenen Umwelt möglich sind.

Die Behandlung der Reaktionsmöglichkeiten wird unter der Bedingung vorgenommen, daß die Benutzer von Gelegenheiten und Räumen nicht mit deren Eigentümern identisch sind. Das Auseinanderfallen von Eigentum und Nutzungsmöglichkeiten gilt für einen großen Teil der Bevölkerung sogar für die Verfügung über den privaten Bereich wie die Wohnung, die auf dem Recht der Nutzung, nicht aber auf Eigentum beruht. Da die Trennung von Eigentümer und Nutzer umsomehr die Verfügungsmöglichkeiten über alle Arten öffentlicher Einrichtungen kennzeichnet, erscheint die vorgenommene Einschränkung sinnvoll und realistisch.

Das diesen Ausführungen zugrundeliegende Interesse konzentriert sich auf Reaktionen, die eine Diskrepanz offenkundig werden lassen und Folgen für die Benutzung von Gelegenheiten und somit Konsequenzen für die Planung haben.

In Anbetracht dieser Eingrenzungen lassen sich die möglichen Reaktionen der Nutzer in zwei prinzipielle Handlungsalternativen einteilen, zwischen denen sie jedoch nicht beliebig auswählen können, da sie eigenen Restriktionen unterliegen: möglich sind prinzipiell

1. der Verzicht auf die Inspruchnahme einer Einrichtung oder, falls keine Alternativen vorhanden sind, auf die Aktivität selbst, und
2. die "Umfunktionierung" der gegebenen Gelegenheit.

Verzicht auf Inspruchnahme einer Gelegenheit

Im ersten Fall besteht die Möglichkeit, eine konkrete Einrichtung nicht zu nutzen und die damit verbundenen Aktivitäten in einer alternativen Einrichtung auszuführen: entspricht - aus welchen Gründen auch immer - das Angebot an einem öffentlichen Park beispielsweise nicht den Bedürfnissen einer Person, so steht ihr prinzipiell offen, zur Ausführung der gewünschten Aktivitäten einen anderen Park aufzusuchen, der eventuell den eigenen Bedürfnissen besser gerecht wird.

Der Möglichkeit der Substitution einer Einrichtung durch eine andere oder des Verzichts auf die Ausführung einer Aktivität sind jedoch Grenzen gesetzt, die durch den Grad der Angewiesenheit bestimmt sind. Hier bestehen vehemente Restriktionen, die durch die gesamte Lebenssituation des Einzelnen bedingt sind und die er nicht beliebig verändern kann: Gebundenheit an einen Arbeitsplatz, finanzielle Begrenzungen, die den Wohnstandart weitgehend determinieren und zeitliche Restriktionen, die aus dem täglichen oder wöchentlichen Zeitbudget resultieren, sind als Determinanten genannt worden, die die Wahlfreiheit spürbar einengen.

Berücksichtigt man nun diese Restriktionen, so resultiert daraus die Angewiesenheit auf ein räumlich-zeitlich erreichbares Angebot, d.h., der Aktionsraum des Einzelnen ist - zumindest zur Erfüllung wesentlicher Funktionen im Alltag - nicht beliebig auszudehnen. Ist nun innerhalb dieses Bereichs kein Angebot in entsprechender Beschaffenheit vorhanden, die Substitution aus genannten Gründen jedoch nicht möglich, so besteht als weitere Reaktionsmöglichkeit für den Einzelnen der Verzicht auf die Ausführung der Aktivität überhaupt.

Dies setzt jedoch voraus, daß die Ausführung bestimmter Aktivitäten und somit die Benutzung eines Angebotes verzichtbar ist, was bestenfalls für bestimmte Freizeitaktivitäten und die entsprechenden Gelegenheiten zutrifft, deren Inanspruchnahme weitgehender Wahlfreiheit unterliegt. Eine Hierarchie lebensnotwendiger oder "verzichtbarer" Aktivitäten wäre hier denkbar. Dennoch bedeutet auch in diesen Fällen der Verzicht auf die Inanspruchnahme eines Angebotes und auf eine Aktivität selbst ein Defizit in der Bedürfnisbefriedigung des Betroffenen.

Für den Anbieter bildet der Verzicht auf die Inanspruchnahme einer Gelegenheit durch deren potentielle Nutzer ein Indiz für Fehlplanung, die die Überprüfung und Revision der Prämissen und Vorstellungen über den Zusammenhang von Aktivitätsangebot und konkreter Benutzung notwendig macht. Aus dem Nutzungsverzicht lassen sich allerdings keine eindeutigen Anhaltspunkte für die Ursachen der vorliegenden Diskrepanz von Verhaltensangebot und Verhaltensbedürfnis gewinnen, und die Planung bleibt weitgehend auf Mußmaßungen über den Zusammenhang angewiesen.

Umfunktionierung von Gelegenheiten

Kann nun im allgemeinen davon ausgegangen werden, daß Angewiesenheit auf ein vorhandenes Angebot vorliegt, das nicht in allen Bereichen den Verhaltensbedürfnissen und -wünschen des Nutzers entspricht, so steht diesem als zweite Reaktionsmöglichkeit auf die Diskrepanz die Verweigerung gegenüber der intendierten Nutzung des Angebots offen.

Der Nutzer eines Raumes oder einer Gelegenheit kann versuchen, seine Verhaltensbedürfnisse gegen die ausgewiesene Nutzung und formale Regelung der Zugänglichkeit und der Verhaltensnormen eines Raumes durchzusetzen und zu erfüllen, indem er die Nutzung, die Personen, mit denen er interagieren möchte und den Verhaltensstil selbstbestimmt oder in Abstimmung mit der eigenen Bezugsgruppe auswählt und definiert. Da er wenig Alternativen hat, seine Verhaltens- und Aktivitätsbedürfnisse dennoch zu aktualisieren, wird er folglich versuchen, sich Räume und Gelegenheiten auf mehr oder weniger "illegale" Weise anzueignen. Ob er dabei die gesamte Einrichtung/Fläche oder Teilbereiche dominiert, indem er sich gewisse Territorien ausgrenzt, innerhalb derer er in Orientierung an eigenen Bedürfnissen die Situation selbst bestimmen und kontrollieren kann, variiert dabei mit den konkreten Bedürfnissen und seiner Durchsetzungsfähigkeit.

Eine derartige Umfunktionierung eines Angebotes kann auf jeder der drei genannten Ebenen vorgenommen werden, deren Differenzierung sich allerdings nur analytisch vollständig durchhalten lassen wird:

a) der Ebene der physischen Beschaffenheit
b) der Zugänglichkeit und
c) der normativen Definition.

Zu a) "Umfunktionierung der physischen Beschaffenheit"

Entspricht eine Gelegenheit in ihrer physisch-materiellen Beschaffenheit nicht den Verhaltensbedürfnissen der Nutzer, so ist innerhalb gewisser Grenzen ihre Umfunktionierung möglich, die sich allerdings meist auf eine Reorganisation der Objekte des Raumes beschränkt, schlimmstenfalls auf deren Destruktion ausweitet. So können beispielsweise Räume, die mit Tischen und Stühlen ausgestattet sind, für Tanzveranstaltungen genutzt werden, indem das Mobiliar entfernt wird, oder Grünflächen in öffentlichen Parks durch Aufstellen eines Fußballtores zum Fußballplatz umfunktioniert werden. Die Möglichkeit der Umfunktionierung der physischen Beschaffenheit durch die Nutzer findet jedoch bald ihre Grenzen in der baulichen Vorgabe der Gelegenheit.

Zu b) "Umfunktionierung der Zugänglichkeit"

Liegen nun Verhaltensbedürfnisse von Personen vor, für deren Befriedigung keine Gelegenheiten mit entsprechenden Nutzungen oder keine in erreichbarer Nähe angeboten werden oder stehen die vorhandenen Gelegenheiten aufgrund formaler Definition der Zugänglichkeit nicht ihrer Nutzung zur Verfügung, so können als Reaktion auf dieses Defizit ein Raum oder eine Gelegenheit "okkupiert" werden.

So können beispielsweise in städtischen Wohngebieten ohne öffentliche und private Grünflächen bestimmte Tätigkeiten, die auf die Auslagerung aus der Wohnung angewiesen sind, "keinen Raum" haben, indem keine Flächen für derartige private oder halböffentliche Nutzungen ausgewiesen sind: hier sei an das Waschen und Reparieren für Autos gedacht, das auf öffentlichen Straßen und Gehwegen im allgemeinen untersagt ist, oder es sei an Jugendliche erinnert, die, im notwendigen Versuch, der elterlichen Kontrolle zu entwachsen, in Ermangelung anderer Räume Straßenecken und ähnliches "in Besitz nehmen". Als typisches Beispiel hierfür kann die Inbesitznahme von Brachen, Trümmergrundstücken und Baustellen durch Kinder und Jugendliche betrachtet werden.

Als Beispiel für ein Defizit an Verhaltensmöglichkeiten aufgrund formaler Zugangsregelung kann der Wunsch nach Fußballspielen genannt werden, dessen Ausführung auf einem möglicherweise hierfür vorhandenen Fußballplatz jedoch an die Mitgliedschaft in einem Verein gebunden ist. Die Benutzung des Platzes ist somit nur den Mitgliedern des Vereins möglich, und die ausgeschlossenen Personen können auf diese Restriktion reagieren, indem sie versuchen, die formale Zugangsregelung zu unterlaufen und den Platz einfach in Gebrauch zu nehmen. In diesem Fall bleibt die Nutzung der Gelegenheit unverändert, während sich die Nutzergruppe erweitert und somit eine Modifikation der Beziehungen zwischen allen Personen, die den Raum in Anspruch nehmen, eintritt.

Zu c) "Umfunktionierung der Verhaltensnormen"

Die dritte Ebene, auf der Umfunktionierungen stattfinden können, ist die der Verhaltensnormen: hierbei können sowohl die intendierte Nutzung einer Gelegenheit als auch die formalen Zugänglichkeitskriterien eingehalten, der Verhaltensstil insgesamt jedoch verändert werden. Als Beispiel hierfür mag eine Konzertveranstaltung in einer hierfür vorgesehenen Konzerthalle dienen, in der einmal ein Konzert für klassische Musik, einmal ein Konzert für Rockmusik mit dem je spezifischen Publikum aufgeführt wird: die Nutzung der Halle ist in beiden Fällen kategorial die gleiche, ebenso ist die Zugänglichkeit in beiden Fällen über die Eintrittskarte geregelt, dennoch besteht ein eklatanter Unterschied in den jeweils auftretenden Verhaltensformen der Nutzer: das Verlassen des Raumes während der Vorführung, Herumsitzen auf dem Boden, Mitbringen von Getränken, Rauchen und private Unterhaltung eines Rockkonzertes möglich und beruhen auf einem Konsensus der Nutzer über die adäquaten und gewünschten Verhaltensweisen. Hierbei ist es müßig, darüber nachzudenken, inwieweit dieser Verhaltensstil nun als generell akzeptierte Verhaltensnorm für Rockkonzerte betrachtet werden kann. Vermutlich entspricht er jedoch nicht der Vorstellung von Verhaltensnormen, die mit einem Konzertbesuch gemeinhin verbunden sind und ist somit Ausdruck der Fähigkeit einer Personengruppe, einen Raum mit ihren Verhaltensweisen zu dominieren.

Als Reaktionen auf einen vordefinierten und reglementierten Raum, der nicht den Verhaltensbedürfnissen der Nutzer entspricht, können folglich verschiedene Formen aktiver Verweigerung ergriffen werden, deren Auswirkungen in unterschiedlicher Weise Funktion und Bestand einer Gelegenheit berühren: sie können sich von der relativ harmlosen Reorganisation des Mobiliars bis hin zu vandalistischen Akten der Zerstörung der materiellen Umwelt, vom Okkupieren von Straßenecken bis hin zu militanten Übergriffen auf Eigentum und Personen erstrecken.

Die "Territorialisierung" oder Abgrenzung von Verhaltensräumen als individuelle oder kollektive Reaktion kann auf jeden Fall als Signal des Bedürfnisses nach Einflußnahme auf eine nicht den Nutzern adäquate Umwelt gewertet werden, deren Heftigkeit sich entsprechend dem Grad des Defizits und der Fremdbestimmung bemessen wird.

Die vorgenommene Unterscheidung in drei analytischen Ebenen ist in der Realität konkreter Handlungssituationen nicht immer auffindbar, da die Umfunktionierung der Nutzung des Raumes notwendig wenigstens die Veränderung von Verhaltensnormen nach sich zieht, das Dominieren des Raumes durch eine spezifische Nutzergruppe stets die gesamte Interaktionsstruktur einer Situation beeinflußt. Folglich hat aufgrund der Verschränkung physischer und sozialer Komponenten, durch die Umwelteinheiten gekennzeichnet sind, jede Veränderung einer der drei Dimensionen Konsequenzen für alle anderen und wirkt auf die Gesamtheit der Gelegenheit zurück. Dennoch erscheint die Differenzierung der Ebenen sinnvoll, da je nach dem Bereich, von dem die Umfunktionierung ihren Ausgang genommen hat, tendenziell das primäre Defizit zu lokalisieren ist und der Planung Rückschlüsse auf die Ursache der Diskrepanz von Verhaltensbedürfnis und Verhaltensangebot ermöglicht.

Konflikte als Folge von Umfunktionierungen

Die hier beschriebene "illegale" Aneignung von Räumen und Gelegenheiten, in denen Personengruppen in der Rolle der Nutzer ihre Verhaltensbedürfnisse verwirklichen, kann nun zu Konflikten zwischen verschiedenen Nutzern einerseits und zwischen Nutzern und Eigentümern andererseits führen, da jede Form der Aneignung von Räumen durch eine Person oder Gruppe die "Enteignung" (vgl. CHOMBART DE LAUWE, 1977) einer anderen bedeutet.

In der Konkurrenz verschiedener Nutzergruppen um die Aneignung prinzipiell knapper Räume muß diese "Enteignung" jedoch nicht notwendigerweise der Fall sein und zu entsprechenden Konflikten führen. Denkbar ist hier auch ein kompatibles Nebeneinander oder zeitliches Nacheinander verschiedener Gruppen, und es ist daher zunächst im einzelnen zu prüfen, inwieweit hier wirklich "Enteignungen" anderer Personen vorliegen.

Als "Enteignungen" können und werden aber sicherlich alle "illegalen" Aneignungen und Umfunktionierungen durch die nur Nutzungsberechtigten auf seiten derer interpretiert, die über formale Rechtstitel hinsichtlich der Gelegenheit verfügen. Dies ist im Falle des Privateigentums der Eigentümer selbst, im Falle öffentlicher Einrichtungen die Institution oder ihre Vertreter, die Anbieter oder Träger der Einrichtung sind. In ihren Händen liegt die Möglichkeit, auf solche Umfunktionierungen zu reagieren und sie mit rechtlichen Instrumenten zu sanktionieren; die Benutzer ziehen im Konfliktfalle dabei den Kürzeren.

Führt also ein bedürfnisinadäquates Angebot an Gelegenheiten die von diesem Defizit betroffenen Personengruppen zur "illegalen" Aneignung, so müssen sie stets gewärtig sein, durch die rechtlichen Maßnahmen der Besitzer ihrerseits nun wieder "enteignet" zu werden. Die rechtlich gegebenen Sanktionsmöglichkeiten einerseits, aber auch die Sanktionsbereitschaft der zuständigen Personen oder Institutionen bilden somit den Rahmen, innerhalb dessen sich Aneignung durch Nutzer und Enteignungen von Nutzern nur vollziehen können.

Die Aneignung und Umfunktionierung von Räumen und Gelegenheiten durch die Nutzer, und damit die Erhaltung ihrer "sozialen Freiräume" ist gemäß den rechtlichen Bestimmungen derzeit nur auf der Basis des Sanktionsverzichtes und der Duldung seitens der über den Raum legal verfügenden Personen abhängig. Die Bereitschaft zur Duldung wird im Einzelfalle von verschiedenen Faktoren abhängen: von der Art des Raumes, der Art seiner Umfunktionierung und dem damit verbundenen Grad an Enteignung einer anderen Personengruppe und, nicht zuletzt, von der Einschätzung und dem Prestige der Personengruppe selbst, die ihnangeeignet hat.

Während in öffentlichen Räumen häufig erst in Reaktion auf eine "Beschwerde aus der Bevölkerung" hin saktionierend eingegriffen wird, ist im Falle privater Räume bereits mit vehementen Sanktionen allein auf das Betreten des Territoriums - also auf den Verstoß gegen die Zugänglichkeitsregelung - zu rechnen, das auf der gesetzlichen Grundlage des Hausfriedensbruches verfolgt werden kann. Die Spielräume für Aneignung und Umfunktionierung und somit das Ausmaß der Enteignung anderer Nutzer sind in verschiedenen Räumen entsprechend der Sanktionsbereitschaft oder dem Sanktionsverzicht äußerst unterschiedlich bemessen, immer jedoch von der sanktionsberechtigten Instanz abhängig.

> "Derjenige, der Rechtstitel auf den Boden besitzt, der Eigentümer von Gebäuden oder sonstigen Immobilien kann mit ihnen umgehen, wie es ihm beliebt, und er wird sich als Herrscher über den ihn umgebenden Raum fühlen. Im Gegensatz dazu wird derjenige, der einen Raum aus fremdem Eigentum nutzt, sich unter Zwänge gesetzt sehen und ein Gefühl der Entfremdung empfinden. In einem gewissen Sinne ist er ein Fremder im eigenen Haus. Der gebaute Raum ist in diesem Fall der Ort sozialer Konflikte, ein Ort der Herrschaftsausübung und der rivalisierenden Ansprüche, die sich bis in alle Einzelheiten des alltäglichen Lebens hinein spürbar machen" (CHOMBART DE LAUWE, 1977, S. 3).

Die sozialen Konflikte, die von Chambart de Lauwe angesprochen werden, und die die Interessensgegensätze von "Verfügern" und Nutzern, von legalen und "illegalen" Aneignern zur Grundlage haben, sind hinlänglich bekannt: Kämpfe, die Bürgerinitiativen und andere Gruppen um die Erhaltung billigen Wohnraumes, "freier" Jugendhäuser, gegen die Kommerzialisierung der Freizeit in sog. Freizeitparks u.ä. Probleme führen.

Aus der Analyse der Möglichkeiten und Restriktionen der Aneignung der Umwelt läßt sich zusammenfassen, daß die Möglichkeiten der Aneignung für die Personen am größten sind, die auf der Basis rechtlicher Absicherung, das bedeutet auf der Basis von Eigentum und legaler Verfügungsgewalt über den Raum bestimmen können: unter dieser Bedingung sind die für die Beziehung des Individuums zu seiner Umwelt relevanten drei Dimensionen am weitestgehenden selbstbestimmt zu gestalten. Unter der Bedingung der Trennung von Eigentum und Nutzung bleiben die Aneignungsmöglichkeiten der Nutzer auf das Ausgrenzen partieller Bereiche beschränkt und auf den Sanktionsverzicht der legalen Eigentümer bzw. Verfüger angewiesen.

8. Wohnungsumfeldverbesserung – wie?

Jeder im Zusammenhang mit Planungsfragen Schreibende kommt irgendwann – nämlich hic et nunc – an den Punkt, an dem, wie er weiß, der Leser handlungsrelevante Aussagen im Stile des "Man nehme ..." erwartet und mit bekanntlich eben solcher Hartnäckigkeit weigern sich besonders Sozialwissenschaftler eben diese Rezepte anzubieten.

Kein Rezept, folglich auch kein Wohnungsumfeldverbesserungskuchen? Angeboten werden können hier doch zumindest einige Zutaten – um im Bild zu bleiben –, die sich als Folgerungen aus den sozialen Bedingungen der Benutzung von Gelegenheiten im Wohnungsumfeld ergeben und noch einmal kurz zusammengefaßt werden sollen. Sie beziehen sich im wesentlichen auf Analysen, die solchen Maßnahmen vorangestellt werden sollten. Backen müssen die Planer selbst!

1. Zuerst sollen Folgerungen für die Bereiche dargestellt werden, auf die der Planer mit den Mitteln physischer Planung direkt reagieren kann.

- Die Frage nach dem Nutzungswert oder Gebrauchswert von Einrichtungen im Wohnungsumfeld muß bei den Aktivitäts- und Verhaltensbedürfnissen der betroffenen Bevölkerungsgruppe ansetzen, wobei hier die gebietsansässige Bevölkerung innerstädtischer Modernisierungsgebiete zugrundegelegt wurde, die sich in verschiedenen räumlichen und sozialen Bereichen als unterprivilegiert erweist.

- Zur Bestimmung der Aktivitätsbedürfnisse außerhalb der Wohnung wurden daher verschiedene Freizeituntersuchungen herangezogen. Die Analyse der bisher vorhandenen empirischen Daten über freiraumspezifische Aktivitätsbedürfnisse unterschiedlicher Alters- und Sozialgruppen wies diese als relativ unbrauchbar im Hinblick auf konkrete Zuordnungen von Aktivitäten zu verschiedenen Personengruppen und zu unterschiedlichen Räumen, sowohl was deren Lokalisation als auch was ihre Gestaltung und Ausstattung betrifft, aus.

  Außerdem wurde festgestellt, daß bei solchen meist relativ hochaggregierten Bedürfnisanalysen im allgemeinen grobe und stereotype Kategorien angelegt werden, die weder "beiläufige" noch differenzierte subkulturelle Aktivitätsbedürfnisse erfassen können.

- In der im Zusammenhang mit Verbesserungsmaßnahmen im Wohnungsumfeld bedeutsamen Diskussion um die verschiedenen anzubietenden Raumkategorien wurde darauf verwiesen, daß physische Räume auch immer zugleich soziale Räume sind, die gesellschaftlichen Normierungen hinsichtlich des erwarteten Verhaltens ihrer Benutzer unterliegen.

  Das bedeutet, daß unterschiedlichen Raumkategorien – hier liegt die Klassifikation in private, halböffentliche und öffentliche nahe – nicht beliebige Aktivitätsangebote zugeordnet werden können, sondern nur solche, die in Übereinstimmung mit gesellschaftlichen Situationsdefinitionen stehen. Hinsichtlich der Quantität und Qualität folgt daraus die Forderung nach dem differenzierten Angebot unterschiedlicher Raumkategorien, deren spezifische Qualitäten sich nur sehr bedingt – wenn überhaupt – substituieren lassen.

  Doch lassen sich auch in diesem Bereich keine allgemeingültigen Aussagen über die "richtige" Quantität und Mischung von privaten und öffentlichen Räumen machen, da alters- und vor allem schichtspezifische Unterschiede in raumbezogenen Verhaltensnormen und daher auch in der Raumnutzung bestehen. Gerade für den vieldiskutierten Bereich der "halböffentlichen" oder gemeinschaftlich zu nutzenden Räume ist sehr genau darauf zu achten, inwieweit in der jeweils infrage stehenden Sozialgruppe wirklich die sozialen Voraussetzungen zur gemeinschaftlichen Nutzung existieren.

Auch die Frage nach der Kompensationsfähigkeit verschiedener Raumkategorien läßt sich nur am konkreten Fall analysieren und beantworten.

- Als weitere, die Benutzungsmöglichkeiten des Wohnungsumfeldes beeinflussende Faktoren wurden die individuelle räumliche und zeitliche Organisation von Aktivitäten angeführt. In diesem Zusammenhang ist davon auszugehen, daß vehemente Zeit- und damit auch Aktionsraumrestriktionen als Folge gesellschaftlicher Stellung und den damit verbundenen Pflichten vorliegen, die den individuellen Handlungsspielraum eingrenzen und die nicht beliebig zu modifizieren sind. Ausgangspunkt der Betrachtung sollte bei dieser Frage daher nicht die Einrichtung selbst und ihr jeweils - hypothetischer - Einzugsbereich bilden. Es erscheint vielmehr notwendig, bei den Individuen oder Gruppen selbst und deren eigenen Rationalitätskriterien hinsichtlich der raum-zeitlichen Organisation von Aktivitäten anzusetzen.

Denn erst aus der Kenntnis der individuellen - durchaus zu Aktionstypen generalisierten - Ablauf- und Organisationsprozessen und Restriktionen lassen sich differenzierte Prognosen über die Nachfrage und Nutzungsfrequenz von Einrichtungen, Entscheidungen über mögliche Multifunktionalität von Räumen zu verschiedenen Tages- und Wochenzeiten und die gebrauchsorientierte Lokalisation verschiedener Angebote ableiten.

Zusammenfassend läßt sich festhalten, daß Aussagen und Planungsgrundlagen zu diesen angesprochenen Bereichen nur durch eine differenzierte Analyse unter Verwendung "weicherer" Erhebungsmethoden als dies der Rundumschlag schematisierter Befragungen ermöglicht, zu erlangen sind. Dabei ist das Interesse darauf zu richten, daß nicht Aussagen über die Benutzer, sondern d e r Benutzer erhoben werden.

2. In den nun folgenden Ausführungen sollen die Forderungen zusammengefaßt werden, die sich aus dem Aspekt des Raumes als Ort sozialen Handelns und aus dem Bedürfnis der Benutzer nach Umweltaneignung ergeben.

Dieser Bereich unterliegt nur bedingt dem Zugriff physischer Planung, sondern zielt primär auf den sozialen und institutionellen Aspekt planerischer Maßnahmen.

- Bei der Analyse der verhaltensrelevanten Variablen in der Benutzung von Gelegenheiten konnte festgestellt werden, daß die materielle Funktionalität einer Einrichtung ein notwendiger, aber nicht ausreichender Faktor ihres Gebrauchswertes für die Benutzer darstellt: der Mensch lebt nicht von Brot allein ...

- Gelegenheiten als Orte sozialen Handelns ist immer die Dimension der Beziehung zur sozialen Mitwelt inhärent, die nicht ohne Einfluß auf die Befindlichkeit der sie benutzenden Personen bleiben kann. Diese Dimension psycho-sozialer Bedürfnisse der der Wunsch des Individuums aktiv und gestaltend auf seine Umwelt einzuwirken, wurden in dem Wunsch nach Aneignung zusammengefaßt.

Aneignung richtet sich dabei immer auf mehrere Dimensionen von Umwelt, auf den Raum selbst und seine physische Beschaffenheit, auf die in ihm mögliche und gewünschte Beziehung zu anderen Personen und auf seine normative Struktur. Die Aneignung dieser verschiedenen verhaltensrelevanten Dimensionen trägt zur Bildung und Aufrechterhaltung persönlicher wie sozialer Identität bei und bildet die Grundlage für Verhaltenssicherheit und Identifikation mit der räumlichen und sozialen Umwelt. Die Möglichkeit oder Unmöglichkeit der Befriedigung dieser physischen, psychischen und sozialen Bedürfnisse zusammen begründet schließlich zu wesentlichen Teilen die Motivation zur Benutzung oder Nichtbenutzung, die Annahme oder Umfunktionalisierung der vorhandenen Umwelt, des vorhandenen Angebotes an Gelegenheiten.

- Diesen Verhaltenswünschen entgegen steht die Tatsache, daß die existente Umwelt bereits in Form von "sozialgeographischen" Räumen organisiert ist und in ihrer solchermaßen vorgegebenen Beschaffenheit als Restriktion für individuell motiviertes Verhalten wirksam werden kann: der unter bestimmten gesellschaftlichen Zielvorstellungen organisierten Umwelt, die sich in der Zuweisung von Räumen und Gelegenheiten, deren "funktionaler" Gestaltung, und der Zuordnung von Verhaltenserwartungen manifestiert, ist individuelles Verhalten, ungeachtet der ihm zugrundeliegenden Bedürfnisse und Verhaltensmotivationen, unterzuordnen.

Betrachtet man nun die sich mit zunehmender "Verplanung" der räumlichen Umwelt vollziehende Reduktion von "Freiräumen" zugunsten der Einrichtung von in physischer Beschaffenheit und normativer Verhaltensanforderungen definierten und in unserem Sinne fremdbestimmten Umwelteinheiten einerseits, den individuellen Wunsch nach Aneignung der physischen und sozialen Umwelt in Form der Selbstbestimmung von Gestaltung und Verhalten andererseits, so resultiert daraus die Absage an eine Forschung, die ausschließlich auf Planung für Verhalten abzielt. Resultiert auch eine Modifikation der Bedürfnisforschung bekannten Stils, auf deren Basis Planer oder Gestalter die potentiellen Nutzer mit einer an generalisierten Bedürfnissen ausgerichteten "perfekten" Umwelt beglücken. Aneignung meint nämlich gerade die aktive und fortlaufende Einflußnahme des Individuums auf seine umgebende und für es bedeutungsvolle Umwelt, die als Prozeß zu konzipieren ist und nicht durch Konsumtion eines fertigen Produkts vollzogen werden kann. Das Interesse einer nutzerorientierten Planung, die sich an realen Gebrauchswertverbesserungen der physischen Umwelt orientiert, muß sich daher auf den Prozeß der individuellen Aneignung von Umwelt richten, auf seine Möglichkeiten und Restriktionen, mit dem Ziel, die Spielräume für selbstbestimmtes Handeln und die Chancen der Aneignung zu erweitern.

- Das bedeutet einmal, daß eine kontinuierliche Veränderung und Anpassung der Umwelt an sich wandelnde individuelle Verhaltensbedürfnisse durch den Nutzer selbst möglich sein muß, die aber durch eine Beteiligung am Planungsprozeß spätestens nach Fertigstellung des Objektes nicht mehr gewährleistet ist. Zum anderen gilt der Wunsch nach Gestaltung und Einflußnahme auf die Umwelt nicht allein deren physischer Dimension: die mögliche Einflußnahme auf die Gestaltung des materiellen "Gehäuses" deckt daher nur einen - und wie gezeigt werden sollte, nicht den bedeutsamsten - Bereich von Aneignungsinteressen ab; die soziale Dimension von Aneignung bleibt hierbei unberücksichtigt.

Angesichts der Konkretheitsebene, auf der sich die Aneignung der räumlich-sozialen Umwelt in praxis vollzieht, erscheint es sinnvoll, nach Möglichkeiten der Erweiterung von Handlungs- und Verhaltensspielräumen auf einer Ebene zu suchen, die mit der formalen Beteiligung an Planungsprozessen nicht abgedeckt werden kann.

- Geht man nun ferner davon aus, daß nicht alle Verhaltensbedürfnisse in privaten Räumen umgesetzt werden können - dies gilt besonders für finanziell schwache Sozialgruppen -, so kann die Angewiesenheit auf nicht private Räume und Einrichtungen vorausgesetzt werden. Dieser Tatsache folgend, ist daher das Interesse der Frage nach den Aneignungsmöglichkeiten und Restriktionen auf den Bereich der Infrastruktureinrichtungen im weiten Sinne zu konzentrieren.

Gerade aber der Bereich infrastruktureller Einrichtungen ist bisher hinsichtlich der Möglichkeiten selbstbestimmten Handelns, der Einflußnahme der Nutzer auf Inhalte und Gestaltung am wenigsten erforscht, was nicht zuletzt darauf zurückzuführen ist, daß die Übernahme der Führung solcher Einrichtungen durch die Benutzer nur vereinzelt praktiziert wird.

Zusammenfassend läßt sich daher feststellen, daß die Entwicklung von Konzeptionen zur Ausweitung der Aneignungschancen der Nutzer von Infrastruktureinrichtungen und öffentlichen Räumen auf der Ebene der Instanz anzusetzen hätte, die die formale Verfügungsgewalt über eine konkrete Einrichtung ausübt.

Das beinhaltet die Aushandlung von Regelungen zwischen der zuständigen Instanz und den Nutzern hinsichtlich der Erweiterung von Handlungsspielräumen in allen verhaltensrelevanten Dimensionen: Erweiterung von Möglichkeiten auf die Einflußnahme und Gestaltung der physischen Beschaffenheit der Gelegenheiten oder Räume, und die Ausweisung von Aktivitäten, Einflußnahme auf die Definition der Zugänglichkeit bestimmter Räume und damit auf die Zusammensetzung der dort verkehrenden Bevölkerung, und schließlich die Einflußnahme auf die Formulierung von Haus- und Nutzungsordnungen, d.h. auf die Definition der formalen Nutzungsrechte.

Die aus den Interessengegensätzen von Besitzern und Nutzern resultierenden Konflikte, die bisher im allgemeinen zugunsten der Eigentümer geregelt werden, führen zu der Forderung nach einer auch rechtlich fixierten Absicherung der Rechte und Interessen der Nutzer.

Wird hier nun zunächst für die Konzipierung von Möglichkeiten auf einer verhälnismäßig konkreten Ebene plädiert, so kann dies sicherlich nicht der letzte Schritt auf dem Wege der Veränderung zumindest der formalen Nutzungsrechte in verschiedenen Bereichen sein, auf dem Wege der Reduktion von Aneignungsrestriktionen.

Der erste Schritt aber, der seitens der Planung zur Berücksichtigung der Aneignungsbedürfnisse von Nutzern gemacht werden kann, besteht in der Respektierung bereits angeeigneter Räume durch den Verzicht auf deren neuerliche Verplanung im Zuge welcher Verbesserungen auch immer, in der Erhaltung der sozialen Freiräume, die sich verschiedene Gruppen in Orientierung an ihren "wirklichen" Bedürfnissen geschaffen haben.

Literaturverzeichnis

BAHRDT, H.P. (1974): Umwelterfahrung, München

BARKER, R. (1968): Ecological Psychology. Concept and Methods for Studying the Environment of Human Behavior, Stanford

BUTLER, von, J. (1977): Freizeitverhalten außer Haus. Schriftenreihe des Bundesministers für Raumordnung, Bauwesen und Städtebau, Nr. 03 053, Bad Godesberg

CHOMBART de LAUWE, P.H.: Aneignung, Eigentum, Enteignung, in: Arch+, H. 34

ECO, U. (1971): Funktion und Zeichen. Semiologie der Architektur, in: Carlini, A.; Schneider, B. (Hg.): Konzept 1 Architektur als Zeichensystem, Tübingen

FESTER, M./KRAFT, S./WEGENER, U. (1978): Raum für soziales Leben. Unveröffentlichtes Manuskript, Aachen

GARBRECHT, D./MATTES, U. (1975): Freiraumplanung. Dortmund: Institut für Landes- und Stadtentwicklungsforschung

GRAUMANN, C.F. (1976): The Concept of Approriation (Aneignung) and the Concept of Appropriation of Space, in: Korosec-Serfaty (ed), Strabourg

HÄGERSTRAND, T. (1970): What about People in Regional Science? in: Papers and Proceedings of the Regional Science, 29

HEIDEMANN/STAPF (1969): Die Hausfrau in ihrer städtischen Umwelt, Braunschweig 1969

KOROSEC-SERFATY, P. (1976): Appropriation of Space. Proceedings of the Strasbourg Conference, Strasbourg

KRUSE, L. (1975): Räumliche Umwelt. Die Phänomenologie des räumlichen Verhaltens als Beitrag zu einer psychologischen Umwelttheorie, Berlin/New York

KUTTER, E. (1973): Aktionsbereiche des Stadtbewohners, in: Archiv für Kommunalwissenschaften, 12

LENZ-ROMEISS u.a. (1977): Freizeit in unseren Wohnquartieren. Schriftenreihe des Bundesministers für Raumordnung, Bauwesen und Städtebau, Nr. 03 049, Bad Godesberg

OBERMAIER, D. (1978): Territorialitätskonzept und Behavior-Setting Ansatz als Beitrag zur Bestimmung von Möglichkeiten und Restriktionen der Raumaneignung. Dissertation; Veröffentlichung: Aug. 1979, Dortmunder Beiträge zur Raumplanung.

OBERMAIER, D. (1976): Informations- und Steuerungsinstrumente zur Gestaltung öffentlicher Plätze unter besonderer Berücksichtigung des Kommunikationsverhaltens. in: PFAFF, E./GEHRMANN (Hg.): Informations- und Steuerungsinstrumente zur Schaffung einer höheren Lebensqualität in den Städten. Göttingen

PALOTAS, Z. (1970): Die Tagbevölkerung der Siedlungen. in: Raumforschung und Raumordnung, Heft 4

Peter Zlonicky
Zu einigen Praxisproblemen der Wohnungsumfeldverbesserung

"Praxis" ist in diesem Bericht die Arbeit eines Stadtplaners im Auftrag einer Gemeinde (etwa im Rahmen vorbereitender Untersuchungen nach Städtebauförderungsgesetz) als verlängerter Arm der Verwaltung. "Wohnumfeld" soll die Gesamtheit der Wohnvoraussetzungen bezeichnen, die innerhalb eines Quartiers oder innerhalb eines Stadtteils bereitzustellen sind: z.B. nutzbare Freiflächen, Grün und kommunikationsfreundliche Straßen, gut erreichbare Nahverkehrsmittel, möglichst geringe Umwelteinflüsse wie Lärm, Abgase, Erschütterungen: Gemeinschaftseinrichtungen in der näheren (höchstens 5 Minuten) und allgemeine soziale Infrastruktur in der weiteren Wohnumgebung (höchstens in einer viertel Stunde zu erreichen. Zeit- und Entfernungsangaben sind hierbei weniger quantitativ als qualitativ zu verstehen; ich könnte auch sagen: Gemeinschaftseinrichtungen und Tante Emma will ich im Bademantel aufsuchen, die Bürgerberatung ohne Lockenwickel, aber mit Pantoffeln).

Arbeitsplätze werden aus dieser Definition ausgenommen: sie können und sollen im weiteren Wohnumfeld möglichst zahlreich vorhanden sein, den Bewohnern eines Quartiers stehen sie jedoch in der Regel nur zu einem geringen Teil zur Verfügung.

Strategien

In der Regel wird die "Verbesserung" (ich finde noch keinen besseren Ausdruck für diese lehrerhafte Vokabel) des Wohnumfeldes der Modernisierung nachgeschoben. Eine Wohnungsbaugesellschaft bringt ihre Wohnungen auf den Stand dauerhafter Vermietbarkeit, später folgt die Verpackung der modernisierten Gebäude mit Bänken und Bäumen, Spiel- und Stellplätzen, als Zutat wird ein Tischtennisraum oder ein Altentreff versprochen: völlig korrekt im Sinne der von Planern bedenkenlos verwendeten Vokabel "Wohnfolgeeinrichtungen." Seltener wird die Wohnumfeldverbesserung flankierend zu einer gebäude- und/oder wohnungsbezogenen Modernisierung eingesetzt: dieses Maßnahmenbündel dient in der Regel dem Ziel einer nachhaltigen Aufwertung eines Wohngebietes, es soll die Abwanderung von Bewohnern eindämmen oder gar - eine bisher kaum eingelöste Erwartung - eine Rückwanderung von Stadtrandbewohnern einleiten. Außer der nachfolgenden oder der flankierenden wird gelegentlich eine Strategie initiierender Wohnumfeldverbesserung betrieben: städtebauliche Maßnahmen sind hier Vorleistungen der Gemeinden für möglichst umfassende, gebäudebezogene Maßnahmen privater Investoren. Sie sollen Planungs- und Realisierungssicherheit vermitteln, das Engagement der Stadt zeigen, Bürgerinitiativen befriedigen, Geschäftsleute beruhigen, Zeit gewinnen, kurz: mit geringen Mitteln möglichst umfangreiche Nebeneffekte anregen.

Im Rahmen dieses Beitrags soll Wohnumfeldverbesserung als kompensatorische Maßnahme diskutiert werden: eine Strategie, die bisher nicht deutlich herausgearbeitet wurde. Sie setzt da an, wo wohnungs- und gebäudebezogene Maßnahmen mit Rücksicht auf geringe Mitwirkungsfähigkeit von Mietern und kleinen Eigentümern auf ein Minimum beschränkt bleiben, dennoch Verbesserungen der Wohnsituation ohne Auswirkungen auf Mieten und Belastungen (zumindest ohne unmittelbare Auswirkungen ...) erreicht werden sollen.

Fallbeispiel Altstadt X., Teil 1

In der Altstadt X., einem eingemeindeten Stadtteil einer Großstadt in NW, wohnen überwiegend einkommensschwache Schichten (20 % der Bewohner sind Rentner, knapp 30 % der Bewohner Ausländer, ein großer Anteil der Haushalte sind unvollständige Familien, ein relativ hoher Anteil der Bewohner lebt unterhalb des Existenzminimums) in schlecht erhaltenen Gebäuden und schlecht ausgestatteten Wohnungen. Die überwiegend "kleinen" Eigentümer wohnen in der Regel in ihren Gebäuden, sie sind kaum in der Lage, umfangreiche Instandsetzungsarbeiten zu leisten. Wegen zahlreicher städtebaulicher Probleme - emittierende Betriebe, Verkehr, Versorgungsdefizite, Mängel der an sich erhaltenswerten Bausubstanz - wird seit Jahren eine Sanierung angestrebt, vorbereitende Untersuchungen werden 1975 abgeschlossen. Wegen des umfangreichen Instandsetzungs- und Modernisierungsbedarfs und wegen denkmalpflegerischer Auflagen sind Aufwendungen zu erwarten, die von den derzeitigen Bewohnern kaum getragen werden können. Der Aufwand für wohnungs- und gebäudebezogene Maßnahmen soll deshalb reduziert und auf längere Zeiträume verteilt werden: damit werden Belastungen für die Bewohner und die Gefahr von Vertreibungseffekten gemindert. Die Modernisierung von Wohnungen einkommensschwacher Familien und alter Bürger soll gegebenenfalls zurückgestellt werden. Diese Strategie ist üblich und unvertretbar: wer arm ist, soll weiterhin in schlechten Wohnverhältnissen leben, einkommensstärkere Gruppen können die Segnungen öffentlicher Förderungen und Steuererleichterungen genießen, die Schere zwischen Altstadt und Stadtrand, zwischen den Nord- und den Südstädten, wird noch weiter geöffnet.

In X. soll die Wohnumfeldverbesserung die an sich notwendigen gebäude- und wohnbezogenen Maßnahmen substituieren, damit die Altstadt Wohnort für die derzeitigen Bewohner bleiben kann, damit ihre Wohnbedingungen ohne unvertretbare Belastungen verbessert werden können:

1. Ein 1968 rechtskräftig gewordener Bebauungsplan, der die Altstadt zum Kerngebiet mit einer neu ausgebauten Ringstraße bestimmt, wird schrittweise aufgehoben und durch neue B-Pläne ersetzt, die differenziert auf altstadttypische Nutzungen eingehen, das Wohnen sichern und das verwinkelte Straßennetz als Erschließungssystem interpretieren, das auf den Einbau künstlicher Behinderungen zur Verkehrsberuhigung verzichten kann.

2. Das Freiflächendefizit in der Altstadt kann durch eine bessere Zugänglichkeit der außerhalb der Altstadt liegenden Gärten und Parks ausgeglichen werden: statt der trennenden Ringstraße werden kurze, sichere Wege zum Altstadtrandbereich ausgewiesen.

3. Die Verkehrsberuhigung in der Altstadt hat eine Doppelfunktion: sie soll den Verkehrslärm reduzieren und damit den an sich notwendigen Einbau von Schallschutzfenstern (der sich belastend/mietsteigernd auswirken würde) ersetzen; sie kann kommunikationsfreundliche Freiflächen im Straßenraum anbieten, die sonst nur mit hohem Aufwand im Blockinnenbereich freigeräumt werden könnten.

4. Die Wohnungen sind klein, besonders bei Ausländerfamilien überbelegt. Einen Ausgleich können Gemeinschaftseinrichtungen (z.B. Ausländerhaus, Mopedwerkstatt, Jugendzentrum) bieten, die besonders gut in den leerstehenden Fabriken untergebracht werden können. Auch damit wird ein Doppeleffekt erreicht: einesteils werden die begrenzten Wohnverhältnisse über Gemeinschaftsräume erweitert, andererseits bleibt das räumliche Erscheinungsbild der Fabrik als Zeugnis frühindustrieller Entwicklung erhalten.

5. Für die soziale Infrastruktur gilt hier eher das Ziel der Erhaltung von Einrichtungen, die in ihren Ergänzungsfunktionen für die spezifischen Bewohnerbedürfnisse wichtig sind, als eine Neuausstattung mit solchen Einrichtungen, die den üblichen Planungsstandards entsprechen. Ein Beispiel: Das alte Hallenbad erfüllt eine Ersatzfunktion für die fehlenden sanitären Einrichtungen in den Wohnungen (über 60 % verfügen nicht über ein eigenes Bad) und überdies eine soziale Funktion als Treffpunkt (Ergebnis der Befragungen). Die Schließung des Hallenbades hätte den Zwang kurzfristiger Modernisierung der meisten Wohnungen (Einbau von Bädern) zur Folge, eine Erhaltung des Hallenbades kann sowohl die mangelnde Ausstattung der Wohnungen als auch die geringen Wohnflächen substituieren.

6. Mit der Wohnumfeldverbesserung soll eine Modernisierung in kleinen Schritten eingeleitet werden. Dafür bieten sich in einer ersten Stufe leerstehende Häuser im Besitz der Stadt an, hier können Erfahrungen auch mit einfachen Standards gesammelt und an private Eigentümer vermittelt werden.

Diese Strategie wurde mit Verwaltung und politischen Gremien diskutiert, der Rat der Stadt hat 1977 die Satzung zur Sanierung der Altstadt beschlossen.

Finanzierung

Programme zur Förderung der Wohnumfeldverbesserung sind (mit Ausnahme des baden-württembergischen 14-Städte-Programms) noch nicht vorhanden. Zunächst bietet sich das Modernisierungs- und Energieeinsparungsgesetz an, die Beschränkung der verfügbaren Mittel auf das "Trostpflaster" im Wohnungsumfeld ist bekannt. Im Rahmen der Altstadtsanierung erscheint auch das Städtebauförderungsgesetz durchaus geeignetes Mittel zur Realisierung einer kompensatorischen Planungsstrategie. Zunächst wird der gesamte Altstadtbereich als Sanierungsgebiet festgesetzt. Im Rahmen der weiterführenden Untersuchungen wird für die problematischen Blöcke festgestellt, ob "die den Festsetzungen des Bebauungsplanes entsprechende Bebauung oder sonstige Nutzung oder die Modernisierung auch ohne Gefährdung des Sanierungszwecks zu einem späteren Zeitpunkt erfolgen kann" oder daß die Sanierung undurchführbar ist, "insbesondere, weil die notwendigen Finanzierungsmittel nicht beschafft werden können oder die Sanierungsabsicht aus anderen Gründen aufgegeben wird" (vgl. § 50/51 StBauFG) und deshalb ein vorzeitiges Entlassen aus dem Verfahren zu rechtfertigen ist. Im Verfahren bleiben Blöcke mit städtebaulichen Problemen (z.B. auszulagernde Fabriken) und das gesamte Geflecht des Wohnungsumfeldes. In die vorzeitig aus dem Verfahren entlassenen Blöcke werden schwerpunktartig Mittel des Modernisierungs- und Energieeinsparungsgesetzes sowie zur "Verschönerung der Stadtplandschaft" (ein spezifisch nordrhein-westfälischer Beitrag) oder der Denkmalpflege gelenkt, soweit für diese Förderung von seiten der Bewohner Bedarf angemeldet wird. Diese Förderungsstrategie wird für die Altstadt X. vom Regierungspräsidenten gestützt.

Im übrigen können wohnumfeldverbessernde Maßnahmen aus den vorhandenen Haushaltsansätzen finanziert werden: das Tiefbauamt verfügt über Mittel zum Straßenausbau, die auch für verkehrsberuhigende Maßnahmen - etwa nach einer Sanierung des Kanalnetzes - eingesetzt werden können, das Gartenbauamt kann Bäume auch in Altstadtstraßen statt in bereits attraktiv ausgestattete Parks setzen, ohne die Ansätze des vorhandenen Haushaltes zu überschreiten.

Fallbeispiel Altstadt X., Teil 2

1978 laufen weiterführende Untersuchungen an, was ist seit Abschluß der vorbereitenden Phase geschehen?

1. Nach wie vor gilt der überholte Bebauungsplan mit seinen der neuen Planungsstrategie widersprechenden Festsetzungen. Er wird gestützt durch ein von einem externen Institut im Auftrag eines nicht mit der Sanierung beschäftigten Ressorts der Verwaltung erarbeiteten Standortprogramms, das bisher fehlende Stadtteilentwicklungsplanung ersetzt: hier wird nach wie vor die Altstadt als Kerngebiet ausgewiesen.

2. Einige der altstadtnahen parkartigen Gärten werden per Ratsbeschluß für eine weitere Bebauung mit mehrgeschossigen Eigentumswohnungen freigegeben: Grünflächen als unverzichtbarer Bestandteil der dicht bebauten Altstadt werden zerstört, soll der Betonkragen rings um die Altstadt schrittweise geschlossen werden?

3. Verkehrsberuhigungsmaßnahmen sollen exemplarisch an einem Teilstück der Altstadt getestet werden. Offensichtlich bietet sich eine Geschäftsstraße mehr als ein Wohnviertel an: die mögliche Aufwertung zu einer Fußgängerzone (mit allen nachteiligen Auswirkungen wie Hinterhofbildung etc.) ist zu befürchten, wenn nicht gleichzeitig der Verkehr in den Wohngebieten eingedämmt wird.

4. Für die leerstehenden Fabriken werden Architekten-Wettbewerbe ohne Programmvorgaben ausgeschrieben: angestrebt werden Wohnungen und störungsfreie Gewerbebetriebe, nicht unbedingt soziale Gemeinschaftseinrichtungen.

5. Die Stadt hat fünf Kilometer von der Altstadt entfernt ein neues Sport- und Schwimmzentrum gebaut, das alte Hallenbad soll geschlossen werden. Für seine Erhaltung hat sich eine Bürgerinitiative engagiert, sie wird mit mehreren tausend Unterschriften der Bewohner unterstützt. Trotzdem wird das Hallenbad geschlossen. Der Planer diskutiert mit Vertretern der Parteien,

    Stellungnahme der FDP-Fraktion:
    Das Gebäude des Hallenbades soll als Baudenkmal erhalten werden, für eine Erhaltung seiner Funktion gibt es jedoch keine wirtschaftliche Grundlage.

    Stellungnahme der CDU-Fraktion:
    Die Funktion des Hallenbades soll erhalten werden, deshalb ist eine Veräußerung an eine Immobiliengesellschaft vorgesehen, die hier ein Ärztezentrum mit Warmwasserbad einrichten will.

    Stellungnahme der SPD-Fraktion:
    Die Argumentation des Planers hat uns überzeugt: die soziale Funktion des Hallenbades muß erhalten werden. Deshalb beantragen wir, das Hallenbad in ein Jugendzentrum umzuwandeln.

    Die SPD-Mehrheit hat sich in der Zwischenzeit durchgesetzt, das Jugendzentrum wird - statt in einer Fabrik - im Hallenbad eingerichtet, weder die soziale noch die hygienische Funktion des Hallenbades können erhalten oder durch andere Maßnahmen substituiert werden. Eine möglichst kurzfristige Modernisierung der Wohnungen - insbesondere mit sanitären Einrichtungen - ist nun vorrangig zu betreiben, die Vertreibung der nicht mitwirkungsfähigen Bewohner ist kaum zu vermeiden.

6. Mangelnde Modernisierungserfahrung der Unternehmer, formale Auflagen der Bauaufsicht und die Förderung der Denkmalpflege treiben den Modernisierungsaufwand eines

ursprünglich als Beispiel ausgewählten städtischen Gebäudes in Höhen, die nur von neuen Bewohnern (in diesem Fall mit berufsspezifischen Altstadt-Liebhaberneigungen) erreicht werden können: ein großer statt vieler kleiner Schritte, ein neuer Bewohner statt der Aufwertung der Wohnbedingungen von vielen. Vervielfältigt wird nur das Geschäft derer, die - unterstützt durch die unkontrollierte Modernisierungsförderung? - gebrauchswertlose Stückwerkmodernisierung verkaufen: großflächige Fenster, repräsentative Eingangstüren, untaugliche Isolierung, Wagenräder und neue Altstadtlaternen als Fassadendekoration; der Druck auf gebäude- statt wohnumfeldbezogener Maßnahmen ist kaum abzuwenden.

Folgerungen

Ohne aus der Skizze eines Fallbeispiels allgemeingültige Schlüsse folgen zu wollen, ohne jedoch den Hintergrund der Einsichten in andere Fälle auszublenden seien hier einige Erfahrungen genannt:

- Das Durchgreifen einer neuen Planungsstrategie bis in die Maßnahmenebene kann Jahre und Jahrzehnte dauern, die Verkrustungen geltenden Planungsrechts und eingefahrener Standards sind kaum kurzfristig aufzubrechen.

- Frühere Veröffentlichungen zeigen, wie der in Neubaugebieten leergelaufene Gestaltungswille mancher Architekten sich im Wohnungsumfeld der Altbauquartiere neu entfaltet: "hier planen Architekten ihre Umwelten oder das, was ihnen für andere als angemessene Umwelt erscheint". Nach den Erfahrungen in X. kann man die Vokabel "Architekten" mit "Kommunalpolitiker" austauschen.

- Ebenfalls aus früheren Veröffentlichungen stammt die These, daß die Problematik der Wohnumfeldverbesserung eine doppelte ist: einerseits müssen Investitionsanreize für die Hauseigner geschaffen werden, die diese dazu bewegen, in ihren Besitz zu reinvestieren, andererseits ist die Wirkung öffentlicher Investitionen und Subventionen kaum zu kontrollieren. Diese These ist insofern bestätigt, als Kommunalpolitik in X. im Bestreben, Investitionsanreize zu schaffen, die angestrebten Wirkungszusammenhänge der Wohnumfeldverbesserung aufhebt und sich selbst jeglicher Kontrollmöglichkeit enthebt.

- Auch für wohnumfeldverbessernde Maßnahmen gelten die gleichen Bedingungen, wie sie für Sanierung oder - nur graduell unterschieden - auch für Modernisierungskonzepte gelten: Sie führen zu einer Aufwertung des Gebietes, die nicht ohne Folgen für einkommensschwache Gruppen bleiben kann (Beispiele: außer X. auch das Musterbeispiel Delft). Andererseits ist kaum ein Durchgreifen des oft befürchteten "Pöseldorf-Effekts" zu erkennen (kann es überhaupt so viele Pöseldorfs geben, wie wir sie täglich an die Wände malen?)

- Bereits die Ankündigung von Maßnahmen der Wohnumfeldverbesserung löst Veränderungsprozesse aus, die einen sozialorientierten Ansatz in sein Gegenteil verkehren können (Beispiele: außer X. auch Hamburg-Ottensen, "Unternehmen Mottenburg"). Mit dieser Strategie allein durchgreifende Modernisierungen verhindern zu wollen wäre ein illusionärer Ansatz.

- Isolierte Maßnahmen der Wohnumfeldverbesserung können nicht den Verfall der Gebäude und Wohnungen verhindern, allein als kompensatorische Maßnahme angesetzt bleibt die Wohnumfeldverbesserung eine zeitlich zu begrenzende Strategie (Beispiele: außer X. auch Bonn, Hunsrückenstraße).

Will eine kompensatorische Planung ihre Erwartungen einlösen und nicht in eine Strategie bloßer Vorleistungen zur Initiierung privater Investitionen verfallen (die Grenzen sind zunächst nur unscharf zu trennen!), so bedarf es der Kontinuität, nicht der kommunalpolitischen Eintagserfolge (der Umbau des Hallenbades ist eine der typischen Konjunkturförderungsmaßnahmen). Nur eine von den Bewohnern unterstützte und weitgehend vor Ort betriebene Wohnumfeldverbesserung kann diese Kontinuität herstellen. Der externe Planer bleibt ein kurzatmiger Einzelkämpfer, der allenfalls eine Planung "für die Bewohner", jedoch kaum eine Planung" mit den Bewohnern" sichern kann.

Das "Nichts ist schlimmer als wenn nichts passiert" (Pohlandt im Workshop) steht mit den Enttäuschungen der Bewohner von X. gegen das "Am besten wenn nichts verändert wird" (Blase im Workshop) mit den durch die konkrete Entwicklung in X. gestützten Befürchtungen: Hilfestellung bei dieser Gratwanderung zu leisten bleibt zentrale Aufgabe des Planers.

Uli Hellweg

Ansatzpunkte für eine arbeitnehmer- und sozialorientierte Wohnumfeldplanung im industriellen Verdichtungsraum

Nachdem die Wohnungsmodernisierungspraxis gezeigt hat, daß nicht die baulichen und sozialen Problemquartiere verbessert wurden, sondern die ohnehin lagebegünstigten Gründerzeit- und 50er-Jahre-Viertel sowie die attraktiven gartenstadtähnlichen Arbeitersiedlungen, und daß Modernisierung gerade für ärmere Bevölkerungsschichten oft ein Synonym für Verdrängung geworden ist, muß die gegenwärtige Wohnumfeld-Publicity zunächst sehr skeptisch beurteilt werden. Die öffentlichkeitswirksame Betonung der sozialpolitischen Möglichkeiten von Wohnumfeldplanungen ist nicht die einzige Parallele zu den Anfängen der Wohnungsmodernisierungsdiskussion 1974/75. Schon zeigen erste Realisationen gezielter Wohnumfeldverbesserungen die planerische Orientierung auf wirtschaftliche Verwertung privater Investitionen und auf soziale Aufwertung nicht-mittelständischer Quartiere zu kommerziellen Altstadt-Vierteln (z.B. Judengassenviertel in Aachen), zu citynahen bürgerlich-intellektuellen Wohngebieten (z.B. Hannover-Linden-Süd) oder zu mittelständischen Eigenheimgebieten mit Nostalgie-Flair (z.B. ehemalige, gartenstadtähnliche Arbeitersiedlungen im Ruhrgebiet).

Eines der Hauptprobleme von Wohnumfeldplanungen liegt darin, daß nun - nach den krisenbedingten Mißerfolgen im sekundären und tertiären Wirtschaftssektor - die Politik der öffentlichen Infrastrukturvorleistungen auf die Kapitale der Haus- und Grundbesitzer bzw. der Bauwirtschaft gelenkt wird und das Ganze mit dem Wort "Wohnumfeldverbesserung" ein neues noch nicht desavouiertes Etikett erhält. Natürlich soll es Ziel öffentlicher Wohnumfeldmaßnahmen sein, privates Engagement zur Erhaltung und Verbesserung eines Stadtteils anzuregen (wobei private Rendite-Investitionen nur eine - bauliche Selbst- und Nachbarschaftshilfe u.ä. andere Aspekte von "privatem" Interesse verkörpern; genauso kann es aber notwendig sein, durch öffentliche Investitionen private zu erübrigen! Nämlich immer dann, wenn privates Renditekalkül zu unerwünschter ökonomischer Aufwertung bzw. zu sozialer Verdrängung führen würde (kompensatorischer Effekt). Wenn Wohnumfeldplanung von vornherein unter das Primat der "Verbesserung des Investitionsklimas" gestellt wird /1/, dann ist absehbar, daß sie nicht nur zu keinen anderen sozialpolitischen Ergebnissen führen wird wie die Wohnungsmodernisierung, sondern daß auch bei Wohnumfeldplanungen die wirklichen Problemgebiete außen vor bleiben; denn in diesen Gebieten existiert kein "verbesserungsfähiges Investitionsklima" mehr.

Eine arbeitnehmer- und sozialorientierte Wohnumfeldplanung hat ihren Ausgangspunkt nicht in den klimatischen Sphären privaten Investitionskalküls sondern in den alltäglichen Nutzungsansprüchen der Bevölkerung und in dem Ziel, diesen Anforderungen einen möglichst optimalen Rahmen ihrer Verwirklichung zu gewährleisten. Dies ist jedoch nur möglich, wenn die Nutzungsansprüche an das Wohnumfeld bekannt, ideologisch und sozial akzeptiert sowie politisch, finanziell und planungsrechtlich abgesichert sind.

Im Rahmen dieses Beitrages soll vor allem auf die beiden erstgenannten Bedingungen (Bekanntheit der Anforderungen und Akzeptieren) eingegangen werden. Hinsichtlich der dritten Kondition - der politischen, finanziellen und rechtlichen Absicherung - sind kaum Verallgemeinerungen möglich. Ob und wie eine sozial- und arbeitnehmerorientierte Wohnumfeldplanung politisch durchgesetzt und finanziell getragen werden kann, hängt von den jeweiligen politischen und wirtschaftlichen Verhältnissen in den Gemeinden, der

Stärke von Bürgerinitiativen, örtlichen Gewerkschaftsgruppen u.a. ab. Eher läßt sich schon hinsichtlich der planungsrechtlichen Absicherung von Wohnumfeldplanungen sagen, daß sie am besten in einem koordinierten System von Stadtteilentwicklungs- und verbindlicher Bauleitplanung aufgehoben zu sein scheint.

Für diese These spricht:

- Wohnumfeldplanung ist - wie noch genauer aufzuzeigen sein wird - immer auch "Sozialplanung" im positiven oder negativen Sinne; die sozialpolitischen, städtebaulichen, arbeitsplatzpolitischen oder sonstigen Entwicklungsziele lassen sich jedoch nicht aus der Wohnumfeldplanung ableiten, sondern nur umgekehrt: Wohnumfeldplanung muß sich nach den ausweisbaren Zielen der Stadtteilentwicklung bestimmen;

- Wohnumfeld ist das räumliche und funktionelle Bindeglied zwischen Wohnung und Stadtteil; im Wohnumfeld zeigt sich, ob sich das Wohnen und die anderen Nutzungsansprüche im Stadtteil (Gewerbe, Verkehr etc.) miteinander vereinbaren lassen; nur im Rahmen der Stadtteilentwicklungsplanung, die die unterschiedlichen Nutzungsansprüche aufeinander abstimmt, läßt sich verhindern, daß durch Wohnumfeldplanung das Chaos von Nutzungskonflikten durch eine weitere planerische Inkonsistenz vergrößert wird;

- da Stadtteilentwicklungspläne bestenfalls rein verwaltungsinterne Verbindlichkeit, keinesfalls jedoch den Charakter eines Ortsgesetzes haben, wird es im Einzelfall notwendig sein, die durch öffentliche Investitionen initiierte Standortaufwertung im Sinne der Regulierung der Boden- und Mietpreisentwicklung bzw. der allgemeinen Standortattraktivität durch Satzungen des BBauGs (Bebauungsplan, Veränderungssperre, Erhaltungssatzung nach § 39h) zu kontrollieren;

- Wohnumfeldplanung ist nicht nur auf die konzeptionelle Konsistenz der verschiedensten Fachplanungen (Modernisierung, Gewerbe etc.) (s.o.) angewiesen, sondern auch auf die Konsistenz von politischem Anspruch ("Schutz der Sozialstruktur!") und faktischer Planung (zielgerechter Einsatz des planungsrechtlichen Instrumentariums - vor allem des BBauG);

- schließlich ergibt sich die enge Verbindung von Wohnumfeldplanung und Bebauungsplanung aus den gesetzlichen Festsetzungsmöglichkeiten des § 9 BBauG /2/, die oft die einzigen Möglichkeiten zur Sicherung oder Verwirklichung von Wohnumfeldqualitäten sind.

Die These, daß sich Wohnumfeldplanung konzeptionell und rechtlich in ein System von Stadtteilentwicklungs- und Bebauungsplanung einbinden muß, soll hier nicht weiter belegt werden. Erfahrungsgemäß setzen in der Planungspraxis die Diskussionen über Wohnumfeldplanung nicht am Problem der zu verwendenden Instrumente an, sondern an den elementaren Fragen nach den faktischen Nutzungsansprüchen der Bevölkerung und der unterschiedlichen Schichten und Gruppen (z.B. Ausländer), nach der Existenzberechtigung von Wohnumfeldnutzungen, die sich nicht nahtlos in die Planungsnormen abstrakter Richtlinien und/oder in mittelständische Ordnungs- und Ästhetikvorstellungen einfügen und/oder die ganz einfach sozial oder kulturell anderen Traditionen und Verkehrsformen entstammen.

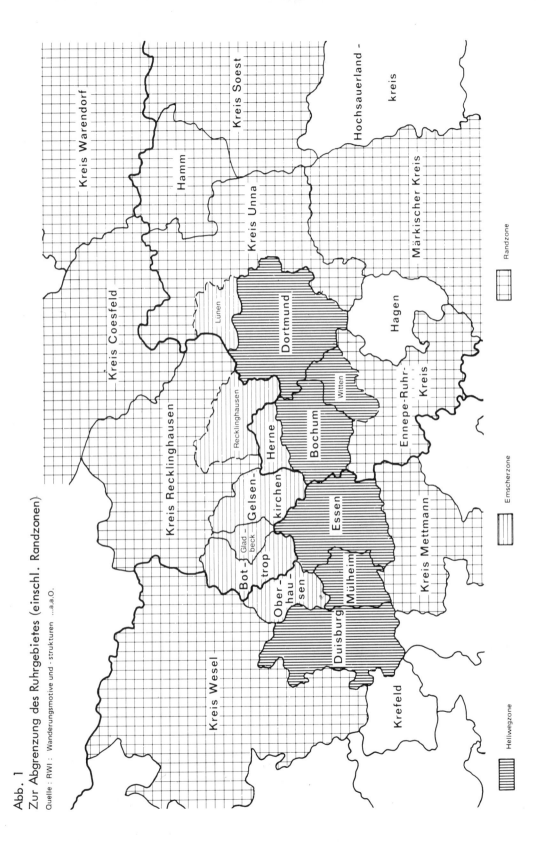

Abb. 1
Zur Abgrenzung des Ruhrgebietes (einschl. Randzonen)
Quelle: RWI: Wanderungsmotive und -strukturen ...a.a.O.

Abb. 2
Zur Abgrenzung des Ruhrgebietes

1. Wohnumfeldplanung und politisch-soziale Interessen

Der kommunale Interessenshintergrund für die "neue Planungsstrategie Wohnumfeldverbesserung" ist eindeutig: Wohnumfeldplanung soll neben der Wohnungsbauförderung -worunter gegenwärtig im wesentlichen die Eigentumsförderung bzw. der Eigenheimbau verstanden wird -, der Sanierung und schließlich der Modernisierung als "vierte Säule eines geschlossenen Städtebaukonzeptes" (Haak) die Stadtflucht aufhalten und gleichzeitig "zu einem der wichtigsten wachstumspolitischen Instrumente werden" /3/.

Freilich sind die Realisationsbedingungen des Zieles, die Stadtflucht zu stoppen, gerade in einem industriellen Verdichtungsraum wie dem Ruhrgebiet - und hier im besonderen der Emscherzone /4/ (Abb. 1 und 2 - extrem widersprüchlich: je höher die negativen Wanderungssalden /5/, desto schlechter nachweisbar die Lebensbedingungen, desto geringer sind die Chancen, diese a l l e i n über Wohnumfeldmaßnahmen so zu verbessern, daß die Wanderungsverluste zumindest rückläufig werden.

Dieser Zusammenhang weist auf zwei wesentliche Implikate der gegenwärtigen Wohnumfeld-Planungsdiskussion im Verdichtungsraum:

a) Auch die "beste Wohnumfeldplanung" kann die Agglomertationsprobleme des industriellen Verdichtungsraumes, insbesondere die negativen Folgen für die Wohnbevölkerung durch erhöhte Umweltgefährdung, nicht lösen. Insofern sind die realistischerweise zu erwartenden Erfolge, die Stadtflucht aufzuhalten oder womöglich einen positiven Wanderungssaldo zu erzielen, äußerst skeptisch zu beurteilen.

b) Nicht alle Teile des industriellen Verdichtungsraumes sind gleichermaßen unattraktiv als Wohnstandorte. In der Tat gibt es selbst im Ballungskern Ortsteile und Freiräume mit relativ guten Mikro-Standortqualitäten für Wohn- und Wohnumfeldnutzungen. In dem Bestreben der Städte, die Stadtflucht aufzuhalten, werden diese Flächen zum Kristallisationspunkt kommunaler Planungsaktivitäten. Dies bedeutet gleichzeitig, daß diese Flächen - vor allem wenn es sich faktisch um öffentlich nutzbare handelt - zum Streitpunkt wirtschaftlicher und sozialer Interessen werden.

Die wichtigsten Flächenpotentiale für die kommunalen Planungsaktivitäten gegen Stadtflucht - so wie sie gegenwärtig im Verdichtungsraum betrieben werden - sind:

- zentrennahe Freiflächen (Gärten, Grabeländer /6/, Öd- und Brachflächen, alte nicht mehr "normengerechte" Sportplätze, größere Baulücken, größere Blockinnenbereiche - z.B. in 50er-Jahre-Siedlungen, die sich für die Bebauung mit Einfamilienhäusern eignen;

- Außenbereiche, die im Flächennutzungsplan als Grünflächen oder als Flächen für die Land- und Forstwirtschaft ausgewiesen sind (Flächennutzungsplanänderung!);

- citynahe Flächen, deren Bodenwerte aufgrund nachlassender bzw. sogar rückläufiger Tertiärisierung sinken und nunmehr für exklusives Wohnen ("Stadthaus") attraktiv werden;

- ehemalige, möglichst zentrennahe Betriebs- (vor allem Zechen-) Gelände, die entweder durch Betriebsschließung ("Zechensterben") oder gezielte Betriebsverlagerung (z.B. Sanierung mit ZIP-Mitteln) freigemacht werden und die für Eigenheim- oder Stadthausbebauung baureif gemacht werden;

- attraktiv gelegene Innenstadtrandgebiete ("Südstädte") oder Arbeitersiedlungen, die durch gezielte Maßnahmen im Bereich Wohnungsmodernisierung und Wohnumfeldverbesserung in mittelständische Wohngebiete umgewandelt werden.

In diesen Flächenpotentialen für kommunale Attraktivierungsplanungen sind Wohnumfeldqualitäten doppelt angesprochen:

- einmal als verplanbares Potential für Wohnungsneubau (Einfamilienhaus, Stadthaus etc.),
- zum anderen als Instrument sozialer und ökonomischer Aufwertung.

So unterschiedlich und widersprüchlich der Stellenwert des Wohnumfeldes in den einzelnen Planungen auf den ersten Blick zu sein scheint, so konsequent ist letztlich die jeweilige Unterordnung des Wohnumfeldes unter das klar vorgegebene planungspolitische Ziel, nämlich: die Attraktivierung der Städte des Ballungskernes für die mittleren und mittelständischen Einkommensschichten, für Facharbeiter, mittlere und höhere Beamte und Angestellte.

Oder andersherum ausgedrückt: aus einer so verstandenen planerischen Strategie gegen die Stadtflucht fallen zwangsläufig alle die sozialen Interessen heraus, die für das fiskalische Kalkül der Gewinnung einkommensstärkerer Wohnschichten bzw. der Verhinderung ihrer Abwanderung ins Umland nichts hergeben. Dazu gehören vor allem die berühmten A-Schichten, also Arbeitslose, Alte, Ausländer, Auszubildende, Arbeiter usw. - dies sind indes die am stärksten vertretenen sozialen Schichten gerade in den krisengefährdetsten Regionen des Ballungskernes.

Bezogen auf die Wohnumfeldplanung heißt das: unter den Bedingungen verstärkter ökonomischer Krise und damit verstärkter kommunaler Anstrengungen zur Bindung steuerrelevanter Wohnschichten - oder dem, was dafür gehalten wird - werden nicht-mittelständisch geprägte Wohnumfeldnutzungen zur disponiblen Masse kommunaler Attrahierungsplanung geschlagen. Ob das die ausländischen Grabeländer sind, die einem Eigenheimgebiet weichen müssen, ob die landwirtschaftliche Restfläche, der Acker, die Pony-Wiese in eine kommerzielle Tennisanlage umgewandelt wird, ob der gemeinschaftliche Blockinnenbereich einer 50er-Jahre-Siedlung einer Atriumbebauung zum Opfer fällt, oder ob die als Spielnische genutzte Brache oder Baulücke für ein zum "Stadthaus" hochstilisiertes Reihenhaus zur Verfügung gestellt wird, oder, oder, oder ... immer wieder zeigt sich, daß Wohnumfeld und Wohnumfeld in der kommunalplanerischen Praxis längst nicht ein und dasselbe sind. Im einen Fall ist es Potential für "die Verbesserung des Investitionsklimas", im anderen Fall schlicht ein "städtebaulicher Mißstand".

Regulativ für die jeweilige Qualifizierung - so scheint es - sind im wesentlichen zwei Faktoren:

- die Nutzbarkeit bzw. Nichtbrauchbarkeit des jeweiligen Wohnumfeldes für soziale und ökonomische Aufwertung, und
- die Stellung der jeweiligen Wohnumfeldnutzung im normativen System städtebaulicher Ordnungsbegriffe.

So erklärt es sich, daß selbst dort, wo kein Verwertungsdruck die Zerstörung bestimmter sozio-kultureller Wohnumfeldnutzungen vorantreibt, diese (z.B. "wilde" Abenteuerspielplätze, Grabeländer) als sanierungsverdächtig eingestuft werden ("Türkengärten").

Gegenüber einem solchen Verständnis von Wohnumfeldnutzungen und Wohnumfeld"verbesserung" muß ein radikal anderer Begriff von Wohnumfeldqualität entwickelt werden. Dieser sozial- und arbeitnehmerorientierte Begriff geht weder vom Verwertungsaspekt ("Verbesserung des Investitionsklimas") noch von der Unfehlbarkeit und Alleingültigkeit mittelständischer Ordnungs- und Ästhetikbegriffe aus; er bestimmt sich vielmehr nach den Anforderungen an das Wohnumfeld, die sich:

- aus den Regenerationsansprüchen der Bevölkerung, speziell der durch den industriellen Produktionsprozeß belasteten Bevölkerungsteile,
- aus den sozialen und kulturellen, ggfs. nationalen Gewohnheiten, Verkehrsformen und Gebräuchen,
- aus aktuellen sozialen und wirtschaftlichen Problemen, insbesondere der Arbeitslosigkeit,

ergeben. Man wird gegen diesen Ansatz pragmatisch anführen können, es sei zwar "gut gemeint" aber eben doch zu "idealistisch", da er die Zwangslage der Städte, d.h. die Notwendigkeit der Verbesserung der Finanzsituation, die ja "letztlich allen nutze", verkenne.

Das Argument der strukturellen Abhängigkeit der Kommune von der Einkommensteuer ist solange ein Scheinargument und ein scheinheiliges Argument, wie:

- jenseits aller ökonomischen Zwänge die Legitimität nichtmittelständischer Nutzungsansprüche an das Wohnumfeld in der kommunalen Planungspraxis in Frage gestellt wird;
- noch ungeklärt ist, welche fiskalischen Vorteile die Gemeinde angesichts der steuerlichen Abschreibungsmöglichkeiten für die Eigenheimer und die von der Gemeinde aufzubringenden Infrastrukturkosten tatsächlich hat;
- die "social costs" der Zerstörung von Wohnumfeldqualitäten und die damit verbundene Verschlechterung der Regenerationsmöglichkeiten für die arbeitende Bevölkerung nicht ermittelt werden und niemand prüft, welche sozialen Kosten durch die Zerstörung von Nachbarschaften, soziale Verdrängung etc. entstehen;
- nachgewiesenermaßen nicht der Wunsch nach Wohnungseigentum die Leute aus dem Ballungskern treibt, sondern die allgemeinen Wohnverhältnisse, speziell die industrieräumlichen Belastungen /7/.

2. <u>Industrieller Produktionsprozeß und Anforderungen an das Wohnumfeld</u> /8/

Der industrielle Produktionsprozeß wirkt im Verdichtungsraum in doppelter Weise auf die Bedingungen und Voraussetzungen für Wohnumfeldnutzungen ein:

- d i r e k t als wesentlicher Faktor der räumlichen Nutzungsstruktur, als entscheidende Determinante der ökologischen Verhältnisse (im weitesten Sinne: von Luft-, Gewässer- und Bodenverschmutzung bis zur Landschaftsveränderung durch Halden, Bergsenkungen u.a.) und schließlich als Stadtbildner und Stadtgestalter (Industrie- und Verkehrsarchitektur);
- i n d i r e k t über die spezifischen Regenerationsansprüche der in der Industrie arbeitenden Bevölkerung.

2.1 Risiko-Faktoren des industriellen Produktionsprozesses und Wohnumfeldbezogene Regenerationsansprüche

Die gegenwärtigen Bedingungen des industriellen Produktionsprozesses beinhalten für die menschliche Arbeitskraft eine Reihe großer Risiken und Belastungen, deren Gefährlichkeit nicht nur von den Umständen des Produktionsprozesses selbst (Arbeitsschutz, Arbeitsintensität etc.) sondern ebenfalls von den Regenerationsmöglichkeiten der Arbeitskraft abhängig ist. Die 1969/70 in Baden-Württemberg durchgeführte Studie "Modell einer allgemeinen Vorsorgeuntersuchung" kommt zu folgendem Ergebnis: "Je größer der Beschäftigungsbetrieb, je schwerer die körperliche Arbeit, je belastender die Arbeitszeitregelung und die betriebliche Situation, um so schlechter die durchschnittliche gesundheitliche Verfassung .... Je enger und lärmbedrohter die Wohnung, je größer der Wohnort, um so gefährdeter die gesundheitliche Situation. Auch hier kommt die Interaktion zwischen Arbeitswelt und Wohnort zum Ausdruck" /9/.

Im industriellen Verdichtungsraum - wie dem Ruhrgebiet - kumulieren die sich auf die gesundheitliche Verfassung negativ auswirkenden Faktoren innerhalb und außerhalb des Produktionsprozesses. Im einzelnen sind folgende Risiko-Faktoren zu nennen:

- Wechselschicht- und Nachtarbeit,
- Physische und psychische Arbeitsbelastung,
- Immissionen am Arbeitsplatz,
- Mobilitätszwang,
- Immissionen im Wohn- und Freizeitbereich.

Risiko-Faktor: Wechselschicht und Nachtarbeit

Der Anteil der Nacht-, Sonn- und Feiertags-Schichtarbeiter hat seit dem Krieg ständig zugenommen. Heute arbeiten ca. 4 Millionen Arbeitnehmer /10/ in Wechselschicht- und Nachtarbeit; von den psychischen und psycho-sozialen Auswirkungen (familiäre und nachbarschaftliche Probleme) betroffen sind jedoch mindestens 10 Mill. Menschen /11/. Die wesentlichen Schäden der Wechselschicht- und Nachtarbeit sind: Appetitlosigkeit, Mangel an Schlaf, gestörtes soziales Leben, verminderte Leistungsfähigkeit, Verdauungsstörungen, Magengeschwüre /12/.

Die statistischen Informationen über Anzahl und Verteilung von Schichtarbeitern sind mehr als rar. Selbst in den industriellen Verdichtungsräumen mit extrem hohen Anteilen an Schichtarbeit-Branchen - wie dem Ruhrgebiet oder der Saarregion - gibt es hierüber keine offiziellen Statistiken.

Im Ruhrgebiet dürften über 250.000 Arbeitnehmer /13/ - also mindestens jeder 2. Industriebeschäftigte - in Wechselschicht und Nachtarbeit tätig sein. Nach einer Untersuchung im Saarland /14/ sind:

- im Bergbau 81 %,
- in der eisen- und stahlerzeugenden Industrie 51,9 %
- in der eisen- und metallverarbeitenden Industrie 44,7 %

der Beschäftigten von Nacht- und Wechselschicharbeit betroffen. Aus der Belastung durch

Wechselschicht und Nachtarbeit ergeben sich im wesentlichen folgende Regenerationsansprüche:

- die Möglichkeit zu ruhigem, ungestörtem Schlafen am Tag ("60 bis 90 % aller Schichtarbeiter leiden unter Schlafstörungen" /15/);
- Integration in soziale Zusammenhänge und Ermöglichung der Teilnahme an geselligen und gesellschaftlichen Veranstaltungen, Verhinderung von sozialer Isolation;
- Möglichkeiten für Entspannung, ungezwungene Kommunikation, kreative Beschäftigung (z.B. Gartenarbeit), Unterhaltung.

Risiko-Faktor: Physische und psychische Arbeitsbelastung

Entgegen weitverbreiteter Meinung hat die Zahl der Schwerarbeitsplätze i. der Industrie durch die Automatisierung nur geringfügig abgenommen /16/. Wesentlich zugenommen haben indes die motorischen und sensorischen Beanspruchungen. In diesem Bereich findet eine Angleichung der Arbeitsbedingungen im tertiären und sekundären Sektor bzw. zwischen Arbeitern und Angestellten statt.

Zu den genuin arbeitsplatzbezogenen psychischen und physischen Belastungen kommen in einer Region wie dem Saarland und dem Ruhrgebiet noch die besonderen krisenbedingten psychischen Streßfaktoren wie Angst vor Rationalisierung, Kurzarbeit, Herabgruppierung durch innerbetriebliche Umstellungen etc.. Die Folgen des wachsenden Stresses am Arbeitsplatz - nach Angaben des Gewerkschaftsdachverbandes ICEF erleidet jeder 4. Industriearbeiter körperlichen Schaden durch Streß /17/ - lassen sich an nüchternen Zahlen zur Entwicklung der Berufsunfälle bzw. Berufskrankheiten und der Kosten für die Regeneration der Arbeitskräfte ablesen /18/.

Aus der Zunahme der physischen und psychischen Belastungen am Arbeitsplatz lassen sich folgende wohnumfeldrelevanten Regenerationsansprüche ableiten:

- Möglichkeiten zu streßfreier kreativer und kommunikativer Betätigung im Wohn- und Freizeitbereich,
- Ruhe, Entspannung, Unterhaltung,
- Möglichkeiten für Sport, Spiele und andere körperliche Betätigungen.

Risiko-Faktor: Immissionen am Arbeitsplatz

Der Risiko-Faktor Immissionen am Arbeitsplatz überlagert und verschärft i.a. die bereits genannten Risiko-Faktoren: Wechselschicht- und Nachtarbeit sowie physische und psychische Belastungen am Arbeitsplatz, da diese oft mit Immissionen, vor allem Lärm, verbunden sind. Als weitere Immissionen am Arbeitsplatz treten häufig auf: Staub, Gase Hitze, Strahlungen, Blendung, Zug, Kontakt mit gefährlichen Stoffen (Säuren etc.) und Erschütterungen. Die Zahl der am häufigsten auftretenden Berufskrankheiten belegt die extreme Bedeutung der Immissionen am Arbeitsplatz: Lärmschwerhörigkeit, schwere Hauterkrankungen, Silikose und Infektionskrankheiten /19/.

Obwohl sich die Statistiken teilweise widersprechen lassen sich folgende Industriebranchen als besonders unfall- und krankheitsgefährdet ausmachen: Bergbau, Eisen- und Stahlindustrie, Stahlverarbeitung, Steine und Erden, Chemie und Mineralöl /20/ - also die im

Ruhrgebiet am häufigsten vertretenen Industrien der Grundstoff- und Produktionsgüterindustrie bzw. der Investitionsgüterindustrie.

Aus dem Belastungsfaktor "Immissionen am Arbeitsplatz" muß gerade im industriellen Verdichtungsraum mit seiner "ökologischen Doppelbelastung" die Forderung nach weitestgehend immissionsgeschützten Regenerationsmöglichkeiten erhoben werden. Dies gilt nicht nur für die Wohnsituation sondern ebenso für das Wohnumfeld mit seinen Freiraumaktivitäten (Gartenarbeit, Sport etc.). Die wohnumfeldbezogenen Forderungen dürfen jedoch nicht darüber hinweg täuschen, daß der Schwerpunkt der Maßnahmen im Arbeits- und Umweltschutz liegen muß.

Risiko-Faktor: Mobilitätszwang

Der Zwang zur beruflichen Mobilität der Arbeitskraft umfaßt sowohl die Anpassungsfähigkeit ihrer Qualifikationsstruktur an veränderte technologische Anforderungen bzw. Berufsbilder als auch ihre räumliche Disponibilität. Gerade in einem durch strukturelle Krisen geschüttelten Verdichtungsraum wie dem Ruhrgebiet ist die Mobilität der Bevölkerung extrem hoch. Neben den Standortverlagerungen der Kohle- und Stahlbranche /21/, den auch in anderen Regionen spürbaren räumlichen Zentralisationstendenzen der Kapitale des 2. und 3. Sektors und der ohnehin zersiedelten räumlichen Struktur des Reviers sind es vor allem die immer noch schlechten Wohn- und Wohnumfeldbedingungen selbst, die den allgemeinen Mobilitätszwang regional verschärfen. Die schon zitierte Wanderungsmotivanalyse für das Ruhrgebiet hat gezeigt, daß das Motiv "bessere Verkehrsverbindung zwischen Wohn- und Arbeitsplatz" neben den persönlichen Wanderungsanlässen als stärkstes Einzelmotiv rangiert /22/.

Für die betroffenen Arbeitnehmer stellt der räumliche Mobilitätszwang eine Verschärfung der ohnehin gegebenen beruflichen Streßsituation (s.o.) dar, die nicht nur den Verschleiß der Arbeitskraft beschleunigt, bzw. höhere Regenerationsansprüche hervorruft, sondern auch den Arbeitstag manchmal nicht unbeträchtlich verlängert. Bergleute, die nach einer Zechenschließung das "Glück" haben, auf einer anderen Schachtanlage unterzukommen, müssen nicht selten Anfahrten bzw. Heimfahrten von jeweils einer Stunde in Kauf nehmen.

Auf dem Hintergrund des wachsenden Mobilitätszwanges der Arbeitskräfte stellt sich für den Regenerationsbereich die Forderung nach Verringerung der notwendigen Mobilität, d.h. nach möglichst weitgehender Dezentralisierung von privaten und öffentlichen Versorgungseinrichtungen. Daneben erheben sich ähnliche Regenerationsansprüche, vor allem nach Ruhe und Entspannung, wie sie bereits für die anderen Risiko-Faktoren genannt wurden.

Risiko-Faktor: Immissionen im Wohn- und Freizeitbereich

Die Regenerationsmöglichkeiten der Arbeitskräfte im industriellen Verdichtungsraum sind durch alle Arten von Immissionen vor allem der Quellgruppen Industrie- und Verkehr teilweise erheblich eingeschränkt. Neben der Problematik der unmittelbaren, spürbaren Beeinträchtigung des Wohn- und Freizeitbereiches durch Lärm, Staub, Gase und Erschütterungen, stellt sich darüber hinaus - auch in den relativ privilegierten Wohnlagen - die grundsätzliche Frage nach der Verantwortbarkeit von Planungsstrategien, die das Leben in einem Raum attraktiv machen sollen, wo die Krebshäufigkeit nachgewiesenermaßen 1,6 mal so hoch ist wie in ländlichen Regionen und wo - wie das jüngste Duisburger Gichtgas-Beispiel zeigt /23/ - Seveso tatsächlich überall sein kann /24/.

"Der allgemeine Bevölkerungsrückgang oder regionale Verschiebungen in der Bevölkerungsdichte durch Wanderungen führen zu keinem erkennbaren Rückgang in der Belastung der natürlichen Lebensgrundlagen. Die verstärkte Mobilität und intensivierte wirtschaftliche Aktivitäten sprechen eher für eine gegenteilige Entwicklung. Das zeigen auch die vorliegenden Werte. Weder die Luft- noch Gewässerbelastung, weder die Lärmauswirkungen noch der Flächenbedarf für Siedlungs-, Wirtschafts- und insbesondere Erholungsfunktionen sind rückläufig" /25/.

Das Wort vom "blauen Himmel über dem Ruhrgebiet" ist eine gefährliche, trügerische Illusion: tatsächlich ist die Belastung durch die Komponenten Staub und SO_2 zwar in den letzten Jahren zurückgegangen, dagegen hat die Anzahl der Schadstoffe und darunter vor allem das Gewicht der cancerogenen sowie die Bedeutung der Schwermetalle erheblich zugenommen /26/. Für die toxische Gesamtbelastung sind die Erfolge in der Bekämpfung einzelner Immissionskomponenten wie Staub und SO_2 "eher irreführend, weil sie auf einer Strategie beruhen, die bei allen Teilerfolgen der Gesamtproblematik gegenüber inadäquat ist" /27/.

Nun wird man angesichts der Tatsache, daß allein im hochbelasteten Ballungskern des Ruhrgebietes immerhin 3,7 Millionen Menschen leben, schwerlich den Schluß ziehen können, Wohnumfeldplanungen seien aufgrund der extrem hohen Belastungen des Lebensraumes sinnlos und unvertretbar. Andererseits müssen Bedeutung und Erfolgschancen von Verbesserungsstrategien für das Wohnumfeld doch stark relativiert werden. Vor allem aber zeigt sich, daß die aktuelle modische Euphorie hinsichtlich der "neuen Planungsstrategie" Wohnumfeldverbesserung zumindest im industriellen Verdichtungsraum völlig unangebracht ist und daß hier ganz andere Lösungsstrategien notwendig sind als Verkehrsberuhigung und Straßenmöblierung.

Spätestens beim Risiko-Faktor Umweltbelastung ist der Punkt erreicht, wo deutlich wird, daß isolierte Wohnumfeldstrategien höchstens partiell in der Lage sein werden, die Lebensbedingungen im industriellen Verdichtungsraum zu verbessern, und zwar in den ohnehin privilegierten Lagen. Für eine grundlegende Verbesserung der Arbeits-, Wohn- und Freizeitverhältnisse - als wesentlichste Voraussetzung für den Stop der Stadtflucht - ist jedoch die Ergänzung stadtplanerischer Aktivitäten hinsichtlich Wohnung und Wohnumfeld durch rigorose Maßnahmen im Bereich des Umwelt- und Arbeitsschutzes notwendig.

<u>Soziale Verteilung der Risiko-Faktoren</u>

Die Klassen- und Schichtenstruktur der Gesellschaft macht auch vor der sozialen Verteilung der Risiko-Faktoren und den damit verbundenen Gesundheitsstörungen und -beeinträchtigungen kein Halt. Es ist "eine fast durchgängige Ungleichverteilung dieser Gesundheitsstörungen zuungunsten der abhängig Beschäftigten und hier zuungunsten der unteren sozialen Schichten (festzustellen). Besonders bei Frühinvalidität, Arbeitsunfällen, Berufskrankheiten, Krankenstand nach Arbeitsunfällen liegt eine klare klassen- und schichtenspezifische Ungleichverteilung vor; zunehmend auch bei chronisch-degenerativen Erkrankungen und psychischen Störungen" /28/.

Besonders benachteiligt, d.h. durch erhöhte Unfall- und Krankheitsgefährdung betroffen, sind ausländische Arbeiter und Frauen. "So werden bei Akkordarbeiterinnen bzw. Schichtarbeiterinnen etwa 20 % mehr Heilverfahren beantragt, als nach dem Durchschnitt bei Frauen zu erwarten wäre" /29/. Besonders gefährdet sind ausländische Arbeitnehmer, deren Unfallhäufigkeit zwei- bis dreimal so hoch liegt wie bei deutschen Arbeitern /30/. Neben häufigerer Wechselschicht- und Nachtarbeit und mehr Überstunden ist vor allem die Tatsache ursächlich, daß Ausländer i.a. an den unfallgefährdetsten Arbeitsplätzen eingesetzt werden /31/.

Bekanntlich sieht es bei der Situation im Wohnbereich nicht wesentlich anders aus /32/. Die Wohnquartiere ausländischer Arbeitnehmer befinden sich i.a. in der Nähe der jeweiligen Produktionsanlagen - vor allem Kohle- und Stahlindustrie - oder in sonstigen benachteiligten Wohnlagen (verkehrsüberlastete Innenstadtrandgebiete, an Gleisanlagen etc.) und weisen meist erhebliche Instandhaltungsdefizite auf. Langfristig als Sanierungsgebiete gekennzeichnet (z.B. durch Kenntlichmachung im Flächennutzungsplan) verlieren Bewohner wie Eigentümer jegliches Interesse an Erhaltungsinvestitionen; die Folge ist das fatale Zusammenwirken von städtebaulichen und architektonischen Mißständen mit einseitiger Sozialstruktur - also die Ghettobildung.

Hinsichtlich der Wohnumfeldsituation schließt sich der Kreis aus sozialer Benachteiligung und erhöhter Risikogefährdung. Geht man davon aus, daß das Wohnumfeld wesentlich zur Regenerationsfähigkeit der Arbeitskraft beiträgt, dann müßten konsequenterweise die am stärksten beanspruchten Arbeitskräfte die größten Möglichkeiten regenerativer Wohnumfeldaktivitäten haben. In der Planungspraxis läßt sich aber gerade am Beispiel der sozialen Infrastruktur für Ausländer, speziell auch der Wohnumfeldnutzung, zeigen, daß diese nicht nur keine planerische Priorität hat, sondern häufig - wie oben aufgezeigt - noch nicht einmal eine anerkannte Legitimität. Grabeländer z.B. sind - wenn nicht gar ein öffentlicher Mißstand - so doch zumindest disponible Fläche für "höherwertigere" Nutzungen.

2.2 Konsequenzen für eine arbeitnehmerorientierte Wohnumfeldpolitik und -planung

Wohnumfeldplanungen können nur dann zu einer grundlegenden Verbesserung der Lebensbedingungen im industriellen Verdichtungsraum beitragen, wenn sie durch die tatsächliche Verbesserung der Umweltverhältnisse und Arbeitsbedingungen ergänzt werden.

Die besten Wohnumfeldkonzepte können als isolierte städtebauliche Maßnahmen die fatalen Folgen "gesundheitsfressender Produktionsmethoden" (VETTER, H.O.) nicht auffangen. Vielmehr besteht die Gefahr, daß sie ebenso wie isolierte Modernisierungskonzepte nur der Aufwertung ohnehin privilegierter Wohnstandorte und dem Verwertungsinteresse privater Haus- und Grundbesitzer bzw. der Bauwirtschaft dienen, ohne daß die wirklichen Problemgebiete mit hohen Umweltbelastungen und gravierenden städtebaulichen Mißständen etwas davon haben.

Immissionsgeschützte Wohnungen und Wohnumfelder

Die Forderung nach dem Schutz vor Lärm und Luftverunreinigung ist und bleibt die zentralste Forderung an Wohnungsmodernisierungs- und Wohnumfeldverbesserungskonzepte im industriellen Verdichtungsraum. Im besonderen Maße - aber keineswegs ausschließlich - gilt diese Forderung für die Wechselschicht- und Nachtarbeiter. Gerade für diese Arbeitnehmergruppe sind besondere Anforderungen an die Bauweise und Grundrißgestaltung zu stellen. In der Geschichte des Arbeiterwohnungsbaus hat sich gezeigt, daß die offene Bauweise mit niedrig-geschossigen Einzel- und Doppelhäusern den Bedürfnissen von Schichtarbeitern am ehesten Rechnung trägt. Dies liegt an verschiedenen Faktoren:

- Die offene, gartenstadtähnliche Bauweise erweist sich hinsichtlich der Lärmimmissionen als wesentlich günstiger als die geschlossene Blockrandbebauung; eine großzügige Bauweise verhindert außerdem, daß sich Wohnumfeldlärm (vor allem durch Kinderspiel, An- und Abfahrten von PKWs) stark konzentriert.

- In Einzel- und Doppelhäusern ist die Körper- und Funktionsschallentwicklung wesentlich geringer als in Hochhäusern; außerdem wird im engeren nachbarschaftlichen Rahmen mehr Rücksicht auf die Schlafbedürfnisse von Schichtarbeitern gelegt als in der Anonymität eines Hochhauses.

- Die Grundrißgestaltung des klassischen Arbeitersiedlungshauses - vor allem der Kreuzgrundriß mit oben liegenden Schlafzimmern - hat sich in der Praxis für Schichtarbeiter als sehr günstig erwiesen, da Schlafräume im 1. OG i.a. weniger immissionsgefährdet, als auf gleicher Ebene mit den Wirtschafts- und Wohnräumen sind.

Die Forderung nach Immissionsschutz bezieht sich jedoch nicht nur auf die Wohnungen, sondern auch auf die Wohnumfelder. Um die Regenerationsmöglichkeiten in diesem Bereich zu gewährleisten, muß grundsätzlich der Erkenntnis Rechnung getragen werden, daß große Emittenten nicht in die Nähe von Wohngebieten gehören. Das heißt natürlich auch, daß der Durchgangsverkehr - vor allem von LKWs - aus Wohngebieten herausgehalten werden muß (Verkehrsberuhigung).

Leider ist dieses grundsätzlich richtige städtebauliche Prinzip - Trennung von störender Industrie bzw. Verkehr und Wohnen - in der Praxis durch die spezifische Auslegung von Landesrichtlinien (vor allem dem "Abstandserlaß") desavouiert worden, indem der Umweltschutz zum Hebel für die Verdrängung von Wohnbevölkerung - vor allem in Arbeitersiedlungen /33/ - mißbraucht und damit ökologische Argumente für viele Arbeitnehmer grundsätzlich diskreditiert wurden.

Sicherung bzw. Schaffung von Möglichkeiten für regenerative Freiraumaktivitäten, insbesondere für Gartenarbeit, Spazierengehen, Sport und Basteln

"Nichtstun, Vorm-Haus-Sitzen, Entspannen", Gartenarbeit, Lesen und Handarbeit, Fernsehen und Radiohören, Spazierengehen und Sport sind die hauptsächlichen Freizeitbetätigungen im Ruhrgebiet /34/. Die langen Wartelisten für Schrebergarten-Anwärter zeigen, daß die Freiraumbetätigungen - vor allem die Gartenarbeit - noch weiter oben in der Liste rangieren würden, wenn entsprechend mehr Möglichkeiten geschaffen würden. Ziel einer arbeitnehmerorientierten Wohnumfeldplanung muß es sein, die Möglichkeiten für regenerative Freiraumaktivitäten wesentlich zu erhöhen und der Zerstörung vorhandener wohnungsnaher Freiräume entgegenzuwirken. Dies gilt insbesondere auch für die Grabeländer ausländischer Arbeiterfamilien, denen in der kommunalen Planungspraxis endlich ein eigener Stellenwert beigemessen werden muß. Darüber hinaus sollten die Gemeinden systematisch Brachen und Ödflächen anpachten und für Grabelandnutzungen zur Verfügung stellen. Dabei ist das Grabeland neben dem organisierten Dauerkleingarten (Schrebergarten) als eigenständige Gartenform zu akzeptieren und planungsrechtlich zu sichern.

Neben der Betonung der Gartennutzungen ist auch verstärktes planerisches Gewicht auf die Erhaltung sonstiger Freiraum-Nischen zu legen; dabei ist der gängige Begriff des städtebaulichen Mißstandes zu revidieren. Dies gilt z.B. für ein altes, stillgelegtes Fabrikgelände, das für die Kinder der Gegend einen beliebten Erlebnisspielplatz darstellt, für wild verwachsene Brachen, Halden etc. mit abwechslungsreichen Spazierpfaden u.ä..

Hinsichtlich der sportlichen Betätigungsmöglichkeiten ist die Situation gerade im Ruhrgebiet wegen seiner spezifischen lokalen Traditionen i.a. zufriedenstellend; wobei jedoch auch hier eine Tendenz zur immer stärkeren Organisierung und Institutionalisierung sportlicher Aktivitäten (Vereine) erkennbar ist. Dagegen müßten die Sportanlagen verstärkt auch für spontane Benutzung geöffnet werden.

Herstellung bzw. Erhaltung dezentraler Nutzungsstrukturen im Wohnumfeld

Einer der wichtigsten Aspekte der Gebrauchsfähigkeit des Wohnumfeldes ist die Wohnungsnähe. Gerade unter den Bedingungen sich verschärfenden Mobilitätszwanges muß sich eine arbeitnehmerorientierte Wohnumfeldplanung das Prinzip der Dezentralisierung von Wohnumfeldnutzungen zu eigen machen. Gärten sollten möglichst in unmittelbarer Nähe der Wohnung, Spazier- und Sportmöglichkeiten in höchstens 5 bis 10 Minuten Fußweg-Entfernung liegen.

Ein Beispiel für zentralisierte Wohnumfeldnutzung im Ruhrgebiet sind die Revierparks. Verschiedene Befragungen kommen zu dem Ergebnis:

- daß die Bewohner der näheren Umgebung (bis 3 km) den Revierpark am häufigsten besuchen - vor allem auch alltags /35/,

- daß der größte Teil der Besucher jedoch nur "mehrmals im Jahr" /36/ kommt.

Das Ergebnis zeigt, daß die Besuchsfrequenzen unmittelbar von der Wohnungsnähe abhängig sind und daß die Mehrzahl der Besucher wegen der "zentralörtlichen" Attraktionen (Wellenbad, Eislaufbahn etc.) kommen. In diesen zentralörtlichen Freizeitnutzungen - sozusagen als Freizeit-City - mögen die Revierparks ihre Berechtigung haben, für das tägliche, wohnumfeldbezogene Regenerationsbedürfnis bringen sie jedoch wenig /37/. Insofern können die Revierparks nicht als Ersatz für wohnungsnahes Wohnumfeld angesehen werden.

Die Forderung nach Dezentralisierung bezieht sich jedoch nicht nur auf Gartennutzungen, Spazierengehen, Sporttreiben etc. sondern auch auf die Benutzbarkeit der öffentlichen und z.T. privaten Einrichtungen, vor allem Bildungs- und Beratungseinrichtungen. Die in den letzten Jahren erkennbare Tendenz der Volkshochschulen, mit ihrem Angebot verstärkt in die Stadtteile zu gehen, ist ein richtiger Schritt in Richtung auf verbesserte dezentrale Gebrauchsfähigkeit des Wohnumfeldes.

Vor allem in Bezug auf die Benutzungsmöglichkeiten für Schichtarbeiter sind außer der dezentralen Nutzbarkeit auch die Öffnungszeiten der Infrastruktureinrichtungen von Bedeutung.

3. Sozialkulturelle Aspekte einer arbeitnehmerorientierten Wohnumfeldplanung

Die sozialen und kulturellen Gewohnheiten und Traditionen der arbeitenden Bevölkerung im Ruhrgebiet waren bis zum Eintritt der Kohlekrise Ende der 50er Jahre wesentlich enger mit dem industriellen Berufsalltag verbunden als dies heute noch der Fall ist. Industrielle Standortverlagerung, Arbeitsplatz- und Berufsverlust, Umschulung, Verkauf der Werks-

Grabeländer ausländischer Arbeitnehmer-Familien

Blockinnenbereich einer 50er-Jahre-Siedlung mit Atrium-Bebauung

Freiraum-Nische

siedlungen, erhöhter Mobilitätszwang etc. haben viele der ehemals homogenen Arbeiterquartiere aufgelöst. Statistischer Ausdruck dieses Prozesses ist die Tatsache, daß 1/3 der Ruhrgebietsbevölkerung innerhalb von nur 6 Jahren (1970 bis 1975) "umgeschichtet" wurde /38/.

Geht man davon aus, daß es Ziel kommunaler Planung sein soll, die Bindungen zwischen einer Stadt und ihrer Bevölkerung zu stärken, so müssen sich kommunale Maßnahmen und Planungen draufhin hinterfragen lassen, inwieweit sie "funktionierende" Sozialstrukturen unterstützen bzw. brüchige stabilisieren. Ohne hier die Einflußmöglichkeiten kommunaler Politik und Planung, den Mobilitätsdruck abzuschwächen, überschätzen zu wollen, steht außer Zweifel, daß kommunale Planungspraxis bisher soziale Erosionsprozesse nicht nur nicht aufhält, sondern direkt oder indirekt unterstützt.

Gerade das Wohnumfeld und die nachbarschaftlichen Zusammenhänge bilden den Raum sozialer Stabilisierung und Kontinuität. Stadtplanung, speziell Wohnungsmodernisierungs- und Wohnumfeldplanung nimmt auf das empfindliche Verhältnis von Bedürfnisstruktur und Nutzungsangebot positiv oder negativ Einfluß. Ob eine Kommune zuläßt, daß eine noch homogene Arbeitersiedlung privatisiert wird, ob sie Grabeländer als städtebauliche Mißstände beseitigt und Gärten mit Eigenheimen bebauen läßt, ob sie eine Schule oder einen Kindergarten schließt, weil die notwendigen Mindest-Zahlen nicht mehr erreicht werden usw. immer werden solche Maßnahmen unmittelbar Auswirkungen auf die Entwicklung der Sozialstruktur im Viertel haben.

Umgekehrt ausgedürckt beinhaltet eine sozialorientierte Wohnumfeldplanung die reale Chance zur Stabilisierung der Sozialstruktur, zur Verhinderung von Stadtflucht und schließlich zur Herstellung "urbaner Qualitäten". Voraussetzung hierfür ist jedoch, daß die Priorität der gebrauchswertorientierten konkreten Nutzungsansprüche der Bevölkerung gegenüber den Verwertungsinteressen anerkannt wird und die Bewohner selbst an den ihr Viertel betreffenden Planungen und Entscheidungen teilnehmen können. Bürgerschaftliches Engagement, demokratische stadtteilbezogene Entscheidungsstrukturen und schließlich bedürfnisbezogene Stadtteilplanung dürften wesentlich effektivere Instrumente zur Bekämpfung der Stadtflucht sein als die Ausweisung aller nur verfügbaren Flächen für die Eigenheimbebauung.

Eine der wesentlichsten Möglichkeiten der Kommune, über Wohnumfeldmaßnahmen die nachbarschaftlichen und sozialen Bindungen in und die Identifizierung mit einem Stadtteil bzw. Wohnquartier zu stärken, liegt in einer stadtteilbezogenen Kulturpolitik.

Im Rahmen der Bürger- und Jugendinitiativbewegung hat in den letzten Jahren eine Wiederaufnahme von stadtteilbezogenen Kulturaktivitäten stattgefunden. In Gelsenkirchen kämpft die Bürgerinitiative Flöz Dickebank, nachdem sie mit Erfolg die Erhaltung ihrer Siedlung durchgesetzt hat, für ein Volkshaus, das durch Umbau des alten, ausrangierten Waschhauses geschaffen werden soll /39/; in Oberhausen werden Überlegungen zur Umwandlung einer alten Fabrik ("Altenberg") in ein Kulturzentrum angestellt; in zahlreichen Städten haben sich Initiativen für selbstverwaltete Jugendzentren gebildet, die z.T. bereits existieren (z.B. Eschhaus in Duisburg, Komic in Gelsenkirchen, Fabrik K-14 in Oberhausen).

Auch in der gewerkschaftlichen Jugendarbeit (vor allem durch das "junge Forum" im Rahmen der Ruhrfestspiele) findet eine Neuorientierung der Kulturarbeit auf die konkreten Alltagserfahrungen (Arbeitslosigkeit, Betriebskonflikte) der Jugendlichen statt. Wesentliche Forderung ist dabei die Dezentralisierung der Kulturarbeit, sowohl

Waschhaus in "Flöz Dickebank" vor und nach der provisorischen Instandsetzung für einen Festabend des UNESCO-Kongresses "Kultur und Alltag" im Juni 78

in bezug auf das "junge Forum" als darüber hinaus grundsätzlich /40/.

Ein institutioneller Ansatz für die Verbindung dezentraler betrieblicher und stadtteilbezogener Aktivitäten könnte die DGB-VHS-Arbeitsgemeinschaft "Arbeit und Leben" sein, die sich bis jetzt allerdings noch im wesentlichen auf die Durchführung zentraler Veranstaltungen beschränkt.

Der offizielle städtische Kulturbetrieb vollzieht sich noch jenseits dieser Entwicklungen in den Citys der Großstädte. Die in den 60er und beginnenden 70er Jahren wesentlich zum Zweck der Attrahierung qualifizierter Arbeitskräfte gebauten "Kulturpaläste" haben ganz offensichtlich ihren Zweck nicht erfüllt, verschlingen indes jedoch den Hauptteil der zur Verfügung stehenden finanziellen Ressourcen /41/. Wie das Duisburger Beispiel zeigt, haben unter den Bedingungen verschärfter fiskalischer Krise vor allem die dezentralen, also die unmittelbar für die Versorgung der Bevölkerung maßgeblichen Kulturaktivitäten (Schließung der Stadtteil-Bibliotheken) /42/ zu leiden.

Eine arbeitnehmer- und sozialorientierte Wohnumfeldpolitik müßte schrittweise die dezentralen Kulturaktivitäten ausweiten und vor allem die bürgerschaftlichen Initiativen (Volkshaus-, Ausländer-, Jugendzentrumsbewegung) aktiv unterstützen. Ziel einer solchen Kulturpolitik ist die Stärkung sozialer Beziehungen in den Stadtteilen, Identifikation mit dem Quartier, Aktivierung eines breiten bürgerschaftlichen Engagements für die Erhaltung und Verbesserung des Lebensraumes.

Bestandteil einer solchen dezentralen, wohnquartierbezogenen Kulturpolitik ist auch die Unterstützung der Kultur- und landsmannschaftlichen Aktivitäten der ausländischen Bevölkerung, deren Eigenständigkeit anerkannt werden muß. Wesentlich ist in diesem Zusammenhang, daß homogene Sozialstrukturen ausländischer Bevölkerung nicht von vornherein als "Ghetto" betrachtet und einer sozialen Zwangsdurchmischung unterworfen werden. Ausländerwohnquartiere werden erst dann zu Ghettos, wenn sie wegen der städtebaulichen Mißstände von allen anderen Wohnschichten gemieden werden. Ghetto-Bildung kann nicht dadurch verhindert werden, daß Ausländerwohnquartiere "wegsaniert" werden – sie entstehen nämlich dann anderswo –, sondern indem die Wohnquartiere baulich und städtebaulich nicht vernachlässigt bzw. bedürfnisgerecht modernisiert werden. Hierauf kann die Gemeinde mit ihrem bau- und wohnungsaufsichtsrechtlichen Instrumentarium weitgehenden Einfluß nehmen.

Auch im Bereich der sozialen Infrastruktur- und Wohnumfeldplanung kann die Gemeinde wesentlich zur Verbesserung der Lebensbedingungen ausländischer Arbeiterfamilien in den Wohnquartieren und damit zur Stabilisierung des Stadtteils beitragen. Neben einem ausreichenden Angebot an Bildungseinrichtungen (auch weiterführende Schulen !) gehören hierzu die Unterstützung von Ausländervereinen, stadtteilbezogenen Ausländerfesten und vor allem die Förderung von Ausländerzentren.

3.1 Zusammenfassung der Anforderungen aus den soziokulturellen Nutzungsansprüchen an das Wohnumfeld

Überprüfung stadtplanerischer Maßnahmen auf soziale und soziokulturelle Konsequenzen

Verkehrsplanungen, Sanierungen, Wohnumfeldplanungen etc. müssen auf ihre sozialen und soziokulturellen Konsequenzen hinterfragt werden. Nur so können die durch die

Stadtplanung und den Stadtumbau selbst bedingten sozialen Erosionsprozesse eingedämmt werden. In der Stadtteil- und Quartiersentwicklungsplanung müssen Modelle sozialer Zwangsmischung zugunsten der Erhaltung homogener - auch "einseitiger" - Sozialstrukturen aufgegeben werden. Dabei ist Ghetto-Bildung zu vermeiden, indem die Kommune verstärkt von ihrem bau- und wohnungsaufsichtsrechtlichen Instrumentarium Gebrauch macht, gezielt im Bereich der sozialen Infrastruktur investiert und so einer Verslumung entgegenwirkt.

Dezentralisierung des Angbots an sozialer Infrastruktur

Maßnahmeschwerpunkte sind hier insbesondere die Bereiche Bildung und Kultur sowie Medizin.

Die ärztliche Versorgung in den Ausländerschwerpunkten ist i.a. wesentlich schlechter als in den besseren Gebieten der deutschen Wohnbevölkerung. Ähnliches gilt für die deutschen Arbeiterquartiere, vor allem die peripheren Wohnsiedlungen der 60er Jahre. Hier muß die Gemeinde gezielt auf die Niederlassung praktischer Ärzte - auch ausländischer - hinwirken.

Im Bereich der Bildungspolitik muß die Tendenz der letzten Jahre zur Zentralisierung von Bildungseinrichtungen kritisch überprüft werden. Aufgrund der bekannten Wechselwirkung zwischen Angebot und Wahrnehmung des Bildungsangebotes müssen verstärkt die sozial benachteiligten Stadtteile, vor allem auch die Ausländerquartiere, berücksichtigt werden.

Die Forderung nach Dezentralisierung des Bildungsangebotes gilt auch im besonderen Maße für die Erwachsenenbildung durch die VHS und hier insbesondere für Ausländersprachkurse.

Ein weiterer Schwerpunkt der dezentralen VHS-Arbeit sollte die Behandlung von Konflikten im Stadtteil (Verkehrsplanungen, Sanierungen etc.) bzw. im Wohnbereich (Modernisierungsprobleme, Mietenentwicklung etc.) sein. Zusammen mit den örtlichen Gewerkschaften (z.B. im Rahmen von "Arbeit und Leben") sollten Probleme der Beziehung zwischen Wohnen und Arbeiten bzw. des Mobilitätszwanges stadtteil- bzw. quartiersbezogen aufgearbeitet werden.

Unterstützung stadtteilbezogener Kulturinitiativen, Dezentralisierung kommunaler Kulturinvestitionen

Anstelle der zentralen Kulturaktivitäten in den meist menschenleeren Citys sollte sich der Schwerpunkt städtischer Kulturaktivitäten in die Stadtteile verlagern. Wie teilweise im nördlichen Ruhrgebiet der Fall (Westfälisches Landestheater Castrop-Rauxel) sollten die Theater zum Zuschauer bzw. Teilnehmer kommen. Darüber hinaus müssen die Städte wesentlich mehr als bisher die kulturelle Eigeninitiative der Bevölkerung (z.B. Initiativen für Volkshäuser, Theater- und Musikgruppen etc.) vorurteils- und bevormundungsfrei unterstützen.

Aufbau eines stadtteilbezogenen Systems von "Häusern der offenen Tür"

Materielle Voraussetzung für die Dezentralisierung kommunaler Kulturaktivitäten ist der Aufbau eines Netzes stadtteilbezogener Kultur- und Kommunikationszentren. Diese Zentren müssen "Häuser der offenen Tür" sein und von den Benutzern selbst verwaltet werden. "Häuser der offenen Tür" wären die Kristallisationspunkte stadtteilbezogener sozialer und kultureller Aktivitäten der deutschen und ausländischen Bevölkerung: von VHS-Kursen über Theater- und Musikveranstaltungen bis zu den Treffs von Mieter-, Arbeitslosenselbsthilfeinitiativen etc..

Anerkennung der soziokulturellen Nutzungsansprüche nicht-mittelständischer, insbesonderer ausländischer Wohnbevölkerung an das Wohnumfeld

Wie oben aufgezeigt, sind die Belastungen und Risiken des industriellen Produktionsprozesses klassen- und schichtenspezifisch verteilt. Eine arbeitnehmerorientierte Wohnumfeldplanung muß hieraus den Schluß ziehen, den Regenerationsansprüchen dieser Teile der Bevölkerung besondere Priorität einzuräumen, um die faktische Benachteiligung nicht noch weiter zu verschärfen. Für die planerische Praxis heißt das nicht nur eine Neufestsetzung von Nutzungsprioritäten sondern ein grundsätzliches Umdenken und eine Kritik an mittelständischen Ordnungs- und Ästhetikbegriffen (vgl. Abschnitt "Regenerative Freiraumaktivitäten"). Diese Forderung bezieht sich sowohl auf Wohnumfeldverbesserung wie auf die Wohnungsmodernisierung und das Verhältnis beider zueinander. So wenig es den Bedürfnissen der Bewohner einer Arbeitersiedlung entspricht, wenn das für mittelständische Bedürfnisse "zu kleine" Wohnzimmer auf Kosten der "zu großen" Wohnküche vergrößert wird - wie häufig bei Modernisierungen der Fall -, sowenig sinnvoll ist es, ausländischen Arbeitern als Ersatz für ihr zerstörtes Grabeland einen Platz in einem Dauerkleingarten anzubieten. Stadtteilpolitik und -planung müssen hier eine neue Sensibilität finden, vor allem aber müssen klare politische Entscheidungen zugunsten der "Nischennutzungen" fallen. Die Voraussetzungen hierfür sind jedoch in den Stadtparlamenten - wie oben aufgezeigt (vgl. Abschnitt 1.) - denkbar gering; so wird die Verteidigung dieser Form von Wohnqualität auch in Zukunft wesentlich die Sache von Bürgerinitiativen bleiben.

4. Wohnumfeldplanung und Arbeitslosigkeit

Eine sozial- und arbeitnehmerorientierte Wohnumfeldplanung kann nicht an den sozialen Folgen konjunktureller oder struktureller Krise vorbeisehen - schon gar nicht in einer Krisenregion wie dem Ruhrgebiet, wo gegenwärtig weit über 100.000 Arbeitnehmer erwerbslos sind, von der versteckten Arbeitslosigkeit (vor allem bei Frauen und Jugendlichen) und der vorübergehend durch Arbeitsbeschaffungsmaßnahmen unterbrochenen ganz zu schweigen.

Mit 6,3 % lag die mittlere Arbeitslosenquote im Ruhrgebiet 1978 um die Hälfte höher als in Nordrhein-Westfalen und doppelt so hoch wie der bundesrepublikanische Durchschnitt. Besonders betroffen waren Frauen (1978: 9,2 %) /43/, ältere Arbeitnehmer, Körperbehinderte, Jugendliche und Ausländer.

Die höchsten Arbeitslosenquoten liegen in den Branchen Bergbau, Eisen und Stahl, Textil- und Bekleidung sowie Handel oder innerregional, nach der räumlichen Verteilung der industriellen Branchen ausgedrückt: im westlichen und nördlichen Ruhrgebiet (vgl. Abb. 3). Bekanntlich sind dies die Teilregionen mit besonders gravierenden strukturellen und sektoralen Problemen und überdies noch mit der höchsten Umweltbelastung. In den Teilräumen westliches Ruhrgebiet und Emscherzone zeigt sich exemplarisch ein grundlegender Wider-

Abb. 3
Arbeitslosenquoten in den Hauptämtern und Nebenstellen der Arbeitsamtsbezirke des SVR-Gebiets im November 1978

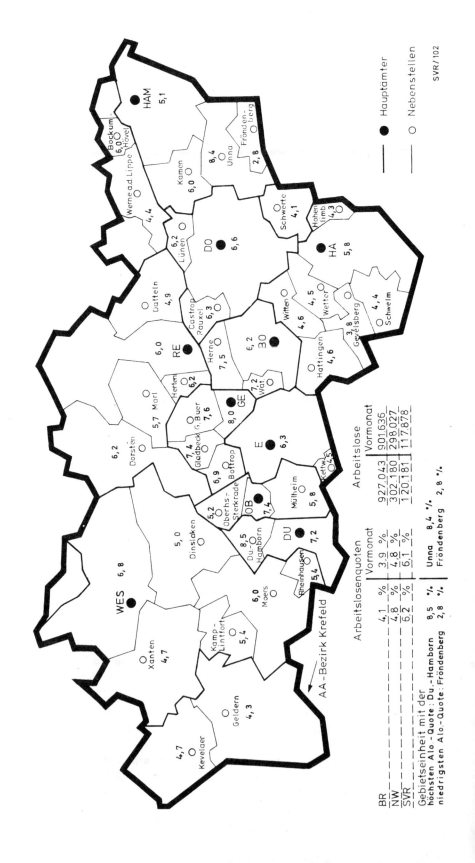

spruch von aufwertungsorientierten Wohnumfeldstrategien im Verdichtungsraum: in Duisburg, Oberhausen, Bottrop, Gladbeck oder Gelsenkirchen Attraktivierungsplanungen durchzuführen, als deren Folge die Mieten erheblich steigen (z.B. bei aufwendigen Modernisierungen), soziale Verdrängungen stattfinden (z.B. Privatisierungen von Arbeitersiedlungen) oder soziokulturell spezifische Gebrauchsfähigkeiten des Wohnumfeldes zerstört werden (s.o.), heißt praktisch, an den sozialen Interessen einer großen Zahl, wenn nicht der Mehrheit der Bevölkerung dieser Städte vorbeizuplanen.

Gerade auf dem Hintergrund der historisch bedingten sozialen Basis dieser Städte und den akuten wirtschaftlichen Problemen ist es notwendig, Stadtplanung und speziell Stadtteilplanung - also auch Wohnumfeldkonzepte - auf die besondere soziale Situation der Mehrheit der Bevölkerung zu orientieren. In diesen Rahmen gehört auch die vielleicht zunächst überzogen anmutende Frage nach dem Zusammenhang zwischen Wohnumfeldplanung und kommunalen Strategien gegen Arbeitslosigkeit.

Es braucht hier nicht betont zu werden, daß Arbeitslosigkeit grundsätzlich nicht auf kommunaler Ebene und am allerwenigsten mit Wohnumfeldmaßnahmen behoben werden kann. Was die Relevanz dieses Zusammenhanges ausmacht, ist indes einerseits die **psychosoziale und finanzielle Bedeutung** des Wohnbereichs und Stadtteils für Arbeitslose und andererseits die Tatsache, daß Wohnumfeldmaßnahmen i.a. mit **öffentlichen Investitionen** verbunden sind, die wiederum arbeitsplatz- bzw. strukturwirksam sind.

Der letztgenannte Aspekt, also die Frage: "Welchen Stellenwert können kommunale Wohnumfeldinvestitionen für eine stadtteilbezogene Arbeitsbeschaffungspolitik haben?" kann hier nur angesprochen werden. Feststeht, daß Wohnumfeldinvestitionen Bestandteil sozialer Infrastrukturpolitik werden müssen und daß die für Arbeitsbeschaffungsmaßnahmen zur Verfügung stehenden Mittel auch räumlich gezielt in den gefährdeten Stadtteilen und Wohnquartieren einzusetzen sind. Darüber hinaus sollten die an private Unternehmen vergebenen Aufträge an konkrete beschäftigungspolitische Auflagen geknüpft werden /44/.

Hinsichtlich der **psycho-sozialen und finanziellen Bedeutung** des Wohnumfeldes für Arbeitslose lassen sich drei Aspekte unterscheiden:

- Wohnumfeld als Aggregat sozialer Interaktion,

- Wohnumfeldeinrichtungen als soziale Infrastruktur zur Einsparung privater Ausgaben,

- Wohnumfeld als praktisches Nutzungsangebot an Bildungs- und Beratungseinrichtungen.

Unabhängig von ihrer materiellen Reproduktionsfunktion ist die Arbeit - selbst in ihrer entfremdeten Form - immer noch Focus der sozialen Identität - darüber können auch nicht die konsumvermittelten Versuche hinwegtäuschen, sich im Wohn- und Freizeitbereich mit Hilfe der bekannten Statussymbole eine "selbstbestimmte" Identität und Individualität zuzulegen. Bestandteil dieser sozialen Identität sind die über die Arbeit (am Arbeitsplatz, in der Gewerkschaft etc.) vermittelten persönlichen Beziehungen.

Beide Faktoren - materielle Reproduktion und soziale Identität - sind bei Arbeitslosigkeit stark eingeschränkt, bei länderer Arbeitslosigkeit schwer gefährdet. Untersuchungen über die psycho-sozialen Folgen der Arbeitslosigkeit kommen zu dem Ergebnis: "Bezeichnend ist eine Verkehrung gesellschaftlicher Ursachen in individuelle Schuldzuschreibung. Rückzug aus dem sozialen Beziehungsgeflecht auf die eigene Person, Einschränkung des Aktionsradius und ein Verlust von Zeitgefühl münden in psychosomatische Erkrankungen, Resignation und Apathie, Selbstmord bzw. nach außen gerichtete Fluchtreaktionen wie Stadtstreicherei, Alkoholismus, Aggressionsstaus oder Bagatellkriminalität ... Diese verallgemeinernden Befunde soziologischer und psychologischer Untersuchungen lassen allerdings kaum Schlüsse auf konkrete Verarbeitungsformen der Erfahrung Arbeitslosigkeit zu: Entscheidend sind in der Regel soziale/familiale Bezugsgruppen, subjektive Erfahrungen, materielle Absicherung oder auch regionale Infrastruktur" /45/.

Hierin liegt ein möglicher Ansatzpunkt für eine sozialorientierte Wohnumfeldplanung. Wohnumfeldplanungen können zwar die durch den Verlust des Arbeitsplatzes entstehenden finanziellen und psycho-sozialen Probleme nicht lösen, zumindest aber ihrer Verschärfung durch zusätzliche soziale Isolation wie sie aus den Stadtrand-Wohnghettos bekannt ist, und durch weitere finanzielle Belastungen entgegenwirken. Dies gilt insbesondere für jugendliche Arbeitslose, bei denen zu den finanziellen Problemen auch noch die repressive Abhängigkeit vom Elternhaus /46/ kommt.

Folgende Ansatzpunkte für eine sozial- und arbeitnehmerorientierte Wohnumfeldplanung lassen sich aus diesen Überlegungen zusammenfassen:

- Herstellung bzw. Sicherung eines Angebotes an sozialen Interaktionsmöglichkeiten im Wohnumfeld (z.B. Jugendzentren);

- Substitution privater Ausgaben (z.B. für Kneipenbesuch, aber auch bei Wohnungsmodernisierung u.a.) durch öffentliche Infrastrukturleistungen (z.B. Jugendzentrum statt Kneipe, wohnungsnahes Schwimmbad statt Badeinbau);

- Aufbau eines Systems stadtteil- bzw. quartiersbezogener "Häuser der offenen Tür", in denen Arbeitslose die Möglichkeit zur Information und Weiterbildung, zu Kommunikation und freier Betätigung etc. haben;

- "Entwicklung eines stadtteil- und lebenswelt-orientierten Konzeptes für Sozialarbeit mit Arbeitslosen" /47/;

- Lenkung der Arbeitsbeschaffungsmittel auf die gefährdetsten Stadtteile und Quartiere und Förderung von Maßnahmen zur Verbesserung von Wohnungen und Wohnumfeldern durch die Betroffenen;

- Einbindung kommunaler Wohnumfeldinvestitionen in ein lokales strukturpolitisches Konzept der sozialen Infrastrukturpolitik.

5. Schluß

Die bisherige Praxis der Wohnumfeldverbesserung im Ruhrgebiet ist im Großen und Ganzen durch:

- den Modellversuch des Landes NW zur Verkehrsberuhigung in Wohngebieten /48/,

- den vom Land geförderten Ausbau des Radwegenetzes,

- partielle städtische Maßnahmen (Verkehrsberuhigung, Grünplanung) und Programme (z.B. Essener "Umweltprogramm") charakterisiert.

Der Schwerpunkt bisheriger Wohnumfeldmaßnahmen liegt im Bereich der Verkehrsberuhigung, der angesichts der "ökologischen Doppelbelastung" im industriellen Verdichtungsraum sowie der hohen Unfallziffern bei Kindern und alten Leuten zweifellos erhebliche

Bedeutung zukommt. Die bisherigen Erfahrungen mit der Verkehrsberuhigung, vor allem im Rahmen des Modellversuches des Landes, zeigen jedoch auch die Probleme, die mit den i.a. isoliert vorgenommenen Verbesserungsmaßnahmen verbunden sind:

- fehlende Mitbestimmungsmöglichkeiten der Betroffenen über Art und Umfang der Verbesserungsmaßnahmen: dies führt in der Praxis zu vermeidbaren Pannen und Unannehmlichkeiten für die Bürger, die sich einmal mehr überfahren fühlen; ein Beispiel: durch die "Straßenmöblierung" ist die Zufahrt für Kohlewagen zu den Einfüllschächten versperrt, die Bewohner müssen nun die Kohle erst über 10 m schleppen, bevor sie sie in den Kellerschacht einfüllen können;

- soweit Wohnumfeldverbesserungen (Verkehrsberuhigung, Blockentkernung und Begrünung etc.) nicht über Städtebauförderungsgesetz oder im Rahmen des Modellversuchs subventioniert werden, werden sie über das Kommunale Abgabegesetz (KAG) "abgerechnet", d.h. auf die Eigentümer bzw. Mieter überwälzt; die Folgen für die Mietentwicklung und ihre Tragbarkeit für die Bewohner werden i.a. nicht untersucht;

- häufig fehlt die Koordination der Wohnumfeldverbesserung mit einer Modernisierung bzw. Instandstzung der Häuser (vgl. obiges Kohle-Beispiel);

- die Verbesserungsmaßnahmen sind oft nicht auf ein Viertel oder einen Stadtteil, sondern nur einzelne Straßen bezogen; so kann es z.B. passieren, daß eine eingerichtete Spielstraße aufgrund des allgemeinen Fehlbedarfs an Kinderspielmöglichkeiten zu einer Art "zentralörtlichen Einrichtung" für die Kinder der näheren und weiteren Umgebung wird und die betroffenen Anlieger jetzt - nach Verkehrsberuhigung - mehr gestört werden als vorher durch den Autoverkehr;

- Wohnumfeldverbesserungen sind i.a. nicht in ein Konzept der Stadtteilentwicklung eingebettet, so daß es zu Inkonsistenzen zwischen einzelnen Fachplanungen und Maßnahmen kommt.

Geht man einmal davon aus, daß die genannten Probleme nebst einiger weiterer im rechtlichen und gestalterischen Bereich /49/ gelöst werden können, so stellt sich immer noch die Frage nach der notwendigen Ergänzung von Wohnumfeldmaßnahmen durch die Verbesserung der ökologischen Situation im industriellen Verdichtungsraum. Die Stadt Essen, also das Oberzentrum im südlichen Ruhrgebiet mit dem höchsten Tertiärisierungsgrad und der relativ geringsten Bedeutung der Grundstoff- und Produktionsgüterindustrie hat die Aufstellung eines Umweltschutzprogrammes beschlossen. Einen Schwerpunkt bilden Überlegungen zur Senkung der Luftbelastung und zur Verbesserung des Stadtklimas. Ziel des Essener Umweltprogrammes ist laut OB Katzor: "Wir wollen das Leben hier so lebenswert machen, daß weniger Menschen abwandern, sondern immer mehr das Ruhrgebiet als Wohnsitz anpeilen, genauso wie die bevorzugten Regionen um Stuttgart oder München" /50/.

Ob dieses Programm mehr sein wird als das kommunalpolitische Segel gegen den Aufwind der ökologischen Bewegung und ob wirklich die Mehrheit der Bevölkerung davon profitiert, bleibt abzuwarten; immerhin hat der Rat der Stadt Essen erkannt, daß das Problem Stadtflucht im industriellen Verdichtungsraum tiefgreifenderer Verbesserungen bedarf als die Anlage von "möblierten" Wohnstraßen.

Die Frage ist allerdings, wie weit sich die auf Gedeih und Verderb von der emissionsreichen Grundstoff- und Produktionsgüterindustrie abhängigen Städte des Ruhrgebietes - vor allem in der Emscherzone und im westlichen Teil - solche ökologischen Erkenntnisse leisten können?

Anmerkungen:

/1/ Die Verwertungsorientierung bildet auch den Schwerpunkt der Behandlung des Wohnumfeld-Themas durch die Bundesregierung, speziell des Städtebauministers Haack. Dieser erklärte Anfang November vor dem Bundestag, Wohnumfeldplanung "sei eindeutig eine öffentliche Aufgabe, die in der Verbesserung des Investitionsklimas bestehe". (Frankfurter Rundschau vom 10.11.1978) Wie im Text angesprochen, wird Wohnumfeldplanung so in das Arsenal der öffentlichen Infrastrukturvorleistungen für private Rendite-Investitionen eingereiht. Die steuerungspolitischen - einschließlich sozialpolitischen - Chancen, die tatsächlich darin liegen, daß Wohnumfeldmaßnahmen im wesentlichen **öffentliche** Aufgaben sind, werden zugunsten der Investitionsmotivierung aufgegeben.

/2/ Der qualifizierte Bebauungsplan ist m.E. das geeignetste Mittel für eine defensiv-erhaltende (z.B. Umnutzungsdruck abwehrende) wie aktiv-gestaltende (Qualitäten herstellende) Wohnumfeldplanung. Zur Erhaltung und/oder Gestaltung von Freiflächennutzungen bietet der § 9 BBauG eine Reihe wichtiger Festsetzungsmöglichkeiten:

- von der Bebauung freizuhaltende Flächen und ihre Nutzung (Ziff. 10);
- Verkehrsflächen besonderer Zweckbestimmung (Ziff. 11);
- öffentliche und **private** Grünflächen wie Parkanlagen, Dauerkleingärten, Sport-, Spiel-, Zelt- und Badeplätze (Ziff. 15);
- Flächen für Aufschüttungen, Abgrabungen u.a. (Ziff. 17);
- Flächen für Land- und Forstwirtschaft (Ziff. 18);
- **Maßnahmen** zu Landschaftsschutz und Landschaftspflege (Ziff. 20);
- die mit Geh-, Fahr- und anderen Rechten zu belastenden Flächen (Ziff. 21);
- Flächen für Gemeinschaftsanlagen (Ziff. 22);
- die von der Bebauung freizuhaltenden Schutzflächen (Ziff. 24);
- Pflanzgebot, Bindung für Bäume, Sträucher und Gewässer.

Neben den aufgezählten differenzierten Planaussagen ermöglicht das Gesetz die Festsetzung des "besonderen Nutzungszweckes von Flächen, der durch besondere städtebauliche Gründe erfordert wird" (§ 8 Abs. 1 Ziff. 9 BBauG). Diese "Generalklausel" könnte - bei entsprechender städtebaulicher Begründung - z.B. in einem Wohnquartier mit überwiegend ausländischer Bevölkerung dazu herangezogen werden, speziell Grabeland-Nutzungen (vgl. Fußnote 8) zu erhalten. Freilich geht die Gemeinde bei dieser wie bei den Festsetzungen nach den Ziffern 10., 11., 15., 17., 22. und 24. die Gefahr entschädigungsrechtlicher Konsequenzen ein - soweit ihr die Flächen nicht selbst gehören. Außerdem ist in der Praxis die Bereitschaft der Kommunen zu differenzierten Planaussagen - gerade unter den Bedingungen der Krise - äußerst gering. Neben den wohnumfeldrelevanten Vorteilen des Bebauungsplanes ist jedoch auch auf Probleme hinzuweisen, die sich vor allem aus landesrechtlichen und förderungspolitischen Vorschriften ergeben. Am bekanntesten sind die Probleme mit dem Stellplatznachweis bei der Aufstellung eines Bebauungsplanes; dieser kann in seiner häufig betriebenen Rigorosität genau die Wohnumfeldqualitäten gefährden, die durch das Verfahren und den Bebauungsplan geschützt werden sollen.

/3/ vgl. Frankfurter Rundschau v. 10.11.1978

/4/ Von der ökonomischen und sozialräumlichen Struktur her gliedert sich das Ruhrgebiet klar in einen nördlichen Teil, die Emscherzone - hier konzentrieren sich emissionsreiche und stagnierende Branchen der Grundstoff- und Produktionsgüterindustrie und vor allem der Tertiäre Sektor zentralisieren. Zur Abgrenzung vgl. Abb. 1 und 3 (vgl. HELLWEG, U.: Stadtentwicklung in der Krise - Das Beispiel des Ruhrgebietes, Teil I: Politisch-ökonomische Determinanten der Agglomerationsentwicklung und die Antwort der Landesplanung in: arch + 38, Aachen Mai 1978)

/5/ Zusammen mit der Saar-Region weist das Ruhrgebiet den größten negativen Wanderungssaldo von 2 °/oo jährlich unter allen großstädtischen Verdichtungsräumen der Bundesrepublik auf. Es verliert jährlich etwa 10.000 Personen. Innerregional stellt sich die Situation jedoch sehr unterschiedlich dar und belegt einmal mehr die starke Binnen-Differenzierung dieses Raumes: während das östliche Ruhrgebiet (Raum Dortmund) sogar leichte Wanderungsgewinne zu verzeichnen hat, sind das mittlere und westliche Ruhrgebiet deutlich von negativen Wanderungssalden gekennzeichnet. Gravierend sind die Unterschiede zwischen der Emscher- und der Hellweg-Region: die relativ höchsten Wanderungsverluste weist mit jährlich 6,54 °/oo das nördliche Ruhrgebiet auf (Hellweg-Zone: 3,44 °/oo). (Vgl. Motive und Strukturen der Wanderungen im Ruhrgebiet, Untersuchung des Rheinisch-Westfälischen Instituts für Wirtschaftsforschung in Essen, Düsseldorf 1978, S. 20 ff)

/6/ Neben den privaten Hausgärten und den Dauerkleingärten sind die Grabeländer die wichtigsten Gartenformen im Ruhrgebiet. Es gibt grundsätzlich zwei Arten von Grabeländern: die "legalen", die den Nutzern - meist Bergleuten oder Stahlarbeitern - von Zechengesellschaften oder Stahlwerken aus ihrem Grundbesitz preisgünstig als Nutzgarten überlassen werden; die Vergabe dieser Form von Grabeland ist jedoch seit der Kohlenkrise und im Zuge der Rationalisierung aus naheliegenden Gründen stark zurückgegangen. Und es gibt die "wilden" Grabeländer, die - häufig von ausländischen Arbeiterfamilien - "besetzt", d.h. kultiviert werden und die sonst brachliegen würden.

/7/ Bei der 1976 vom RWI angestellten Untersuchung der Wanderungsmotive im Ruhrgebiet waren 60 % der Wanderungsmotive wohnortorientiert. Innerhalb dieser 60 % nahmen die wohnumfeldbezogenen Gründe (Freizeit- und Naherholungsmöglichkeiten, Wohnlage) mit 31,5 % der Abwanderer mehr als die Hälfte ein. Die Bildung von Wohnungseigentum wurde dagegen von 12 % der Fortziehenden genannt! (Vgl. Motive und Strukturen ... a.a.O., S. VII f)

/8/ Der im Folgenden am Beispiel des Ruhrgebietes entwickelte Ansatz eines Wohnumfeldbegriffes, der von den spezifischen Regenerationsansprüchen und sozialen Interessen der arbeitenden Bevölkerung im industriellen Verdichtungsraum ausgeht, wird ebenfalls verfolgt von FESTER, M./KRAFT, S./WEGENER, U.: Raum für soziales Leben - Kriterien und Leitlinien für die Qualität von Wohnquartieren und des Wohnumfeldes für Kinder, Jugendliche, Familien und alte Menschen (Forschung im Auftrage des MAGS NW), Aachen 1978.

/9/ zit. nach "Wandel der Risikostruktur und Sozialpolitik - Ausgewählte Daten und Indikatoren" - Dokumentation - in: Gewerkschaftliche Monatshefte Nr. 3 1977, S. 210

/10/ KLEE, E.: Gefahrenzone Betrieb - Verschleiß und Erkrankung am Arbeitsplatz, Frankfurt/Main, 1977, S. 28

/11/ ebd.

/12/ ebd., S. 28

/13/ Eigene Schätzung auf der Grundlage einer für die Saarregion angestellten Untersuchung des Anteils von Wechsel- und Nachtschichtarbeitern in den dominierenden Branchen. Vgl. OCHS, P.: Schichtarbeit - Risiko und Gefährdung für die Arbeitnehmer, in: Gewerkschaftspolitik in der Krise - Kritisches Gewerkschaftsjahrbuch 1977/78, Berlin 1978, S. 41;

/14/ OCHS, P. a.a.O.

/15/ KLEE, E. a.a.O., S. 28

/16/ ebd., S. 144

/17/ "Folgen dieser als "unnötig" befundenen Streßsituationen seien insbesondere Herzattacken, innere Geschwüre, Verdauungs- und Atembeschwerden, Angstzustände und nervliche Depressionen. Der Gewerkschaftsdachverband ICEF hat deshalb eine Weltkonferenz über den Streß einberufen." (Vgl. Frankfurter Rundschau v. 2.12.1978)

/18/ Obwohl sich der Anteil der Ausgaben für Gesundheit von 1962 mit 4,5 % des Bruttosozialproduktes auf 8,9 % 1972 in 10 Jahren fast verdoppelt hat, stagniert der Gesundheitszustand der Bevölkerung. Für einzelne Bevölkerungsschichten hat sich "der noch vielfach behauptete Trend zur Angleichung der Lebenserwartungen der sozialen Schichten in entwickelten Industrieländern insbesondere bei den Erwerbstätigen eher wieder umgekehrt (NASCHOLD, F.: Zur Perspektive und Strategie einer arbeitsorientierten Gesundheitspolitik, in: Gewerkschaftliche Monatshefte, Heft 3 1977, S. 1184/185).

/19/ KLEE, E. a.a.O., S. 120/121

/20/ "Jeder 10. Erwerbstätige erleidet jährlich einen Arbeitsunfall oder eine Berufskrankheit oder: jeder 4. Beschäftigte im Bergbau, knapp jeder 6. Beschäftigte in der Steine-, Erden-, Eisen- und Metall- und Holzindustrie, aber nur jeder 25. Beschäftigte im Handel und Versicherungswesen und jeder 40. im Gesundheitswesen." ("Was hat der Arbeiter von der sozialen Marktwirtschaft?" Volkspreisheft 1, Hrsg. BETRIEB, Köln-Niehl, 1974, S. 6). Dagegen weist die Statistik der deutschen Betriebskrankenkassen (vgl. stern Nr. 18, 1978, S. 172) vor allem folgende Berufe als unfallträchtig aus: Metallverarbeitung, Chemie und Mineralöl, Steine und Erden. Wiederum andere Ergebnisse zeigt die Statistik der Berufsgenossenschaften. Die im Text genannten Branchen können - jedoch ohne Beachtung der Reihenfolge - als die allgemein unfall- und krankheitsintensivsten angesehen werden.

/21/ Vgl. HELLWEG, U.: Stadtentwicklung in der Krise a.a.O., Teil I

/22/ Vgl. RWI: Motive und Strukturen a.a.O., S. 205

/23/ Am 9.10.1978 strömten innerhalb von nur 10 Minuten ca. 15.000 Kubikmeter sgn. "Gichtgas", das durch die Beschickung eines Hochofens mit Kohle oder Erz entsteht, aus einem Behälter der Thyssenhütte Ruhrort. Die ca. 50.000 Bewohner der umliegenden Stadtteile mußten über Polizeilautsprecher gewarnt werden. Der Vorfall zeigt exemplarisch, wie schlecht vorbereitet und informiert die Behörden für solche täglich möglichen Katastrophen sind. So hieß es zunächst, Gichtgas sei schwerer als Luft und zudem explosiv; man solle sich also auf keinen Fall im Keller aufhalten und nach Möglichkeit obere Stockwerke aufsuchen. Später stimmte dann alles gar nicht. "Gichtgas ist leichter als Luft, steigt schnell nach oben, riecht nicht, kann erst bei 650 Grad Celsius explodieren und zu Vergiftungen nur dann führen, wenn es in einem geschlossenen Raum ausgeströmt wäre," erklärte der Sprecher der Thyssen AG. Oder: Zunächst hieß es, das Loch im 40.000 Kubikmeter-Behälter wäre nach 10 Minuten von Technikern geschlossen worden; später erklärt die Thyssen AG: ein erkennbares Leck habe es gar nicht gegeben: "Das Ausströmen war von selbst zum Stillstand gekommen." (Buersche Zeitung v. 10.1.79). Wie es nun wirklich war, darüber wurde die Bevölkerung bis heute nicht informiert. Frage: Was wäre wohl passiert, wenn das "Ausströmen" 8 Tage später, als im westlichen Ruhrgebiet wegen Inversionswetterlage die Alarmstufe I des "Smog-Plans" ausgerufen werden mußte, "von selbst" wieder eingesetzt hätte?

/24/ Das Ruhrgebiet ist eine der Industrieregionen mit der höchsten "chemischen Dichte" auf der Erde. "Ein chemischer Unfall gleichen Ausmaßes in den USA und im Ruhrgebiet würde denn auch zwischen Recklinghausen, Düsseldorf und Wuppertal weit mehr Menschen betreffen als in vielen Regionen der Vereinigten Staaten. Auch die Seveso-Katastrophe, die bei über 600 Menschen zu Gesundheitsschäden führte, hätte im Ruhrgebiet womöglich eine erheblich größere Zahl von Opfern gefordert." (KOCH, E./VAHRENHOLT, F.: Seveso ist überall - die tödlichen Risiken der Chemie, Köln 1978, S. 38)

/25/ Landesentwicklungsbericht 1976, Landesentwicklung - Schriftenreihe des Ministerpräsidenten des Landes Nordrhein-Westfalen, Heft 39, Düsseldorf 1977, S. 77

/26/ Mit einer Groß-Untersuchung, bei der 8600 Einwohner im Kernbereich des Ruhrgebietes, darunter 5.000 Erwachsene, auf Erkrankungen der Atemwege, Belastungen des Organismus durch Schwermetalle, Störung der Blutbildung sowie des zentralen Nervensystems und Immunresistenz untersucht werden sollen, reagiert die Landesregierung auf den "furchterregenden Verdacht" (NRW-Gesundheitsminister Farthmann) neuerer wissenschaftlicher Forschungen im Ruhrgebiet. Das Düsseldorfer "Institut für Lufthygiene" hatte bei 800 Duisburger Kindern einen deutlichen Zusammenhang zwischen Bleibelastung und Intelligenz- und Lernschwäche festgestellt. (Vgl. WAZ v. 26.10.1978) Vgl. zur Zunahme der Schwermetallimmissionen und zur allgemein wachsenden Belastung durch toxische Chemikalien: KOCH, R./VAHRENHOLT, F.: Seveso ... a.a.O., S. 120 ff

/27/ JÄNICKE, M./WEIDNER, H.: "Optische Täuschungen im Umweltschutz", Umschau 77, S. 722 (1977), zit. nach: KOCH, R./VAHRENHOLT, F.: Seveso ... a.a.O., S. 319

/28/ NASCHOLD, F.: Zur Perspektive ... a.a.O., S. 184

/29/ "Modell einer allgemeinen Vorsorgeuntersuchung", in: Wandel der Risikostruktur ... a.a.O., S. 210

/30/ KLEE, E.: Gefahrenzone ... a.a.O., S. 133

/31/ ebd., S. 133/134

/32/ Vgl. zur Wohnsituation ausländischer Arbeiter: IPSEN, D.: Wohnsituation und Wohninteresse ausländischer Arbeiter, in: arch + 42, Dezember 1978, S. 25 ff; GEISELBERGER, S. (Hrsg.): Schwarzbuch ausländischer Arbeiter, Frankfurt 1972, S. 122 ff

/33/ Exemplarisch hierfür ist der Konflikt um die Erhaltung der Arbeitersiedlungen Eisenheim in Oberhausen, Felicitas in Dortmund-Hörde und die Siedlung Hochfeld in Duisburg. (Vgl. GÜNTER, R.: Sanierung und Erhaltung von Arbeitersiedlungen im Ruhrgebiet: Soziale Ziele und Formen der politischen Einflußnahme der betroffenen Arbeiterbevölkerung, in: Sozialorientierte Stadterhaltung als politischer Prozeß, Hrsg.: Die kooperierenden Lehrstühle für Planung an der RWTH Aachen, Politik und Planung 4 Köln 1976, S. 195)

/34/ Vgl. EMNID-Institut Bielefeld: Freizeit im Ruhrgebiet - Untersuchung über das Freizeitverhalten und die Freizeitbedürfnisse der Bevölkerung, Bielefeld und Essen 1970, Tabellenband, S. 4

/35/ "Aufgesucht wird der Revierpark vor allem wegen der örtlichen Nähe und der günstigen Lage." (SVR-Untersuchung: "Wirkung und Bedeutung der Revierparks im Netz des soziokulturellen Gefüges seines Einzugsbereiches") (zit. nach WAZ v. 17.10.1978). Zu einem ähnlichen Ergebnis kommt die bereits zitierte Untersuchung "Freizeit im Ruhrgebiet" (a.a.O., S. LXX)

/36/ WAZ v.17.10.1978

/37/ "Erwachsene (Berufstätige) haben alltags keine Zeit, den Park aufzusuchen; an Wochenenden ist ihnen der Park zu überfüllt, zu überlaufen von Besuchern der umliegenden Städte, damit verbunden starker Autoverkehr und dadurch verursachter Lärm in der Revierparkumgebung. Alte Leute (Rentner) fühlen sich ebenfalls davon gestört; sie haben jedoch wochentags Zeit, um im Revierpark spazierenzugehen. Alte und Erwachsene fanden die Landschaft vor Bestehen des Revierparks natürlicher, idyllischer und ruhiger. Kinder und Jugendliche besuchen Wellenbad, Eissporthalle, Spielplätze und Diskothek alltags und am Wochenende." (SCHULTEN, C.: Gespräch mit Benutzern des Revierparks Gysenberg, in: Bauwelt Nr. 9, 1978, S. 307)

/38/ Vgl. RWI: Motive und Strukturen a.a.O., S. 24

/39/ Unter Beteiligung zahlreicher Bewohner wurde das seit Jahren verfallende und schon fast zugewachsene Gebäude freigelegt, gesäubert und provisorisch instandgesetzt. Anläßlich des UNESCO-Kongresses "Kultur und Alltag" im Juni 1978 in Gelsenkirchen wurde ein Festabend mit Musik und kaltem Buffet für die Bewohner und Kongreßteilnehmer veranstaltet, der großen Anklang fand. In einem offenen Brief an den Oberbürgermeister der Stadt erklären die Kongreßteilnehmer, daß es sich bei dem Volkshaus um eine richtungsweisende und beispielhafte Einrichtung handelt und bitten den OB um eine bevormundungsfreie Unterstützung solcher Initiativen. Mit einem Aufwand von 60.000 DM könnte das alte Waschhaus in ein Kulturzentrum und eine Begegnungsstädte verwandelt werden. Bis heute ist noch keine Entscheidung über eine finanzielle Unterstützung seitens der Stadt gefallen.

/40/ Vgl. "Entschließung zur Kultur- und Freizeitarbeit", Antrag des Jugendausschusses der IG Metall, beschlossen von der 10. ordentlichen DGB-Bundesjugendkonferenz in Frankfurt/Main im Dezember 1977, in: werkstatt, Sonderheft: Gewerkschaft und Kulturarbeit, Nr. 13 - 15 1978, S. 23

/41/ "Zwar sind die Kulturetats in den letzten Jahren absolut gestiegen, jedoch ist ihr Anteil am Gesamthaushalt der Gemeinden zurückgegangen und liegt 1978 in den Städten, die den Großteil aller Mittel für die Kulturarbeit im Revier aufbringen, nämlich in Duisburg, Essen, Bochum, Gelsenkirchen, Dortmund und Hagen

(2.800.000 Einwohner), zusammen bei 4 %. Dabei entfallen allein 55 % auf die von ihnen finanzierten Theater und Orchester, 17 % auf die Büchereien und 7 % auf die Weiterbildung." (EICHLER, K.: Kultur an der Ruhr - Kulturelle Infrastruktur und Kommunale Kulturpolitik im Revier, in: tendenzen Nr. 121, Sept./Okt. 1978, S. 8)

/42/ "So will Duisburg, die am höchsten verschuldete Stadt in der Bundesrepublik, im Rahmen eines staatlich verordneten Sparprogramms bis 1985 vier Zweigstellen der Stadtbibliothek schließen. (ebd.)

/43/ Alle Zahlenangaben nach: Landesarbeitsamt: "Der Arbeitsmarkt in NW", Dezember 1978

/44/ Vgl. hierzu die gegenwärtige Diskussion über ein Konzept für eine arbeitnehmerorientierte Raumordnungs-, Regional- und Kommunalpolitik, vgl. arch + 39

/45/ SCHÖN, B./SCHOTT, S.: Insituttionelle Angebote und mögliche Alternativen, in: Arbeitslose: abgeschoben, diffamiert, verwaltet - Arbeitsbuch für eine alternative Praxis, Hrsg. BALON, K.H./DEHLER, J./SCHÖN, B., Frankfurt 1978, S. 97

/46/ Vgl. Arbeitskreis kritischer Sozialarbeiter (AKS) Hamburg: "Zur Situation jugendlicher Arbeitsloser", in: Rationalisierung, Arbeitslosigkeit, Gegenwehr - Analysen, Materialien und Erfahrungen", Reihe Betrieb und Gewerkschaften, Offenbach 1978, S. 12

/47/ SCHÖN, B./SCHOTT, S. ... a.a.O., S. 111

/48/ Der Großversuch wird zusammen vom Landesverkehrsministerium im Verein mit dem HUK-Verband und den kommunalen Planungsämtern in 20 Städten mit insgesamt 30 Testzonen durchgeführt. Das Förderungsvolumen beträgt 5 Mill. DM; der Förderungsanteil des Landes: 85 %

/49/ Im rechtlichen Bereich gibt es noch Probleme mit der Straßenverkehrsordnung, die "an sich" keine Verkehrsbehinderungen, wie sie z.B. durch die Aufstellung von Pollern entstehen, zuläßt. Auch gestalterisch sind noch zahlreiche Fragen zu lösen: weder die Aufstellung von Beton-Pollern noch die Straßenbemalung für die Schrägaufstellung der parkenden PKW und schon gar nicht die winzigen "Grün-Nasen", die die Straßenzügigkeit verringern sollen, stellen eine gestalterische Bereicherung des Straßenraumes dar.

/50/ Vgl. WAZ v. 6.10.1978

Dieter Blase & Friedhelm Schrooten

Nischenpolitik — Stadtplanung im nördlichen Ruhrgebiet am Ende des Wachstums

1. Planungskritik und Wachstumskrise

Was wir unter Nischenpolitik verstehen, soll im folgenden aus den Erfahrungen entwickelt werden, die wir in den letzten Jahren bei der Arbeit im nördlichen Ruhrgebiet gesammelt haben. Die zeitliche, "historische" Dimension ist dabei bestimmend, um den planerischen und politischen Entwicklungsprozeß zu dokumentieren. Dabei sollen die Widersprüche des Versuches fortschrittlicher beruflicher Praxis aufgezeigt werden im Spannungsfeld zwischen mächtigen privaten Interessen, staatlicher Bürokratie und beginnender Artikulation der Bevölkerung.

Die materiellen Bedingungen der Stadtplanung zu Anfang der 70er Jahre sind Ausgangspunkt aller Überlegungen und sollen deshalb kurz genannt werden:

- Zu Beginn der 70er Jahre "entdecken" die Bewohner der Zechen- und Stahlarbeiterkolonien die Qualitäten ihrer Wohnungen und ihres Wohnumfeldes: Sie beginnen sich gegen die damals herrschende Abriß/Neubau-Strategie der Wohnungsunternehmen zu wehren und erzwingen die öffentliche Diskussion über die Wohnungsfrage. Die Tabuierung der zentralen Fragen der Stadtentwicklung im Ruhrgebiet wird allmählich aufgebrochen.

- Nach dem Bergbau wird die Stahlindustrie von einer tiefgreifenden Konzentrations- und Rationalisierungswelle erfaßt; erneut gehen tausende von Arbeitsplätzen verloren.

- Hoffnungen auf neue Arbeitsplätze und fortgesetztes Wirtschaftswachstum in Handels- und Dienstleistungssektor zerschlagen sich.

Unsere Aufgabe in dieser Phase ist es, übertrieben optimistische Prognosen zu reduzieren; es setzt sich die Auffassung durch, daß Einwohner und Arbeitsplätze im nördlichen Ruhrgebiet langfristig abnehmen; daß an weiteres Wirtschaftswachstum in dieser Region kaum noch zu denken ist. Die Wirkungen dieser Entwicklung auf die Städte sind widersprüchlich. Einerseits zeigt sich die Unfähigkeit der staatlichen Stellen, wirkungsvolle Strukturverbesserungskonzepte zu erarbeiten und allgemein durchzusetzen. Andererseits vergrößert sich vorübergehend der Spielraum der Stadtplanung für bevölkerungs- und mieterfreundliche Maßnahmen:

- Bei Erwartung weiterer Bevölkerungs- und Arbeitsplatzabnahme werden auch überzogene Verkehrs- und Autobahnplanungen reduziert.

- Die wirtschaftliche Stagnation greift auf den Wohnungsbau über: die jährliche Neubauleistung wird ab 1975 halbiert. Dadurch gelingt es, die Abriß/Neubauspekulation einzuengen.

2. Intensivierung der Planung: Konsolidierungskonzepte und Nutzung des Restwachstums

In dieser Phase erfolgt die Wende von extensiver Stadtplanung, die kaum mehr als Bebauungsplanung war, zu intensiver Planung. Wichtigste Funktion der Stadtplanung ist es, die flächenbezogenen Voraussetzungen zur Aufrechterhaltung von Wirtschaftswachstum zu schaffen. Diese Aufgabe kann in der Krise bei geringem Restwachstumsspielraum nur durch Steigerung des analytischen und planerischen Aufwands wahrgenommen werden. Die Anstrengungen beziehen sich besonders auf die Bauwirtschaft.

Aus einer Wohnungsmarktuntersuchung lassen sich folgende Schlüsse ziehen:

- Zur Nutzung der verbleibenden Eigenheimkonjunktur sind Bebauungspläne umzuarbeiten. Festsetzungen mehrgeschossiger Bauweise sind nicht mehr "zeitgemäß" und werden marktgerecht angepaßt.
- Die zunehmende Bedeutung der Althausmodernisierung wird erkannt.

Inzwischen ist die Modernisierungswelle Hauptträger der Baukonjunktur und erreicht fast 50 % der gesamten Leistungen im Wohnungsbau in der BRD, staatlich subventioniert in Milliardenhöhe. Die positiven Aspekte der Modernisierung (u.a. verlangsamter Flächenkonsum und Prinzip der Gebrauchswerterhaltung) versuchen wir in den allgemeinen Zusammenhang von Stadterhaltungs- und Konsolidierungskonzeptionen zu stellen.

In den Planungen werden Vorschläge zur Wohnungsmodernisierung erstmals kombiniert mit Maßnahmen zur Verbesserung des Wohnumfelds und zur Reduzierung von Verkehrsflächen.

Eine wichtige Erfahrung soll dabei hervorgehoben werden: In knapp vier Jahren entwickelte sich die Althausmodernisierung, die zunächst nur von wenigen fortschrittlichen Planern gefordert wurde, zum Hauptträger der Baukonjunktur.

Heute schlagen sich die Planer bereits mit den sozialen Folgen von Modernisierung als Aufwertungsstrategie herum: Zahlungsunfähige Mieter werden wie früher bei der Sanierung verdrängt und weichen bessergestellten Schichten. Die Erfahrung dieses Wandels der Einschätzung von Modernisierungsstrategien in sehr kurzer Zeit ist auch für die Interpretation von Wohnumfeldmaßnahmen wichtig, die sich ja teilweise ebenfalls als Aufwertungsstrategien auswirken.

3. Wohnumfeldverbesserung als Rezept für die liegengebliebenen Bereiche

Wir gehen in dieser Zeit davon aus, daß die Verbesserung der Wohnverhältnisse für die Bewohner nur über die Befriedigung der Kapitalverwertungsinteressen des Haus- und Grundbesitzes zu erreichen ist. Die Analyse der Modernisierungspraxis zeigt dabei, daß die privaten Investoren nur dort modernisieren, wo nachhaltig Gewinne zu realisieren sind. Stark heruntergewohnte und immissionsbelastete Wohnviertel bleiben ausgespart. Dementsprechend werden für diese Bereiche neben dem Angebot von Modernisierungszuschüssen auch Wohnumfeldmaßnahmen (Revitalisierungsprogramme) vorgesehen, gedacht als zusätzlicher indirekter Anreiz, um die Wohnungseigentümer zu Modernisierungsinvestitionen zu bewegen.

Der Schwerpunkt unserer Wohnumfeldverbesserungsvorschläge liegt im Grünbereich: Bäume pflanzen, Blockinnenhöfe aufschließen, Spielmöglichkeiten verbessern, die Verkehrsflächen reduzieren, Radwege bauen: Maßnahmen, die geeignet sind, den Leuten das Leben rings um ihr Haus zu erleichtern.

Die Widersprüchlichkeit dieses planerischen Ansatzes wird uns erst mit der Zeit bewußt: einerseits wissen wir, daß private Kapitaleigner nur aufgrund konkreter staatlicher Vorleistungen investieren, die die private Rentabilität auf gesellschaftlich durchschnittliches Niveau heben; andererseits sind die von uns vorgeschlagenen Maßnahmen in erster Linie an Nutzungsinteressen und Defiziten der im Viertel wohnenden Arbeiterbevölkerung orientiert - Repräsentatives Ziergrün etwa im gesäuberten Blockinnenhof für bürgerliche Schichten fehlt, obwohl das Anreiz für Aufwertung und Modernisierung sein könnte.

4. Der Versuch, technokratisch von oben eine soziale Wohnumfeldverbesserungsstrategie durchzusetzen, scheitert

Unsere Pläne werden in einigen Bürgerversammlungen herumgezeigt. Lokalpolitiker demonstrieren ihren guten Willen ohne Verpflichtung. Die Bevölkerung in den "Problemstadtteilen" bleibt skeptisch. Der indirekt angesprochene Haus- und Grundbesitz, insbesondere die großen Gesellschaften reagieren nicht. Entsprechend ihrem klaren Kalkül fließen die Modernisierungsinvestitionen weiter in die besseren Wohnlagen.

Stadtverwaltung und Rat ergreifen nicht die Initiative, die Pläne für sozialorientierte Wohnumfeldverbesserungsmaßnahmen verschwinden wieder in den Schubladen. Bürokratie bewegt nichts ohne Anstoß und Druck von mächtigen Interessen - das gilt auch für Gemeindeverwaltungen.

Der Versuch, technokratisch von oben eine soziale Wohnumfeldpolitik durchzusetzen, scheitert daran, daß die Interessenlage der beteiligten Gruppen falsch eingeschätzt wurde. Die Rahmenbedingungen haben sich jedoch in letzter Zeit in dreien dieser Revitalisierungszonen, für die Wohnumfeldmaßnahmen gedacht waren, verändert. Das Zusammenwirken unterschiedlicher Bündel von Einflüssen hat in allen drei Fällen zu Ergebnissen geführt, die vom grünen Tisch nicht antizipierbar waren.

Die Widersprüchlichkeit der Entwicklung hat für uns planerische Nischen eröffnet, mit der Möglichkeit punktuell sozialorientierte Maßnahmen durchzusetzen - eine sorgfältige Konflikt- und Interessenanalyse vorausgesetzt.

Da die derzeit ablaufende Entwicklung exemplarisch für die Widersprüche von Planung und Politik im nördlichen Ruhrgebiet ist, sollen diese für unser Planungsverständnis wichtigen Prozesse kurz dargestellt werden.

5. Drei Beispiele für den Ablauf planungspolitischer Prozesse

Fall 1: Die Halde eines Industriebetriebes

Der große Stahlkonzern ist dabei, sein Werk in der Stadt nach und nach zu schließen. Konzentration an der Rheinschiene heißt die Strategie. Für die "Begrünte Halde" bestehen keine Verwertungsinteressen mehr. Sie wird der Stadt zum Verkauf angeboten.

Die speziellen Bedingungen, daß hier tatsächlich soziale Infrastruktur verfügbar wird - ohne Aufwertungsaspekte - lassen sich noch genauer beschreiben: früher sollte das Schlackenmaterial der Halde als Packlage für eine in der Nähe geplante Autobahn verwendet werden. Der Bau dieses BAB-Abschnittes ist auf unbestimmte Zeit verschoben, durch massiven Protest von Bürgerinitiativen.

An anderen Stellen des Stadtgebietes werden von Bergbau und Stahlindustrie geräumte Ödflächen zur Anlage von Schuttdeponien, Bergehalden und Kohlehalden benutzt, sofern produktivere gewerbliche Nutzungen nicht möglich sind.

Die "Begrünte Halde", die dazu unmittelbar an ein Wohngebiet grenzt, läßt sich glücklicherweise nur für soziale Zwecke nutzen. Die Stadt willigt erst ein, nachdem das Land NW einen hohen Zuschuß für Kauf und Erschließung der Halde für die Öffentlichkeit zur Verfügung gestellt hat. Faktisch wird sich vor allem für die in der Umgebung wohnenden Kinder und Jugendlichen nicht viel ändern. Sie haben auch bisher - trotz Verbots - auf der Halde gespielt. In Zukunft wird der öffentliche Zugang rechtlich abgesichert sein. Die Absicht des Grünflächenamts, einen teuren repräsentativen Park aus der "wilden" Halde zu machen, wird wohl an den Kosten scheitern - so wird voraussichtlich ein normgerechter Ausbau des Wegesystems unterbleiben; der "Artenreichtum" der vorhandenen Pflanzenwelt wird nicht vergrößert. Die Bewohner des angrenzenden Viertels hätten an dieser Aufwertung kein Interesse, für sie ist die greifbare soziale Funktion der Halde wichtig. Der Fall zeigt die besondere Bedeutung der Interessenlage eines großen Grundeigentümers. Unser Plan zur Wohnumfeldverbesserung hat hier lediglich dazu beigetragen, die Situation schneller zu erfassen und den Ankauf der Halde durch die Stadt zu beschleunigen.

Fall 2: Der Wohnblock neben der Kokerei; die Mieter haben gegen Abriß nichts einzuwenden

Die Planung sah Modernisierung und Wohnumfeldverbesserung vor. Die Genossenschaft als Eigentümer des ziemlich hoch verdichteten Mietwohnungsblocks direkt neben der Kokerei war dazu bei entsprechender staatlichen Subventionierung bereit.

Die Befragung der Mieter ergab jedoch: Reißt den Block ab, dann müßt ihr uns woanders eine Ersatzwohnung stellen. Schlechter kann die Luft da auch nicht sein.

Wir Planer wurden belehrt: Verdichtete Mietblocks in schlechter Lage ohne nutzbare Freiflächen werden von den Bewohnern gering geschätzt. Die Analyse der sozialen Struktur zeigt, daß hier die Fluktuation hoch ist, daß kein nachbarschaftlicher Zusammenhang unter den Mietern besteht. Isolierte Ausländer und Einzelpersonen überwiegen.

Es ist klar: Die Kolonien mit ihren großen Gartenflächen weisen da ganz andere Qualitäten auf. Der Mietwohnungsblock am Rande der Kokerei wird liegenbleiben. Ohne das Interesse der Bewohner ist eine mieterorientierte maßvolle Modernisierungsstrategie illusorisch. Dementsprechend werden auch Wohnumfeldmaßnahmen ausbleiben. Daß eines Tages die Lage völlig verändert sein kann, wenn die Kokerei zumacht, daß dann Aufwertungsprozesse einsetzen können, solche Vorstellungen spielen sich nur in den Köpfen der Planer ab.

Fall 3: Die Siedlung wird verkauft; eine Mieterinitiative kämpft für den Erhalt

Die große Bergarbeitersiedlung war als Modernisierungsschwerpunkt ausgewiesen. Das heißt Modernisierungsmaßnahmen des Eigentümers können mit staatlichen Zuschüssen gefördert werden, um die privatwirtschaftliche Rentabilität zu verbessern. Maßnahmen zur Verbesserung des Wohnumfeldes standen auf dem Papier. Es tat sich nichts, bis bekannt wurde, daß die Siedlung von der Altgesellschaft, deren Zechen lange geschlossen waren, an einen Spekulanten verkauft worden war, dessen Absichten wohl auf Abriß der Siedlung und Bau von Eigenheimen und Reihenhäusern zielten.

Eine Bürgerinitiative entstand, sie verlangte den Verbleib der Mieter zu sozialen Bedingungen in ihren Wohnungen und forderte die Instandsetzung, die lange vernachlässigt worden war. Die Bürgerinitiative, die auf die guten nachbarschaftlichen Beziehungen der Bewohner aufbaute, wurde zum politischen Faktor in der Stadt.

Verwaltung und Stadtrat versuchen nun zu vermitteln. Nach langen Verhandlungen wird folgendes vereinbart: Begünstigt durch einen außerordentlich hohen Landeszuschuß aus dem Programm für die Arbeitersiedlungen soll eine Modernisierung erfolgen, die den Erhalt der sozialen Struktur der Siedlung gewährleistet. In dem Maßnahmenkatalog ist auch die Verbesserung des Wohnumfeldes enthalten. Die Anerkennung der Eigenhilfe der Bewohner bei Instandhaltung und Einbau von Heizungen oder Bädern ist noch umstritten.

6. Die politische Artikulation der Betroffenen ist Voraussetzung für eine sozialorientierte Stadtplanung

Die oben geschilderten Beispiele zeigen, daß die Realisierbarkeit von Planungen eindeutig von der sozialen, politischen und ökonomischen Dynamik in der Stadt bestimmt ist. Besonders aus dem fast klassischen Fall 3 einer vom Abriß bedrohten Zechensiedlung können wir lernen, daß durch den Kampf der Bürgerinitiative die Zukunft des Viertels nicht allein vom Kapitalinteresse abhängig ist.

Der "Normalfall" entwickelt sich anders: Die Abriß/Neubaustrategie setzt sich durch, weil die sozialen Strukturen einer Siedlung zu schwach sind, eine politisch wirksame Initiative herzustellen, die einem länger dauernden Konflikt gewachsen ist. Insofern ist auch die hohe staatliche Modernisierungssubvention, die die Mieten in dem beschriebenen Beispiel erträglich bleiben läßt, letztlich nicht mehr als ein Beitrag zur Befriedung eines politischen Konflikts im Einzelfall und kein Anzeichen für das Gesamtkonzept einer sozialen Wohnungspolitik.

Festzuhalten bleibt, daß es stabilen sozialen Strukturen gelingt, ihre Forderungen nach Wohnungsmodernisierung und Wohnungsumfeldverbesserung in ihrem Interesse durchzusetzen. Wohn- und Gebrauchswertsteigerung finden statt bei Eingrenzung der Kapitalverwertung; die Vorstellungen der Mieter über notwendige Wohnungsstandards und ihre Zahlungsfähigkeit bestimmen den Umfang der Sanierungsmaßnahmen.

7. Die sozialen Randgruppen können sich nicht politisch wirksam organisieren, ihre subkulturellen Strukturen werden durch Stadtplanung und Wohnumfeld"verbesserung" zerschlagen

In den Zechenkolonien leben noch überwiegend deutsche Arbeiterfamilien mit gemeinsamer sozialer und kultureller Tradition und Selbstbewußtsein - teilweise eingebettet in die traditionellen gewerkschaftlichen und politischen Strukturen der Stadt. Die Möglichkeiten, sich in der Wohnungsfrage zur Wehr zu setzen, sind dadurch von vornherein günstig.

Anderen sozialen Gruppen fehlen diese Voraussetzungen. Vor allem die Ausländer, besonders die Türken, sind benachteiligt. Wird ein von Türken bewohntes Viertel Gegenstand von Aufwertungsmaßnahmen, die die Vertreibung der Bewohner mit sich bringen, so werden sich die Türken als geduldete Ausländer, die um ihre Arbeitsplätze fürchten, nicht wehren können. Dabei sind gerade sie - herausgerissen aus ihrer bäuerlichen und dörflichen Heimat, dann unserer Industriegesellschaft unterworfen - am stärksten auf ihre sozialen Zusammenhänge angewiesen, die ihnen ein Minimum an Möglichkeiten belassen, Sprache und Kultur zu pflegen. Sensibilität und unser Engagement als Planer reichen nicht aus, den fehlenden Selstbehauptungswillen zu ersetzen.

Dazu kommt, daß die sprachlichen Barrieren den Einblick in die differenzierten türkischen Strukturen verhindern. Die Widersprüche zwischen fortschrittlichen Arbeiterorganisationen einerseits und der Welt der grauen Wölfe und der Koranschulen andererseits sind kaum zu durchdringen.

Die Beschäftigung mit den Interessen und Problemen der Minderheiten in der Stadt führt dazu, daß Sensibilität und Differenzierungsfähigkeit der Planer wachsen. Wir erfahren, daß eine bürgerlich verstandene Strategie der Wohnumfeldverbesserung, durchgesetzt mit dem Ordnungsinstrument Bebauungsplan, vor allem zur Zerschlagung der Nutzungsansprüche subkultureller Strukturen führt:

- Der Eigentümer einer Ödfläche läßt "wildes" Türkengrabeland beseitigen unter Hinweis auf die planungsrechtliche Situation (Gärten von Deutschen werden nachträglich legalisiert).

- Parks, wo sich Rocker und Penner treffen - und natürlich auch Liebespaare, werden durch breite Wege und gute Ausleuchtung transparent und kontrollierbar. Ordentliche Spaziergänger verdrängen die Subkultur.

- Blockentkernung - ein wesentliches Schlagwort in der Wohnumfeldverbesserungsdiskussion - hat vor allem ökonomische Konsequenzen: Durch Aufwertung des Blocks in Verbindung mit Modernisierung werden die bisherigen Mieter vertrieben; kleine Handwerksbetriebe müssen ebenfalls den Blockinnenhof räumen.

   Wichtig ist aber auch, daß nutzloses Ziergrün und Garagen differenzierte Nutzungsstrukturen verdrängen, Rentnern ihr Gärtchen nehmen, Kindern ihre Erlebnismöglichkeiten beim Spielen.

Kleinteilige Eigentumsverhältnisse verhindern glücklicherweise häufig schon im Vorfeld, daß die Bauleitplanung ihre ordnenden ästhetischen Maßstäbe durchsetzen kann.

8. Ziel der Bürokratie: die formierte Stadt

Maßnahmen der Wohnumfeldverbesserung sind also nicht nur unter dem Aspekt ökonomischer Aufwertung der jeweiligen Wohnlage zu diskutieren; diese Maßnahmen sind auch in ihrer Wirkung auf die Nutzungsinteressen unterschiedlicher sozialer Gruppen zu sehen. Dabei sind die Konzeptionen, die sich in der Bauleitplanung niederschlagen, traditionell an bürgerlichen Ordnungsvorstellungen orientiert. Das drückt sich auch im entsprechenden "baupolizeilichen" Jargon aus, der begriffliche Monster verwendet wie "Beseitigung von Gemengelagen", "Entmischung", "Entkernung". Das Ziel der Bürokratie, allgemein die auf kleinbürgerliches Maß reduzierte "formierte Stadt" durchzusetzen, wird auch auf den übrigen Feldern städtischer Planungsaktivität deutlich.

- Der Kleingartenplan erfaßt in seiner Bedarfsprognose lediglich die Warteliste des Kreisverbands der organisierten Kleingartenvereine. Es gibt ein zuschußfähiges Ausbauprogramm nach normierten Flächen- und Haustypen für abgeschlossene Anlagen mit Vereinsordnung und vorbestimmter Nutzung der Flächen. Individualistische und phantasievolle Buden und Pflanzungen auf Grabe- und Ödland werden ignoriert und sind ständig gefährdet.

- Sportstättenleitplanung und Freizeitplanung orientieren sich an den Interessen des organisierten Vereinssports.

Teure Bezirkssportanlagen sind leichter durchsetzbar als eine grüne Wiese zum Ballspielen und Herumliegen für die Allgemeinheit.

- Der kommunale Jugendplan erfaßt lediglich die Aktivitäten der Stadt, der konfessionellen Jugendverbände und der großen politischen Parteien. Autonome Interessenvertretung der Jugend ist nicht gefragt und wird nicht wahrgenommen.

Die Eindimensionalität der Verwaltung wird durch diese Beispiele verdeutlicht. In der "formierten Stadt" werden nur vereins-, konfessions-, oder parteigebundene Aktivitäten und Strukturen anerkannt. Nicht verwaltete Strukturen, die wesentlich mehr Auskunft über die soziale Dynamik eines Stadtteils geben, werden erst einmal negativ aufgenommen.

9. Unterstützung autonomer Stadtteilarbeit als Aufgabe fortschrittlicher Planung

In den heruntergekommenen Problem-Stadtteilen am Rand der Industriezone, wo marktorientierte Strategien vorübergehend nicht durchsetzbar sind, bleiben die Bewohner in der Regel von den Ordnungsmaßnahmen der Stadt verschont, andererseits können die Bewohner jede materielle Verbesserung ihrer Verhältnisse nur über Eigeninitiative und Selbsthilfe erreichen. Unsere Aufgabe innerhalb einer veränderten Planerfunktion wird es hier sein, im Interesse der Stabilisierung des Stadtteils die Ansätze von Eigeninitiative der Bewohner zu unterstützen:

- In der Frage der Wohnungsmodernisierung ist die Selbsthilfe der Mieter rechtlich abzusichern.
- Die allgemeine Verfügbarkeit privater Ödflächen ist durch Anpachtung oder Kauf seitens der Stadt herauszustellen.
- Die kulturelle und soziale Selbstorganisation der Bevölkerung ist durch städtische Angebote von Räumen zu erleichtern. Leerstehende öffentliche Gebäude wie alte Schulen bieten sich an.
- Beginnende handwerkliche oder landwirtschaftliche Assoziation von Arbeitslosen, die sich ihre lebensnotwendigen Gebrauchswerte selber schaffen, ist ebenfalls als Teil der Entwicklung eines neuen Selbstbewußtseins und sozialer Kultur dieser sogenannten Randgruppen zu fördern.

Zusammengefaßt heißt das für die Planung, daß stadtteilorientierte Sozial- und Kulturarbeit an die Stelle hier sinnloser Bebauungsplanung treten muß. Die dadurch mögliche Stärkung und Stabilisierung der sozialen Strukturen wird es den Bewohnern dieser Problemstadtteile erleichtern, sich als politischer Faktor in der Stadt Gehör zu verschaffen und der Stadtverwaltung die dem Stadtteil zustehenden materiellen Leistungen abzuverlangen.

Der Doppelcharakter einer solchen Entwicklung ist jedoch klar: Einerseits werden fundamentale Bedürfnisse der Bewohner befriedigt; andererseits sparen privates Kapital und öffentliche Hand durch die Eigenhilfe erhebliche Kosten ein. Die Dynamik der Eigenhilfe kann sogar soweit gehen, daß letztendlich wieder Verwertungsanreize für Investitionen der Eigentümer hergestellt werden.

10. Zum Begriff der Nischenpolitik

Zeitweilig besteht Desinteresse des Kapitals an den Flächen in den Problemstadtteilen oder die organisierten Mieter- und Bewohnerinteressen erlangen vorübergehend politisch Übergewicht. Punktuell sind dann sozialorientierte Maßnahmen der Stadtplanung möglich - unter den Bedingungen, wie sie in den vorangegangenen Abschnitten beschrieben worden sind. Die Grenzen der Nischenpolitik sind in einem scheinbar "vergessenen" Stadtteil zu allererst nach den veränderten Kapitalinteressen zu beurteilen: Der friedliche Alltag einer Zechenkolonie endet z.B. mit Einsetzen der Aufwertungsspekulation nach Ende der Belegbindung.

Nischenpolitik erfordert eine gründliche Analyse und Kenntnis der Entwicklungsbedingungen der Stadtteile. Sie ist jedoch nicht von langer Hand technokratisch durchsetzbar. Ihre Chance liegt im punktuellen Eingriff da, wo die Widersprüche der Stadtteilentwicklung dies zulassen, sei es weil für eine Maßnahme zufällig staatliche Zuschüsse zu ergattern sind oder es einem mächtigen Politiker ins Konzept paßt; immer unter der Grundvoraussetzung zeitweilig fehlenden Kapitalinteresses. Nischenpolitik ist der Versuch, für die sozialen Gruppen zu planen, die bei der eigentümerorientierten staatlichen Bau- und Wohnungspolitik immer den kürzeren ziehen.

Es läßt sich der Schluß ziehen, daß Stadtplanung allgemein in zwei völlig voneinander unabhängige Funktionsbereiche zerfällt:

- Kern der Stadtplanung ist nach wie vor die Bebauungsplanung zur Erweiterung der Neubautätigkeit.

  Die Restwachstumschancen in den "intakten Bereichen" werden wahrgenommen.

- In den Problemstadtteilen mit ihren hohen Anteil nicht zahlungskräftiger Bevölkerungsschichten sind marktorientierte Strategien mindestens vorübergehend nicht durchsetzbar. Zunehmende Probleme der Finanzierung der Sozialleistungen können dazu führen, daß eine selbsthilfeorientierte Nischenpolitik als Randgruppen-, Sozial- und Kulturarbeit auch im Sinne der Stadtverwaltung notwendig wird - über das Engagement einer Minderheit fortschrittlicher Planer hinaus.

11. Nischenkonzeption und Veränderbarkeit kommunaler Politik

Jeder fortschrittliche Planungsansatz muß sich an seinen Durchsetzungsmöglichkeiten messen lassen. In den voraufgegangenen Abschnitten ist der Versuch unternommen worden, die kommunale Realität widerzuspiegeln. Im folgenden soll noch kurz diskutiert werden, wieweit Chancen bestehen, daß die Gemeinden - gerade im nördlichen Ruhrgebiet - solche Nischenkonzeptionen in ihre offizielle Planungspolitik aufnehmen (daß sie unter bestimmten Bedingungen faktisch "Nischenpolitik" betreiben, zeigen die vorn beschriebenen Beispiele der "Begrünten Halde" und der "Zechensiedlung").

Der allgemeine Planungsspielraum der Gemeinden ist in den letzten Jahren immer geringer geworden: Die Volkswirtschaft, besonders die regionale Grundstoffindustrie im nördlichen Ruhrgebiet, leidet unter Krisensymptomen und Stagnation. Die verfügbare Steuer- und Finanzausstattung der Gemeinden geht dementsprechend zurück. Der Spielraum für Sozialleistungen sinkt also allgemein. Unter diesen Bedingungen ist eine neue, breit angelegte soziale Bau- und Wohnungspolitik nicht zu erwarten.

Mieterfreundliche Modernisierungen bleiben "modellhafte" Einzelmaßnahmen und Bonbons für besonders aktive Bürgerinitiativen.

Regelfall bleibt der Versuch des Staates durch Investitionsanreize letzte Wachstumsimpulse der Privaten zu mobilisieren. Die Landesplanung versucht unter diesen Bedingungen ebenfalls nur noch Restwachstum zu sichern: Stadtbahnbau als Vorleistung für City-Erweiterungen in wenigen Oberzentren. Für das nördliche Ruhrgebiet resultierten daraus nur weitere Arbeitsplatz- und Bevölkerungsverluste. Die objektive Lage der Emscherstädte wird sich demzufolge eher verschlechtern.

Die Legitimationsstrukturen kommunaler Stadträte waren bisher auf vorzeigbare Neubauten ausgerichtet wie private Eigenheime und öffentliche Turn- und Schwimmhallen. Solche Wachstumskonzepte sind für weite Teile der Städte unhaltbar geworden. Die Bevölkerung in den Problemstadtteilen hat keinen Nutzen davon.

Anzeichen einer "Amerikanisierung" sind nicht zu übersehen: Die Perspektivelosigkeit eines Teils der Jugend, besonders der Ausländer zwingt die Städte, neue Wege zu überlegen. So wird seit kurzem die Initiative einer Werkstatt für arbeitslose Jugendliche von der Stadt finanziell unterstützt. Kleinbürgerliches Bewußtsein und Beharrlichkeit der Bürokratie lassen jedoch nur wenig Spielraum. Gerade im Ruhrgebiet ist die Wandlungsfähigkeit verkrusteter Strukturen ohne politischen Anstoß von unten sehr gering. Selbst wenn die Städte im Emscherbereich jedoch auf Hilfe- zur Selbsthilfe-Konzepte ausweichen müssen, da materielle Angebote der Bevölkerung nicht gemacht werden können, so muß doch klargestellt werden, daß Nischenpolitik den Anspruch der Bevölkerung auf ein vernünftiges Dach über dem Kopf und einiges mehr nicht aufheben kann.

Immerhin kann Nischenpolitik, begleitet von einer aktiven sozialorientierten Kulturpolitik, das Selbstbewußtsein der Bevölkerung stärken, sie befähigen ihre materiellen Forderungen klarer zu artikulieren. Den Städten bietet sich die Chance, daran anzuknüpfen und den darüberliegenden politischen und staatlichen Instanzen ein soziales Erneuerungsprogramm für das nördliche Ruhrgebiet abzuverlangen. Ob das geschehen wird, bleibt fraglich.

12. Schlußbemerkung

Die Vielseitigkeit und das Taktierische der Nischenpolitik bringt notwendig Identitäsprobleme des Planers mit sich. Die Schritte von Verplanung über Partizipation zu Ansätzen der Emanzipation der Bürger und ihr ständiges Nebeneinanderexistieren im Berufsalltag stellen das Selbstverständnis und die Qualifikation des selbstkritischen Planers in Frage. Die Gefahr von Fehleinschätzungen und "Weltgeist" - Positionen (für die Leute die das richtige machen und planen) ist groß. Die Frustrationen werden sicher nicht weniger.

Dazu soll noch ein Gedanke angeflochten werden: Nischenpolitik und Wohnumfeldverbesserung sind sicherlich wichtige Fragen der Ruhrgebietsplanung. Es sollte jedoch gerade für den Planer im Ruhrgebiet klar sein, daß Versuche, das Wohnumfeld zu verbessern, kein Ersatz für eine allgemeine Verbesserung der Lebensbedingungen in dieser Region sein können: Die Probleme der Luft- und Wasserverschmutzung und des Lärms werden immer mehr zur Existenzfrage der Ballungsräume und besonders des Ruhrgebiets. Es sei nur an den Titel eines Umweltschutzbuches erinnert: "Seveso ist überall".

Nachtrag von Friedhelm Schrooten

Es brauchte seine Zeit, bis wir, die wir uns selbst für politisch bewußte und sozialorientierte Planer halten, anfingen, über die Bedeutung sozialer und kultureller Selbsttätigkeit und -organisation für das Leben in Arbeitervierteln und für Wert und Bestand ihrer baulichen Strukturen nachzudenken. Unsere Kenntnis vom Zusammenhang zwischen Sozialstruktur, Arbeits-, Wohnbedingungen und soziokultureller Selbsttätigkeit und -organisation ist gering. Die Arbeiterinitiativen gegen Abriß und Privatisierung der Siedlungen haben ihre Kultur und ihr Verständnis von Lebensqualität in Erinnerung gerufen. Initiativenhelfer und Vorkämpfer wie Janne und Roland GÜNTER analysierten Wohn- und Lebensformen der Arbeitersiedlungen und wiesen auf ihren "konkret-utopischen" Gehalt hin /1/.

Die beschriebenen Formen kultureller und produktiver Selbsttätigkeit sind aber ausschließlich an die baulichen Strukturen der Siedlungen und an eine bereits Geschichte gewordene Homogenität der sozialen Zusammensetzung der Bewohner gebunden. Es ist nicht zu übersehen, daß die Mitglieder der Initiativen zur Erhaltung ihrer Siedlungen überwiegend ältere Leute sind. Soziale und kulturelle Phänomene, die sich aus strukturellen Veränderungen der Arbeit und der Zusammensetzung der Arbeiterklasse ergeben, z.B. ausländische Arbeitsemigranten, Jugendbewegung, Arbeitslose werden häufig ignoriert oder bewußt ausgegrenzt. Zumindest sind Ausländer und Jugendliche nicht nennenswert an der Bewegung beteiligt. Auf mögliche Ursachen wurde weiter oben teilweise hingewiesen. Wichtig ist, daß die Kultur der Siedlungsbewohner nur ein Ausdruck sozialer Identität neben uns noch weniger bekannten ist. In Stadtteilen mit weniger homogener Bevölkerung und größerer Fluktuation haben sich die Formen weniger deutlich erhalten oder wechseln schneller.

Auch wenn wir uns auf die "Nischen" in den vom Kapital vernachlässigten Stadtteilen beziehen, wäre es sicher falsch, soziale Selbstorganisation nur als Ausgleich eines Mangels an öffentlichen und privaten Angeboten im Kultur-, Sozial- und Konsumbereich anzusehen. Das Beispiel der autonomen Jugendbewegung, der Kampf um unkontrollierte Treffpunkte und eigene Zentren, zeigt deutlich den antibürokratischen, Freiräume schaffenden Aspekt von Selbstorganisation. Allerdings zeigt dieses Beispiel auch, daß antibürokratische Selbstorganisation nicht ursächlich auf vernachlässigte Stadtteile zurückzuführen ist. Nur unser planerischer Ansatz grenzt die Diskussion auf die Bedeutung der Subkulturen und der Selbstorganisation für die Stadtteilentwicklung ein.

Aus den Untersuchungen der Arbeitersiedlungen und anderen Beispielen lassen sich verschiedene Ebenen der Selbsttätigkeit unterscheiden, die Anhaltspunkt weiterer Untersuchunger sein können:

- kollektiv agierende und kommunizierende (Rockertreff, Volkshaus, BI, Verein etc.);
- künstlerische, gestaltende (Gartenhausarchitektur, Plastiken, Feste ...);
- selbstversorgende, produzierende (Garten, Basteln, Werkstätten ...);
- kleingewerbliche, tauschende, verwertende (Kleidertausch, Schwarzarbeit, Trödel ...).

Die Diskussion um Schutz und Förderung der verschiedenen Ebenen der Selbstorganisation gewinnt auf dem Hintergrund einerseits der Dauerarbeitslosigkeit und andererseits der Ökologiedebatte mit ihrem neuen Wert- und Entwicklungsvorstellungen wachsende Bedeutung. Allgemein, nicht auf die Stadtteilentwicklung beschränkt, beschäftigen sich fortschrittliche und konservative Theoretiker gleichermaßen mit Selbsttätigkeit, -organisation der Eigenarbeit (v. WEIZÄCKER). Zweifellos wird die technische und ökonomische Entwicklung das Verhältnis von Arbeit und Freizeit, sowie von Beschäftigung und Nichtbeschäftigung gewaltig ändern. Der Kampf um die 35-Stunden-Woche und der ständig wachsende Teil der länger als ein Jahr Erwerbslosen deuten auf stattfindende strukturelle Verschiebungen hin.

Technologiekritiker Ivan ILLICH sieht die anstehenden Alternativen so: "Zukünftig wird die Qualität einer Gesellschaft und ihre Kultur vom Status ihrer Arbeitslosen abhängig sein: werden sie ganz repräsentative produktive Staatsbürger sein - oder werden sie Abhängige sein?" (...) "Die Infrastruktur der Gesellschaft ist so beschaffen, daß nur der entlohnte Job Zugang zu Produktionswerkzeugen gewährt, und dieses Monopol der Warenproduktion über die Schaffung von Gebrauchswerten wird in dem Maße verschärft, wie der Staat sich in alle Bereiche einmischt. Nur mit einem entsprechenden Diplom darf man ein Kind unterweisen". (...) "Gewiß aber ist auch das Gegenteil möglich, nämlich eine moderne Gesellschaft, in der die frustrierten Arbeiter sich organisieren und das Freiheitprivileg des Menschen schätzen, sich außerhalb der Warenproduktion zu betätigen" /2/-

Gerade in den vom Kapital vernachlässigten alten Arbeitervierteln, den "Nischer", mit ihrem Nebeneinander von Wohnen, Kleingewerbe, Handel und nichtgewerblicher Arbeit in Gärten, Hinterhöfen ist sowohl die soziale Notwendigkeit als auch die ökonomische und räumliche Möglichkeit (niedrige Mieten, Brachflächen, Schuppen, Gartenland) gegeben, so daß die Selbsttätigkeit der Bewohner sich aus einem übergebliebenen "Anachronismus" zu einer bewußt praktizierten Lebensform entwickelt.

Daß Selbsttätigkeit nicht an sich asozial, antibürokratisch und gegen die bestehende Ordnung gerichtet ist und nur potentiell eine Gefahr für sie darstellt, wenn sie sich als Element sozialer Identität mit dem Kampf gegen ökonomische und rechtlich Zwänge, wie beim Widerstand gegen Rausschmiß und Häuserabriß verbindet, haben auch eher konservative Zukunftsforscher erkannt. Christine und Ernst v. WEIZÄCKER schrieben den Entwurf eines Manifests "Für ein Recht auf Eigenarbeit". Sie erheben die Eigenarbeit zum Ausgangspunkt einer rückwärts gewandten, soziale Klassen und ökonomische Zwänge transzendierenden Idylle allgemeiner Befriedigung: "Eigenarbeit bedeutet das Erleben der eigenen Kräfte. Die Arbeit und ihr Erlebnis werden als Einheit erlebt. Auch die Nähe von Herstellung und Genuß der Waren und Dienste ist erlebbar, das gibt Befriedigung. Im Haus und Garten, im Stadtviertel oder Dorf, mit Kollegen, Freunden und Verwandten kann jeder Eigenarbeit leisten: Reparieren und Selbstbauen, den Wohnblock wohnlicher machen (auch gegen Eigentümerinteressen), vielleicht auch den Rasenmäher durch Ziegen oder Schafe ersetzen oder Beerensträucher ins sterile öffentliche Grün hineinzwingen" /3/.

Die beschriebene Idylle ist Demagogie. Soziale Widersprüche als Ursache und Wirkung der Selbsttätigkeit und Selbstorganisation werden harmonisiert. Es ist klar, daß diese Strategie nicht mit einer politisch emanzipatorischen Perspektive der Aneignung möglichst vieler Lebenbereiche im Stadtteil durch seine Bewohner vereinbar ist. Das Planerthema kehrt seine politische Seite heraus. Selbsttätigkeit und Selbstorganisation können nicht instrumentell zur geplanten Stadtteilstabilisierung eingesetzt werden, ohne ihre emanzipatorische Substanz zu hintertreiben.

In New York wurde die Entwicklung eines "Nischenkonzepts" bereits zu einem, soziale Konflikte befriedenden Programm weiter getrieben. Nach dem "Gardening Programm" werden unter Anleitung städtischer Gartenbauspezialisten Brachflächen und Dachterrassen in den Slums von Gruppen ethnischer Minderheiten, die früher rivalisierende und räuberische Gangs waren, in friedlichem Nebeneinander in blühende Gärten und ertragreiche Gemüsebeete für den Eigenbedarf verwandelt. Neben der sozialpolitischen Befriedung wird auch das Stadtbild verschönert und den Hausbesitzern die Arbeit abgenommen. "Ohne realistische Hoffnung auf baldige Verbesserung durch Instandsetzung oder Neubau von Gebäuden und Grünanlagen bedeutet die Anlage von Gärten tatsächlich schon einen Fortschritt" /4/.

Der Doppelcharakter sozialer und kultureller Selbsttätigkeit, der je nach Konfliktfall seine integrativ-stabilisierende oder seine emanzipatorisch-kämpferische Seite herauskehrt, ist als Widerspruch in jeder sozialen Bewegung enthalten. Für den Planer kommt es darauf an, die konkreten Formen der Selbsttätigkeit und -organisation erstmal zu entdecken. Die Analyse ihrer Widersprüchlichkeit verlangt Parteinahme. Auch wenn Selbstorganisation und Subkultur letztlich eine Funktion der Kapitalverwertung bleibt, solange deren Gesetze herrschen, so gibt es doch auch aus der Bürokratie heraus unterschiedliche Möglichkeiten der Planerreaktion.

Noch ist die Subkultur der "Nischen" im Ruhrgebiet nicht auffällig geworden und noch sprechen die Borniertheit des lokalen Haus- und Grundbesitzes und der Ordnungswille der Bürokratie gegen bewußte Versuche der Integration der Selbsttätigkeit in die Stadtentwicklung. Aber auf kulturellem Gebiet sind seit einiger Zeit kommunale Kulturdezernenten dabei, das kreative Potential von Bürgerinitiativen, Vereinen und der linken Subkultur der Jugend- und Studentenbewegung zur Garnierung und Belebung toter Innenstädte umzufunktionieren. Stadtentwicklung gewinnt mit der Einbeziehung von Kultur- und Sozialpolitik an politischer Bedeutung und Differenziertheit. Für uns geht es immer weniger um "Planung" als um unsere politische Identität und Aktivität als "Linke".

Anmerkungen:

/1/ GÜNTER, J./GÜNTER, R.: Soziale Architektur und ihre Elemente, in: Arch + 10. Jg. (1978) H. 42, S. 31 ff

/2/ ILLICH, I., in: Technologie und Politik 10, Hamburg 1978, S. 184

/3/ v. WEIZÄCKER, Ch./v. WEIZÄCKER, E., in: Technologie und Politik 10, a.a.O., S. 186

/4/ RÖHL, K./WEYDEMANN, T.: New York City Gardening Programm, in: Stadtbauwelt 56, Bauwelt 68. Jg. (1977), H. 47/48, S. 1667

Querschnitt 2: Diskussionsausschnitte aus dem „Workshop Wohnungsumfeldverbesserung"

(Zusammengestellt von Franz Pesch & Klaus Selle)

Anders als im Beitrag "Querschnitte I" liegt der folgenden Darstellung nicht das Aussagenmaterial einer systematisch angelegten Befragung zugrunde. Grundlage ist vielmehr ein Tonbandprotokoll des "workshops Wohnungsumfeldverbesserung", einem Arbeitsgespräch zwischen den Autoren dieses Bandes /1/ und zahlreichen Gästen, das im Oktober 1978 in Dortmund stattfand. Diesem Gespräch lagen Thesenpapiere der Autoren zugrunde, so daß bereits erste inhaltliche Querbezüge zwischen den verschiedenen Positionen hergestellt werden konnten. Dies ist auch ein wesentlicher Grund, Auszüge aus den Diskussionsbeiträgen an dieser Stelle aufbereitet wiederzugeben: die sonst durch verquä'te Brückenschläge im Vorwort eines Readers herzustellenden Bezüge waren hier "life" gegeben, punktuell und unsystematisch, aber - was uns wichtiger erscheint - in z.T. lebendiger Kontroverse.

Was heißt nun "Aufbereitung" des Materials? Allein wiedergabetechnisch ist eine Reproduktion der insgesamt 7-stündigen Veranstaltung nicht möglich. Auch der Versuch einer verkürzten aber maßstabsgerechten Wiedergabe stellte sich angesichts der Vielfalt der angesprochenen Aspekte als unsinnig heraus. Übrig blieb der freihändige Umgang: die folgende Darstellung skizziert daher in der Diskussion deutlich gewordene Positionen - aus unserer Perspektive.
Verzerrte und selektive Wahrnehmung inklusive /2/.

Befragung und workshop hatten durchaus unterschiedliche inhaltliche Schwerpunkte: dem Arbeitszusammenhang des Forschungsprojekts entsprechend, aus dem heraus die erste Befragung sich entwickelte, ging es hier um Inhalte und planerisch-organisatorische Umsetzungsmöglichkeiten der WUV. Nicht nur der andere Arbeitszusammenhang, auch die zwischenzeitlich sichtbar gewordene Wirkung der allgemeinen Erneuerungspolitik führten zu veränderten Frage-Schwerpunkten: "Wenn man sieht, wie sehr Wohnungsmodernisierung zum Vehikel für Kapitalverwertung geworden ist, dann muß man bei der neuerlichen Wohnungsumfelddiskussion sehr, sehr vorsichtig sein. Die Naivität zu behaupten, daß Wohnungsumfeldplanung in jedem Fall sozial den Bewohnern nütze, die jetzt da sind, kann sich heute keiner mehr erlauben."

Gefragt wurde also vorrangig:

- wem die Verbesserung des Umfeldes von Altbauwohnungen nützt oder nach dem Willen der Planer nützen soll, was die verschiedenen Bewohner durchaus unterschiedlicher Altbauquartiere an Folgen der Aufwertung von Straße, Hof und Wohnung zu gewärtigen haben etc... Stärker als in der Befragung wurden hier die Zusammenhänge von Modernisierung der Wohnungen und Gebäude sowie der Wohnungsumfeldverbesserung berücksichtigt.

Unausweichlich stellt sich hieran anschließend erneut die Frage nach den Umsetzungsmöglichkeiten:

- Mit welchen Maßnahmen kann ein bestimmtes Ziel instrumentell und organisatorisch umgesetzt werden - welche Wirkungen gehen von einer solchen Strategie aus. Hier wird die Instrumentenfrage zum Teil zum Prüfstein für vordergründig - äußerlich als sozial deklarierte Stadterneuerungspolitik.

Aufgebrochen wird das sich z. Zt. einbürgernde Verständnis von Wohnungsumfeldverbesserung /3/ in diesem Fragenzusammenhang an zumindest zwei Punkten:

- ist eine durch die kommunale Planung und ggf. suprakommunale Förderung verordnete Wohnungsumfeldverbesserung nicht möglicherweise geeignet, in bestimmten Stadtquartieren vorhandene Qualitäten eher zu zerstören als neue zu gewinnen?
- greift WUV vor allem als Bestandteil einer sich "kompensatorisch" verstehenden Planung nicht wesentlich zu kurz, wenn sie allein Verkehrsberuhigung und Freiflächenerweiterung umfaßt? Bedarf es nicht vielmehr einer breiten sozialpolitischen Strategie, in deren Rahmen baulich-technische Maßnahmen nur wenige unter zahlreichen notwendigen sind?

Damit werden zum Teil Fragen aufgeworfen, die zugleich das in diesem Band behandelte Spektrum überschreiten. Ende offen.

Bei der Lektüre des folgenden Abschnittes ist zu berücksichtigen, daß wir - begrenzt auf den inhaltlichen Horizont der workshop-Beiträge - keine vollständige Abhandlung der angesprochenen Fragen sondern in aspekthafter Reihung die Wiedergabe und Kommentierung einiger wesentlich erscheinender Perspektiven anstreben.

1. <u>Cui Bono?</u>
   <u>Verbesserung für zukünftige Generationen - Verteidigung der vorhandenen Qualitäten - Beides?</u>

Der wohl am heftigsten umstrittene Punkt auf dem workshop Wohnungsumfeldverbesserung war die Frage, warum und für wen man eigentlich die Erneuerung von Wohnung, Gebäude und Umfeld betreibe, betreiben könne oder solle. Es wurde hier nicht nur heftig gestritten sondern ebenso heftig polarisiert und damit aneinander vorbeigeredet. Es sollen trotzdem - weitestgehend im O-Ton - zunächst einige Äußerungen in der chronologischen Abfolge der Diskussion wiedergegeben werden:

- "Ich meine, daß wir für die Beantwortung der Frage nach den Zielen der Erneuerung nur ein Kriterium haben sollten: wie können wir diese Wohngebiete für künftige Generationen wieder bewohnbar machen? Daß das alles nicht von heute auf morgen geschieht - dessen sind wir uns bewußt. Wir wissen, daß das ein langer Prozeß ist."

- "Mir scheint, daß wir es hier mit zwei klar verschiedenen Strategien zu tun haben. Was wir eben gehört haben (s.o.) ist letztendlich die Variante einer Aufwertungsstrategie, die sich auf die Sicherung von Restwachstumschancen im Wohnungsbau bezieht. Es werden also Planungen gemacht, Modernisierungsmittel zur Verfügung gestellt, um private Investitionstätigkeiten (weiter) anzureizen. Im Ruhrgebiet haben wir die Situation - und das müßte anderswo eigentlich auch so sein - daß 20 % der Bevölkerung (die Ausländer, die Sozialhilfeempfänger, die Alten und die Arbeitslosen) aus diesem Aufwertungsspektakel überhaupt keinen Nutzen ziehen, sondern deren Opfer sind. Die Initiativen in den Arbeitersiedlungen haben eben nicht die Forderung gestellt, daß das Schlimmste wäre, wenn nichts passiert, sondern gerade umgekehrt: sie haben gesagt, es ist das Beste, wenn nichts passiert, wenn die Siedlungen so bleiben, wenn wir die Potentiale, die da sind, weiterhin nutzen können und wenn wir mit Eigenhilfe da einiges positiv verändern können. ... Es hat sich herausgestellt, daß es überhaupt nichts nützt, wenn man von oben herab so etwas bringt, sondern daß die Machtfrage letztendlich entscheidend ist: sind Interessen da, die aufwerten wollen oder sind die nicht da (was die Eigentümer angeht)? Oder anders herum: wenn Konflikte zwischen Mietern und Eigentümern da sind, sind die Mieter - in Gestalt von Initiativen, die sich vorübergehend bilden - stark genug, um sich da einen Spielraum zu erkämpfen, daß sie sich etwa innerhalb der Stadt Geltung verschaffen können, um dann nicht Wohnungsumfeldverbesserung im Sinne von Aufwertung, die ja letztendlich zu ihren Lasten geht, zu erzielen, sondern in dem Sinne, daß sie sich die vorhandenen Qualitäten erhalten. Also nicht technische Verbesserung sondern Erhalt der vorhandenen Qualitäten. Ein Beispiel: In Eisenheim hat eine Initiative jahrelang gekämpft und ist nun dazu gekommen, daß in einer konzertierten Aktion von Mietern und Eigentümern eine bestimmte Profitrate für den Eigentümer ausgehandelt worden ist; das Land hat das dann heruntersubventioniert, so daß die Mieter hinterher einverstanden sein konnten mit der Miete. Da ist dann partiell modernisiert worden und andererseits den Mietern in Eisenheim ähnlich wie denen in Flöz-Dickebank das Waschhaus zur Verfügung gestellt worden. Da konnten sie dann ihr Wohnungsumfeld beanspruchen. Wie gesagt: diese Initiativen wurden zu einem politischen Faktor durch intensive Arbeit, eine breite Medienkampagne und politische Arbeit einzelner Leute. Hinzu kam, daß eine besonders intensive Förderung gerade für Arbeitersiedlungen zur Verfügung stand, die sich sowohl auf die einzelnen Wohneinheiten wie auch das Wohnungsumfeld bezog. Das heißt aber auch wieder, daß solche Maßnahmen nur sehr partiell möglich sind - das sind dann letztendlich die berühmten Modelle, die einmal und nie wieder gemacht werden."

- "Ich finde Ihren Ansatz viel zu negativ. Aus folgenden Gründen: Zunächst einmal ist es ganz natürlich, daß eine betroffene Bevölkerung in solchen Gebieten finanziell nicht das leisten kann, was sich einer leisten kann, der sehr viel verdient.

Es kann aber nicht sein, daß derjenige - weil er arm ist - nicht in den Genuß einer vernünftigen Stadtplanung und einer vernünftigen Wohnungsumfeldverbesserung kommen soll. Unter dem Motto: er will´s ja nicht anders. Ich glaube, das ist ein Ansatz, der einfach falsch ist. Wenn sie die Betroffenen tatsächlich fragen und mit ihnen lange diskutieren, dann sind zahlreiche Ansätze vorhanden, um zu einem gemeinsamen Konsens zu kommen, so daß langfristig eine wirkliche Verbesserung der Verhältnisse erreicht werden kann. Da sind sicherlich Fehler gemacht worden. Die Ansätze die da waren, etwa radikale Blockentkernung und Schaffung großer Freiflächen haben wir aber für viele Bereiche bereits aufgegeben. Die Grundeigentümer und die Mieter wollten eben hier ihre Gärten so behalten, wie sie sind. So wurde erreicht, daß die privaten Hintergärten erhalten wurden, zum Teil sogar ausgedehnt worden sind, wo jeder machen kann was er will ... Auf der anderen Seite gibt es jedoch auch eine gemeinsame Fläche, wo der, dessen Mietergarten dann abends im Schatten ist, noch einen Platz findet wo er dann in der Sonne sitzen kann. Und da ist dann der gemeinsame Konsens möglich. Ich meine, daß der Staat gerade hier finanzielle Hilfe zur Selbsthilfe geben sollte, um das zu erreichen, was langfristig nötig ist.

Zum Thema Aufwertungsspektakel, wie Sie das genannt haben, möchte ich sagen: was kommt denn dabei heraus, wenn nichts passiert? Diese Frage sollten Sie sich genau überlegen, denn es geht wirklich darum, für nachfolgende Generationen diese Städte lebensfähig zu erhalten. Ich habe mal aus München den Begriff - ich setze den jetzt hier absichtlich provozierend in die Runde - des Plumps-Klo-Sozialismus mitgebracht und das ist hier ein Punkt, wo ich wirklich sagen muß, hier verstehe ich auch den politischen Ansatz nicht mehr."

- "Ich stimme zunächst mal der These zu, daß Wohnungsumfeldverbesserung in der Tat vor allen Dingen dann, wenn von oben herunter geplant wird, vor allen Dingen dann eingesetzt wird, wenn es darum geht Investitionen bei den derzeitigen Eigentümern in Gang zu setzen, also Investitionsanreize zu schaffen und damit Entwicklungen in Gang zu setzen, die man sonst nur mit einer größeren öffentlichen Förderung ersetzen könnte. Ich wehre mich nur gegen die These, daß Wohnungsumfeldverbesserung letzten Endes nichts anderes tut als frühere Qualitäten, die es in dem jeweiligen Stadtteil gab, wieder herzustellen. Man schaue sich doch mal ernsthaft die frühere Situation in solchen Gebieten an, die ja nicht dadurch geprägt war, daß die Straße so ungeheuer kommunikationsfreundlich war, sondern daß es da Straßen gab, die einfach verdreckt waren ... also die Situation, die wir insbesondere im Ruhrgebiet aus historischen Schilderungen zur Genüge kennen. Wenn wir weiter wissen, daß diese Siedlungen eine Umweltbelastung hatten, die der derzeitigen nicht nur vergleichbar war, sondern weitaus schlechter war, als das letzten Endes heute der Fall ist ... Also: nur eine frühere Qualität wieder herzustellen, die es nachweislich nicht gegeben hat, scheint mir hier ansich ein sehr merkwürdiger Ansatz zu sein.

  Der zweite Punkt ist: Sicherung der derzeitigen Qualitäten. Das finde ich schlechthin kriminell. Diese Strategie führt langfristig dazu, daß die Scheidung in Stadtteile, die von armen Leuten, von unterprivilegierten Gruppen bewohnt werden und in solche, wo dann zunehmend modernisiert wird und dann zunehmend besser verdienende privilegierte Gruppen hingesetzt werden, weiterhin ausgeweitet wird. Und die Planer lassen sich letztendlich noch in dieses Konzept einspannen, in dem sie nur mit dem Motto Sicherung der bestehenden Qualitäten freiwillig nichts dagegen tun, um die Qualität für die derzeitigen Bewohner zu verbessern. Was könnte man da tun? Und da meine ich, daß man wirklich mal überlegen sollte, in wieweit nicht gerade Wohnungsumfeldverbesserung in solchen Gebieten und in einer auf solche Gebiete bezogenen Strategie ein Beitrag dafür sein könnte, den Wohnwert für die derzeitigen Bewohner zu verbessern ohne daß Verdrängungsmechanismen in Gang gesetzt werden, wie das bei gebäude- und wohnungsbezogenen Maßnahmen in der Regel der Fall ist."

- "Es sind hier zwei Pole gegenübergestellt worden: zum einen eine sehr langfristige Perspektive, die versucht Wohnqualitäten für zukünftige Generationen zu sichern und zum anderen eine, die kurzfristig orientiert ist und sich um den Erhalt vorhandener Qualitäten für vorhandene Bewohner bemüht. Zwischen diesen beiden Positionen scheint keine Vermittlung möglich zu sein. Dem widerspricht aber die Praxis. Denn dort ist es wie immer: gemischt und irgend etwas zwischen diesen beiden Polen. Als ein Beispiel sei auf die Ausländer verwiesen, die in zunehmendem Maße länger in Deutschland verweilen. Und indem dies geschieht, ist auch davon auszugehen, daß sie nicht mehr nur alles Geld auf die hohe Kante legen, sondern auch bereit sind mehr für eine Wohnung und für das entsprechende Wohnungsumfeld auszugeben. Eine andere Entwicklung führt ebenfalls zu Problemen mit der kurzfristigen Strategie. Angesichts der hohen Überalterung der Viertel muß damit gerechnet werden, daß in 5 bis 10 Jahren sich die Altersstruktur wesentlich verändert hat und junge Familien dann feststellen, daß die zurückgebliebenen Wohnungen durchaus nicht ihren Wohnvorstellungen entsprechen. Hinzu kommt, daß das Gebiet für die jungen Leute auch stigmatisiert ist. Wenn sie sich irgendwo bewerben und hören "aha der kommt daher" dann werden sie solche Gebiete meiden wollen. Vor diesem Hintergrund erscheint - ideal gesprochen - ein schrittweises Vorgehen, indem man also blockweise, hausweise, möglicherweise sogar wohnungsbezogen vorgeht und Standards festsetzt und desgleichen im Wohnungsumfeld tut das angemessene Verfahren."

Notwendigkeit zur Differenzierung

Die hier in Ausschnitten wiedergegebene Auseinandersetzung ist oberflächlich zunächst dadurch gekennzeichnet, daß fast jeder Gesprächsteilnehmer offensichtlich andere Gebiete und Problemstellungen im Kopf hat: Während die einen von Arbeitersiedlungen sprechen, zielen die anderen auf Gründerzeitgebiete am Randbereich der Innenstädt oder in unmittelbarer Industrienähe ab. Arbeitersiedlungen repräsentieren eine spezifische Form von Ungleichzeitigkeit, sie weisen trotz aller objektiven Mängel Qualitäten auf, die zu für die derzeitigen Bewohner tragbaren Mieten heute nicht herstellbar sind /4/. Verordnete Wohnungsumfeldverbesserung kann hier nur einiges schlechter machen /5/. Zudem sind die Arbeitersiedlungen jetzt und heute zum Teil von sehr harten Zerstörungsinteressen bedroht, die sich unter dem Mantel der Privatisierung oder dem der Verbesserung verbergen.

Vor allem die industrienahen - von Emissionen hochbelasteten Wohngebiete des Ruhrgebiets stellen demgegenüber einen völlig anderen Typ dar. "Das, was hier geleistet werden kann, dürfte in aller Regel so wenig sein, daß umwälzende Verdrängungsprozesse wohl kaum eingeleitet werden. Denn wenn die Türken, die da angeblich raussollen, nun rausgehen, dann frage ich mich allerdings, wer zieht da überhaupt noch hin? Denn gravierende Mängel des Wohnungsumfeldes - z.B. die hohen Immissionen - bleiben nach wie vor bestehen. Ein optimales Wohngebiet kann man also aus denen ohnehin nicht machen."

In diesen Gebieten gilt es - will man sie überhaupt langfristig erhalten (denn auch dies bedeutet Festschreiben sehr gravierender Einschränkungen von Lebensbedingungen) irgendetwas zu bewegen. Da private Investoren hier eher auf Restnutzung bauen, blieben kommunale Investitionen. Die aber leicht in den Bereich der Trostpflaster, der "Kompensation" des Lärms einer weiter ausgebauten - als Werskanbindung dienenden - Straße durch einige Blumenkübel abrutschen.

Citynahe Gründerzeitgebiete mit geringerer Belastung weisen hingegen in aller Regel bereits andere bauliche und z.T. soziale Voraussetzungen auf (größere Wohnungen, bessere Ausstattung; andere Zusammensetzung der Ausgangsbevölkerung) und sind wiederum anderen Entwicklungstendenzen ausgesetzt. Hier besonders ist die Gefahr der Aufwertung von Bedeutung.

Es sind dies - in unterschiedlichem Maße - in ihrer Entwicklung ambivalente Bereiche. Welchen Einfluß hier kommunale Planung hat und haben kann macht das folgende Beispiel deutlich: "Das vorhin gefallene Wort vom Plumps-Klo-Sozialismus stammt ja aus München. Dort wurde es im Zusammenhang einer Diskussion um die Standards, an denen die Erneuerung orientiert werden sollte geprägt. Dort gibt es ein Gebiet, das ungefähr zur Hälfte unter der Zielsetzung erneuert wurde, es den derzeitigen Bewohnern zu erhalten. Was allerdings zwischenzeitlich in der anderen Hälfte läuft, entspricht überhaupt nicht mehr dieser Zielsetzung. Die haben da zunächst mit Infrastrukturmaßnahmen angefangen, Verkehrsberuhigung gemacht, Schulen modernisiert, Kindergärten gebaut etc.. Dadurch ist das Stadtgebiet immer mehr ins Gerede gekommen und die Nachfrage nach Grundstücken als Renditeobjekten stieg ständig. Die Investoren kaufen die Grundstücke zum Verkehrswert, der allerdings sehr hoch liegt /6/, haben überhaupt kein Interesse daran, öffentliche Mittel in Anspruch zu nehmen, was ja die einzige Möglichkeit wäre, die Miete zu begrenzen /7/, sie modernisieren dann entweder so luxuriös, daß ihre Wohnungen auf dem Wohnungsmarkt nicht mehr unterzubringen sind und sie so die "Zweckentfremdung" bekommen können - also letztlich indem sie auf Büroräume spekulieren oder sie verwandeln alles in Eigentumswohnungen. Das passiert uns jetzt fast täglich. Jede Woche nahezu sieben Verkäufe von Grundstücken. Die Verwaltung hat überhaupt keinen Zugriff nach den Grundstücken. Diese Entwicklung scheint im Widerspruch zu den politischen Zielsetzungen zu liegen. Tatsächlich kommt hier aber die unterschwellige und immer wieder aktualisierte Stoßrichtung "einkommensstarke Schichten in einem gesunden Mischungsverhältnis ins Viertel hineinzubekommen" zum Ausdruck. Mit der "etwas naiven Aufwertung dieser Stadtteile" wird demnach ein Sanierungskarussel ähnlich dem bei Flächensanierungen ausgelöst."

Deutlich wird, daß Differenzierungsnotwendigkeit besteht hinsichtlich

- Gebietsart (bauliche Ausgangsbedingungen, Belastungen etc.)
- Bewohnerstruktur (Homogenität als eine Voraussetzung für gemeinsame Artikulation; Zahlungsfähigkeit; Fluktuation und deren Ursachen ...)
- Entwicklungstendenzen (aus dem Gebiet heraus ebenso wie solche von Außen).

Deutlich wird zudem, daß der kommunale Planer sich in einer mehrfachen "Zwickmühle" befindet:

- Desinvestitionsgebiete mit hoher Umweltbelastung sind lediglich mit kommunalen Investitionen zu befrieden nicht aber langfristig zu stabilisieren. Das Problem der angemessenen Wohnungsversorgung der dort Wohnenden bleibt - da Alternativen angesichts der Miethöhe und Mietentwicklung im sozialen Wohnungsbau ausstehen - ungelöst. Erst bei Zuspitzungen lokaler (struktureller) Wohnungsnot (wie tendenziell in Frankfurt und München) werden selbst in diesen Gebieten private Investitionen mobilisiert - allerdings mit den entsprechenden Folgen bezüglich Mietentwicklung etc...
- Die Gratwanderung zwischen Aufwertung durch kommunale Planungen im Wohnungsumfeld und naturwüchsiger Entwicklung (heiße sie: "Absinken" oder Umnutzung) ist wesentlich von der "Härte" der Intervention abhängig: wieweit aber Planung hier restriktiv werden kann bleibt ein primär politisches Problem. (vergleiche Abschnitt 2)

Erweiterungen der Wohnungsumfeldverbesserung

Das Wirkungsfeld der Wohnungsumfeldverbesserung reicht damit von der Zerstörung vorhandener Gebrauchswerte über die Schaffung neuer (die wiederum andere fehlende ausgleichen - kompensieren - sollen) bis hin vor allem zu Investitionsanreizen bzw. Beseitigung von Investitionshemmnissen bei privaten Wohnungseignern /8/. Ihrer Struktur nach ist die WUV jedoch primär auf die "Multiplikation" oder die Initiation privater Investitionen mit öffentlichen Mitteln gerichtet. Dies muß zur Aufwertung führen - wenn nicht im Sinne von Steigerung der Gebrauchsfähigkeit für die derzeitigen Bewohner so doch als Steigerung des für die Benutzung solchermaßen verbesserter Gebiete zu entrichtenden Entgelts: Mieterhöhungen unmittelbar als Ausdruck von Lagewertsteigerung oder mittelbar als Folge der durch WUV initiierten privaten Investitionen in Wohnung und Gebäude sind das Resultat.

So bleiben zwar - was Ziel des wohnungswirtschaftlichen Kalküls ist - Wohnungen in Altbauquartieren für eine erweiterte Restnutzungsdauer "am Markt", dafür fällt ein bestimmter Prozentsatz der Bewohner qua Zahlungsunfähigkeit aus selbigem heraus. Planer, die um die Problematik der Wohnungsversorgung einkommensschwacher Gruppen in dieser Gesellschaft wissen und in ihrem Handlungsfeld - hier der räumlichen Planung - nach Beiträgen zu deren Milderung suchen, können nun nicht einfach die Investorenorientierung auf Bewohnerorientierung "umstellen". Sie müssen sich vielmehr - wie dies in den Beiträgen der Diskussionsteilnehmer angedeutet wurde - in zweifacher Hinsicht politisch um Durchsetzungsmöglichkeiten alternative Strategien bemühen:

- Zunächst gilt es, die rein subsidiäre Orientierung der lokalen Erneuerungspolitik (und Wohnungsumfeldmaßnahmen sind hier auch "Förderungen") mit restriktiven unmittelbar auf das Investitionsverhalten des Eigentümers wirkenden Instrumenten (Instandsetzungsgebote etc.) zu durchsetzen. Daß dies nur über entsprechende politische Voraussetzungen in der Kommune realisierbar ist liegt auf der Hand (vgl. hierzu den folgenden Abschnitt), daß andererseits ökonomische "Eigentore" die Folge sein können - etwa als verstärktes Zurückhalten bei Investitionen ("Investitionsstreik") seitens der privaten Eigner, als Privatisierungsversuch bei Arbeitersiedlungen etc. ist ebenso naheliegende wie praktische Erfahrung.

  In Fällen der Gefährdung durch Umnutzung, Aufwertung mit Bewohnertausch, etc. wären gleichermaßen restriktive planungsrechtliche Maßnahmen notwendig - mit entsprechenden politischen Voraussetzungen. Tendenz solcher Bemühungen ist zunächst eher Verhinderung als Forcierung von Wohnungsumfeldverbesserung.

- Die auf Investoren gerichtete Stadterneuerung ist für die nicht investierenden Mieter immer eine, die "von oben" kommt. Entsprechend ist es auch Erfahrung, daß ihre Gebrauchswertanforderungen in den realisierten Maßnahmen nicht oder nur bedingt zum Ausdruck kommen - bedingt, weil Planung von oben der Legitimation ebenso wie der "sozialen Absicherung" bedarf und insofern Bewohnerinteressen partiell berücksichtigen muß. Die Umkehrung - eine Planung "von unten" - setzt neben der politisch durchsetzenden und instrumentell abzusichernden Defensivstrategie gegen Umnutzung wie Desinvestition die politische Artikulations- und Durchsetzungsfähigkeit der Betroffenen voraus: daß so etwas möglich sein kann - wenn auch bislang nur in wenigen als Alibi genutzten Fällen - zeigen einige Arbeiterinitiativen im Ruhrgebiet.

Wohnungsumfeldverbesserung als Bestandteil einer an den Interessen der einkommensschwachen Bevölkerung orientierten Stadterneuerung setzt jedoch nicht nur andere Handhabung der Instrumente und eine Neudefinition der Planerrolle voraus - auch eine Erweiterung des (politischen) Handlungsfeldes, eine Integration zahlreicher nicht mehr nur räumlicher Maßnahmen in eine Gesamtstrategie wurde von einigen Teilnehmern des worshops gefordert. Zunächst wurde generell darauf verwiesen, daß gerade zur Verbesserung der Lebenssituation einkommensschwacher Gruppen eben nicht nur Forderungen nach mehr Freiflächen etc. erhoben werden sollten oder gar allein gegebene Qualitäten defensiv zu sichern seien: "Ich halte es für sehr problematisch, wenn man aus dem zunächst berechtigten Interesse heraus, für die vorhandene Bevölkerung keine wesentlichen Verschlechterungen zu erwirken (etwa Verdoppelung der Mieten) die Konsequenz zieht, daß in diesem Gebiet überhaupt nichts mehr gemacht wird. Das muß doch gekoppelt werden mit sozialpolitischen Forderungen - etwa solchen, die auf eine Veränderung der Mietgesetzgebung ausgerichtet sind, Sonderprogramme für kinderreiche Familien und vieles andere mehr. Es kann also hier nicht mehr nur um defensive Maßnahmen diskutiert werden, sondern die kompensatorischen sozialpolitischen und wirtschaftspolitischen Maßnahmen müssen unbedingt mit in das Gespräch hineingenommen werden. Mit anderen Worten: solche partiellen Strategien sind gefährlich, man muß sie immer in eine Gesamtstrategie einordnen können." Am Beispiel des Konzeptes der "Strategien für Kreuzberg" /9/ wurde - diesen grundsätzlichen Hinweis für die Maßnahmenplanung der WUV konkretisierend - eine Umgewichtung des Verhältnisses von räumlichen zu sozialen Maßnahmen gefordert:

- "Wir reden jetzt nur über räumliche Maßnahmen und die kritischen Fragen scheinen draußen zu sein. Wenn Wohnungsumfeldqualität auch immer eine Frage der sozialen Qualitäten ist, dann muß doch wieder überlegt werden, ob nicht als erster Schritt vielmehr soziale Maßnahmen ins Auge zu fassen sind als einseitig baulich-räumliche."

- "Entscheidend für die Qualität der Gebiete sind die sozialen Strukturen und Lebenszusammenhänge. Wenn nicht allzuviel Wegziehende oder Neuzugänge die soziale Struktur verändern wird das Überleben in diesen Situationen dadurch erleichtert, daß intensive soziale Hilfssysteme bestehen. Das wäre ein Anknüpfungspunkt für den Ausbau neuer kollektiver Infrastrukturen. Das wäre allerdings ein Ansatz, der nicht mehr von dem klassischen Planerdenken ausginge, sondern einer, der sich auf die bestehenden Strukturen stützt, und versucht, diese zu fördern und auszubauen. Das könnte mit ganz simplen Maßnahmen losgehen. In dem etwa in den erwähnten Blöcken ein paar Räume gemietet würden, die von der Stadt zur Verfügung gestellt würden und der eigenständigen Nutzung durch die Bewohner überlassen blieben. Was mich wundert ist, daß man immer zuerst mit räumlichen Maßnahmen anfängt ohne die Möglichkeiten zu bedenken, die in den Qualitäten der vorhandenen Sozialstruktur liegen. Daraus resultiert die Forderung, die Strategien so zu gestalten, daß sie an sozialkulturellen Strukturen anknüpfen."

Wie dies im Einzelfall aussehen mag, macht das folgende Beispiel deutlich: "Viele Arbeiterinitiativen im Ruhrgebiet versuchen, ihre eigene Kultur, die Kultur im Alltag, ihre traditionelle Kultur wiederzubeleben. In diesem Zusammenhang ist die Forderung nach Volkshäusern erhoben worden. Die Bürgerinitiative Flöz-Dickebank hat z.B. ein altes Waschhaus, das nicht mehr genutzt wird, aber mitten in der Siedlung liegt und völlig heruntergekommen war, in Eigeninitiative also in Selbsthilfe der Bewohner wieder nutzbar gemacht, ein großes Fest gefeiert, um zu zeigen, daß Kultur im Alltag gleichzeitig heißt, eine dezentrale Kultur am Wohnort. Also nicht die Repräsentationskultur im städtischen Theater, die sicherlich auch irgendwo notwendig ist, aber in ihrer Zentralisierung auch schon ihren usopatorischen Charakter zum Ausdruck bringt, sondern diesen Anspruch in Frage stellend eine Erhöhung von Wohnungsumfeldqualitäten auch begreifen als dezentrale Kommunikations- und Kulturmöglichkeiten. Und das heißt z.B. Initiativen wie Volkshäuser etc. zu unterstützen. Aber diese Ansätze stoßen bei der Verwaltung und den Politikern noch auf wenig Gegenliebe, nicht zuletzt deshalb, weil sich solche Initiativen eben nicht verwalten und damit auch nicht beherrschen lassen wollen. Es wäre also eine interventionsfreie Förderung solcher Ansätze notwendig und damit tun sich Verwaltungen naturgemäß nicht nur im Ruhrgebiet schwer."

Auf gerade diese verwaltungsinternen Restriktionen verwiesen viele kommunalen Planer, die leidvolle Erfahrungen mit dem Versuch erleben mußten, alternative Inhalte in Verwaltungshandeln einzubringen:

- "Man muß hier das normale Verwaltungshandeln verlassen. Man muß sich die Genehmigung von einem Dezernenten holen und abends dahin gehen, dann kann man da unter Umständen vielleicht doch noch aktiv werden - aber das alles ist kein normales Verwaltungshandeln mehr."

- "Wir haben auch versucht, für die in den Gebieten wohnenden Bevölkerungsgruppen gezielt Einrichtungen zu schaffen - etwa Ausländerbegegnungsstätten, Altentreffs usw.. Also bewußt keine höherwertigen Nutzungen o.ä. (Dies stand im Zusammenhang mit Strategien, die auf eine Dämpfung von Modernisierungsstandards abzielten, d. Verf.). Wir sind mit dieser Strategie völlig aufgelaufen. Allerdings nicht offziell sondern inoffiziell. Denn eine solche Art von Sanierung wird zumindest von der politischen Mehrheit überhaupt nicht akzeptiert. Das gilt sicherlich für nahezu alle Städte. Es wird in diesem Zusammenhang in aller Regel lediglich sehr vordergründig argumentiert: alle Gesetze sind reine städtebauliche Gesetze. Im Vordergrund steht also der Städtebau und nicht irgendeine Sozialstruktur. Mir wurde einmal persönlich gesagt: Was wollt ihr denn mit diesem Sozialplan - der ja erst im letzten Augenblick in das Gesetz (Städtebauförderungsgesetz, d. Verf.) hineingekommen ist ... der hat damit überhaupt keine Bedeutung. Lediglich über den Städtebau und möglicherweise den Denkmalschutz ist noch ein Konsens herbeizuführen, wenn es darum geht einen Stadtteil zu erhalten. Wenn es aber darum geht, einen Stadtteil für die Leute die da wohnen zu erhalten, dann hört's auf, dann ist die Diskussion zu Ende."

Bislang wurden im wesentlichen solche Aspekte der Diskussion dargestellt, die Anforderungen an Strategien der Wohnungsumfeldverbesserung formulieren: wie sollte sie aussehen, vor allem aber, wem soll sie nützen?

Im folgenden geht es demgegenüber um Umsetzungsprobleme, ein Aspekt, der lediglich gliederungstechnisch nicht aber inhaltlich vom ersten abzutrennen ist. Daß hier mehr Restriktionen als Möglichkeiten aufzzeigen sein werden liegt ebenso sehr auf der Hand wie es - im Umkehrschluß - falsch wäre daraus resignative Konsequenzen zu ziehen.

Auch hier ist zu berücksichtigen, daß wir die Frage "wie mache ich denn nun Wohnungsumfeldverbesserung?" nicht systematisch abhandeln, sondern Schwerpunkte aus einem Arbeitsgespräch nach eigenem Gusto aufgreifen und verarbeiten.

2. Umsetzung der Strategie in konkrete Planung: Instrumenteneinsatz als Prüfstein

Integrierte Planung notwendig - isolierte Planung Praxis

Traum eines jeden in der kommunalen Praxis tätigen Planers scheint - wie dies schon in der Befragung deutlich wurde - die rationale Einbettung der eigenen Tätigkeit in übergreifende Planungsansätze zu sein. Der Umkehrschluß liegt nahe: Trauma eines jeden in der kommunalen Praxis tätigen Planers ist die Erfahrung der real existierenden Brüche, Konkurrenzen, "negativen Koordinationen", etc. im Verwaltungshandeln. Wohnungsumfeldverbesserung ist da nur ein Beispiel unter vielen - wenngleich u.U. deswegen ein besonders deutliches, weil hier neue Anforderungen an die zersplitterten Handlungsfelder der einzelnen Verwaltungsstellen gerichtet werden. Selbst dort, wo mit WUV lediglich das Maßnahmenspektrum räumlicher Planung umfaßt ist (Verkehrsberuhigung, Hofprogramme, etc.) gibt es Koordinierungsprobleme in erheblichem Umfang. Es beginnt dies bereits auf ministerieller Ebene. So berichtete ein Tagungsteilnehmer, der an der Begleitung des Großversuchs zur Verkehrsberuhigung, der z.Zt. in Nordrhein-Westfalen durchgeführt wird teilnahm, von einer Initiative, das Modernisierungsprogramm des Innenministeriums mit dem Verkehrsberuhigungskonzept des hierfür zuständigen Ressorts in Beziehung zu setzen, um so etwa in Modernisierungsschwerpunkten gekoppelte Maßnahmenplanung betreiben zu können. Aber: "selbst unter günstigen Bedingungen - der Verkehrsminister hat parteipolitisch die gleiche Couleur wie der Innenminister - ist es nicht möglich, daß die beiden sich einmal zusammentun und etwa ein gemeinsames Programm zur Wohnungsumfeldverbesserung machen."

Was Wunder, daß es auf der kommunalen Ebene nicht anders aussieht:

"Was läuft? Zunächst laufen isolierte Maßnahmen. Da ist z.B. der Modellversuch des Lan-

des "verkehrsberuhigte Zonen". Da werden dann ein paar Poller aufgestellt, daß die
Autos nicht mehr durchfahren können, da werden die Autos schräg zum Parken aufgestellt
- die einzigen, die davon profitieren, sind die nahegelegenen Karosseriewerkstätten ...
Ich karrikiere das jetzt ein wenig, aber es gibt natürlich auch gute Ansätze. Nehmen wir
einmal einen brauchbaren Versuch: Da ist z.B. die Wohnstraße, die aufgepflastert wird,
in die Spielbereiche integriert werden, die möbliert wird - wie das so schön im Planer-
kauderwelsch heißt -, die also wirklich ganz nett ist. Was passiert da? Die Bewohner laufen der Stadtverwaltung die Tür ein, weil ihre Wohnstraße zur Spielstraße des ganzen Viertels wurde, weil eben eine solche isolierte Maßnahme alle Blagen anlockt ... und daraus
resultiert natürlich viel Lärm.

Eine solche isolierte Verkehrsberuhigung bringt nichts, wenn überhaupt, muß man sie in
eine Stadtteilrahmenplanung integrieren, wo man dann insgesamt ein paar mehr Kinderspielmöglichkeiten schafft - denn, daß die vielen Kinder in die eine Wohnstraße eindrin-
gen, zeigt ja wie groß das Defizit ist." Das Verzeichnis solcher Beispiele ließe sich verlängern. Wichtig für diesen Zusammenhang ist jedoch, daß WUV schon in der Konzeption
durch die Vorwegnahme späterer verwaltungsinterner Restriktionen eingeengt zu werden
droht. Allerdings bleibt auch hier zu berücksichtigen, daß nach der Verwaltungsorganisation der jeweiligen Städte und Aufgabenzuweisung für Erneuerungsplanung ebenso zu
differenzieren ist wie nach ihrer unterschiedlichen Finanzkraft: So wurde verschieden-
lich darauf hingewiesen, daß insbesondere die notwendige Integration der Finanzplanung
für koordinierte Maßnahmen in Erneuerungsbereichen unter anderem deswegen sehr problematisch ist, weil die meisten Kommunen eine langfristige Festlegung von Mitteln für
bestimmte Aufgaben scheuen, um die verbliebene freie Spitze möglichst flexibel den politischen Oportunitäten angepaßt einsetzen zu können. Es versteht sich, daß sich dieses
Problem für die einzelnen Kommunen insofern unterschiedlich stellt, als etwa Hamburg als
"reiche Stadt" mit einem sehr umfangreichen Budget für Erneuerungsprogramme hier weniger Schwierigkeiten hat als etwa Städte der Emscherzone im Ruhrgebiet.

"Harte" oder "Weiche" Steuerung der Stadterneuerung?

Eine Doppelfrage stand im Zentrum der Diskussionen um die Möglichkeiten, Wohnungsumfeldverbesserung bzw. Wohnungsumfeldverbesserung und Modernisierung gekoppelt durchzusetzen und in ihrer Entwicklung zu steuern:

- Sind Bebauungspläne und weitere unmittelbare Eingriffe (Satzungen nach § 39 h BBauG, Veränderungssperren) oder aber

- Förderungsanreize in Modernisierungsschwerpunkten,

ist also eine "harte" und direkte oder eine "weiche" subsidiäre Steuerung der Stadterneuerung im Vorfeld des Städtebauförderungsgesetzes der angemessene Weg zur Realisierung
der verschiedenen Strategien?

Zunächst besteht offensichtlich weitestgehend Einigkeit darüber, daß die breite Instrumen-
tenpalette, die von einigen Gesprächsteilnehmern ausdrücklich bis auf wohnungsaufsicht-
liche Eingriffsmöglichkeiten ausgeweitet wurde, theoretisch eine sehr flexible Strategiebil-
dung seitens der Kommune möglich machen würde. So wäre auch die Möglichkeit gegeben,
auf unterschiedliche Eigentümerstrukturen differenziert zu reagieren - etwa indem man bei
verstärkten Ankäufen durch Spekulanten zunächst einmal mit Instandsetzungsgeboten auf
eine Wiederherstellung der Gebrauchsqualitäten der Wohnungen drängt und so möglicherweise zugleich eine Ausweitung der Ankaufsaktivitäten unterbindet. Es wird jedoch darauf
hingewiesen, daß ein solcher Instrumenteneinsatz von eminenter politischer Brisanz sei und

daher kaum zur Anwendung komme: "Das ist natürlich Theorie und auch Illusion, weil man eben die ganz konkreten politischen Verflechtungen und Einbindungen der Gemeinde und der Verwaltung berücksichtigen muß."

Es wirken sich diese Einbindungen bereits auf der Instrumentenebene Bebauungsplan aus. Zwar heißt es auf der einen Seite: "Der Bebauungsplan ist nach wie vor das beste Instrument zur Steuerung von Erneuerungsmaßnahmen." Auf der anderen Seite wird jedoch von Erfahrungen berichtet, daß "der Rat die weiche Welle vorzieht".

"Der Widerstand in den politischen Gremien gegen die Aufstellung von Bebauungsplänen ist zur Zeit sehr stark. Einmal besteht die Tendenz in Richtung § 34 BBauG - überhaupt keine Bebauungspläne mehr aufzustellen, damit man die Bürgerbeteiligung umgehen kann. Außerdem scheut man all die Einschränkungen, die darin liegen - vor allem bei der Aufstellung einer Veränderungssperre - aus der Furcht heraus, daß hier Grundeigentum beschränkt würde."

Unter "weicher Welle" ist demnach zu verstehen, daß im Sinne einer Anreiz- und Überzeugungsplanung einzelne Eigentümer gezielt mit Subventionen und Zuschüssen unmittelbar angesprochen und in eine bestimmte Richtung gelenkt werden sollen. Naheliegendes Mittel einer solchen Strategie: Einsatz der Modernisierungsförderung von Bund und Ländern. Modernisierungsschwerpunkte nach dem Wohnungsmodernisierungsgesetz werden zwar in allen Kommunen festgelegt, zeigten bislang jedoch wenig Relevanz für die oben umrissenen Strategien. Im Regelfall wurden Modernisierungszonen bzw. -schwerpunkte in Problemgebieten nicht angenommen und die Investitionen blieben gestreut, oder aber die Schwerpunkte wurden so eingegrenzt, daß sie weitestgehend mit den Beständen großer kommunaler Wohnungsgesellschaften übereinstimmten - wodurch ein direkter Abfluß der Mittel zu gewährleisten war. "Die Grenzen wurden gezogen um die Siedlungsgrenzen irgendwelcher Wohnungsbaugesellschaften und die für die Vergabe dieser Mittel zuständige Verwaltungsstelle neigt natürlich auch dazu, diese Gesellschaften zuerst zu bedienen. Das ist so eine traditionelle Verbindung zwischen der Bewilligungsstelle und der Gesellschaften. Verschiedene Versuche, z.B. Beratungsstellen einzurichten, die sich vor allen Dingen an einzelne Interessenten in Problemgebieten richten sollten, diese Versuche sind immer wieder an dem Einspruch dieser zuständigen Verwaltungsstelle gescheitert; die sagen: das brauchen wir nicht, wir werden die Mittel ohnehin los. Es besteht also ohnehin kein Interesse, die Problemgebiete in einer angemessenen Weise zu bedienen."

Es muß allerdings gefragt werden, ob "es überhaupt zweckmäßig sein kann, Modernisierungsmittel nach dem Wohnungsmodernisierungsgesetz in solche Problemgebiete einzubringen, da die vorprogrammierten Mietsteigerungen doch zu gravierenden sozialstrukturellen Konsequenzen führen könnten."

Zugleich wird damit ein möglicher Fehler in der Frage nach dem angemessenen Instrument für Modernisierung und Wohnungsumfeldverbesserung deutlich: entspricht es wirklich der Problemlage der angesprochenen Gebiete ebenso wie der Zahlungsfähigkeit ihrer Bewohner, wenn man fragt, was, wie modernisiert oder verbessert werden könne. In Analogie zu der oben dargestellten Kontroverse (vgl. Abschnitt 1) müßte wohl auch im instrumentellen Bereich eher gefragt werden, wie Desinvestition verhindert werden kann, in welcher Weise also die Kommune ein Quartier vor dem "Umkippen" bewahren kann. Natürlich sind vor einem solchen Hintergrund zahlreiche punktuelle Verbesserungsmöglichkeiten ins Auge zu fassen, nur verschiebt sich die Stoßrichtung der Strategie insgesamt. Angesichts der Einigkeit eines Großteils der workshop-Teilnehmer, daß wohnungs- und gebäudebezogen eine solche Strategie mit den Förderungsmöglichkeiten des Wohnungsmodernisierungsgesetzes (ModEnG) wegen der darin festgeschriebenen hohen Modernisierungsanteile nicht realisierbar ist bliebe als Konsequenz, daß die Finanzierung von Maßnahmen gerade in den übergangenen oder vernachlässigten Stadtgebieten weitestgehend allein Sache der kommunalen Haushalte sein müßte: durch Infrastrukturmaßnahmen, Verkehrsberuhigung etc... Wobei auch dies - im Sinn der oben angesprochenen "naiven Aufwertung" - zur problematischen Gratwanderung werden kann. Den Bewohnern unterausgestatteter Wohnungen und schadhafter Gebäude ist damit jedoch noch kaum geholfen. Die in der kommunalen Praxis stehenden Planer sehen sich hier in die Zange genommen: auf der einen Seite zwingt die lokalpolitische Situation zumeist zur "weichen", subsidiären Steuerung auf der anderen Seite führen sowohl die Überantwortung der Entscheidung über Art und Umfang der Modernisierung an das Investitionskalkül des Eigentümers als auch die Förderungsvoraussetzung notwendigerweise zu Mietsteigerungen, die eine reale Verschlechterung der Lebensbedingungen der Bewohner (schwerwiegende Umschichtungen in den privaten Budgets) oder gar deren Verdrängung zur Folge haben. Die im Rahmen des workshops angebotenen Lösungen eben dieser Praxis sehen so aus:

- Festschreiben der Mietentwicklung über 12 Jahre allerdings auf hohem Niveau: zwischen 4,50 DM Anfangs- und 6,50 DM Endmiete. "Wir haben durch unser Programm die Mietentwicklung in den modernisierten Gebieten für 12 Jahre fest im Griff, so daß der Mieter sehr genau weiß, was er in Zukunft zu bezahlen hat. Er hat ja zudem bereits zu Beginn der Modernisierung diese seine Mietzahlungsbereitschaft erklärt." /11/ Dem stehen andere Auffassungen gegenüber: "Wir haben Anfangsmieten (nach der Modernisierung) bereits zwischen 3,80 und 4,50 DM, die uns mit ihrer derzeitigen Höhe bereits erhebliche Schwierigkeiten machen. Wir müssen da jetzt bereits einiges mit Wohngeld auffangen."

   Diese Notwendigkeit subjektbezogen zusätzlich zu fördern bereitet jedoch andernorts keine Schwierigkeiten: Das Wohngeld reicht dort zur Abwicklung etwaiger Differenzen zwischen Zahlungsfähigkeit und Miete. "Wir haben das in vielen Beispielen durchgerechnet. Mit dem Wohngeld kommt man in der Regel hin, insbesondere deswegen, weil wir in Hamburg angesichts der Degressionsstufen im Sozialen Wohnungsneubau ein zusätzliches Wohngeld eingeführt haben." /12/

- Eine andere Vorgehensweise - vorläufig noch als Absicht und vor allem politisch noch nicht erprobt - sieht die Bindung der Vergabe von Förderungsmitteln an eine Einigung zwischen Eigentümern und Mietern über Art und Umfang der Modernisierungsmaßnahmen vor. Mit diesem Vorschlag wird angeknüpft an die oben dargestellte zunächst gebrauchswertsichernde Strategie, in deren Rahmen dann "von unten" Verbesserungen initiiert werden. "Hier ist ein sehr zentrales und wichtiges Instrument angesprochen worden: Wenn die Vergabe von Modernisierungsmitteln an das Zustandekommen von Einigungen zwischen Mietern und Eigentümern gebunden wird, dann hat die Kommune hier einen wesentlichen Einfluß auf die Gestaltung der Verbesserungsmaßnahmen. Denn es kann hier nicht darum gehen, Modernisierungen zu verhindern. Natürlich wollen wir auch Modernisierung, aber - um es mit einem Schlagwort zu sagen - "sozio-kulturell richtige" Modernisierung. Es muß also versucht werden, die Bedürfnisstruktur der Bewohner zur Geltung zu bringen."

Auch hier wird deutlich, wie zentral die politischen Implikate jeder Strategie sind - sei es bei der Entscheidung über "harte" oder "weiche" Steuerung, dem Bereitstellen von umfangreichen Mitteln zur Korrektur der durch privates Investitionskalkül verursachten Mietsteigerung oder der Inpflichtnahme der Eigentümer etc.. Insofern ist die Instrumentenfrage umkehrbar. Wie verhalten sich eigentlich die Außendarstellung der lokalen Erneuerungspolitik, die in Fensterreden propagierte - zumeist "sozialen" - Ziele zu den Instrumenten, mit denen diese Ziele zu realisieren sind? Mit den Worten eines Gesprächsteilnehmers: "Es ist also ganz gut, wenn ich frage, inwieweit die Beschlüsse, die der Stadtrat publikums- und pressewirksam fällt instrumentell überhaupt schlüssig und durchsetzungsfähig sind."

Beteiligung - Partizipation - ?

Ein weiterer Prüfstein in diesem Sinne für die Absicherung und Wirkungen einer Strategie der Modernisierung und Wohnungsumfeldverbesserung muß die Frage nach der Beteiligung der Betroffenen sein. Wir können hier drei verschiedene Aspekte unterscheiden:

- für den "technischen" Erfolg einer Maßnahme ist die Kenntnis spezifischer Realisierungsvoraussetzungen im Gebiet notwendig. Neben der Kenntnis bestimmter baulicher und sozialer Sachverhalte ist insbesondere in den hier behandelten Strategiezusammenhängen - die Auseinandersetzung mit potentiellen Investoren, Käufern etc. unabdingbar. Denn deren Investitionsabsicht bzw. -zurückhaltung ist bewegendes Moment und Restriktion jedes Erneuerungsversuchs. Daß - gerade bei den für die hier betrachteten Gebiete typischen kleinteiligen Eigentums- und Interessensstrukturen - selbst die Beteiligung derer, denen manche besonders enge Beziehungen zur Verwaltung unterstellen, unterbleibt macht das folgende Beispiel deutlich: "Wir waren verwaltungsintern der Meinung, daß es nicht schlecht wäre, in dem Erneuerungsgebiet den städtischen Haus- und Grundbesitz zu erweitern, um flexibel zu sein bei Umsetzungen, die sich im Zuge von Modernisierungen ergeben könnten etc.. Dann ist uns beispielsweise bekanntgeworden, daß ein Haus zur Versteigerung freigegeben worden ist. Der Wert war mit 80.000,- DM angesetzt. Dann haben wir unser Liegenschaftsamt hingeschickt und haben gesagt: "Schaut Euch doch mal das Haus an." Das haben die dann getan und uns geantwortet: "Gut, wenn Ihr da was tun wollt im Gebiet, dann kaufen wir das Haus. Wir steigern bis 240.000,- DM mit." Dann kam der Versteigerungstermin. Und inkognito war dabei ein städtischer Mitsteigerer. Insgesamt waren drei Interessenten da. Bei 100.000 ist der erste ausgestiegen. Dann haben sich zwei - einer von der Stadt und ein anderer bis auf 240.000,- DM hochgesteigert, dann ist die Stadt ausgestiegen und der andere hat es für 241.000,- DM gekriegt. Sagten wir uns: Pech gehabt - was soll's. Aber dann haben wir nachträglich erfahren, daß im Hintergebäude dieses Hauses eine Klempnerei ist, die furchtbare Angst gehabt hat, daß, wenn das Haus verkauft wird, sie evtl. vom neuen Besitzer herausgedrängt werden könnte. Und die sich daraufhin gesagt haben: Wir können uns nur über Wasser halten, wenn wir das Haus selber kaufen ... Da hat die Stadt also ohne es zu wissen den Klempnereibesitzer dazu gezwungen, für das Haus 240.000 Mark und mehr zu bezahlen, das er für 80.000 bis 100.000 hätte haben können."

- Ebenfalls im Sinne einer verbesserten Durchsetzung einer zumindest als Rahmen vorgegebenen Planung sind die in einigen Kommunen außerhalt von § 4 StBauFG oder § 2a BBauG (die jeweils - bei der Bereichsfestsetzung resp. bei der Aufstellung eines Bebauungsplanes Anhörungen bzw. Beteiligungen vorsehen) entwickelten Beteiligungsmodelle zu verstehen. Als Beispiel soll die folgende Ausführung eines workshop-Teilnehmers dienen. Zum besseren Verständnis muß noch gesagt werden, daß die hier beschriebene Konstruktion der Beteiligung der Quartiersbevölkerung im Rahmen jener - oben bereits erwähnten-Strategie der Modernisierung für Später ("wie können wir diese Wohngebiete für künftige Generationen wieder bewohnbar machen") steht: Beteiligung der heutigen Generation hier also - zumindest der Logik nach - allein durchsetzungsorientiert wäre (Vermeidung von "Implementationsrestriktionen"). "Es gibt sehr verschiedene Schritte, die Bevölkerung zu beteiligen. Das wichtigste ist, daß sich aus dem Gebiet heraus Bezugspersonen bilden, die die Interessen der Betroffenen vertreten.

können. Das ist ein etwas schwieriger Prozeß. Und die Frage der Legitimation dieser Leute im Gebiet selbst ist auch sehr schwierig zu beantworten... Es ist notwendig, daß sich die Betroffenen intensiv mit den geplanten Maßnahmen auseinandersetzen. Es kann jedoch festgestellt werden, daß das Interesse sehr schnell nachläßt. Wenn die ersten Dinge gelaufen sind interessiert sich kein Mensch mehr im Gebiet, sondern dann wollen sie schnell nur noch ihre Ruhe haben und legen Wert auf eine möglichst kurze Bauzeit. Folgende Stufen der Beteiligung sind vorgesehen:

- zunächst einmal umfassende Information - mehr oder weniger gelungen, da lernt man auch immer mehr hinzu.

- Dann die betroffene Bevölkerung zum Artikulieren bringen, wobei wir alle möglichen Verbände, Interessensgruppen und ähnliches einsetzen (z.B. Integration in die Volkshochschule). Wir haben das Modell gehabt, daß wir hausweise Mietervertreter ausgucken. Zusammen bilden die Bewohner eine Vollversammlung und dann gibt es zwei, drei Sprecher, die die Interessen im Gebiet repräsentieren. Wir meinen, daß das eigentlich das beste Modell ist. Denn hier haben wir insbesondere den notwendigen Rücklauf gewährleistet, daß also die notwendigen Informationen auch beim letzten Mieter ankommen und daß die Mundpropaganda an jeder Ecke wirksam wird. Das halten wir für ganz unerläßlich.

- Und dann ist das Institut des Koordinierungsausschusses wichtig, wo die laufenden Dinge besprochen werden können. Spektakuläre Maßnahmen, wie große Mieterversammlungen und ähnliche Dinge halte ich für nicht besonders gut. Sie sind zwar in dem einen oder anderen Falle mal notwendig, auch um mal eine allgemeine Information schon aus organisationstechnischen Gründen geben zu können, aber ich glaube die konkrete Arbeit im Gebiet selbst, die Mietervertreter und ein kontinuierlich tagendes Gremium das sind die Dinge, die eine vernünftige Arbeit im Gebiet auch ermöglichen und die vor allen Dingen auch Ergebnisse zeitigen. Es gibt ja leider immer wieder die großen Veranstaltungen, in denen lang und breit diskutiert wird über diesen oder jenen Punkt, daß man was falsch gemacht hat, über das, was man richtig machen sollte ... ich meine, daß man gerade in diesen Gebieten ganz schnell zu konkreter Arbeit kommen sollte, denn die Betroffenen interessiert wirklich nur eins - das haben wir in den letzten vier Jahren erfahren - wann passiert was mit meinem Haus, was passiert wann mit meinem Wohnumfeld? Solche Fragen sind eminent wichtig, und hierauf muß die Verwaltung schnell eine Antwort haben. Leider - und das ist immer wieder ein Problem bei der Betroffenenbeteiligung - dauert die Abstimmung innerhalb der Verwaltung und die Einbeziehung der politischen Gremien viel zu lange. Dafür haben die Betroffenen überhaupt kein Verständnis."

• Eine in der Anlage andere Beteiligung haben jene im Sinn, die für eine eher defensive Strategie seitens der kommunalen Planung plädieren. Durch Verhinderung von Desinvestition sollen vorhandene Gebrauchswerte geschützt, Prozesse der Aneignung des Quartiers durch seine Bewohner gegen Umnutzung und Aufwertung verteidigt werden, um dann von Innen heraus eine "sozio-kulturell richtige Erneuerung" zu betreiben. Allemal aber den Käseglocken-Effekt vermeidend: den Bewohnern wird - wie z.B. mit dem bereits erwähnten Großversuch Verkehrsberuhigung - eine Gebrauchswertverbesserung verordnet: "Da sind zum Beispiel die Bewohner, die ganz banal ihre Kohlen in den Keller hineingeschüttet bekommen. Das geht jetzt nicht mehr - da ist irgendwie ein Blumenkasten vor. Jetzt müssen sie also über 30 Meter ihre Kohlen reinschleppen. Das sind alles banale Sachen, aber für das Renommée von Wohnungsumfeldinitiativen oder Gebrauchswertverbesserung überhaupt sind es sehr prägende Erfahrungen, die die ganze Geschichte sehr leicht diskriminieren können, auch wenn sie noch so gut gemeint ist. Man kann solche Probleme nur umgehen - und das ist natürlich für eine Verwaltung sehr problematisch - durch eine ganz klare und sehr frühzeitige Partizipation mit sehr großen Mieterversammlungen, in dem man die Bewohner ihre eigene Vorstellung entwickeln läßt ... und dann würde z.B. klar: entweder wird das Haus modernisiert, so daß nicht nur mit Kohle geheizt werden muß oder aber die Kohlenwagen können vorfahren." /13/

Aufgabe des Planers in dem alternativen Konzept der Beteiligung wäre offensichtlich zunächst: Bestandssicherung und Herstellen der Voraussetzungen für kleinteilige Erneuerungsmaßnahmen (etwa im Sinne des oben beschriebenen Verständnisses von Dezentralisierung der Kultureinrichtungen ...) /14/. Das Ausfüllen der so erhaltenen Freiräume bliebe der Interessensartikulation und -organisation der Betroffenen überantwortet. Ein Konzept, das angesichts der lebendigen Selbstorganisation - wie etwa den Arbeiterinitiativen in manchen Quartieren des Ruhrgebiets unmittelbare Plausibilität hat, in zahlreichen anderen ehemals übergangenen, jetzt erneuerungsbedürftigen und erneuerungsbedrohten Stadtteilen jedoch die Rekonstruktion gemeinsamer politischer Handlungsfähigkeit der Betroffenen voraussetzt.

Solche Ansätze müssen sich allerdings auch gegen den rauher werdenden Wind aktueller rechtspolitischer Tendenzen, die auf Abbau und Aufhebung von Beteiligungsrechten abzielen - dies insbesondere im Kontext der "weichen Stadterneuerung", durchsetzen /15/.

Anmerkungen

/1/ Aus dem Autorenkreis waren anwesend: BLASE (Oberhausen)/DISTLER (München)/FESTER (Aachen)/FIEBIG (Berlin)/HELLWEG (Gelsenkirchen)/KRAFT (Aachen)/KRETSCHMAR (Berlin)/OBERMAIER (Dortmund)/POHLANDT (Hamburg)/SCHROOTEN (Oberhausen)/TOBER (Wiesbaden)/ZIEROLD (Dortmund)/ZLONICKY (Essen) sowie ca. 100 Teilnehmer aus unterschiedlichen Praxisbereichen (kommunale und suprakommunale Planung, Planungsbüros, Hochschule)

/2/ Wir handhaben die Zitierweise ähnlich wie in Querschnitte I: Übernommene Aussagen werden als solche kenntlich gemacht nicht jedoch Namen resp. Personen zugeordnet. Dies ist schon deswegen geboten, weil nicht immer eindeutige Zuordnungen gegeben waren. Besonders aber führt die bewußt subjektive Selektion zu Verzerrungen, die dem vom jeweils Beitragenden gemeinten Kontext nicht gerecht werden können.

/3/ Vgl. hierzu die Zitatsammlung im Vorwort zu diesem Band

/4/ Vgl. beschreibend: GÜNTER, J./GÜNTER, R.: Soziale Architektur und ihre Elemente - die Arbeitersiedlungen als Modellfälle, in: arch+ (1978), H. 42, S. 31 ff sowie die auch auf "Wohnumfeld-Verbesserungen" in diesen Bereichen zielenden Darstellungen der gleichen Autoren in: arch+ (1979), H. 43/44, S. 35 ff
Zur Ungleichzeitigkeitsproblematik im Stadterneuerungskontext vgl. TESSIN, W.: Stadtumbau und Umsetzung, in: Leviathan (1978), H. 4

/5/ Vgl. die Ergebnisse des Entwurfswettbewerbs zu den 4. Dortmunder Architekturtagen als besonders krasses Beispiel für übergestülpte Wohnungsumfeldverbesserung. Zur Kritik: PESCH, F./SELLE, K.: Rationale Architektur im Revier, in: arch+ (1978), Heft 42

/6/ Innerhalb eines Jahres stiegen die Bodenpreise in diesem Gebiet nicht zuletzt verursacht durch diese naive verdeckte Aufwertung von 600,- DM/qm auf 1.100,- DM/qm

/7/ Dies ein Phänomen, das in vielen aufwertungsgefährdeten Gebieten festzustellen ist: bei "weicher Steuerung" (vgl. Abschnitt 2 dieses Beitrags) verzichten die Investoren auf jede öffentliche Förderung und entziehen sich so der Einflußmöglichkeit kommunaler Planung

/8/ Vgl. ausführlicher unseren einführenden Beitrag in diesem Band

/9/ Vgl. z.B. DUNTZE, K.: Berlin SO 36: die "Dritte Runde" - Neues von den Strategien für Kreuzberg, in: arch+ (1979), H. 40/41, S. 2 - 13

/10/ Weitere Restriktionen liegen sowohl im organisatorischen wie im politischen Bereich: In dem Augenblick, wo andere Instrumente, d.h. vor allem: andere Maßnahmen ins Auge gefaßt werden, ergibt sich zunächst das Problem, daß in aller Regel auch andere Verwaltungsstellen in der Kommune hierfür zuständig sein werden. Damit werden Fragen der Koordination, der Abstimmung auf die Maßnahmen anderer Ressorts wie gemeinsam auf die Entwicklung des Gebietes aufgeworfen. "Da gibt es zum Beispiel nur eine Schwierigkeit: das der Finanzierbarkeit über längere Zeiträume hinweg. Die Frage ist also, inwieweit flankierende Maßnahmen - etwa im Schulbereich - tatsächlich an diesen Entwicklungsprozeß, den Regenerationsprozeß des Gebietes entlang auch eingesetzt werden können, daß also jeweils dann, wenn es auch notwendig ist, die entsprechenden Mittel zur Verfügung gestellt werden. Da frage ich mich allerdings, ob das in der Praxis auch durchsetzbar ist, oder ob man sich nicht vielmehr schon vor Beginn der gesamten Maßnahmen soweit festlegen muß, daß die Gefahr besteht, daß das Programm sich verselbständigt und eine Abstimmung mit der tatsächlichen Entwicklung des Gebietes unterbleibt." Als ein wesentlicher sozialer Maßnahmenbestandteil für die angezielten Regenerationsprozesse wird Gemeinwesenarbeit angesehen. Zahlreiche Erfahrungen zeigen allerdings, daß im Rahmen und durch die Gemeinwesenarbeit sich häufig Aktivitäten entwickeln, die sich dann gegen die Planungen der Stadt wenden und so letztlich dazu führen, daß bei weiteren Maßnahmen vergleichbarer Art Gemeinwesenarbeit überhaupt gar nicht mehr ins Auge gefaßt wird (Beispiel: Ausdünnung der Gemeinwesenarbeit in Hannover-Linden. "Ich warte den Punkt ab, wo aufgrund der Gemeinwesenarbeit sich auf einmal Initiativen gegen die Verwaltung wenden. Ob man dann bereit ist zu sagen: Ihr bekommt noch einen weiteren Sozialarbeiter? Oder ob nicht näher liegt zu sagen: Ihr braucht gar keinen, das ist dann das Problem und das ist nicht nur eine Frage der finanziellen Priorität".

/11/ Diese Aussage gilt im wesentlichen für nach StBauFG durchgeführte Modernisierungen - außerhalb dieser Bereiche liegt im zugrundeliegenden Fall die Kaltmiete nach der Modernisierung je nach Umfang zwischen 4,00 und 5,50 DM.

/12/ Neben der bereits mehrfach angesprochenen unmittelbaren Mietsteigerungen durch Umwälzen privater Investitionen auf die Mieten ist auch auf eine längerfristige Wirkung hinzuweisen: es muß davon ausgegangen werden, daß sich der Pegel der Vergleichsmieten schrittweise verändert und so insgesamt zu einer Nivellierung des Mietspiegels führt (vgl. hierzu auch Bauwelt Heft 4/1979 - die Mieten der Altbauwohnungen bis 1918 sind in 1978 relativ am stärksten gestiegen). Gerade zusätzliche Subjektförderung, die hohe Mieten erst "marktfähig" macht, begründet damit einen Teufelskreis stets neuer Subventionszwänge.

/13/ Daß aus so etwas Bewohnerprotest resultiert liegt auf der Hand: "Wir haben eine Bürgerinitiative gegen den Großversuch mit 300 bis 500 Unterschriften in einem kleinen Bereich. Da werden zwar Poller aufgestellt und Rechtsabbiegerschilder gleich in doppelter Ausfertigung angebracht, aber mit Wohnwertsteigerung hat das nichts zu tun."

/14/ "Bauen und alles verändern - das ist die Kunst der Spekulanten. Vieles verhindern und (fast) nichts verändern, daß ist die Kunst der Stadtplaner!" DISCHKOFF, N./ WILKENS, M.: Stadtplanung: einfach, Konzepte: gewöhnlich, 7 Pamphlete zu einem veränderten Selbstverständnis von Stadtplanern und Architekten. In: Baumeister Heft 7, 1978, S. 691

/15/ Vgl. SELLE, K.: Mittlere Intensität, in: arch+ (1979), H. 46 sowie ders.: Die Beschleunigungsnovelle der Bundesregierung, in: Stadtbauwelt (1979), H. 61

Die Autoren

Dieter Blase
(geb. 1946) Diplom-Ökonom, Studium an der Ruhr-Universität Bochum; seit 1972 Arbeit als Stadtplaner im Ruhrgebiet und in der öffentlichen Verwaltung.

Felix Borkenau (Salam)
(geb. 1947) Studium der Architektur/Stadtplanung an der RWTH Aachen, Photographien seit 1973.

Andreas Distler
(geb. 1936) Studium der Architektur an der TH München und der TU Berlin, 1967 - 1970 Assistent an der TU Berlin, 1970 - 1972 Städtebaureferendar, seit 1973 Stadtplanung München - Arbeitsbereich Stadterneuerung

Karl-Heinz Fiebig
(geb. 1943) Dipl.-Ing. Studium der Stadt- und Regionalplanung an der TU Berlin, 1969 - 1973 freiberuflicher Stadtberater, seit 1973 wiss. Mitarbeiter am Deutschen Institut für Urbanistik, Koordinator des Arbeitsbereichs "Räumliche Planung".

Uli Hellweg
(geb. 1948) Architektur-Studium und Diplom an der RWTH Aachen, 1976/77 freier Mitarbeiter am Deutschen Institut für Urbanistik, Berlin, seit 1977 bei der Stadt Gelsenkirchen: Bebauungsplanung, Stadtteilrahmenplanung

Urs Kohlbrenner
(geb. 1942) Studium an der HbK und TU Berlin, Diplom 1971, seither als freier Planer mit dem Schwerpunkt Stadterneuerung tätig, gelegentliche Lehrtätigkeit an der GH Kassel und der FH Bielefeld.
Der Beitrag "Grüne Sanierung im steinernen Berlin" ist - mit freundlicher Genehmigung des Verlages - ein Nachdruck aus dem 3. Sonderheft 1978 der Berliner Bauwirtschaft

Alexander Kretzschmar
(geb. 1937) gelernter Maurer, Bauingenieur über den zweiten Bildungsweg. Hochschulstudium in Berlin mit einer Ausbildung zum Stadt- und Regionalplaner, seit 1974 Teilhaber der Arbeitsgruppe für Stadtplanung und Kommunalbau in Berlin/Bielefeld

Dorothee Obermaier
(geb. 1945) Soziologiestudium in München und Freiburg, seit 1974 wiss. Assistentin am Fachgebiet Soziologische Grundlagen der Raumplanung, Universität Dortmund, Promotion 1978

Franz Pesch
(geb. 1947) Studium der Architektur/Stadtplanung an der RWTH Aachen, 1974 - 1976 wiss. Mitarbeiter am Institut für Wohnbau RWTH Aachen, seit 1977 wiss. Assistent am Fachgebiet Städtebau und Bauleitplanung, Universität Dortmund

Peter Schneider
(geb. 1940) Lebt seit 1960 als freier Schriftsteller in Berlin, der abgedruckte Text ist entnommen aus "Ansprachen - Rede an die deutschen Leser", erschienen im Rotbuch Verlag.

Der auszugsweise Nachdruck erfolgt mit freundlicher Genehmigung des Autors.

Friedhelm Schrooten
(geb. 1947) Dipl.-Ing. Studium an der TU Berlin, 1974 - 1978 Arbeit als Stadtplaner in der öffentlichen Verwaltung, seither in der freien Kulturarbeit tätig.

Klaus Selle
(geb. 1949) Stadtplanungs-Studium an der RWTH Aachen, 1974 - 1976 wiss. Mitarbeiter am Institut für Wohnbau, seit 1976 wiss. Assistent am Fachgebiet Städtebau und Bauleitplanung der Universität Dortmund.

Reinhard Sellnow
(geb. 1947) Studium der Volkswirtschaft an der FU Berlin, Aufbaustudium Regionalwissenschaft/Regionalplanung an der Universität Karlsruhe und am Department of City and Regional Planning an der University of California (Berkeley), von 1974 bis 1976 Städteberater bei der Freien Planungsgruppe Berlin, derzeit im Planungsstab der Stadt Nürnberg: Modernisierung, Sanierung und Stadtteilerneuerung.

Jörg Tober
(geb. 1943) Stadtplanungsamt Wiesbaden, Sachgebiet Grundlagenforschung; Hauptaufgabengebiet Strukturplanungen für innerstädtische Wohnquartiere. Seit 1974 Projektleiter für Stadtteilplanungen südliche und westliche Innenstadt

Horst Zierold
(geb. 1949) Dipl.-Ing. für Raumplanung, Studium der Volkswirtschaft und Raumplanung, seit 1974 wissenschaftlicher Assistent am Fachgebiet Volkswirtschaftslehre insbesondere Raumwirtschaftspolitik der Abteilung Raumplanung, Universität Dortmund. Arbeitsschwerpunkte: Stadt- und Regionalentwicklungsplanung, Investitions- und Finanzplanung in der Raumplanung

Peter Zlonicky
(geb. 1935) Architekturstudium an der TH Darmstadt, seit 1963 freier Planer in Darmstadt und Essen, 1971 - 1976 o. Prof. an der RWTH Aachen (Lehrstuhl und Institut für Wohnbau), seit 1976 o. Prof. am Fachgebiet Städtebau und Bauleitplanung, Abteilung Raumplanung, Universität Dortmund.